정부의 재발견

공공성과
공동성
사이에서

정부의 재발견

공공성과
공동성
사이에서

이동수 편

인간사랑

서문

민주화 이후 시대로 접어든 한국사회는 여전히 여러 종류의 갈등에 직면하고 있다. 뿌리 깊은 지역갈등 문제를 비롯하여 전통적인 빈부갈등과 이념갈등, 그리고 새로이 대두되고 있는 세대갈등의 문제는 도를 점점 더하고 있다. 국제적으로도 한일 간의 갈등과 한미 간의 이상기류, 긴장이 고조되는 남북문제는 새로운 국제정세 변화를 일으키고 있다. 그런데 정부의 대처에 대한 국민들의 반응은 단순히 정책 찬반의 수준을 넘어서 정부불신론 혹은 정부무용론까지 이를 정도로 부정적이다.

이는 어느 특정한 정권에 국한된 문제는 아니다. 어느 대통령은 자신이 청와대에서 농성하고 있다고 말했고 또 다른 대통령은 청와대 산성에 갇혀 있다고 묘사한 적이 있을 정도로 정권과 사회는 유리되어 있다. 이는 곧 정부에 대한 불신으로 연결되며, 정부의 권위가 통하지 않는 사회는 보수와 진보진영 논리의 '대결의 현장' 혹은 이를 자신의 이익에 연결시켜 정당화시키려는 기득권 세력들 간의 '충돌의 현장'으로 전락하고 만다.

그렇다면 현대사회에서 정부의 역할은 제한적인가? 혹은 한국정부가 사회적 진영을 대변하는 정권의 역할만 대변하는 것이 옳은 것인가? 이에 대한 답을 구하기 전에 우리가 먼저 해야 할 일은 정부의 역할과 기능에 대한 통렬한 재성찰이다. 정부란 어떤 것이며, 정부는 무엇을 그 기초로 삼아야 하는지, 또 정부는 역사적으로 어떻게 변화하고 발전되어 왔는지에 대한 검토가 우선되어야 한다는 것이다.

그 동안 우리의 가장 큰 문제는 정부를 지나치게 공(公, public)과 사(私, private)의 관계 속에서만 해석해왔다는 점이다. 즉 정부는 개인들의 사사로움을 넘어서 공적인 것에 근거하며, 따라서 정부는 전통적인 국가중심의 사고에 따라 국민 위에 군림하고 통치하는 기구로 인식했다는 것이다. 하지만 정부가 근거하는 공공성(公共性)은 공(公, public)과 공(共, common)을 모두 아우르는 말로 공적인 것과 공동적인 것을 모두 포함해야 한다. 따라서 공공성은 단순히 사(私)와 구별되는 공(公)뿐만 아니라 사(私)들을 모두 수렴한 공(共)의 양 측면을 지향한다. 동서고금의 정부는 항상 이런 공(公)과 공(共)의 긴장과 균형을 어떻게 이룰 것인가를 고민해 왔다. 서구 공화정과 민주정의 발생은 이러한 고민의 산물이며, 동양 군주정 또한 이런 고민이 근대로의 이행을 부추긴 것이다.

이 책은 지난 2007년부터 2009년까지 진행된 〈한국학술진흥재단〉 기초연구지원 인문사회 창의주제연구(KRF-2007-321-B00009)를 통해 이루어진 결과물들을 모아 단행본으로 출간한 것이다. 1부는 동서양 고중세의 정부에 대해 다루었고, 2부는 동서양 근대에서 정부의 재발견 문제를 다루고 있다. 이 연구를 가능하게 해 준 〈한국학술진흥재단〉(현 한국연구재단)과 출판을 기꺼이 담당해준 〈도서출판 인간사랑〉 관계자들께 깊은 감사의 말씀을 드린다. 또한 이 프로젝트에 같이 참여해 열띤 논쟁을 벌이고 땀 흘려 논문을 작성한 연구 참여자들에게도 따뜻한 감사의 말씀을 전한다.

이동수

차례

2부 근대의 정부 · 259

1부 고중세의 정부

1장

고대 아테네 헌정의 발전과 공동성의 변천: 『아테네 헌정』을 중심으로*

이병택 경희대학교

1. 서론

이 글은 아리스토텔레스의 『아테네 헌정*Athenaiôn Politeia*』에 나타난 헌정의 변천과정을 공공성(the public)과 공동성(the common)의 관계를 중심으로 조망한다. '공공성'과 '공동성'이란 신조어는 공/사(公/私)의 긴장을 중심으로 정치세계를 이해하던 기존의 방식을 보완하려는 시도

* 이 글은 『오토피아』 26집 1호(2011)에 게재된 글을 다시 수록한 것이다.

라고 할 수 있다. 다시 말하면 공(公)을 공/공(公/共)으로 나누어 세분화 하려는 시도이다. 여기서 공동성은 공동의 유대 양상을 포괄적으로 지칭한다. '유대'란 말은 정치공동체 성원들 간의 관계의 강도를 함의하는 용어이다. 이런 이유로 본 연구는 상당한 의미에서 파이너(S. E. Finer)의 연구방법과 친화성을 갖는다. 그는 이스턴(D. Easton)의 '정치공동체'(political community) 개념이 정치공동체 구성원들의 유대의 강도를 고려하지 않은 단순한 집합적 개념이라고 비판하면서 그 대신 '레짐'(regime)의 개념을 도입함으로써 정부 연구의 새로운 영역을 개척하려 했다(Finer 1995, Vol. I. 14). 파이너의 체제 개념은 공식적으로 드러났거나 비공식적이라 드러나지 않은 모든 정치적 사물들을 총칭하는 것으로, 그는 이것들을 기술함으로써 4가지 비교적 두드러진 정체의 유형을 분류한다.[1] 이런 장점에도 불구하고 그가 아테네의 정체를 기술한 결과를 보면 기존의 통상적 관념을 넘어서지 못한다고 보인다. 또한 그의 정치과정의 방식에 대한 관심은 대단히 중요한 것임에도 그런 정치과정을 어떤 관점에서 보아야 할 것인지의 방향성은 결여되어 있다.

공/공/사(公/共/私)의 구분은 파이너의 연구를 보완하면서도 새로운 각도에서 정치현상을 볼 수 있는 시각을 제공한다고 생각된다. 우선 공(共)과 사(私)의 구별은 아리스토텔레스의 정치학에 근거한 구분이다. 그에 따르면, 인간은 정치적 동물로서 사적인 결합으로부터 정치공동체의 결합으로 성장한다. 이것은 다름 아닌 아리스토텔레스의 '폴리스'(polis)에 대한 정의이다. 그는 결합 혹은 유대(*koinoia*)의 유형을 분류하

---

1 파이너는 Palace, Forum, Nobility, Church라는 이념형 유형의 정체를 구분한다.

고 정치공동체를 구성하는 결합으로 성장하는 것을 자연적인 것으로 간주한다. 사람들 사이의 결사라는 뜻의 텔로스(*telos*)는 정치적인 것이고 이런 성장은 자연적인 것이다. 정치적 결합을 자연적 성장으로 간주한 점은 정치적 결합을 인위적인 것으로 본 근대의 관점과 다른 것이다. 이런 의미에서 『아테네 헌정』의 독해는 신분과 부의 구분 하에 포섭되는 사적인 결합으로부터 정치적 결합으로의 '성장'을 추적하는 것이 중요한 과제가 될 것이다.

나아가 공과 사를 구별해야 하는 필요성은 아렌트(H. Arendt)가 논했듯이 근대의 '사회' 개념이 등장하면서 공과 사 구분이 혼동되었다는 점을 들 수 있다. 이런 혼동을 줄이기 위해서 아렌트는 '현상의 공간'(space of appearance)으로서 존재하는 공적인 영역을 묘사하게 된다. 그리고 하버마스의 공론장 이론도 이런 노력의 일환으로 자리하고 있다. 이 글에서는 이런 이론적 구분에 매몰되기보다는 『아테네 헌정』에 나타난 정치적 결합의 성장에 초점을 둠으로써 아리스토텔레스의 입장을 정리하는 데 초점을 둘 것이다. 그렇게 함으로써 그들의 차이에 대한 직관이 자연스럽게 드러나게 할 것이다.

그럼에도 불구하고 아렌트와 하버마스가 공(公)과 공(共)에 대한 구분을 하지 않은 점에 대해서는 예비적 설명이 필요하다. 필자는 공(公)을 헌정 혹은 정체로 번역되는 '폴리테이아'(politeia)로 간주한다. 다시 말하면 아리스토텔레스의 폴리스/폴리테이아 구분을 받아들이면서 양쪽의 관계에 초점을 두고 『아테네 헌정』을 분석할 것이다. 그리고 폴리스를 우선시하는 그의 입장을 드러내기 위해서 '전통적 헌정'에 대한 논쟁을 다룰 것이다. 폴리스를 우선시하는 아리스토텔레스의 입장은 폴리스를 결합 혹은 유대라고 규정한 『정치학』의 초반부에서도 잘 드러난다. 아렌트의 경우 폴리스 우선주의가 뚜렷하게 드러나지만 공/공(公/共)의 구분을 하지 않음으로써 정치현실의 역학을 기술하는 데 적실성이 떨어지는 단점이 있다. 하버마스의 경우 이상적인 폴리테이아 논의로 기울고 있으며 이런 의미에서 플라톤의 입장에 가깝다고 할 수 있다.

한편 공동성과 공공성(polis/politeia)의 관계에 대한 아리스토텔레스 논의의 애매성을 지적할 수 있다. 그의 논리적 허점을 머레이(O. Murray)는 『정치학』 III 3, 1276b 1-13에 담긴 난제(aporia)를 통해서 제시한다. 그 난제란 헌정(*politeia*)과 공동체(*polis*) 그리고 시민(*politês*)의 동일성을 주장하는 아리스토텔레스의 입장을 어떻게 이해해야 하는가에 대한 것이다. 그는 아리스토텔레스가 『정치학』뿐만 아니라 『아테네 헌정』에서도 이 난제를 해결하지 못했다고 본다. 그리고 결론적으로 아래와 같이 주장한다.

> 도시가 공동체이고 헌정이 시민들의 공동체라고 주장함으로써 아리스토텔레스는 아테네 도시로 흔히 알려진 지리적 장소에 붙어있는 완전히 새로운 각각의 폴리스를 함의하는 11개(혹은 12개)의 헌정의 존재를 믿고 있다. 하나가 아닌 11개의 도시들, 11개의 아테네인들의 집합들 말이다. 그리고 이런 이름의 동일성은 완전한 불연속성을 은폐하고 있다. 그러나 이 논의는 부조리한 것이다(M. H. Hansen 1993, 208).

머레이처럼 형식논리의 측면에서 공동성과 공공성의 관계를 부조리한 것으로 보는 것은 별로 생산적이지 못할 것이다. 특히 아리스토텔레스의 정치적 결합으로서의 폴리스 개념을 염두에 둔다면 '11개의 도시들'이나 '11개의 아테네인들의 집합'이란 그의 주장은 타당성을 잃는다고 할 수 있다. 오히려 11개의 헌정은 정치적 결합의 성장과 쇠퇴의 과정에서 나타나는 주목할 만한 변화를 뜻한다고 해야 할 것이다. 더구나 그것들의 관계에 정치적 문제가 함축된 것으로 간주하는 것이 아리스토텔레스의 폴리스 우선주의를 이해하는 핵심이 될 것이다. 이 글에서 필자는 공/공/사(公/共/私)의 구별 방식은 역사적으로 변천해 왔다고 간주한다. 그리고 그 구별 방식 자체가 대단히 정치적 의미가 있다고 본다. 가령 근대의 계약사상은 정치적 결합을 전적으로 '계약적' 관계로 파악함으로써 공동성의 영역을 대단히 협소하게 규정하고 있다. 이런 점은 아리스토텔레스가 정치적 결합을 파악하는 방식과 첨예하게 차이가 나는 부분이다.

다른 한편 헌정의 지속과 변화의 문제는 대단히 복잡한 문제를 야기한다. 칸토로비츠는 중세의 공적인 몸의 형성에서 핵심적인 문제는 '지속성'(continuity)에 있다고 보면서 공적인 몸과 자연적인 몸을 대조시킨다. 『왕의 두 몸들The King's Two Bodies』은 공적인 몸이 형성되는 과정에서 서로 다른 기원을 가진 관념들이 어떻게 상호작용하면서 발전해 가는지를 면밀하게 추적하고 있다(Kantorowicz, 1957). 그리고 지속성을 확보하는 방식이 '구세주(Christ) 중심주의', '법(Law) 중심주의', '공동체(Polity) 중심주의'로 변했음을 논한다. 아리스토텔레스에 있어 지속의 문제는 개인에게 있어서는 '성격' 혹은 '습관'(*ethos*)의 문제로, 그것보다 더 높은 지속은 종이나 류에 있어서의 '형상'(*eidê*)의 문제로 제기된다. 그리고 정치공동체의 지속 문제는 헌정(*politeia*)의 문제로 나타난다. 칸토로비츠의 저작에서도 드러나듯이 아리스토텔레스의 유기체 이론은 '공동체 중심주의'와 친화력을 가진다. 그의 『정치학』에 나타나는 애매성의 많은 부분도 이와 무관하지 않다. 이것이 아리스토텔레스의 '정체' 혹은 '헌정'의 정의에 대한 논란이 오늘날까지 지속되고 있는 이유 중 하나일 것이다.

2. 아테네인들의 헌정

아리스토텔레스의 『아테네 헌정』은 11번에 걸친 헌정의 변화들(*metabolai*)을 기술한다. 하지만 현존하지 않는 부분을 빼고 보면 필자는 크게 네 부분으로 구분할 수 있다고 생각한다. 첫 번째는 솔론의 개혁으로부터 민주정이 서서히 성장하는 시기이다. 이 시기의 특징은 귀족들 간의 경쟁 속에서 권력의 장악과 안정적인 국정운영을 위해서 인민의 지지를 필요로 했다는 점이다. 두 번째는 클라이스테네스가 솔론의 개혁을 더욱 민주정적으로 기울게 하면서 아테네가 성장하는 시기이다. 그의 민주정적 개혁은 과두파의 대표인 이사고라스의 정치적 과오에 의해서 비교적 쉽게 이루어질 수 있었다. 세 번째 시기는 페르시아 전쟁의 승리로 제국 단계로 진입한 이후로 펠레폰네소스 전쟁의 패배로 새로운 헌정으로 전환하려는 여러 가지 시도가 발생하기 이전의 시대이다. 이 시기의 특징은 헌정의 이완으로 표현될 수 있다. 네 번째 시기는 제국의 몰락과 새로운 헌정논쟁에서 생긴 혼란과 이를 극복하는 과정으로 요약할 수 있다. 이 글에서는 앞의 세 시기를 중심으로 아테네 민주정의 성장과 그 속에서 작동하는 공동성의 변천에 대해서 고찰할 것이다. 그리고 새로운 헌정논쟁에서 '전통적 헌정'에 대한 아리스토텔레스의 입장을 논할 것이다.

(1) 솔론의 헌정(기원전 594?–511) – 귀족의 경쟁과 인민의 지지

현존하는 『아테네 헌정』에서 우선 우리의 관심을 끄는 사건은 귀족들과 가난한 무리 간의 격돌이다. 이 책의 분실된 부분에 대한 여러 출처에서 전해지는 단편들을 보면 귀족들과 가난한 무리의 대결 이전에는 귀족들 간의 싸움이 계속된 것처럼 보인다. 그리고 그 가운데 킬론(Kylon)의 참주정 시도가 등장한다. 킬론의 무리를 처리하는 과정에서 신성모독을 범한 메가클레스 일파가 추방된다. 그 이전으로 거슬러 올라가면 귀족들 간의 대립 속에서 테세우스(Theseus)가 처음으로 군중(*ochlon*)에 기대어 1인정을 폐기한다. 여기서부터 '인민'(*demos*)이라는 용어가 정치적 의미를 갖게 된다. 메가클레스 일파를 추방한 지 3년 후인 기원전 596년 일어난 부유한 자와 가난한 무리의 대립은 오랜 기간 지속되었다. 아리스토텔레스에 따르면 솔론의 개혁 이전에 아테네의 헌정은 모든 점에서 과두정적이었다. 토지는 몇 사람의 손에 장악되었고 가난한 사람들은 부채로 인해서 인신구속을 당하는 처지였다. 그리고 정치에 참여할 수 있는 몫이 전혀 없었다.

이 두 계급의 격돌로 생긴 위기를 해결하기 위해서 귀족 출신이면서도 부유한 자에 속하지 않은 솔론을 그들의 중재자로서 세우게 된다. 솔론의 일련의 개혁조치들은 귀족과 인민 간의 균형을 잡으려는 의도에서 이루어졌다. 그의 대표적인 민주적 개혁조치들은 아래와 같다. 첫째, 인신을 담보로 한 대부를 금하였다. 둘째, 부당행위를 당한 자를 위하여 원하는 사람이 구제조치를 하게 허용하였다. 셋째, 재판소에서 상소심 재판을 허용하였다. 특히 재판소에서 표결권을 가짐으로써 인민은 헌정의 주권자가 되었다(*kyrios ginetai tês politeias*). 이때부터 아테네는 민주정적 헌정으로 천천히 방향을 전환하는 계기를 맞게 된다. 이런 이유로 솔론은 처음으로 인민의 지도자(*tou dêmou prostatês*)가 되었다. 대체로 솔론의 개혁은 그 이전의 드라코(Draco)의 개혁과 그다지 다르지 않은 것으로 평가된다. 다만 하나 눈에 띄는 대목은 드라코의 경우 정치참여의 기준을 출생과 부에 두었다면, 솔론의 경우에는 오직 부를 기준으로 4개의 계급을 나누었다는 점이다. 이 헌정은 향후 아테네인들에게 '전통적 헌정'(*patrios politeia*)으로 기억에 남게 된다.

라플라웁에 따르면, 스파르타에 있어서 정치적 통합의 중요 계기는 외부와의 전쟁이었고, 반면 아테네에 있어서는 내부적 격돌(civil strife)이었다(M. H. Hansen 1993, 41-82).

솔론의 개혁이 필요했다는 사실은 이미 귀족과 인민이 중요한 정치적 행위자로 등장했음을 반증한다. 부족 왕(*basileus*)의 지배력은 이미 정치적 의미를 상실하고 귀족들이 아레오파구스 위원회(the council of Areopagus)를 중심으로 지배력을 행사하고 있었다. 따라서 귀족과 인민의 격돌에서부터 시작해서 아테네의 헌정은 과두정과 민주정의 상반된 원리가 서로 격돌하면서 진행하게 된다. 다시 말하면, 아테네는 솔론의 시기부터 과두정적 요소와 민주정적 요소가 아테네 헌정을 구성하는 실제적인 범주가 되었음을 알 수 있다(Wilamowitz 1893, 363). 여기서 우리는 아리스토텔레스가 그의 『정치학』에서 이 두 원리의 해명과 그 혼합에 특별한 관심을 보이는 이유를 추론할 수 있다.

민주정적 헌정으로의 일반적 경향은 그 이후의 헌정이나 지도자들을 해석하는 기본 지침을 준다. 솔론의 개혁 이후 얼마의 혼란 기간을 거친 후 지배권을 갖게 되는 페이시스트라토스(Peisistratos)는 흔히 '참주'의 예로만 소개되었었다. 그러나 이런 인상만으로는 그를 앞서 말한 아테네의 역사 속에서 이해하기는 힘들 것이다. 아리스토텔레스에 의하면, 그는 산악파의 대표자로서 가장 민주적인 것으로 보였다(*dêmotikôtatos einai dokôn*). 빚에서 풀려난 사람들은 가난 때문에, 또 출생이 순수하지 못한 사람들은 그로 인한 두려움 때문에 산악파에 동조하였다. 페이시스트라토스에 대한 아리스토텔레스의 평가는 매우 애매하게 전개된다.

> 페이시스트라토스는… 참주라기보다는 온건하면서도 합법적으로(*politikôs*) 다스렸다. 모든 일에 자애롭고 온화했으며, 잘못을 범한 사람들에게 관대했다. 가난한 사람들에게는 미리 일을 위한 자금을 빌려주어서 농사를 짓고 살도록 하였다. 이것은 두 가지 효과가 있었다. 그것은 사람들이 도시에서 빈둥거리지 않고 시골에 고루 분산되도록 하는 것, 그리고 적당한 수준으로 살면서 사적인 일에 몰두하여 공적인 것에 관심을 가질 마음이나 여가가 없도록 하는

것이었다(Aristotle 1952, XVI).[2]

이 구절은 참주가 항상 나쁜 것은 아니라는 반증으로 자주 사용된다. 하지만 이 해석은 지나치게 단순한 느낌이다. 오히려 필자는 앞서 언급한 민주주의로의 흐름을 적극적으로 고려해서 페이시스트라토스를 해석하고자 한다. 이것을 이해하기 위해서는 중간적 헌정을 내세운 해안파, 과두적 헌정을 내세운 평지파, 그리고 페이시스트라토스를 우두머리로 한 산악파의 갈등을 알 필요가 있다. 페이시스트라토스는 쿠데타로 국정을 장악하고 6년을 집권한 후에 해안파와 평지파의 공조에 의해서 쫓겨나 12년간 추방생활을 하게 된다. 그러나 해안파와 평지파의 갈등으로 해안파의 대표자인 메가클레스가 그의 딸과의 결혼을 조건으로 페이시스트라토스를 다시 불러들이게 되고 그는 다시 7년간 집권을 하게 된다. 그 후 그는 다시 메가클레스와의 갈등으로 다른 두 파의 공조에 두려움을 느껴 스스로 아테네를 떠난다. 그리고는 다시 권력을 장악하게 된다. 이때 그는 처음으로 무력으로 권력을 되찾을 시도를 하였다. 아리스토텔레스에 따르면, 그가 처음 집권한 후 33년 동안 실제로 권좌에 있은 기간은 19년이었다.

페이시스트라토스와 메가클레스의 권력투쟁의 사례를 통해서 우리는 솔론의 헌정 하에서 귀족들 간의 권력투쟁의 실제적 방식을 볼 수 있다. 여기서 인민은 정치세계를 구성하는 적극적 행위자는 아니지만 최소한 인민의 지지가 없이는 권력의 장악이 힘들고 더구나 안정적

---

2 필자는 최자영·최혜영의 번역을 다소 수정해서 사용했다.

통치가 불가능하다는 점이 드러난다. 필자는 이것이 솔론의 헌정이 갖는 정치적 의미라고 생각한다. 귀족 내의 정치적 경쟁으로 정치지도자가 되려는 자는 인민과의 최소한의 정치적 결합을 추구하지 않을 수 없게 된 것이다. 페이시스트라토스는 초기의 인민 지도자로서 그의 통치 형태는 1인의 지배라는 형태적 측면에서 참주의 성격을 갖는다.[3] 이것은 민중을 사적인 일에 몰두하게 함으로써 공적 영역으로부터 배제하는 방식인데, 이는 나중에 나오는 인민을 정치의 장에 지나치게 흡수하려는 데마고그(demagogue)적 형태와 구분된다.

한 가지 덧붙이면, 헌정을 보는 관점이 누가 지배하는가의 질문을 중심으로 이해한 고대정치학의 전통에서 볼 때 '참주'의 이해가 상당히 제약되지 않았을까 생각한다. 아리스토텔레스도 밝히고 있듯이 페이시스트라토스 시기의 아테네인들의 법은 참주수립에 대단히 온건했다. 이런 점은 플라톤의 참주비판의 방식과는 달리 헌정을 공동성의 감각에서 이해해야 할 필요성을 잘 보여준다고 생각된다. 페이시스트라토스는 귀족들에게는 환대를 통해서, 인민에게는 사적인 생활을 도움으로써 양쪽 모두의 지지를 받았다. 특히 놀라운 점은 그의 통치가 '법에 따라서'(*kata tous nomous*) 이루어지고 그 자신도 법의 구속으로부터 벗어나지 않았다는 점이다. 하지만 이 헌정의 문제는 그의 아들의 사례에서 보듯이 폭군으로 흐를 가능성에 노출되어 있었다는 점이다.

---

3 아리스토텔레스는 『정치학』에서 페이시스트라토스가 데마고그로부터 참주에 오른 인물이라고 말한다. 1310a 30-35.

(2) 클라이스테네스의 헌정(기원전 511–480) – 자치와 아테네

페이시스트라토스의 뒤를 이어 통치한 참주 히피아스를 축출한 후 정치적 투쟁은 과두파인 이사고라스(Isagoras)와 민주파인 클라이스테네스(Cleisthenes)를 중심으로 이루어진다. 페이시스트라토스의 온건한 통치 하에서 아테네 민중은 경제적 안정과 사적인 자유를 경험하였다. 역사가 증언하듯이 사적인 자유가 시민적 자유로 성장하는 과정에는 새로운 학습이 요구된다. 치머른(Alfred Zimmern)은 『아테네 공화국*The Greek Commonwealth*』에서 시민성의 발전이란 주제를 일곱 가지 항목을 통해서 밝힌다. 그것은 첫째, 동료애 즉 공적 의견의 규칙, 둘째, 관습 즉 가족의 규칙, 셋째, 효율성 즉 행정관의 규칙, 넷째, 온건함 즉 종교의 규칙, 다섯째, 법 즉 공평한 놀이의 규칙, 여섯째, 자치 즉 인민의 규칙, 일곱째, 자유 즉 제국의 규칙이다.[4] 치머른이 아테네의 시민성 발전을 보는 핵심 항목을 꼽는다면 자치 즉 인민의 규칙이라고 볼 수 있다. 그리고 인민의 규칙이 발전하는 데는 두 가지 결정적 계기가 있었다.

치머른에 따르면, 공적 영역에 직접 참여하기를 주저하는 경향은 아테네 인민의 경우도 마찬가지였다. 그리고 이런 소심함이나 나태함의 극복은 수세대에 이르는 정치적 학습, 특히 논의가 아니라 고통의 경험

4 원문을 그대로 소개하면 아래와 같다. (1) Fellowship, or the Rule of Public Opinion, (2) Custom, or the Rule of the Family, (3) Efficiency, or the Rule of the Magistrate, (4) Gentleness, or the Rule of Religion, (5) Law, or the Rule of Fair Play, (6) Self-Government, or the Rule of the People, (7) Liberty, or the Rule of Empire. 규칙(rule)이란 말은 습관 혹은 관행과 결합된 말이다.

을 통해서 습득한 학습이 요구된다. 이런 상황에서 평지당의 이사고라스가 성장하고 있는 아테네 인민의 기질을 이해하지 못하고 스파르타를 끌어들여 성스러운 아크로폴리스를 짓밟게 한 사건은 인민의 규칙을 싹트게 하는 데 결정적 경험으로 작동했다. 그의 정치적 실책은 아테네 인민의 마음을 자치의 길로 기울게 한 계기가 된다. 치머른도 밝히고 있듯이 이 과정은 헤로도토스보다는 아리스토텔레스의 설명이 훨씬 더 정확하다.

둘째, 아테네인들의 헌정성을 '아테네인'으로 결정적으로 규정하게 한 계기는 클라이스테네스의 개혁에 있다. 그는 아테네 민주주의의 영웅인 클라이스테네스의 개혁과 그 의미를 대단히 상세하게 설명한다. 클라이스테네스가 당면한 문제는 두 가지로 요약된다. 첫째는 지방 행정을 강력한 중앙 정부와 결합시키는 것이고, 둘째는 가족의 이해와 영토적 이해의 상충하는 요구를 조정하는 것이었다. 이 문제들을 해결하기 위해서 그는 행정조직 개편을 단행한다. 하지만 치머른에 따르면 그의 개혁은 기존 형식에 새로운 내용을 부여하는 방식으로 진행되어서 개혁의 혁명적 성격은 그 당시 잘 지각되지 못했다. 다시 말하면, 그것은 유달리 특별한 것으로 인식되지 않았다.

> 데모스 혹은 인민이란 단어는…아티카에서 새로운 것이 아니었다. 새로운 창작물은 바로 행정적 단위(administrative areas)로서의 데모스이다(Zimmern 1973, 154 note 1).

클라이스테네스 이전에 아테네인의 삶을 규정하는 기본 단위는 혈연적 유대로 구성된 씨족(*gene*)이었다. 이것은 시민의 자격 요건을 규정할 뿐 아니라 중앙 정부가 지방 행정에 침투하는 방식을 결정했다. 클라이스테네스의 개혁을 통해서 씨족의 구성원이 아닌 자유 외국인이나 해방된 노예도 시민의 자격을 획득할 수 있게 되었다. 이를 통해서 시민들의 수는 점차 늘게 되었다. 그러나 무엇보다도 중요한 것은 씨족의 정체성이 약화되고 영토적 정체성이 점차 형성되기 시작했다는 점이다. 이에 따라 씨족의 정체성을 상징하던 신들의 의미는 점차 퇴색되고 아테나가 아테네인들의 삶의 중심으로 자리를 잡게 되었다.

한편 지방 행정과 중앙 정부의 관계에서 가장 큰 사안은 건함세(ship-money)를 거두어들이는 일이었다. 클라이스테네스의 개혁 이전에는 혈연에 근거한 부족장이 부족사람들에게서 건함세를 거두어들였으나 이제는 나우크라로스(Naucraros)로 알려진 지방의 촌장을 중심으로 이루어지게 되었다. 이런 과정을 통해서 지방 위원회는 중앙 정부에 더 긴밀히 포섭되었다. 다시 말하면, 클라이스테네스의 개혁을 통해서 아테네는 중앙으로 권력이 집중하게 된다.

아리스토텔레스는 클라이스테네스의 개혁이 솔론의 개혁보다 훨씬 민주정적인 것으로 평가한다. 그는 관리 선출의 문제와 돈의 사용방법에 대한 보다 민주정적인 조처들에 대해서 언급한다. 여기서 그는 특히 도편추방법에 대해서 상당히 자세하게 그 법의 도입 의미와 실제 사용한 사례들을 기술한다. 그에 따르면 도편추방법은 "페이시스트라토스가 데마고그와 장군으로 있을 때 스스로를 참주로 세웠기 때문에 그 같은 자리에 있는 사람들에 대한 의심"으로 만들어진 것이다. 그리고 도편추방이 실제로 시행된 것은 기원전 490년 마라톤 전투의 승리

2년 후인 "인민들이 대담해졌을"(*tharrountos*) 때이다(Aristotle 1952, XXII). 또한 클라이스테네스가 이 법을 만든 동기는 그의 친척이자 정적인 히파르쿠스(Hipparchus)를 추방하기 위한 것이었다고 밝힌다. 입법의 동기가 무엇이었든 도편추방법은 다수의 지지를 확신하는 사람만이 사용할 수 있는 수단임에 틀림이 없다. 케이건이 지적하듯이 "이 제도는 분명한 다수에 의해서 지지를 받는 지도자나 정책을 확고하게 할 수 있었다. 그러나 그러한 명백한 다수가 없을 때는 쓸모가 없었다."(케이건 2006, 296). 아리스토텔레스의 기술과 케이건의 지적을 통해서 도편추방법이 제정될 때 아테네 인민들의 참주에 대한 시기와 그들 사이의 결속력을 어느 정도 추론할 수 있다. 기원전 416년 펠로폰네소스 전쟁 중 국론 분열을 치유하기 위한 방편으로 히페르볼로스가 니키아스와 알키비아데스 중 한 사람을 추방하기 위해서 이 규칙을 사용했을 때 그 자신이 추방당한 사례는 클라이스테네스의 헌정과 그 이후의 헌정 간의 차이를 추측할 수 있게 한다.

(3) 아리스테이데스와 에피알테스 헌정(기원전 480-411) – 헌정의 이완과 과열

이런 식으로 아테네는 기원전 480년 페르시아 전쟁 때까지 민주정의 성장과 함께 천천히 성장했다(Herodotus, 1998: III. 87).[5] 한편 페르시

---

5 Aristotle, 1952: XXIII. 이런 견해는 헤로도토스의 『역사』 제5권 78절에도 잘 나타나 있다. 그는 클라이스테네스의 통치 이후의 상황을 아래와 같이 정리한

아 전쟁 때 보여준 아레오파고스 위원회의 지도적 역할로 인해서 그 후 17년 정도 그 위원회가 정국의 주도권을 쥐게 된다. 그러나 그 위원회의 국정주도권은 두 단계의 과정을 거쳐서 크게 약화된다. 살라미스해전이 끝나고 3년째 되는 해 아리스테이데스(Aristeides)는 델로스 동맹을 결성하여 이오니아인들로부터 처음으로 공납을 거두어 들였다. "그 후 곧 도시는 대담해졌고(*tharrousês*), 돈이 많이 모이자 아리스테이데스는 패권을 추구하며 사람들로 하여금 농지를 떠나 도시에 거주하도록 사주했다." 이렇게 도시에 무리(*plêthous*)가 증가하면서 인민의 지도자가 된 에피알테스(Ephialtes)가 아레오파고스 위원회를 공격하게 된다. 그는 행정수행의 문제로 다수의 위원들을 재판에 회부하여 제거하였고 '헌정의 수호' 기능을 한 그 위원회에 부가된 권력을 박탈했다. 그리고 아리스토텔레스는 이 사건의 책임이 아레오파고스 위원이었던 테미스토클레스(Themistocles)에게도 있다고 본다.

다. "이렇게 하여 아테네는 점점 더 성장했다. 평등(ισηγοριη)이라는 것이 단지 한 가지 면에서만이 아니라 모든 면에서 좋은 것임이 밝혀졌다. 왜냐하면 아테네는 독재 하에 있을 때는 전력 면에서 어떤 나라도 능가하지 못했었지만, 일단 참주로부터 해방되고부터는 다른 모든 나라를 누르고 최강국으로 발돋움했기 때문이다. 이것은 명백히 그들이 압제 하에 있었던 때는 마치 노예가 그 주인을 위해 일하는 것을 꺼리듯이 독재자를 위해 일하는 것을 고의로 기피했지만, 자유롭게 되고(ελευθερωθεντον)부터는 각자 자신의 이해에 관심을 갖고 일할 의욕을 불태웠음을 보여 주고 있다." 필자는 박광순의 번역을 다소 수정하여 옮겼다(헤로도토스, 『역사』, 범우사, 1995, 하권. 49). 그의 번역에서 흥미로운 점은 ισηγοριη를 '자유와 평등'으로 옮긴 것인데, 이것은 오늘날과 같이 자유와 평등이 대립적인 범주로 인식되지 않았음을 의미한다.

여기서 한 가지 흥미로운 사항이 있다. 아리스토텔레스는 테미스토클레스에 대해서 앞에서는 '인민의 지도자'로 언급하고 여기서는 '아레오파고스의 위원'이라고 지적한 점이다.[6] 아리스토텔레스는 테미스토클레스를 한편으로는 인민과의 관계로, 다른 한편으로는 귀족과의 관계로 말하고 있다. 이런 글쓰기 방식은 혼합정의 의미를 잘 보여준다고 할 수 있다. 한편 자신이 몸담고 있는 아레오파고스 위원회를 제거하려는 테미스토클레스의 시도는 페르시아와 내통한 혐의로 재판을 받지 않기 위해서 이루어진 것이었다. 이것을 통해서 아테네 헌정에서 처음으로 지도급 인사들의 기강해이와 인민의 힘을 이용해서 법을 무시하는 경향이 점차 대두되고 있다는 사실을 볼 수 있다. 페이시스트라토스가 법에 따라 통치하고 그 자신도 법의 지배를 받았다는 사실은 테미스토클레스의 모습과 대조적이다.

아리스토텔레스는 아레오파고스의 주도권 상실로 아테네의 헌정은 이완되어 갔다고 보면서, 그 과정을 계속적으로 추적한다. 이 지점으로부터 그는 "열성적으로 인민을 이끌려는 사람들"(*prothumôs dêmagôgountas*), 즉 데마고그에 대한 이야기를 진행한다. 이것과 함께 그는 다중에 의해 수행된 무리한 원정으로 많은 "덕망 있는 사람들"(*epieikôn*)이 손실되고 재판참여 수당제의 도입으로 재판의 질이 저하됨으로써 그들

6 아리스토텔레스의 섬세한 용어 사용은 그의 저작을 해석할 때 많은 혼란을 불러일으켰다. 아테네 헌정에 대한 기술도 마찬가지다. 한 가지 예를 들면 페이시스트라토스를 '참주'로 부르다가 도편추방법의 맥락에서는 '데마고그'로 부르기도 한다.

이 정치적으로 소외되었음을 지적한다. 흥미로운 점은 그가 말하는 덕망 있는 사람이 솔론의 시대부터 지배적으로 드러난 경제적 성격의 계급 구분이 아니라 인민과 부유한 자들 모두에게 적용된다는 사실이다(Aristotle 1952, XXVI). 『정치학』에서 덕망 있는 사람은 무리(*plêthos*)에 반대하는 것으로 언급된다(Aristotle, 1944: 1308b 25-30). 무리의 부정적 특징은 아렌트가 잘 묘사하듯이 "몰려다니는 것"(banding together)으로 볼 수 있다(Arendt 1958, 203). 아리스토텔레스는 아테네의 7번째의 헌정이 아리스테이데스로부터 시작해서 에피알테스에 의해서 완료된다고 말한다. 그리고 이 헌정은 기원전 480년부터 411년에 400인 위원회가 성립하기 이전까지 지속된다고 본다.

아리스토텔레스는 이 헌정시기에 지도력의 행사는 이전에 비해서 법을 준수하는 데 충분한 주의를 기울이지 않았음을 지적한다. 그리고 페리클레스는 헌정을 더욱 민주정적으로 만든다. 그는 아레오파고스 위원회의 권한을 더 삭감하면서 도시를 해상권 강화의 방향으로 이끌고 간다. 아리스토텔레스는 이것들에 의해서 다중이 "대담해졌다"(*tharrêsantas tous pollous*)고 기술한다. 그리고 재판참여 수당제를 도입함으로써 재판의 질이 저하되고 그럼으로써 덕망 있는 사람들보다는 "누구나"(*tychontôn*) 추첨후보가 되려고 애썼다.[7] 또한 배심원들을 돈으로 매수하는 관행이 생기기 시작했다. 아리스토텔레스에 따르면, 페리클레스의 사망 이후로 아테네 정치는 덕망 있는 사람들과 단절된다. 그 시작

---

7 "누구나"는 그리스어로 우연히 만나는 어떤 것이나 어떤 사람들 의미한다. 그 당시 정치세계의 특징을 잘 보여주는 단어라고 생각한다.

은 인민을 가장 타락하게 만든 것으로 알려진 클레온(Cleon)이었다. 그리고 클레오폰 이후로는 데마고그들이 당장 눈앞에 보이는 것을 위해서 큰 소리치고 다수의 환심을 사려고 하였다.

빌라모위츠(Wilamowitz)는 기원전 480년에서 411년까지를 아리스토텔레스가 데마고그 시대로 분류한다고 본다(Wilamowitz 1893, Band I. 125). 『아테네 헌정』을 보면 그렇게 보는 것이 타당할 수도 있을 것이다. 그러나 그의 『정치학』에는 과두정에도 데마고그가 있을 수 있다고 논한다. 가령 그는 30인 독재에서 카리클레스(Charicles)와 400인 위원회에서 프리니쿠스(Phrynichus)를 예로 들고 있다(Aristotle 1944: 1305b 20-30). 다시 말하면 데마고그란 용어가 어떤 무리의 환심을 사려고 하는 특정한 정치행위 방식을 가리키는 것으로 확장된 것이다.

데마고그에 대한 아리스토텔레스의 평가는 사람에 따라서 달라진다. 그리고 앞서 보았듯이 데마고그의 사용법도 때에 따라서 다르게 사용된다. 아테네 민주정에 대한 평가도 마찬가지로 보인다. 그러나 아리스토텔레스의 데마고그에 대한 비판이 오늘날 민주주의에서 사는 사람들에게는 너무 지나친 것으로 보이는 듯하다. 케이건은 아테네 민주정을 열렬히 옹호함과 동시에 클레온에 대한 평가에서도 애국주의의 입장에서 볼 때 결코 나쁘게 평가할 수 없다고 본다. 나아가 고전적 평가와는 달리 클레온을 정치가로서 니키아스(Nicias)보다 더 높이 평가하기까지 한다. 더 거슬러 올라가 베버가 『소명으로서의 정치』에서 최초의 데마고그가 페리클레스였다고 언급할 때 그 또한 케이건과 비슷한 충동을 느낀 듯하다.

데마고그에 대한 평가를 접어두고 필자는 헌정을 공동성의 감각에서 평가하는 아리스토텔레스의 입장을 드러낼까 한다. 정치공동체는 하나가 될 수 없는 이질적인 요소들로 구성되어 있다. 그리고 이런 이질적인 것들이 결합되어 공동의 어떤 것이 성장해가는 과정을 그리고 있다. "덕망 있는 사람들"이 산출된다는 것은 바로 이질적인 것 속에서 공동의 어떤 것이 구성된다는 점을 잘 보여주고 있다. 필자는 이런 공동성의 성장에 맞추어서 헌정의 적절한 조정을 바라보는 것이 아리스토텔레스의 기본적 입장이라고 생각한다. "누구나"에게 물건은 팔 수 있다. 만일 그가 그 물건을 구매할 능력만 있다면 말이다. 그렇지만 "누구나"와 정치세계를 공유하기는 대단히 힘들 것이다. 비록 그가 그럴 지능을 가지고 있다고 해도 말이다. 이런 공동성의 견해에 근거해서 페르시아 전쟁과 펠로폰네소스 전쟁의 차이를 추론하는 것도 가능하리라고 생각한다. 그리고 전통적 헌정의 논쟁도 이런 각도에서 바라볼 수 있을 것이다.

3. 전통적 헌정 논쟁

전통적 헌정은 '*patrios politeia*'를 번역한 것이다. 이것은 주로 'ancestral constitution'으로 번역된다. 하지만 'ancestral'의 어감은 현재의 삶에 유효하지 않은 어떤 것을 의미하기 때문에 '전통적'이란 번역어를 택했다. 아리스토텔레스는 '전통적 헌정'의 논쟁이 아테네인들의 정치적 삶에 살아있는 것으로 보고 있다. 심지어 30인 참주정의 경우에도 그들이 표면적으로 내세운 명분은 전통적 헌정의 복원이었다는 것은 위의 사실을 잘 반증하는 것이라 생각된다.

전통적 헌정에 대한 질문은 정치적 입장에 따라서 서로 상이한 해석을 낳았다. 그 당시 아테네인들 중 어떤 사람들은 테세우스에서 민주주의의 시작을 말하고, 또 어떤 사람들은 솔론 혹은 드라코에서, 또 다른 사람들은 아테네의 전통적 헌정을 클라이스테네스에서 찾았다. 바커(E. Barker)에 따르면, 전통적 헌정에 대한 아리스토텔레스의 입장은 그의 '온건한 헌정'(polity)에 대한 해명에서 가장 잘 드러난다고 조심스럽게 주장한다. 그럼에도 불구하고 그는 그 관계를 잘 해명하기보다는 『아테네 헌정』과 『정치학』을 너무 긴밀하게 연계시키지 말라고 권한다(Barker 1959, 449-450). 빌라모위츠는 바커보다 더 적극적인 주장을 개진한다. 그에 따르면, 테라메네스에 대한 아리스토텔레스의 평가는 '전통적 헌정'을 바라보는 데 있어서 기준을 주는 것(*massgabend*)이다. 아리스토텔레스는 테라메네스에서 그 자신의 정치적 신념인 온건한 헌정의 이상을 발견하였다. 그리고 그는 "테라메네스의 실천적 경향에 많은 공감을 표하면서 그를 최상의 정치가로 인정해야 한다고 판단하게 되었다."(Wilamowitz 1893, Band I. 125-189). 나아가 빌라모위츠에 따르면, 전통적 헌정을 둘러싼 싸움에서 클레오폰의 헌정을 '전통적 헌정'으로 보는 급진적 의견이 승리함으로써 오늘날 흔히 떠올리게 되는 '최종적 민주주의'(*eschatê dêmocratia*)로 아테네는 흘러가게 되고 그 형태는 '전통적 헌정'으로부터 점점 멀어지게 되었다(Wilamowitz 1893, Band II. 125). 『정치학』의 용어로 말하면, 최종적 민주주의는 그 본성 혹은 자연(*physis*)을 완전히 실현했다.

바커와 빌라모위츠 논의가 갖는 공통점은 테라메네스의 '전통적 헌정'에 대한 생각이 아리스토텔레스가 『정치학』에서 개진하는 이상적 혹은 온건한 헌정의 구상에 많은 영향을 주었다는 것이다. 그렇다면 실제로 『아테네 헌정』에서 아리스토텔레스는 테라메네스의 정치적 행위 중 어떤 점을 부각시켰는가? 그에 따르면, 테라메네스는 법을 중시하는 시민이었다.[8] 둘째로 테라메네스는 정치적으로 덕망 있거나 비중 있는 시민(*epieikesi/beltistoi*)의 정치 참여를 주장한다.[9] 법에 대한 존중과 비중 있는 시민에 대한 중요성은 아리스토텔레스의 『정치학』 곳곳에서 드러난다. 여기서 핵심적 구절을 하나 인용해 보자.

다른 종류의 민주주의가 있다. 여기서는 모든 다른 규제들은 같

---

8 "아테네 정치가로서 옛사람들의 전통을 잇는 최선의 사람은 니키아스, 투키디데스, 테라메네스로 생각되었다. 그리고 니키아스와 투키디데스에 대해서는 그냥 훌륭한 사람이며 정치가 그리고 도시를 위해 일한 애국자였음을 거의 모든 사람들이 인정한다. 반면 테라메네스에 대해서는 평가가 엇갈린다. 이는 당시 정부가 혼란에 싸여 있었기 때문이다. 지엽적인 것에 구애받지 않는 사람들은 그가 모든 정부를 망쳤다는 비난을 받아들이지 않고 오히려 전적으로 합법적인 방향으로 이끌었다고 생각한다. 이는 좋은 시민이 그런 것처럼 테라메네스는 어떤 형태의 정부에서도 봉사할 수 있으나 그들이 불법을 저지를 때는 굴복하지 않고 맞섰다."(Aristotle 1952, XXVIII).

9 "이와 같이 도시가 질곡에 처하게 되자 테라메네스는 이런 상황에 대해 화가 나서 그들[30인]에게 방자함을 삼가고 비중 있는 사람들(*beltistois*)을 실무에 동참시킬 것을 권하였다….그러나 테라메네스는 이에 대해서도 비판적이었다. 그 이유는…덕망 있는 사람들(*epieikesi*)을 동참시키려 한다면서도 그런 사람들이 겨우 3,000명에 불과하다는 것이었다…." (Aristotle 1952, XXXVI).

> 으나 법이 아니라 무리(*plêthos*)가 주권을 갖는다(*kyrion*). 이것은 의회의 포고(*psêphismata*)가 법을 뒤엎는 곳에서 일어난다. 이런 상태는 데마고그에 의해서 야기된다. 왜냐하면 법에 의해서 다스려지는 민주적 통치 하에서 데마고그는 일어나지 않고, 비중 있는 시민들(*beltistoi*)이 가장 으뜸의 지위에 있기 때문이다. 그러나 법이 주권적이지 못한 곳에서 데마고그는 발생한다. 왜냐하면 인민이 하나의 복합적 1인정이 되기 때문이다. 이것은 다중이 개별적으로가 아니라 집단적으로 주권을 갖게 되기 때문이다(Aristotle, 1944: 1292a 5-15).

여기서 하나 주목할 만한 부분은 아리스토텔레스가 명백히 '법'과 '포고'를 구분하고 있다는 사실이다. 그리고 그는 의회의 '포고'를 참주가 발한 '명령'(*epitagmata*)과 유사한 것으로 보고 있다. 또한 아리스토텔레스는 수에 따른 통상적인 헌정의 구분법을 대체로 받아들이기는 하지만 사태의 양상에 따른 현상의 구분에도 주목하고 있다. 나아가 '법'을 언급할 때도 아리스토텔레스는 가다머와는 달리 자연법을 말하는 것처럼 보이지 않는다.[10] 오히려 '전통적 헌정'과 관련시켜 볼 때 그가 말하는 법은 정치공동체를 구성하는 성원들의 습관 혹은 기질(*ethos*)에 함축된 구속력이 있는 어떤 것을 말한다고 생각된다. 이런 것들이 『아테네 헌정』의 분석에서 공동성을 구성하는 것으로 제시되었다. 이

---

10 가다머가 『진리와 방법』(Gadamer 1989, 324-340)에서 법적용의 문제를 논할 때 그의 법에 대한 견해는 자연법에 근거하고 있다.

런 관점에서 도시(*polis*), 헌정(*politeia*), 시민(*politai*)의 긴밀한 연관성이 자연스럽게 드러난다고 생각한다. 특히 헌정의 안정성을 논하는 데 있어서 정치적으로 비중 있는 시민들의 중요성은 이러한 연관성을 통해서 드러난다고 할 수 있다.

이상의 논의를 중심으로 보면 아리스토텔레스의 이상적 헌정에 대한 논의는 헤로도토스나 투키디데스의 관점과 다르다는 것을 알 수 있다. 예거(W. Jaeger)는 투키디데스가 최선의 헌정은 혼합정이라는 발상을 이미 앞서 예견한 사람이라고 간주한다. 그러나 그가 제시하는 투키디데스의 혼합정에 대한 발상은 뛰어난 지도자와 무리에 의한 통치를 결합하는 다소 소박한 발상에 그치고 있다. 예거에 따르면,

> 투키디데스는 페리클레스의 아테네가 그의 사후에 일어난 완전한 무리의 통치 하에서 첨예해진 한 가지 문제에 대한 행복한 해결로 생각한다. 이것은 수위(首位)의 개인과 정치공동체 사이에 존재해야 하는 관계의 문제이다(Jaeger 1945, Vol. I. 409).

아리스토텔레스의 혼합정에 대한 문제의식은 투키디데스보다 더 깊은 차원에서 이루어지고 있다. 그는 과두정과 민주정이라는 서로 대립하는 그 당시의 지배적 원리로부터 공동성의 감각을 지닌 덕성이나 비중 있는 시민들(*epieikoi*) 혹은 일반적으로 말해서 공동성을 지닌 중간 계층을 산출하는 것을 구상했다. 중간 계층은 가족, 신분, 부족, 부 등을 매개로 한 비정치적 결합을 넘어서서 공동성의 형태를 탁월하게 현상하게 하는 정치적 범주로서 제시된다. 이런 의미에서 탁월한 정치

적 결합이 이루어지는 혼합정의 발상이 아리스토텔레스의 『정치학』 구상에 모범으로 작동하고 있다고 할 수 있다. 그리고 아리스토텔레스의 '전통적 헌정'에 대한 관심 역시 그 시대의 공동성에 적합한 공공성의 옷을 입히고자 하는 역사적 방향감각의 표현이라고 볼 수 있다.

4. 결론

아테네의 민주정치 발전사는 공동성과 공공성의 긴장을 잘 보여주는 사례라고 생각된다. 아리스토텔레스의 『아테네 헌정』에서 우리는 솔론으로부터 제국 이전의 단계까지 공동성과 공공성은 상당히 균형을 이루며 발전해 온 것을 볼 수 있었다. 그리고 제국에서부터는 그 균형이 점차 무너지면서 위기가 나타났음을 추론할 수 있었다. 『아테네 헌정』이 지금까지 아리스토텔레스 연구에서 소외된 것은 그의 글쓰기의 미묘함 때문이기도 하겠지만 그의 『정치학』중심의 이론 지향적 연구태도에서도 기인한다고 생각한다. 그리고 공공성과 공동성의 구분에 대한 상대적 무지가 독해의 방향을 대단히 혼란스럽게 한다는 점도 지적할 만하다. 그러나 무엇보다도 제도, 법 조항, 경제 지표와 같은 것은 관찰이 용이한 대상인 반면에 '정치적 결합', '정치적 유대', '정치적 결사'로 표현되는 *koinoia*는 관찰이 어려울 뿐 아니라 그 느낌을 표현하기가 쉽지 않다는 점을 들 수 있다(김홍우 1999, 678-712).[11]

공동성의 감각에 대한 연구는 대체로 칸트의 보편주의나 자유주의에 대항하는 공동체주의자들의 전유물이 되고 있는 듯하다. 그리고 그 흐름도 덕이나 좋은 삶을 강조하는 다분히 윤리적 측면으로 치우친 것 같다. 그러나 한 가지 지적하고 싶은 측면은 아리스토텔레스의 사상이 자유주의와 그다지 대립되지 않을 수도 있다는 점이다. 물론 그의 이론이 자유방임을 주장하는 자유주의 흐름과 조화되기는 어렵게 보일 수 있다. 그렇지만 존 스튜어트 밀(J. Mill)이 "아리스토텔레스의 분별이 있는 공리주의"를 언급한다는 점을 보면 그 가능성이 차단된 것 같지는 않다(Mill 1977, 235). 그것에 대한 좀 더 분명한 논거는 그의 『공리론』에서 찾아볼 수 있다. 밀에 의하면 정의의 관념은 공리 혹은 '편의'(expediency)의 관념과 대립하지만 장기적으로는 사실상 그것과 분리되지 않는다고 말한다(Mill 1969, 240). 그는 정의의 관념에 따라붙는 느낌은 자연으로부터 오지 편의로부터 나오지 않는다고 인정한다. 그러나 비록 정의의 느낌이 편의로부터 발생하는 것이 아니라고 해도 정의 속에 있는 도덕적인 것은 편의로부터 나오는 것이라고 말하고 있다(Mill 1969, 248).

> … 어떤 사람의 공분(resentment)이 진짜로 도덕적 느낌을 가질 때 그는 스스로에게 분개(resent)하도록 허용하기 전에 어떤 행위가 비난받을 만한 것인지를 고려하는 사람이다. 이런 사람은 비록 그가

11 정치현상의 연구에 따르는 어려움과 아리스토텔레스의 국가에 대한 입장을 중심으로 한 국가론 논쟁과 관련해서는 김홍우의 「밀리반트-풀란차스 국가론 논쟁」 참조.

사회의 이익을 위해서 나서고 있다고 명시적으로 말하지는 않을지라도, 그가 자신 뿐 아니라 다른 사람의 이익을 위한 규칙을 주장하고 있다고 확실히 느끼고 있다(Mill 1969, 249).

다시 말하면 자연적으로 주어진 정의의 느낌이 다른 사람을 고려하는 공리를 매개로 해서 확대된다고 말하고 있는 것이다. 그리고 밀은 이것을 도덕적 감각이라고 부르고 있다. 이런 밀의 입장이 계약이론에 바탕을 둔 롤즈의 이론과 접점이 생길 수 있을지는 미지수이다. 다만 필자는 밀의 생각이 단순히 벤담의 공리주의 사상과의 관계에서만 조망될 수는 없고 영국의 보통법 전통 속에서만 이해될 수 있음을 강조하고자 한다. 그리고 밀의 주장도 역사적 맥락 속에서 읽혀져야 할 것임을 말하고자 한다. 이런 점은 그가 벤담의 후예라기보다는 데이비드 흄의 후예임을 보여준다고 생각한다.

아리스토텔레스의 경우 윤리는 습관 혹은 관행과 밀접한 연관성을 갖는 것으로 본다. 그러나 습관 혹은 관행이 한편으로는 자연에 의한(*physei*) 것도 아니고 다른 한편으로는 자연에 반하는(*para physin*) 것도 아님을 지적하고 있다는 점에서 그가 자연(nature)과 인위(convention)의 이분법을 단순하게 받아들이지 않고 있다는 점은 명백해 보인다(Aristotle 1934, 1103*a*). 이런 사정에도 불구하고 그의 『윤리학』이 『아테네 헌정』이나 『정치학』에서 강조한 공동성의 '성장'의 관점을 적절하게 제시하고 있는지는 의문의 여지가 있다. 필자는 이런 문제점이 오늘날 정치사상의 흐름 내에도 그대로 반영되고 있는 것 아닌지 생각해 본다.

참고문헌

김홍우. 1999. 『현상학과 정치철학』. 서울: 문학과 지성사.

도널드 케이건. 허승일·박재욱 역. 2006. 『펠로폰네소스 전쟁사』. 서울: 까치.

아리스토텔레스 외. 최자영·최혜영 역. 2002. 『고대 그리스정치사 사료』. 서울: 신서원.

헤로도토스. 박광순 역. 1995. 『헤로도토스 역사 하』. 서울: 범우사.

Arendt, H.. 1958. *The Human Condition.* Chicago & London: The University of Chicago Press.

Aristotle. 1952. *The Athenian Constitution*, trans. H. Rackham. Harvard University Press.

________. 1944. *Politics*, trans. H. Rackham. Harvard University Press.

________. 1934. *Nicomachean Ethics*, trans. H. Rackham. Harvard University Press.

Barker, E.. 1959. *The Political Thought of Plato and Aristotle.* Dover.

Finer. S. E.. 1995. *The History of Government.* Oxford University Press. Vol. I.

Gadamer, H. G.. 1989. *Truth and Method*, Second Revised Edition, trans. J. Weinsheimer and D. G. Marshall. New York: Continuum.

Hansen, M. H. edited. 1993. *The Ancient Greek City-State.* Munksgaard. Copenhagen: Commissioner.

Herodotus. 1922. *The Persian Wars.* Harvard University Press. Vols. 4.

Jaeger, W. 1945. *Paideia.* Oxford University Press. Vol. I.

Kantorowicz, Ernst H.. 1957. *The King's Two Bodies.* Princeton & New Jersey: Princeton University Press.

Mill, J. S. 1969. *Utilitarianism* Routledge & Kegan Paul: University of Toronto Press.

_______. 1977. *On Liberty.* Routledge & Kegan Paul: University of Toronto Press.

Thucydides. 1928. *History of The Peloponnesian War.* Harvard University Press. Vols. 4.

Wilamowitz. 1893. *Aristoteles und Athen.* Berlin: Weidmannsche Buchhandlung.

Zimmern, Alfred E. 1973. *The Greek Commonwealth.* Oxford University Press.

2장

로마 공화정의 공공성 창출을 위한 제도적 장치에 관한 연구 : 공화기 로마법의 성격과 관련하여*

차동욱 동의대학교

1. 들어가는 말: 21세기 한국 사회에서 왜 로마 공화정인가?

2011년 전반기에 한국 사회를 동요시킨 사회적 쟁점은 '무상급식,' '반값 대학등록금' 등 소위 복지 포퓰리즘이라 불리는 정책 제안들에 대한 논란이었다. 지지자들은 국민 다수가 동의를 하고 있고 정

* 이 글은 『21세기 정치학회보』(2011)에 게재된 글을 다시 수록한 것이다.

말 시급하게 예산을 투입해야 하는 정책이라고 주장하는 반면에, 반대자들은 국민의 혈세를 낭비하는 복지 포퓰리즘이라고 주장한다. 선거에 의해서 선출되는 현역 정치인들이 그러한 복지 정책들을 여러 측면에서 제기되는 문제점들을 무시한 채 무리하게 밀어붙이려 한다든지, 아니면 궁색한 논리로 격렬히 반대하는 이면에는 이기적이고 당파적인 동기들이 숨어 있음을 부인할 수는 없다. 각 정치인들이 그들만의 이해관계에 입각해 그러한 정책들에 대해 찬성이나 반대하는 현실에 대해 설명하는 것은 그다지 어렵지 않을 것이다. 문제는 직접 이해 당사자가 아니라고 전제했을 때, 그러한 정책들의 타당성을 논하는 것이 쉽지 않다는 점이다.

논란이 되는 복지 정책들이 정말 오늘날 우리 사회에 필요한 것들인가? 취지나 목적만을 고려할 때는 그 타당성이 명확하지만, 예산 등 국가자원의 상당부분을 투여했을 때 발생하는 문제들은 어떠한 것이며, 그에 대한 해결방안은 있는 것인가? 문제점들을 평가할 때, 문제의 발생과 해결을 단기적 관점에서 보아야 하는가 아니면 장기적 관점에서 보아야 하는가? 문제의 복지 정책들을 시급히 시행해야 한다고 주장하는 정치인들이 표를 바라고 그렇게 하는 것임은 부정할 수 없기 때문에, 정치인들의 동기가 포퓰리즘이라 비난받는 것은 크게 문제될 것이 없다. 그러나 표를 바라는 정치인들이 포퓰리즘적인 동기로 제안했다는 이유만으로 논란이 되는 복지 정책들의 타당성을 부정할 수는 없다. 한편, 단 한 명의 불순한 동기를 가진 정치인이 주장한 정책이라 할지라도 그것이 이 사회에 정말 필요하다면, 단기적으로는 자원투입 대비 효과가 드러나지 않아도 그런 정책은 추진되어야 한다. 현재 진행

중인 4대강 사업이 그러한 명분을 내세워 여론의 반대에도 불구하고 추진되고 있지 않은가?

국민 다수가 원하는 정책을 그것을 추진하는 정치인들의 동기가 불순하다고 하여 무조건 포퓰리즘으로 매도해 버릴 수는 없다. 반면에, 국민 소수의 지지만을 받는 정책이라고 하여 무조건 반민주적 정책으로 몰아붙여서도 안 된다. 왜냐하면 두 부류의 정책 모두 사회 전체, 공공(公共)을 위한 정책임을 표방하고 있기 때문이다. 그렇다면 공공을 위한 정책 여부를 판단하는 기준은 무엇인가? 어떤 것이 공공을 위한 것인지 내용으로만 판단하는 것은 불가능하다. 왜냐하면 국가정책의 대다수는 탈이념적이거나 완벽하게 중립적일 수 없기 때문이다. 어떤 집단이 정부를 장악하느냐에 따라 정책은 선택적으로 집행되고 제로섬(zero-sum)의 결과가 나올 수밖에 없다. 따라서 공공성을 인정할 수 있는가에 대한 기준은 정책 내용보다는 형식이나 절차에 초점을 맞추어 공공성의 도출가능성을 타진해 보는 것이 옳을 것이다. 다시 말하자면, 논란이 되는 정책 내용이 어떻게 공공을 위한 것인가를 묻는 것이 아니라, 그 정책의 정당성을 뒷받침할 공공성이 어떻게 창출될 수 있는가라는 질문을 던질 때, 현실적으로 유의미한 대답을 찾을 수 있다.

이 연구는 공공성 창출을 위한 적절한 제도적 장치를 모색하기 위해 로마 공화정까지 거슬러 올라간다. 21세기 한국 사회의 공공성 창출 기제를 모색하는데 왜 로마 공화정까지 거슬러 올라가는가? 그 이유는 후기 민주화 단계에서 사회적 갈등들이 첨단기술의 의사소통 수단들과 다양하고 정교한 분쟁 해결장치들의 존재에도 불구하고 더욱 심화되자, 자꾸 새로운 것들을 만들기보다 화려한 과학문명으로부터의 보조 장치들을 벗겨낸 인간 그 자체의 삶의 모습을 통해 갈등해소의 단초들을 찾으려는 노력들이 진행되어 왔고, 필자도 그러한 노력에 동참하기 때문이다. 1987년부터 시작된 '민주주의 이행기'를 거쳐 '공고화' 단계에서 겪게 된 포퓰리즘의 등장과 그에 대응하는 복고의 바람 속에서, 균형과 견제를 생명으로 하는 혼합정인 로마 공화정으로 상당수의 사회과학 연구자들이 눈을 돌려보는 것은 자연스러운 것이다.

어차피 역사는 반복되므로, 첨단 과학문명이라는 환경으로부터 인간을 분리하여, 그 인간 군상들이 모여서 어떻게 공동체를 구성하여 삶을 유지하고 공공성을 창출하는가를 관찰하기 위해 고대의 역사로 돌아가는 것은 흥미로운 탐구 작업이다. 그런데 왜 하필이면 서양 고대의 역사인가? 현재 우리의 삶의 방식에 영향을 미치고 있는 것은 서양보다는 동양 고대 사회로부터 전래되고 우리의 몸에 체화되어 있는 전통과 관습들이 아닌가? 그렇기 때문에 역설적으로 더욱 서양 고대 로마 공화정 시대 로마인들의 공공성 창출 제도를 관찰하는 것이 중요하다. 현재 우리의 삶은 동양적 전통과 서양적 전통이 혼재되어 있는 상황이다. 21세기 대한민국 국민들의 공동체 운영 방식과 그 삶은 고대 한반도에 주거하던 한인(韓人)들보다는 로마인들에 더 가까울 것이다. 현재 우리가 고민해 보아야 할 공공성 창출 기제는 고대 동양의 가(家)로부터 탄생한 국가(國家)와 동일한 의미로 쓰이는 공(公)이 아니라 자유로운 시민들이 모여 무(無)에서 유(有)를 창출했던 공(共)과 관련된 것이다.

이 연구는 공공성(公共性, the public)과 공동성(共同性, the common)의 차이에 대한 논의로부터 시작한다. 공공성이 단지 공(公)만으로 구성되는 것이 아니라, 공(公)과 공(共)이 결합하여 조화를 이룰 때 가능하기 때문이다. 지금 우리사회가 공공성 인정 기준과 관련해 겪고 있는 문제들은 공공성을 공(公)만으로 판단하거나, 공(公)과 공동(共同)을 구별하지 못하거나, 아니면 공공(公共)이 공동(共同)으로부터 지나치게 괴리되어 있기 때문이라 할 수 있다. 따라서 공공성과 공동성의 차이와 두 개념의 관계에 대해서 먼저 논의를 할 것이다. 다음으로 로마 공화정의 구조와 운영, 그리고 그 속에서 공공성과 공동성이 어떠한 관계를 맺으며 공공성 창출이 이루어졌는가를 분석할 것이다. 그러고 나서 한 사회에서의 공공성 판단의 대표적 척도라 할 수 있는 법에 대한 논의를 진행할 것이다. 로마법을 대륙법(continental law 또는 civil law)의 연원(淵源)이자 성문법의 기원으로 보면서, 특히 판덱텐 법학[1]과 연결시켜

---

1 판덱텐(Pandekten) 법학이란 19세기 독일에 계수되어 일반법으로 적용되고 있던 로마법을 학문적으로 체계화한 사법학(私法學)이다. 동로마 제국의 황제였던 유스티아누스(Justinianus) 대제(527-565)는 법전편찬사업을 단행하여 『로마법 대전Corpus Iuris Civilis』을 완성했는데, 그 중에 가장 중요한 법전이 법학자들의 학설을 편집하여 당시의 현행법으로 편찬한 학설휘찬(學說彙纂; Digesta 또는 Pandektae)이었다. 11-12세기의 주석학파와 후기 주석학파가 이 학설휘찬의 내용에 주석을 달아 실무에 활용하고 학문적으로 연구하였으며 법 교육 교재로 쓰였다. 이렇게 학설휘찬의 내용에 주석이 붙은 형태의 로마법은 15세기와 16세기에 걸쳐 프랑스와 독일에 계수되었고, 프랑스와 독일의 고유법에 대한 일반법, 즉 보통법으로서의 효력을 갖게 되었다. 그리고 사비니(Savigny)를 중심으로 한 역사학파 학자들은 프랑스나 독일의 고유법을 학문적으로 체계화하기 보다는 계수된 로마법을 보편적 효력을 갖는 일반법으로 만드는 작업에 매진하였는데, 이들이 판덱텐 학파를 형성했다. 이들은 로마법을 모든 발전된 민족의 공동재(共同財)로 이해했다. 이들은 추상적 규범에서부터 연역적으로 새로운 규범을 도출할 수 있는 것으로 생각하였고, 따라서 원칙으로부터 개별 조문을 도출하고, 유

고도의 추상성으로서의 공(公)만을 강조한 법의 유형으로 이해하는 것이 일반적이라 할 수 있다.[2] 그러나 이 글에서는 로마법이 갖는 보통법(common law)의 성격을 제시함으로써 로마법이 공동성을 기반으로 한 공공성을 담보하고 있었음을 보여주려고 한다. 마지막으로는 로마 공화정에서의 공공성 창출 기제의 현재적 의미에 대해 언급하겠다.

2. 공공성(公共性)과 공동성(共同性)의 관계 및 공화정 분석의 필요성

공공성을 어떻게 정의해야 하는가? 일단은 공익성의 개념과 유사하게 정의할 수 있을 것이다. 즉 특수한 이익 또는 사익(私益)과 대립되는 개념으로 일반성을 지니는 불특정 다수의 이익 또는 사회구성원의 평균 이익으로 정의할 수 있다. 즉 개인 대 전체, 소수 대 다수의 대립관계를 기준으로 공공성을 정의하는 것이다. 그렇다면 개인과 소수

추에 의하여 확대 적용하는 방법을 취하였다. 자세한 내용은 최종고, 『서양법제사』(서울: 박영사, 2011) 참고.

2 이러한 기술이 로마법이 공법(公法) 중심으로 발달했다는 의미는 아니다. 로마법은 현재 남아있는 기록으로만 판단할 때, 사법(私法) 중심으로 발달하였다. 필자가 '공'만을 강조했다고 표현한 이유는, 로마법을 실제 분쟁 사례와는 괴리된 채 추상적인 이론으로만 구성된 법으로 이해하는 것이 일반적이라는 점을 강조하려는 의도였다. 즉 공동성으로부터 분리된 것으로 이해해야 일반적이다.

는 공익에 반대되는 개념이 된다. 민주주의 사회에서는 명쾌한 정의일지 모르겠지만, 자유주의 사회에서는 허용하기 껄끄러운 힘든 개념이다. 자유주의를 기본 원리 내지는 가치로 하는 서구 자유주의 헌법구조에서는 예외적으로만 허용될 수 있는 개념이다. 그러다보니 법학에서는 공(公)개념이 자본주의 사회체제에서 정부가 국민에 대해 간섭하는 것을 정당화하는 당위성의 개념으로 사용된다. 그러나 무정부주의가 아니라면 공(公)개념을 이렇게 한계(marginal) 개념으로만 설정할 수는 없다. 자유주의 사회라 해도 최고의 가치인 자유가 사회라는 공동체의 존속 및 유지를 위협해서는 안 된다. 완전한 자유주의 사회는 자유라는 가치가 하나의 공동체를 엮어냄으로써 자유로운 시민들이 공공성을 가장 만족스럽게 도출해내는 사회일 것이다. 따라서 공익과 사익이 철저히 대립하는 사회를 진정한 자유주의 사회로 볼 수는 없을 것이다.

여기서 우리는 공동(共同)의 개념과 공공(公共)의 개념을 정확히 구별하지 못하다보니 두 개념 간의 조화도 힘들어지는 문제를 발견할 수 있다. 공(公)의 개념이 반드시 공(共, 함께 나눔, 함께 가지고 있음)과 동(同, 똑같음)을 전제로만 가능하다고 생각하니, 공(共)하지도 동(同)하지도 않은 영역을 사적(私的) 영역으로 정의하며 분리한 뒤 대립시키는 것이다. 이러한 논리구조는 동양적 가치관에서 공(公)의 개념이 동(同)의 성격을 갖는 가(家)로부터 파생된 국가(國家)와 동일시되니 발생하는 문제라 할 수 있다(김정현 2008, 48-49). 그런데 다른 시각에서 보면 동양적 가치체계의 문제만도 아니다. 서양의 민주주의 체제들도 민주주의 개념에 내재한 치자와 피치자의 동일성을 강조할 경우 표출되는 이질적 집단에 대한 폭력적 배타성의 문제들을 이미 뼈저리게 경험하였고, 유럽

국가들 중에는 경제적 침체와 더불어 이러한 폭력적 배타성이 다시 고개를 드는 곳도 적지 않다.

'공공성'(the public)'과 '공동성'(the common)의 개념 차이를 규명하고, 그 차이에 따라 두 개념의 조화를 위한 제도적 장치를 모색하기 위해서는 로마 공화정에 대한 연구가 필요하다는 것이 이 글의 출발점이다. 왜 로마의 공화정인가? 민주화 과정을 겪으면서 순수 혈통의 단일민족, "우리가 남이가"라는 개념이 통용되는 한국 사회의 집단들은 동일성 민주주의의 배타성에 쉽게 집착했고, 그러다보니 좌·우, 진보·보수의 이념대립에 기름을 끼얹는 격이 되어 한국 사회 구성원 간의 이질화가 심화되는 것이 현실이다. 동질의 사람들이 모여서 거의 만장일치의 결정만을 내려야만 민주주의 체제가 아무 방해물 없이 앞으로만 달려 나갈 수 있다는 생각이 만연하다보니 한국 사회 내의 온갖 갈등들은 해결의 실마리를 찾지 못하고 심화되는 것이다. 이런 상황에서 이질적 요소가 공존하며 삐걱거리면서도 굴러가는 혼합정체로서의 로마 공화정에 관심을 갖게 되는 것은 어쩌면 당연한 결과라고 할 수 있다.

로마 공화정이 단지 혼합 정체였다는 사실이 공공성과 공동성의 관계설정에 도움을 주는 것은 아니다. 어떻게 혼합되어 있었는가가 문제이다. 이 연구의 취지는 공화(共和)라는 정체가 공(公)개념을 공동성(共同性)속으로 매몰시키거나 공동성을 단순히 동일성으로 엮어진 사적(私的) 이익들의 집합체로 보아 공(公)과 대립되는 개념으로 설정하는 것을 피하고, 공(公)과 공동(共同)과 사(私)가 서로 독립적이지만 상호 연결되면서 공동(共同)을 공(公)을 창출하는 기반으로 하되 사(私)와의 대립성을 완화시킬 수 있는 제도적 장치 발견을 위한 단서들을 제공할 수 있다는 것이다.

공동(共同)과 공공(公共)의 관계가 적절하게 구분되지 못한 이유는 동(同)과 화(和)의 구별이 제대로 이루어지지 않았기 때문이라 할 수 있다. 동(同)은 인종, 성별, 연령, 언어, 문화, 계급, 계층 등 한 사회 내에서 그 구성원들을 구별할 수 있는 다양한 기준들에 따른 동질성을 지칭한다고 할 수 있다. 공동(共同)은 그러한 동질성을 전제로 해야만 공(共)이 만들어질 수 있는 상황을 의미한다. 이러한 의미에서의 공동체가 존립하면 그 사회 구조는 그리 복잡할 필요가 없을 것이며, 민주주의라는 제도 자체가 불필요할 수도 있다. 그러나 한 사회가 동질적 공동체인 경우는 거의 없으며, 서로 이질적인 공동체들이 복잡하게 엮여서 한 사회를 구성하게 된다. 사회의 개별 구성원이 하나의 동질적 공동체에만 귀속되는 것이 아니라 다양한 구별 기준에 따라 중첩적으로 여러 동질적 공동체에 속하게 된다. 이렇게 될 경우 서로 이질적인 구성 요소들이 어떻게 조화를 이룰 것인가가 문제가 된다.

많은 사람들이 고민해 왔던 것보다는 해결의 실마리를 간단하게 찾을 수도 있다. 한 개인이 여러 동질적인 공동체에 중복적으로 속해 있다는 사실에서 역으로 해결의 실마리를 찾으면 된다. 여러 공동체에 속해 있는 만큼 각 공동체의 구속으로부터 벗어나서 판단할 능력도 길러질 수 있는 것이다. 즉 이질적인 것과의 조화를 쉽게 이룰 수도 있다는 것이다. 그리고 구성원 자신의 정체성을 이질적인 것과의 조화를 통해서 더욱 적절히 설정해 나갈 수 있다는 것이다. 왜냐하면 자신이 속해있는 여러 동질적 공동체 중 하나만을 자신의 정체성 인식의 근거로 삼을 수는 없기 때문이다. 자신을 여러 동질적 공동체에 소속되게 만든 자기 내부의 서로 이질적인 요소들을 잘 조화시켰을 때, 자신의 진정한 정체성을 찾을 수 있다는 것이다.

이러한 판단을 하기 위해 굳이 서양의 고대 사회인 로마까지 넘나들 필요는 없다. 동양의 고대 사상가들도 공동체의 존립과 영속을 위해서는 동(同)을 극복하는 화(和)가 중요함을 강조해 왔다. 『논어』에는 '君子和而不同 小人同而不和'란 구절이 있다. 군자는 잘 어울리지만 자기와 똑같아지기를 바라지 않고 소인은 자기와 똑같아지길 바라지만 잘 어울리지 못한다는 의미이다. 그 의미의 중요성은 『국어』에 있는 다음의 구절을 풀이하면 잘 이해될 수 있다. '和實生物 同則不繼'(조화는 실로 만물을 생산하지만 똑같아지면 이어지지 못한다), 즉 이질적인 것이 조화롭게 합쳐질 때에만 새로운 것을 탄생시키며 그 영속성을 유지할 수 있지, 동질적인 것만 존재하면 결국 소멸해 버린다는 뜻이다.

결국 공화(共和)는 화(和)를 통해서만 진정한 공(共)이 이루어질 수 있고, 이렇게 만들어진 공(共)이야말로 공(公)을 탄생시킬 수 있는 기반이 되는 것이다. 그렇다면 왜 굳이 로마까지 넘나들어야 할 필요가 있는가? 동양의 전통 사상이 보여주는 사(私), 동(同), 화(和), 공(共), 공(公)의 관계는 사(私) ⇨ 동(同) ⇨ 화(和) ⇨ 공(共) ⇨ 公(공)이라는 진화적 발전 과정을 통해 공(公)이 새로이 탄생하는 것이 아니다. 국가(國家)로 귀결되는 공(公)은 사(私), 동(同), 화(和), 공(共)의 단계적 진화과정을 통해서 창출되는 것이 아니다. 이미 존재하는 절대가치로서의 공(公)의 성격을 강조하고 있다. 사(私), 동(同), 화(和), 공(共)의 독립적·자율적 가치들은 공(公) 속에 모두 흡수되고 만다. 사(私), 동(同), 화(和), 공(共)의 결합에 의해 생성되는 규칙에 따라 공(公)이 만들어지는 것이 아니라, 공(公)이 이미 설정해 놓은 구조에 따라 사(私), 동(同), 화(和), 공(共)과 그것들의 결합에 의해 생성된 것들이 재배치되는 것이다. 이 연구가 탐색하려는 것은 사(私) ⇨ 동(同) ⇨ 화(和) ⇨ 공(共) ⇨ 공(公)이라는 과정을 지속시킨 정치사회적 제도이다. 과학문명의 도움을 받지 않고, 그야말로 인간의 지혜와 습관만을 통해서 만들어졌던 제도의 원형을 보고자 한다. 그 예를 로마 공화정에서 관찰할 가능성을 검토하는 것이다

따라서 우선 로마 공화정의 구조와 운영, 그리고 그러한 제도적 장치들을 기반으로 어떻게 공공성 창출이 이루어졌는가를 분석해 볼 것이다. 그 다음으로 로마법에 대한 논의를 진행할 것이다. 로마 공화정의 공공성 창출 과정에 대한 분석을 위하여 로마법을 검토하는 이유는 정치의 공공성이 법의 척도가 없이는 불가능하기 때문이다. 법은 정치에 의존적이지만 정치의 본질을 유지하는 것이 법의 정신이다(정태욱 2009, 8). 『사기』 속의 '장석지전'(張釋之傳)에도 '法者,天者所與天下公共也'라는 구절이 나온다. 법이 법다우려면 아무리 귀한 천자라도 천하(만민)와 공(公)적으로 함께(共)해야 한다는 것이다. 즉 화(和)를 통해서만 진정한 공(共)이 이루어지고, 그렇게 탄생한 공(公)의 대표적인 예가 법(法)이 되는 것이다.

3. 로마 공화정의 구조 및 운영과 공공성 창출 기능

(1) 공화정의 구조 및 운영

로마 공화정에서 정치구조의 핵심이 되는 것은 원로원(senatus), 정무관(magistratus), 그리고 민회(comitia)이다. 그리스 역사가 폴리비우스가 로마 정치 체제에서 특히 경탄했던 것이 이 정무관, 원로원, 민회의 조합이었다(파멜라 마린 2009, 41). 그리고 이 세 기관은 입법과정에서도 기능과 권한을 나누어 가지고 행사함으로써, 입법과정을 통해 탄생된 법 자체도 혼합정의 산물이었다. 입법과정에서도 상호간의 견제장치가 설치되어 있었던 것이다.

동료제와 단임제가 특징인 정무관 제도는 상호 견제와 균형을 강제하는 로마 공화정의 특징을 가장 잘 보여주고 있다. 특히 긴급 시 특별 정무관이었던 독재관(dictator)의 경우 그 권력의 양이 평상시 집정관(consul)의 두 배였던 점을 고려하여 그 임기를 집정관의 절반인 6개월로 단축시켰던 것은 권력 집중을 방지하려는 로마인들의 용의주도함을 보여주는 대표적인 예이다(Abbott 2001). 로마의 정무관은 다시 크게 다섯 종류의 관직으로 분류된다. 집정관(consul), 법무관(praetor), 조영관(aedile), 재무관(quaestor), 호민관(tribunes plebis) 등이다. 그 외에 재산을 평가하고 새로운 시민의 등록을 책임지는 감찰관(censor)은 전직 집정관들 중에 훌륭한 성품을 가진 사람을 대상으로 십 년에 한 번씩 투표로 선출되었다(파멜라 마린 2009, 42).

정무관 중에서 최고의 지위를 차지하는 것은 두 사람의 집정관이다. 그들은 행정 및 군사의 대권(imperium)을 장악하고, 원로원과 협의하며, 민회를 소집하는 권한을 가졌다. 임기는 1년이며 한 달 씩 교대로 집무할 뿐 아니라, 상호간의 완전한 합의가 필요했다. 이러한 제도장치는 권력행사의 상호견제와 균형을 유지함으로써 권력 집중과 비대화를 방지하려는 로마공화정의 특징이다. 원래 집정관은 귀족에게만 허용되었지만, 나중에 평민 출신의 신흥귀족에게도 자리를 내줘, 종종 귀족과 평민이 나란히 집정관을 맡는 경우도 생겼다. 애초에 집정관은 로마군 본대의 지휘와 국정 운영이라는 두 가지 임무를 동시에 수행했지만 점차 국정 운영에만 주력하게 되었다(Nicholas 1962, 3).

법무관은 기원전 367년에 창설되었고, 집정관의 권한 중 시민법(civil law)의 집행을 주로 담당하였다(Nicholas 1962, 4). 조영관도 기원전 367년에 만들어졌고, 공공건물, 도로, 하수도 관리 등 도시를 관리하는 임무를 담당했다. 조영관은 사법(私法, private law)과 관련된 기능도 수행하였는데 시장(市場, market place)에 대한 통제권한도 행사하였다(Nicholas 1962, 4). 이렇게 법무관과 조영관은 집정관 못지않게 로마법의 해석 및 집행과 관련하여 중요한 역할을 수행하였다. 감찰관은 매년 선출되지는 않았으나, 한 번 선출되면 광범위한 임무를 맡았다. 법집행과 직접 관련된 기능을 행사하지는 않았지만, 과세 등 갖가지 행정을 추진하기 위한 예산을 짜고, 유권자 명단 관리 및 인구조사를 책임졌다. 또한 원로원 의원 명단도 관리해 재정적·도덕적 면에서 부적합하다고 판단한 의원의 관직을 박탈할 수도 있었다(Lintott 1999, 112-115). 로마 공화정에서 특이한 것으로 관심을 끈 관직은 호민관이다. 호민관은 평민회(concilium plebis)에서 선출되었으며, 평민회를 주재하고 평민의 이익을 옹호하며, 정무관이나 원로원의 결정을 거부(veto)하는 권한을 가졌다. 임기는 1년이며 합의제이고, 그 권한과 기능은 평민 세력의 신장과 더불어 확대·강화되었다.

로마 공화정 후기에 접어들면 관직 진출에 있어서 귀족과 평민 사이에 차별이 거의 없어지게 된다. 기원전 28년 신분법을 둘러싸고 갈등이 폭발하였고, 결국 평민도 귀족과 같은 정치적 권리를 보장받게 되면서 정계에 등장하게 되었으며, 이때부터 개인이 정치 경력을 쌓는데 필요한 것은 높은 계급이 아니라 야망, 능력, 경험, 그리고 돈이었다. 그러나 기원전 1세기에도 고위 권력층은 여전히 소수의 귀족이 장악하고 있었다. 집정관을 지낸 조상이 없는 사람은 크게 출세하기 힘들었으며, 고위정치인이 된 평민은 극히 소수였고, 그 중 유명한 사람이 마리우스와 키케로였다(파멜라 마린 2009, 27-28).

원로원(senatus)은 정무관을 지낸 사람으로 구성되었으며, 그 임기는 종신이었다.[3] 형식적으로는 집정관에 의하여 소집되고, 집정관의 협의에 응하는 기관이었으나, 실질적으로는 공화정의 최고 권력기관으로서 국정전반에 걸친 '원로원의 권고'(senatus conculta)는 집정관도 이를 거부할 수가 없었다.[4] 민회에서는 일반시민에게 연설의 기회가 좀처럼 부

3 원로원은 원래 유력한 씨족들의 우두머리로 구성되었으나 곧 모든 전임 행정관들도 원로원에 들어가게 되었다. 원로원 의원은 처음에는 집정관이, 뒤에는 5년마다 1번씩 감찰관이 임명했다. 의원들의 서열은 그들이 지냈던 직책의 등급에 따라 정해졌다.

4 원로원에게는 외국으로 보낼 사절을 뽑는 권한도 있었고, 종교문제에도 관여해

여되지 않았던 반면에 공화정의 원로원 의원들은 원로원에서 연설의 자유를 누렸다. 그들은 회의를 주재하는 정무관이 부의한 안건과 무관한 사항에 대해서도 자유로운 발언권이 있었으며, 연설 시간에 대한 제한도 없었다(최병조 2006, 192). 로마의 안정과 연속성을 보장하는 임무가 맡겨졌던 원로원의 기능과 권한은 성문법에 의해서 부여된 것이라기보다는 사회적 승인에 입각한 권위(auctoritas)와 불문의 헌법에 기초한 것이었다(Crawford 2006).

로마인민(populus Romanus)은 정무관, 원로원과 함께 로마 공화정의 세 지주였지만, 로마 국가 권력의 최후의 원천으로서 최고 입법기구이자 최고 사법기구였다(Taylor 1991). 일반 시민은 결코 법 제정을 제안할 수 없었다. 그런 일은 고위 정무관이나 호민관만이 할 수 있었고 시민은 오직 투표하거나 투표를 거부하는 일만 할 수 있었다(파멜라 마린 2009, 48). 경제력에 의하여 구분된 서열로 이루어진 투표단이었지만 인민의 참여는 공공 규범의 원천이었다. 로마 인민의 참여로 구성되는 민회는 원로원과 정무관의 권한과 권력의 원천이었다. 다양한 정무관, 행정관들이 민회에서 투표로 선출되었다.

공화국 후기에 와서는 쿠리아 민회가 거의 실효성을 잃게 되어서 실제 정치적 목적으로는 세 개의 민회만이 기능하였다. 감찰관, 집정관, 법무관과 같은 고위 정무관을 선출하는 병사회(comitia centuriata), 재무관, 귀족 조영관 및 하급 행정관을 선출하는 부족회(comitia tributa), 평

인습적인 의식과 제식을 유지시켰으며, 국고(國庫)를 도맡아 공공재정을 운영했고, 지출과 과세를 최종 결정했다.

민 조영관과 호민관을 선출하는 평민회(concilium plebis)가 주요한 세 민회이다. 병사회와 부족회는 투표권을 가진 귀족과 평민으로 구성되었고, 평민회는 평민 출신 투표권자만이 참여하였다. 부족회와 평민회에는 지역에 따라 구분되는 선거구가 있었고, 부족 단위 선거구는 35개였으나 로마시 투표자를 위한 선거구는 오직 네 곳 뿐이었다. 군대의 최소 단위인 백인대 193개로 구성되는 병사회는 평민회나 부족회와 달리 수입의 높낮이로 내부 서열이 정해졌다(파멜라 마린 2009, 44-45).

로마 공화정기에 민회가 공론장으로서 참가 시민들이 무한정 토론 기회를 부여받고, 무수히 많은 웅변이 이루어졌던 것은 아니다. 민회에서는 정무관이 부의한 사안에 대한 가부 결정만이 있었을 뿐 연설은 행해지지 않았다. 그 이유는 공식적인 회의에 앞서 비공식적인 예비 집회(contiones)에서 사안에 대한 자유로운 토론이 행해졌기 때문이었다. 물론 연설의 기회가 전혀 없었던 것은 아니다. 집회를 주재하는 정무관의 지명을 받은 자는 연설을 할 수 있었다. 실제 관행은 정무관만이 발언을 하고, 시민 중에서 명망 있는 자만이 발언의 기회를 얻었을 것으로 추측되고 있다(최병조 2006, 191).

로마의 민회가 포퓰리즘에 의해 위협당하는 경우도 적지 않았다. 그럼에도 불구하고 공화정이 그러한 위협과 위기들을 극복할 수 있었던 이유는 공화정의 공공질서가 혁명이라는 급격한 변화가 주는 추동력에 의해 뒷받침된 정치공학(political engineering)에 의해 형성된 것이 아니라, 역사과정 속에서 점진적으로 성장한 법제도였으며, 그 불문법(不文法)적 성격으로 인하여 정치현상에 따른 해석에 개방된 법질서였기 때문이었음을 주목해야 한다.

(2) 공공성(the public) 창출의 기제로서의 공화정에 대한 논란

로마 공화정 연구에 있어서 가장 중요한 인물 중 하나인 키케로는 국가를 인민의 공유물로 보고 있다.

> "공화국은 인민의 소유물이다. 그러나 인민이란 아무렇게 연합된 모든 인간집단이 아니라, 법과 권리를 존중하겠다는 의견 일치에, 그리고 상호 이익에 참가하려는 욕망에 의해서 결합된 많은 사람의 집합체이다."(Cicero 1995, 289)

인민의 공유물인 로마는 왕정(王政)을 대표하는 정무관, 귀족정을 대표하는 원로원, 그리고 민주정을 대표하는 민회가 혼합되어 균형을 이루면서 서로 견제하는 형태를 이루고 있다. 여기에서 일단 로마 정치가 공공성을 도출하는 제도적 틀이 드러난다. 사회를 구성하고 있는 그룹이 힘의 균형을 이루고 있고 함께 사회를 운영하는 결정과정에 참여하고 있는 것이다. 즉 공공성 창출의 기제는 전 공동체 구성원의 참여와 힘의 균형이라 할 수 있다. 그런데 이 두 가지 구성요소에 있어서도 어느 부분에 중점을 두는가에 따라 그 공동체의 본질이 달라질 수 있다. 김경희(2006)는 아테네의 혼합정과 로마의 혼합정을 다음과 같이 비교하고 있다.

> "아테네의 혼합정론은 민주정의 잔재로 인해 정치과정에서의 동등한 참여가 중요한 문제의식이었다고 한다면, 로마의 경우는 동등

한 참여보다는 현실의 제도들 속에서 권력의 분할과 견제를 통한 안정과 번영이 우선 사고되었던 것이다."(김경희 2006, 19)

로마의 참여가 동등한 참여를 절대적 조건으로 하지 않는다면 공공성의 개념은 흔들리지 않을까? 키케로에게 있어서는 그렇지 않은 것 같다. 일단은 키케로가 그라쿠스 형제 시대 이전의 로마 공화국의 현실을 하나의 이상적인 공화국의 모습으로 그리고 있다는 점에 유의해야 할 것이다(허승일 1995, 294). 키케로에게 국가의 필요성은 유산자들의 사유 재산 보호이다. 공공물은 공공의 이익을 위해 사용되어야 하지만, 개인의 사유물은 그 소유권자인 개인에게 배타적 지배권이 있다. 따라서 그러한 개인의 재산권에 대한 제약은 오직 정의로울 때만 가능해진다. 키케로가 원로원 의원들을 중심으로 한 유산자들의 사유재산 옹호가 국정 담당자의 역할이라 주장한 것도 이러한 연유이다(허승일 1995, 295). 여기서 로마의 참여가 절대적인 참여이기를 포기한 대신, 그를 보완하기 위해 '정의'의 개념을 도입하고 있는 것을 볼 수 있다.

그렇다면 로마 공화국에서의 '정의'는 무엇인가? '정의'의 본질은 '자유'가 되고 '정의'의 존립 방식은 '법'이다. 그런데 로마 공화국에서 최대로 보장된 자유는 원로원의 자유이다. 자신들의 지배권을 확고히 하는 법률들을 제정하여 법과 질서라는 보호막 안에서 지배계층으로서의 이해관계를 유지·방어하는 자유가 된다(허승일 1995, 295). 그렇다면 원로원의 자유 속에서 나오는 결과물들이 결국 '정의'의 내용이 된다. 이는 결국 공동체와 자유가 하나로 융합되는 것을 의미할 수 있다. 물론 공동체가 원로원이 대표하는 귀족만을 의미하지는 않는다. 그러나 다른 공동체 구성원들의 참여의 가치를 동등하게 보장하는 대신, '정의'의 이름으로 사회 구성원 일부의 이해관계를 공동체가 최우선으로 보호할 가치로 내세우는 것은 결국 그 일부의 이해관계와 그를 보호받는 자유가 공동체의 가치가 됨으로서 공동체와 자유가 하나로 합쳐지게 된다는 것이다.

김영목(2000)에 의하면 로마 공화정 말기의 정치는 "혈연관계나 보호제 그리고 우의(amicitia)에 의해 형성된 파벌"에 의해 움직여졌다고 한다(김영목 2000, 39). 이에 대한 반론으로는 로마의 정치가 정치인들의 연합인 파벌이 아니라 개인적 이해관계에 따라 움직여졌다는 해석이 있다(Brunt 1988). 물론 이들 모두 공화정 말기의 현상을 관찰한 것이어서 공화정 번영기를 설명하는 것과는 거리가 멀 수 있다. 그럼에도 불구하고 중요한 것은 두 관찰 모두 로마 공화정 말기에는 공공성이 왜곡되었다는 것이다. 로마 공화정을 유지시키던 합의는 특수 이익을 대변하는 엘리트 간의 타협에 의해서 이루어졌을 가능성이 높다는 것이다.

한편, 곽준혁(2007)은 원로원을 "공적 심의를 주관하는 권위를 넘어 지배자"가 되는 것으로 묘사하고, 원로원의 영향력이 "호민관을 통해서도 결코 축소되거나 견제되어서는" 안 된다고 보는 것은 키케로의 『법률*De Legibus*』을 "보수적으로 독해"하는 경우라고 비판하였다. 키케로에게 공화정의 귀족적 성격은 『국가』에서 오히려 "합의(consensus)를 통해 인민의 자유와 균형을 이루게 된다."는 것이다. 그리고 그러한 합의는 "각각의 구성원들이 자기의 몫을 부여받는 정도에서 그치는 것이 아니라, 다른 사람들이 자기 것을 지키고자 하는 권리를 인정하는 태도"를 조건으로 성립한다. 즉 합의는 "정의(justitia)에 대한 합의"를 의미하고, 정치참여는 "정의에 대한 합의를 도출하기 위한 과정"이 된다(곽준혁 2007, 145-146).

문제는 여기서 '다른 사람들이 그들의 것을 지키고자 하는 권리를 인정하는 태도'가 누구에게 특히 요구되었을 때이다. 역지사지(易地思之)의 태도가 없이는 합의란 불가능하다. 역지사지야말로 사(私)와 동(同)의 경계가 무너지며, 화(和)에 기반을 둔 공(共) 속에서 공(公)을 탄생시키는 계기를 마련하는 중요한 요건이다. 그러나 그러한 역지사지의 태도가 사회 구성원 전체에게 있었는가, 아니면 일부분에게 강요되었는가의 문제가 남는다. 나중에 다시 언급하겠지만 공공성의 척도라 할 수 있는 로마법의 보통법적 발전과정이 역지사지를 보장하는 제도적 기제로 기능하였을 것이다.

4. 공화정기 로마법의 성격과 공공성의 척도로서의 기능

로마의 공화주의를 되돌아보는 이유는 로마 시민들이 갖추었을 것이라고 믿는 역지사지(易地思之)의 태도가 어떠한 제도적 장치를 통해서 공적 가치를 창출하는 밑거름이 되었는가를 찾기 위해서이다. 이 글에서는 그 제도적 장치로서 보통법의 성격을 갖는 로마법에 주목하고자 한다. 보통법(普通法)은 정복자 윌리엄이 영국에 노르만 왕조를 세우며 중앙집권적 봉건 제도를 형성하는 과정에서 사법권을 중앙집권화하기 위해 고래(古來)의 관습을 기초로 왕국의 전 영토에 공통적으로 적용할 수 있는 관습법적 원리들을 법관법(judge-made-law)으로 생성·발전시킨 것이다. '보통'(common)의 의미는 공통성을 기반으로 한 보편성이다. 순회법관들이 전국을 순회하며 수집해 온 관습법 원리들 중 전 왕국에 적용할 것만 추려서 재정리한 것이다. 그렇다면 보통법(common law)[5]은 사(私), 동(同), 화(和), 공(共)의 성격이 합쳐진 것이라 할 수 있다. 로마법의 제정이 이러한 성격을 갖는 보통법을 성문화하는 것이면 진정한 의미의 공공성(公共性)을 갖춘다고 할 수 있다. 로마의 법도 완전히 새롭게 탄생한 공(公)이라 할 수는 없다. 이 글이 로마법의 분석을 통해 보려는 것은 과거로부터 전해 내려온 관습법으로서의 사(私), 동(同), 화(和), 공(共)과 관련된 규범들이 어떻게 공(公)으로서의 성격을 갖게 되는가이다. 따라서 로마 공화정을 구성하고 있는 법 형성 기관들의 구조와 상호기능을 분석함으로써 로마법 형성 과정을 관찰할 필요가 있다.

5 '보통법'(ius commune)이란 개념은 중세의 법학교와 이후의 대학에서 학문적 방법으로 출발하여 탄생한 것이다. 중세시대에 일련의 중요한 국가법 및 관습-예를 들면, 부부재산공유제, 혼인계약, 상법 및 해양법의 계약양식, 봉건법 등-이 로마법과 교회법의 법원(法源)에 편입되어 있었다. 문제는 그러한 법과 관습들이 체계적인 연관성이 없는 법문헌의 집적물 형태로 존재했다는 점이다. 그리하여 무질서하게 집적되어 있는 법문헌들로부터 법원칙, 일반법이론 그리고 모범적인 추론형태 등을 도출하여 법적용에 활용할 수 있도록 정교하게 발전시키려는 노력이 이루어졌다. 보통법이란 개념은 이렇게 공통적인 형식을 지니고 모든 공통적인 법원칙과 법이론을 포괄하며 실무에 적용되는 법으로서 탄생되었으며, 지역적인 영방법, 속주법, 도시법, 관습 등을 포함하는 '지방법'(ius municapale)과 공존하였다.

로마 법제에서 오늘날 우리가 의회제정법(statute)이라 부르는 것에 상응하는 것으로는 병사회와 부족회가 제정하는 '렉스'(lex)와 평민회가 제정하는 '플레비시티움'(plebiscitium)이 있었는데, 플레비시티움은 '레게스'(leges)라고도 불렸으며, 나중에 평민회가 주도적으로 입법권을 행사함에 따라 레게스는 렉스와 플레비시티움을 통칭하게 되었다(Nicholas 1962, 14). 로마의 민회는 투표 집단의 단위와 성격을 기준으로 쿠리아회(comitia curiata), 병사회, 부족회, 평민회 등의 네 가지의 형태가 존재하였다. 쿠리아회는 중요한 기능을 하지 못했기 때문에 병사회, 부족회, 평민회가 로마 공화정을 구성하는 세 민회로 논의되고 있다. 애초에 귀족과 평민을 모두 포함하는 전 시민으로 구성되는 병사회와 부족회는 입법권을 가지고 있었으나, 오직 평민으로만 구성되고 호민관이 주재하는 평민회는 입법권이 없었다. 그러나 기원전 287년에 호르텐시우스법(lex Hortensia) 제정으로 평민회도 입법권을 가지게 되었다. 그리고 이 평민회가 점점 더 주도적인 입법기관이 되었는데, 그 이유는 집정관이나 법무관보다 호민관들이 더욱 활발한 입법 활동을 했기 때문이다(Nicholas 1962, 6).

로마의 민회가 입법기관이기는 했지만 현대 의회와는 다른 형태의 기관이었다. 대표들로 구성된 민회가 아니라 시민 전체로 구성된 민회였다. 민회는 회의를 소집할 권한과 의제를 정할 권한을 가진 정무관이 주재한다. 민회 구성원은 법안을 제출할 수도 기존 법을 수정할 권한도 없었다. 민회는 정무관이 제안한 의안을 의결하거나 부결하는 권한만 있었고, 그 의안은 이미 상원에서 논의되고 승인된 것이었다. 더욱이 모든 시민이 투표할 권리가 있었지만, 투표의 가치는 개인 단위가 아니라 집단 단위로 계산되었다. 집단의 투표 가치도 집단마다 가중치를 달리 했는데, 귀족 집단의 투표 가치에 가중치를 두어 다수(majority)가 되도록 하였다(Nicholas 1962, 5-6). 이러한 민회의 구조와 기능에 초점을 맞추면, 민회를 통과한 법안은 특수 이익을 대변하는 엘리트 간의 타협이라는 성격을 가질 수밖에 없는 것으로 단정할 수 있다.

그런데 로마법의 발전과정에서 이러한 의회제정법의 역할은 크지 않았다. 법의 형성과 발전은 전적으로 법률전문가들—영국에서는 법관들(courts), 로마에서는 법학자들(jurists)—에게 맡겨져 있었다. 이 점에서 로마법의 성격은 영국의 보통법(common law)의 성격과 유사하다고 할 것이다. 그러나 로마법의 보통법적 발전의 출발점 내지는 기초를 기원전 451년의 성문법(code)인 12표법(The Twelve Tables)에서 찾는 점에서는 영국의 보통법의 발전과 차이를 보인다(Nicholas 1962, 14-15). 물론 이것도 영국법 중 권리구제절차법의 출발점을 1215년의 마그나카르타로 본다면 그 차이의 의미가 그렇게 크다고 할 수는 없을 것이다.

로마법의 보통법적 발전의 출발점이라 할 수 있는 12표법(The Twelve Tables)[6]은 귀족과 평민 간의 계급투쟁의 산물이었다. 12표법 제정 이전에는 법의 해석과 집행을 귀족 집정관들이 담당했으며, 평민들

6 로마법의 역사가 12표법의 편찬에서 시작된다는 것을 근거로 로마법이 성문법 체계였다고 판단해서는 안 된다. 12표법에서 사용된 명령조의 간결한 문체들은 그 후 로마의 입법에서는 다시 나타나지 않았으며, 그러한 모호한 내용들은 보통법적으로 보충·보완되어 갔다. 공화기 로마의 법은 기본적으로 불문법(不文法)이었기 때문에 공화정 말기까지 '법 전체를 담는 법전'이라는 관념이 심각하게 고려되지 않았던 것으로 판단된다.

에게는 그 법에 대한 지식을 부여하는 것조차 허용하지 않았다. 따라서 평민들의 가장 중요한 요구 중의 하나가 귀족과 평민 모두가 지켜야 할 법을 모두가 쉽게 찾아 이해할 수 있도록 공표(公表)하고, 지속적으로 공시(公示)하는 것이었다. 그 결과 12표법이 제정되었고, 12표법의 내용은 열 개의 청동판(bronze tablet)들에 새겨져 사람들이 항상 붐비는 시장(marketplace)에 세워졌다. 그래서 12표법은 의회제정법(statute)이자 성문법(code)이 되는 것이다. 물론 12표법이 오늘날의 기준으로 볼 때 성문법이자 의회제정법이라 할 수는 없다. 성문법이라 보기 힘든 점은 굳이 설명할 필요가 없을 것이고, 12표법의 내용이 고대 로마의 전래 관습법의 대부분을 수용한 것임을 볼 때 그 실질을 의회제정법이라 할 수도 없는 것이다(Nicholas 1962, 16).

그럼에도 불구하고 법 앞의 평등에서 배제되었다고 믿는 평민들이 로마법이 귀족들만의 법이 아닌 평등하고 정당한 법이 되기 위해 필수불가결하다고 요청한 것이 절차적 요건이었고, 그 절차적 요건이란 귀족에게 유리한 관습법의 내용 변화가 아니라 불완전하지만 민회에 의한 제정과 성문화였다는 점에 유의해야 할 것이다. 이것이 의미하는 바는 공화정에서 공공성(公共性)을 산출하는 데 내용보다 절차가 더 중요하다는 것이다. 이러한 점에서 로마법의 보통법적 성격을 강조하는 것은 중요하다. 왜냐하면 시대 변화를 용이하게 반영할 수 있다는 보통법의 장점도 바로 일반인들의 삶 속에서 일어나는 분쟁 해결 과정을 통해 보통법이 형성된다는 것이기 때문이다. 물론 법관들이 보통법의 원리들을 보편적·일반적 적용을 위하여 추상적인 규범의 형태로 전환시키지만, 그것이 특정 시대 일반인들의 보편적 상식으로부터 벗어날 수는 없는 것이다.

의회제정법이자 성문법이라 할 수 있는 12표법은 규정들의 표현도 명확하지 않았고 구조적 완결성이나 논리적 일관성이 없었기 때문에, 그 결함을 보완하기 위한 일종의 유권해석들이 원로원 권고안(senatus consulta), 정무관의 훈령(edicta magistratuum), 법학자의 해석(responsa prudentium) 등의 형태로 존재하며 로마법을 형성해 갔다. 전문화된 법관이나 변호사가 없었던 시대임을 고려할 때, 원로원 구성원이나 정무관, 그리고 법학자들이 로마법의 구체적 내용을 형성해 갔다는 점은 로마법이 보통법적인 발전 과정을 거쳤음을 나타낸다. 특히 로마 법학자들은 어떠한 이론을 전개한 것이 아니라 개별 사례들에서 출발했으며, 의견서를 통하여 각 당사자들과 사법기관에 대해 자문을 했다. 이로써 로마법은 오늘날의 영국법과 마찬가지로 「사례법」(case law)의 성격을 띠게 되며, 이러한 성격은 고대가 종료될 때까지 유지되었다(크뉘텔롤프 2004, 361).

그러나 공화정 후기로 갈수록 원로원과 정무관의 입법기능이 보충적인 역할에서 주도적인 역할로 변해갔다. 원로원은 공식적으로 입법권이 없었기 때문에 원로원 권고안은 단지 정무관들에게 권고의 효력 정도 밖에 없었지만 그들의 권고를 정무관들이 무시할 수는 없었다. 그리고 그들의 권고안은 민회에서 가결한 법안이나 정무관의 훈령에 반영되어 궁극적으로 법적 효력을 갖게 되었다. 공화정기를 지나 제정기에 접어들면서 원로원은 로마법의 제정 주체로 자리 잡게 되고, 결국 원로원 권고안이 공화정기 민회의 제정법들을 대체하게 된다. 병사회와 부족회가 제정하는 렉스와 평민회가 제정하는 플레비시티움을 의회의 제정법에 대응하는 것으로 보았지만, 실질적으로는 정무관의 훈령(edicta magistratuum)이 오늘날 의회제정법의 기능을 더 많이 했다(Nicholas 1962, 16-17).

기원전 367년에 리키니우스-섹스티우스법(leges Liciniae Sextiae)이 제정되면서 평민들의 경제적 요구들이 법적으로 수용되고, 또한 평민들의 오랜 정치적 갈망이었던 평민집정관이 실현되었다. 그리고 오래지 않아 모든 정무관직이 평민들에게도 보장되었다. 그러나 이러한 정치적 평등화는 모든 평민들에게 적용된 것은 아니었다. 오직 부유한 평민들에게만 기회가 주어졌다. 결국 오랜 귀족과 평민들 간의 정치적 투쟁 과정에서 그 결실로 등장한 것은 '계급 없는 사회'가 아니라 '새로운 귀족 집단'이었다. 이때부터 주요 정무관직들은 평민과 구분되는 귀족 집단에게 귀속되는 것이 아니라, 예전에 주요 관직을 역임한 적이 있는 가문에게 귀속되는 경향을 보였다(Nicholas 1962, 6-7). 이렇게 귀족 내지는 부유한 가문 출신의 정무관들이 훈령으로 그 내용을 보완하는 로마법이 평민의 정서나 이익으로부터는 멀어져갔을 것이라는 예측은 당연하다고 할 수 있다. 그러나 공공성을 산출하는 기제로서의 보통법적 법 형성 과정이 그렇게 쉽게 빠른 속도로 한 계급에 편향적인 방향으로 흐르지는 않았다.

공화정기의 로마에서는 재산권에 대한 법적 보호를 무엇보다도 중시하여 재산권의 보호를 가장 분명한 공익의 실현으로 보았다. 그러나 그러한 사유재산권에 대한 보호가 공익을 위한 희생과 침해를 배제하는 것은 결코 아니었다. 소유권은 일차적으로 타인의 침해에 대한 방어권의 근거가 된다는 점에서 가장 강력한 절대적 권리였지만 상린

관계(相隣關係)의 합리적인 조정체계 속에서 당연히 감내해야 했고, 당연히 공공정책적 제약도 따랐다. 소유권은 언제나 선(善)한 목적으로 행사해야지 악용되면 안 되었고, 공공목적의 수용도 언제나 가능하였다(최병조 2006, 197-198). 로마 공화정에 있어서의 귀족의 '권위'(auctoritas)도 단순히 세습된 특권이 아니라 혼합정이라는 틀 속에서 사회지도층 스스로의 지위와 명예에 걸맞은 행동거지의 내면화였다. 이러한 보편적 인식들이 로마 공화정을 유지시켰던 가치질서였고(Schulz 1936, 164), 보통법적 발전과정을 통해 이미 로마법에 반영되고 있었다. 일단 규범의 내용으로 확정되고 가시화되면, 그 의미에 대한 새로운 해석은 일반적 구속성을 획득하기 힘들다. 이것이 법규범이 공공성의 척도로서 갖는 힘이다.

5. 맺는 말: 로마 공화정에서의 공공성 창출 기제의 현재적 의미

김경희(2005)는 『로마사 논고』의 해석을 통해 마키아벨리가 로마 공화정의 원동력을 공동체 구성원의 비르투(Virtù)를 증폭시키는 데서 찾고 있음을 보여주고 있다. 즉 로마 공화정의 의미는 "어떤 요소(가문, 혈통 등)도 아닌 개인의 공적 능력(Virtù)만을 통해 가능하다."는 데 있다는 것이다. 따라서 정치적 자유를 통해 각각의 로마 시민들이 공동체의 이익과 자신의 이익을 동일시할 경우, 그 속에서 공공선의 이념이 싹틀 수 있으며, 공동체 전체의 힘을 집결할 수 있다는 것이다(김경희 2005, 28-31). 개인이 공동체의 이익과 자신의 이익을 동일시 할 수 있다는 의미에서 공공(公共)의 개념은 본원적이라 할 수 있다. 즉 개인은 개인적 존재이자 공동체적 존재라는 것이다. 또한 다층적·다차원적 개념이기도 하다. 개인의 범위를 넘어서는 공동체는 가족관계로부터 시작되어 다층적으로 확대되어 간다. 그럴 경우 하위 공동체는 외부적으로 더 상위의 공동체의 공적 통제를 받아야 하고, 내부적으로는 그 내부 구성원을 공적으로 통제하는 '이중의 지위'를 갖게 된다. 그리고 편재적(遍在的, ubiquitous)이다.

그러나 근대적 의미의 공공(公共)개념은 공·사 이분법을 전제로 하고 있다. 공동체나 국가에 관계되는 것이 공(公)이고, 특정한 개인(그룹)과 관련된 것이 사(私)이다. 특히 이러한 공·사 이분법은 근대 시민혁명을 거치면서 국가와 시민사회의 구분으로 더욱 체계화되었다. 그런데 이러한 국가와 시민사회의 구분에 근거한 공·사 이분법이 바로 개인의 자유와 공동체를 대립의 관계로 놓은 주(主)원인이라 할 수 있다. 국가·시민사회 이분법에서는 공공성의 개념 자체가 도출될 수 없다. 왜냐하면 국가가 독자적으로 시민사회와 대등하게 독립된 가치를 창출하는 것은 개념적으로 모순이다. 물론 국가는 분명히 시민사회와 독립하여 자율적으로 존재한다. 그리고 독자적 가치 시스템을 가지고 있다. 그러나 그 국가가 스스로의 가치를 우월적 가치로서 시민사회에 강요할 때, 그것이 실현되는 순간 시민사회는 사라진다. 이 때 공공성이라는 개념도 사라지게 된다. 왜냐하면 공공성은 자유·자치·자율의 개념을 전제로 할 때에만 의미가 있기 때문이다.

이러한 문제는 근대 시민혁명 과정에서 시민사회라는 개념이 부르주아적 이데올로기를 담아내는 그릇으로 쓰이면서 발생한 것이다. 시민사회가 공동체라면 그와 관련된 것은 공적인 것이다. 그렇다면 공공성의 문제는 국가와 시민사회와의 대립 속에서 발생하는 것이 아니라 시민사회가 추구해야 할 두 가지 가치, 즉 개인의 가치와 전체의 가치가 어떻게 융화를 이룰 것인가의 문제이다. 이러한 점에서 국가와 시민사회를 분리하지 않고, 국가의 구성원으로서 주인 의식을 갖고 정치과정에 참여하여 공적 가치를 창출했다는 로마 공화정에 대한 탐구들은 의미가 있다.

공공성은 국가가 창출하는 것이 아니다. 국가는 공공성을 갖는 가치들을 보호하고 실현하는 제도적 기제이다. 공공성은 국가 이전의 공동체를 존속시키기 위한 가치이다. 로마를 하나의 공동체로 묶어내는 핵심 가치는 자유였다. 그러나 개인의 자유와 권익은 공동체의 존속과 번영이라는 공동체적 가치와 조화를 이룰 때에만 인정되었다. 상호 충돌하는 두 가치는 로마 법률가들의 법적 논변과 그들에 의한 법 운용과정에서 '공익'(公益)의 개념으로 구체화되었다. 공익은 이익조화의 수단이자 기제로서 다양한 법적 결정을 통해 사익의 우선을 배제할 수 있다는 논리였다. 그러나 반드시 구체적인 법률 규정을 통해서만 가동될 수 있는 것은 아니었다(Crook 1967, 263).

로마 공화정을 공화정이게 하는 핵심 기제는 참여였다. 그러나 시민의 참여만으로는 불충분하고, 권력 간의 철저한 견제와 균형이 로마를 특수 이익이 지향하는 방향으로 나가지 못하도록 제어했다. 즉 공공의 이름으로 특수 이익이 지배하는 것을 방지한 것이다. 로마의 혼합정은 로마를 지키기 위한 병역의무를 충실하게 이행하는 자유 시민들의 적극적 참여라는 의미에서의 공동성(the common)을 기반으로 하되, 제어장치들을 갖춘 의사결정 과정을 통하여 공공성(the public)이 창출되도록 하는 제도적 기제의 역할을 하였다.

로마 공화정의 공공성 창출 과정을 볼 때 공공성은 의사결정 방식 내지 의사결정 절차와 본질적인 연관성을 갖는다. 보편적, 선험적 공공성은 공동체의 본질과 맞지 않는다. 왜냐하면 공공성은 특정 공동체로부터 창출되는 것이기 때문이다. 공공성은 특정 공동체의 특정 커뮤니케이션 구조를 거쳐서 창출된다. 로마 공화정의 커뮤니케이션 구조는 포럼(forum)의 기능과 연결된다. 로마의 포럼은 애초 시장터를 의미했다. 시장에서 점차로 발전하여 로마인의 공적 사적인 업무의 중심지가 되었다(김창성 2010, 36). 즉 공(公)과 사(私)가 만나는 곳이었다. 이러한 포럼의 기능을 상징화하여 현대의 공화주의 연구자들이 공공성 창출을 위한 제도의 기초로서 공론장(public sphere)에서 심사숙고(deliberation)하는 커뮤니케이션 구조를 제시하는 것은 자연스러운 것이다. 그러한 커뮤니케이션 구조를 통해 공공성이 일단 창출되면, 그것은 공동체의 규범이라는 형태로서 존재하게 된다. 규범으로서 존재한다는 의미는 공동체의 구성원에게 일정 정도의 구속성을 가지게 되고, 지속성을 갖는다는 의미이다. 법치를 존립의 근간으로 삼던 로마 공화정에 의회 제정법이 많지는 않았다. 공화정기 로마법은 불문법 형태로 존재하며(Lintott 1999, 3-8), 정무관, 원로원, 민회, 법학자들이 그 내용을 형성해 가는 보통법적 발전을 하였다.

이 글은 21세기 한국 사회의 공공성 창출 기제를 모색하기 위해

로마 공화정까지 거슬러 올라갔다. 로마 공화정의 구조와 운영, 그리고 그 속에서 어떻게 공공성 창출이 이루어졌는가를 분석하였다. 혼합정으로서 로마 공화정은 전 공동체 구성원의 참여와 힘의 균형이라는 공화정 존립의 원리를 기반으로 공공성을 창출하였다. 로마 공화정에 의해 탄생되어 로마 공화정을 지탱하던 공(公)의 핵심은 역사과정 속에서 보통법적으로 성장한 법제도였다. 그 불문법(不文法)적 성격으로 인하여 정치현상에 따른 해석에 개방된 법질서였기 때문에 화(和)를 통해서만 진정한 공(共)이 이루어질 수 있고, 이렇게 만들어진 공(共)이야말로 공(公)을 탄생시킬 수 있는 기반이 된다는 공화(共和)의 원리를 충실히 이행할 수 있었다. 로마법의 보통법적 성격에 주목할 때 간과해서는 안 될 것이 공화정에서 공공성(公共性)을 산출하는 데는 내용보다 절차가 더 중요하다는 것이다. 이러한 점에서 로마법의 보통법적 성격을 강조하는 것이 중요하다. 왜냐하면 시대 변화를 용이하게 반영할 수 있다는 보통법의 장점도 바로 일반인들의 삶 속에서 일어나는 분쟁 해결 과정을 통해 보통법이 형성된다는 것이기 때문이다.

참고문헌

곽준혁. 2007. "키케로의 공화주의."『정치사상연구』 제13집 2호, 132-154.

김경희. 2005. "비르투 로마나(Virtù Romana)를 중심으로 본 마키아벨리의 공화주의."『한국정치학회보』 제39집 제1호.

김경희. 2006. "데모크라티아(Demokratia)를 넘어서 이소노미아(Isonomia)로-아테네 민주정의 전개과정에서 나타난 혼합정의 이념에 대하여."『한국정치학회보』 제40집 제5호, 25-44.

김영목. 2000. "로마 공화정 말기 정치와 사적 관계-적의(inimicitiae)를 중심으로."『서양고대사 연구』 제8집, 39-62.

김정현. 2008. "동아시아 公개념의 전통과 근대 공동체의식."『민주사회와 정책연구』 13호, 46-71.

김창성. 2010.『로마 공화국과 이탈리아 도시: 통합과 조직의 역사』. 서울: 메이데이.

정태욱. 2009.『정치와 법치』. 서울: 책세상.

최병조. 2006. "서양 고대 로마의 법치: 이념과 현실."『법치주의의 기초: 역사와 이념』, 125-211. 서울: 서울대학교 출판부.

롤프 크뉘텔, 신유철 역. 2004. "로마시대 법학자들의 법발견 방법."『법사학연구』 제29호, 357-404.

파멜라 마린, 추미란 역. 2009.『피의 광장: 로마 공화정을 위한 투쟁』. 서울: 책우리.

허승일. 1995.『로마 공화정 연구』증보판. 서울: 서울대학교 출판부.

Abbott, Frank Frost. 2001. *A History and Description of Roman Political Institutions*. Adamant Media Corporation.

Brunt, P. A. 1988. *The Fall of the Roman Republic and Related Essays*. Oxford: Oxford University Press.

Crawford, Michael H. 2006. *The Roman Republic*. 2nd ed. London: Harvard

University Press.

Crook, John. A. 1967. *Law and Life of Rome*. Cornell University Press.

Knuetel, Rolf. 신유철 역. 2008. 『로마법 산책』. 서울: 법문사.

Lintott, Andrew. 1999. *The Constitution of the Roman Republic*. Oxford: Clarendon Press.

Nicholas, Barry. 1962. *An Introduction to Roman Law*. Oxford: Oxford University Press.

Schulz, Fritz. 1936. *Principles of Roman Law*. Oxford: Clarendon Press.

Taylor, Lily Ross. 1991. *Roman Voting Assemblies: From the Hannibalic War to the Dictatorship of Caesar*. University of Michigan Press.

Zimmermann, Reinhard. 2004. *Roman Law, Contemporary Law, European Law: The Civilian Tradition Today*. New York: Oxford University Press.

3장

르네상스기 이태리 도시국가의 정부 : 자유와 법치의 공화정*

이동수 경희대학교

1. 서론

대한민국은 정부수립 후 지난 60년 동안 수많은 곡절을 겪어왔다. 권위주의 시대를 거쳐, 90년대 '문민정부'와 '국민의 정부' 그리고 2000년대 '참여정부'와 '실용정부' 시대를 통해 이제 민주주의가 자리를 잡았다. 하지만 우리 사회는 여전히 갈등과 반목, 그리고 무한투쟁으로

* 이 글은 『한국정치연구』 19집 2호(2010)에 게재된 글을 다시 수록한 것이다.

점철되어 있다. 정부에 대한 불신, 개인과 집단의 이기주의에 따른 혼란, 보수와 진보의 충돌, 고착화된 지역주의에 따른 갈등, 심각한 빈부격차 등은 좀처럼 해소되지 않고 있다.

그 이유는 어디에 있을까? 필자는 다른 글에서 그 원인이 우리사회가 아직은 초보적인 자유민주주의 혹은 천민민주주의 단계에 머물러 있기 때문이며 그 대안으로 공화민주주의(republican democracy)가 필요하다고 역설했다(이동수 2007). 여기서 '공화'란 권력분립과 정치적 경쟁을 전제하지만 이 분립과 경쟁 속에서도 사회통합(social integration)을 어떻게 이룰 것인지, 인민의 의사에 따르지만 이 가운데 소수의 권리와 이익을 어떻게 보호할 것인지, 또 개별성을 존중하지만 공동체를 어떻게 유지할 것인지에 관심을 두는 것을 말한다. 그리하여 '민주'의 목표는 궁극적으로 '인민의 지배'를 수립하는 것인데 비해, '공화'의 목표는 공동체에 대한 자발적 복종을 통해 비지배(non-domination) 상태 속에서 공동체의 조화를 이루는 것이다. 따라서 '민주'는 인민주권의 실현에 일차적 관심을 두고 직접민주주의 요소를 강조하는 데 비해, '공화'는 인민주권에 바탕을 두기는 하지만 이를 대의제나 공공선(public good), 헌정주의 등과 같은 장치들을 통해 사회 통합을 우선시한다.

이러한 공화의 관점은 고대 그리스 아테네[1]와 로마에서 태동했으

1 일반적으로 고대 그리스 아테네의 정치체제는 민주주의체제로 이해된다. 하지만 필자가 보기에, 고대 아테네에서 우리가 생각하는 것만큼 직접민주주의가 실행된 것은 아니다. 모든 주민이 시민신분을 갖고 민회에 참여하지 않았으며, 시민들 중에서도 공직을 담당하는 일은 자격심사제나 결산보고서 제출 등의 문제로 인해 소수의 사람들에게만 실제로 개방되었고, 또한 민회와 행정관의 역할이 엄

며, 르네상스기[2] 이태리 도시국가에서 다시 부활하였다. 르네상스는 문화적인 측면에서 고전을 소생시켜 근대의 찬란한 문화를 꽃피운 계기가 되었을 뿐만 아니라, 정치적으로도 고대 아테네와 로마의 공화주의 정치제도를 부활시켜 군주제와 봉건제를 무너뜨리고 근대정치를 여는 데 크게 공헌하였다.[3]

중세 말기에 이태리 지역, 즉 레그눔 이탈리쿰(Regnum Italicum)은 교황과 황제 그리고 봉건영주들의 통치로부터 벗어나려는 열망이 가득했고, 또 이를 실현할 수 있는 기회를 얻었다. 당시 이 지역은 명목상

격히 분리되어 있었다는 점에서 오히려 공화민주주의에 가까워 보인다. 이런 측면에 대해서는 Manin(2005)을 참조.

2 이태리 도시국가체제가 발생하여 유지된 시기는 대체로 12세기부터 16세기경이다. 따라서 혹자는 이 도시국가들을 중세의 정치체제로 보는 경우도 있다. 또 일반적으로 르네상스기는 14-15세기경을 지칭한다. 하지만 필자가 보기에 이 도시국가들은 탈중세적이며 근대적인 정치체제의 성격을 지니고 있기 때문에, 이 글에서는 이런 측면을 강조하기 위해 전르네상스(pre-Renaissance) 시기라 할 수 있는 12-13세기도 함께 포함해 광의의 르네상스기로 사용하기로 한다.

3 그런데 근대 정치사상가들에게 있어서 이태리 도시국가에 대한 평가는 상반된다. 루소나 해링턴 등과 같이 공화주의 전통을 계승하는 정치사상가들에게는 상당히 사려 깊은 체제로 이해되는 반면, 이와 정반대로 폄하하는 경우도 있다. 비판적인 시각에 대해 몇 가지 설명하자면, 먼저 홉즈는 이태리 도시국가 중 하나인 루카(Luca) 사람들이 법에 종속되어 있기 때문에 술탄이 지배하는 콘스탄티노플 사람들과 마찬가지로 자유를 못 누린다고 비판했다. 몽테스키외는 진정한 권력분립이 없다고 보았으며, 페더랄리스트 중 한 사람인 해밀턴은 파당들 간의 투쟁이 심하고 불안정한 측면을 우려했다. 또한 그람시는 근대국가의 초기적이고 경제적 길드-코포라티즘 단계로만 보았으며, 도시국가가 멸망하고 왕정으로 이행한 것을 오히려 역사의 진보로 파악했다. 이태리 도시국가에 대한 비판들에 관해서는 Viroli(2006, 65-66)을 참조.

으로는 신성로마제국(Holy Roman Empire)의 관할로 되어 있었지만, 여러 민족의 침입을 받아 통일과 평화를 유지할 수 없는 거의 무정부 상태에 있었으며 따라서 황제의 영향력도 축소되었다. 이런 혼돈된 틈을 타 이태리인들은 자유를 얻을 수 있는 절호의 기회를 맞이했고, 남에게 구속되지 않는 '독립'과 자기 스스로 통치하는 '자치'를 목적으로 하는 '자유'(libertas)의 획득을 최고의 목표로 삼게 되었다(Rubinstein 1952, 29). 그 결과 이태리인들은 반봉건을 표방하면서 군주나 봉건영주의 지배를 받지 않는 자유인들의 모임인 도시국가체제를 이루었다. 이런 도시국가는 13세기경 중북부지역에 무려 200-300개에 달했으며, 그리하여 레그눔 이탈리쿰에는 도시국가체제, 즉 군주나 영주가 없는 공화제적 자치정부형태가 거의 보편적으로 채택되었다(Hyde 1973, 101).

또한 자유를 추구하는 가운데 파당 간의 충돌이 발생하는 경우가 현저해지자 자유를 보존하고 충돌을 방지하면서 평화를 유지하기 위해 법에 따른 통치를 확립하게 되었다. 이는 고대 로마의 전통을 이어받는 것이기도 한데, 특히 로마법의 '쿠오드 옴네스 탄지트'(quod omnes tangit) 원리에 입각해 국가를 운영하였다. 이 원리는 "전체와 관련되는 것은 주권을 가진 시민 모두가 법을 준수하면서 법이 정한 절차에 따라 결정해야 한다."는 것을 뜻한다. 법에 따른 주권적 결정은 통치자들이나 특정 정파, 특정 사회집단의 사적 이익보다는 공공의 이익을 보장하는 방향으로 이루어질 것이며, 따라서 시민들을 예속으로부터 보호함으로써 자유를 보장할 것이라고 여겨졌다(Viroli 2006, 78).

또한 이 도시국가들의 체제적 특성은 '혼합정'(mixed government)을 취했다는 데 있다. 교황과 대치하고 황제나 군주에 대항하면서 도시의 자유와 독립을 유지하기 위해서는, 한편으로 뛰어난 리더십이 필요했고 다른 한편으로 귀족과 민중이 함께 힘을 합쳐 연합해야 도시를 보존할 수 있었다. 따라서 레그눔 이탈리쿰의 도시국가들은 군주정의 요소와 귀족정 및 민주정의 장점들을 혼합하여 독특한 공화정 체제를 만들었던 것이다.

물론 혼합정에 대한 칭송은 이미 플라톤이나 아리스토텔레스에서부터 있었으며, 후에 몽테스키외나 미국의 페더랄리스트들에게서도 발견된다. 하지만 르네상스기 이태리 도시국가들의 혼합정은 이론적 차원뿐만 아니라 실제로 성공적으로 행해졌으며 근대민주주의의 초석이 되었다는 점에서 우리의 눈길을 끈다. 당시 공화정은 완성된 민주주의 체제라고 볼 수는 없지만, 군주정을 타파하고 근대적 공동체로 이행하는 가운데 공동체에 필요한 것이 무엇인지를 잘 보여준다. 따라서 이 공화정을 면밀히 살펴보면 오늘날 문제점에 봉착한 민주주의를 치유할 수 있는 원형적 실마리를 찾을 수 있을 것이다.

일반적으로 르네상스기 이태리 도시국가의 공화정은 크게 피렌체 타입과 베네치아 타입으로 구별될 수 있다. 피렌체 타입은 보다 민중적인 혼합정으로, 자유와 참여를 통해 도시에 활력이 넘치고 파당 간의 정쟁이 끊이지 않으며 또 이런 정쟁으로 인해 야기된 혼란을 해결하려는 시뇨레(signore) 1인 지배를 경험한 공화체제이다. 반면 베네치아 타입은 보다 귀족적인 혼합정으로, 유력한 가문과 귀족계층의 헤게모니가 유지되면서도 전체적으로는 귀족과 민중 간의 균형과 공공선 추구가 잘 이루어진 공화체제이다.

이 글은 르네상스기 공화주의적 도시국가가 발생하게 된 배경과 역사, 사상에 대해 알아보고 두 타입의 공화정을 제도적으로 비교하는 것을 목적으로 삼는다. 하지만 이 두 타입 중 어느 것이 더 우월하다거나 우리 현실에 더 적합하다는 주장을 하는 것은 이 글의 목적 밖이다. 다만 이 글은 두 타입의 비교를 통해 르네상스기 이태리 도시국가 공화체제의 기본 원리가 무엇인지 살피고, 그 현대적·한국적 함의가 무엇인지 찾아보고자 한다.

2. 레그눔 이탈리쿰의 정치환경

이태리 지역은 서로마 멸망 이후 거의 무정부 상태에 놓여 있었다. 그 후 12세기를 거치면서 형식상으로는 신성로마제국의 영토로 편입되었다. 하지만 독일 지역과 달리 신성로마제국 황제의 직접적인 통치는 받지 않은 채 여러 도시국가들(country-states)[4]로 나뉘어져 각자 자신의 관할권을 행사하고 있었다. 이 중 법률적 주권(de jure sovereignty)을 갖고 있는 도시국가는 베네치아뿐이었고, 나머지는 실제적 주권(de facto sovereignty)만 행사하고 있었다. 하지만 레그눔 이탈리쿰은 군주나 봉건영주의 지배를 받지 않는 자유인들의 모임인 도시국가체제를 보편적으로 이루고 있었다.

당시 이태리 지역에는 로마시대에 발달한 도로와 건축기술 등에

4 여기서 도시국가란 도시와 그 변방을 포함하는 독립된 정치체제를 지칭한다.

의해 이미 오래 전부터 도시들이 발달해 있었다. 이 도시들은 코무네(commune)라 불렸는데, 고대 도시들과는 정치적으로나 사회적으로 다른 조건에서 출발하였다. 예컨대 중세 권력이라 할 수 있는 교회와 봉건영주가 아닌 지역의 상공업자와 금융업자들이 중심이 되어 건설했는데, 당시 농촌경제가 붕괴되어 농촌의 인구와 경제적 투자 여력이 소비될 수 있는 공간으로서의 역할과 기능을 갖고 있었다.

이 도시들은 모두 담을 쌓았는데, 그 이유는 단순히 국방과 안전 때문만이 아니라 영주가 지배하는 시골과 달리 도시는 자유의 공간이라는 것을 상징하기 위한 것이었다. 도시인을 부르그(bourg) 사람이라 부르는데, 이는 자유인을 뜻하는 단어로서 자신의 재산을 가질 수 있는 권리와 자기가 스스로 주인이 될 수 있는 권리를 가진 자를 뜻한다. 그리고 도시국가의 시민인 키비스(civis)가 뜻하는 바는 고대 로마적 의미의 정부에 참여하는 자로서의 시민이라는 의미보다, 도시에 사는 사람으로서의 시민, 즉 자유를 가진 자로서의 시민이라는 의미가 더 강했다.[5] 이 자유시민들은 자치를 추구했으며, 자체의 군사력을 지니고, 자체의 세금제도, 법률제도, 행정체계를 갖추고 있었다(Finer 1997, 952).

도시의 계층은 시민과 인민으로 크게 나눌 수 있는데, 시민이나 도시의 유력가문이 만든 기구로는 콘소르테리아(consorteria)가 있었고, 도시 인민들이 조직한 단체로는 포폴로(popolo)가 있었다. 포폴로는 도

---

5 즉 시민이란 자유로운 도시거주민을 가리키는 말이다. 하지만 시민들 사이에 유력한 가문의 시민이 있고 또 그렇지 않은 시민이 있었다. 그리고 도시거주민 대다수는 시민의 지위를 갖지 못한 인민들(popolani)이었다.

시에서 공존하고 있는 다양한 경제적 이익단체들의 조합이나 길드 단위가 조직하여 탄생한 정치세력이었다. 이들은 콘소르테리아와 대립하거나 공생하는 관계를 유지하고 있었으며, 포폴로와 콘소르테리아와의 투쟁과 협력관계에 따라 도시국가의 성격이 달라졌다(김종법 2007, 146).

이 도시국가들에서 가장 중요한 결정 기관은 위원회(혹은 公會, consilio)였다. 위원회에는 여러 종류가 있었는데, 여기에 참여할 수 있는 사람들은 소수의 유력하고 부유한 시민들이었다. 이들은 경우에 따라 도시를 통괄하는 콘술(consul)을 임명하여 권한을 위임했고, 폭력과 무질서가 난무할 때에는 법과 질서의 외부에 존재하는 포데스타(podesta)[6]를 임명하여 국정을 운영하도록 했으며, 또 기근이나 질병, 전쟁과 같은 재해를 당하면 유력한 개인인 시뇨레(signore)의 1인 통치를 인정하기도 하였다.

일반적으로 도시국가에는 여러 종류의 행정위원회와 1-2개의 입법위원회, 법무를 담당하는 포데스타, 그리고 모든 시민이 참여하는 대의회가 있었다. 하지만 긴급 상황을 제외하고는 대의회가 열리지 않았으며, 대부분의 공무는 각종 위원회에서 이루어졌다. 위원회 위원은 1년 미만의 임기만 주어졌는데, 직접 혹은 간접 선거와 추첨 등 다양한 방식을 통해 충원되었다. 그리고 일정 기간이 지나야만 재선될 수 있

6 포데스타는 'power'를 뜻한다. 이는 도시국가의 군사와 치안을 담당하는 최고행정관을 지칭하는데, 이는 영토가 확장되면서 좀 더 효율적인 통치체제를 만들기 위해 임명되었다. 시민 출신으로서 특수한 교육을 받고 전문적인 행정가로 일했는데, 해당 도시출신이 아니라 이웃도시를 제외한 타 도시 출신을 급여를 주고 임명하였다. 요컨대 포데스타는 직업적인 통치관료였다.

게 함으로써 부정부패를 애초에 방지하고자 하였다. 또한 자격심사제를 거쳐야만 입후보가 가능했기 때문에, 소수의 사람들만 입후보할 수 있었다. 예컨대 피렌체의 경우, 시민의 수는 전체 인구의 5%인 4-5천 명이었으며, 이 중 10% 내외의 사람들만이 공직에 입후보할 수 있었다 (Finer 1997, 963).

따라서 도시국가의 정치체제는 혼합정의 성격을 지닌다. 콘술이나 포데스타와 같은 지도자와 소수의 유력한 시민들이 점유하는 원로원을 비롯한 각종 위원회들, 그리고 시민들이 모두 참여하는 대의회는 군주정과 귀족정, 그리고 민주정의 요소들을 적절히 혼합하여 이들 간의 균형을 도모했던 것이다. 하지만 이런 공화체제는 쉽게 인정되지 않았으며 일단 수립되고 난 후에도 항상 잘 유지되지는 않았다.

역사적으로 보면, 도시국가들이 자유를 획득하는 과정은 레그눔 이탈리쿰에 명목상의 관할권을 갖고 있는 신성로마제국과의 투쟁에서부터 비롯되었다. 당시 롬바르디아(Lombardia) 평원은 풍요로운 곳이었으며 이곳을 정복하면 “진정한 열락의 정원”을 소유하는 것을 의미했다. 1154년에 이르러 신성로마제국의 황제 프리드리히 바르바로사(Friedrich Barbarossa)는 더 이상 이 지역을 방치해서는 안 되겠다고 생각하고 이태리 경략을 시작했는데, 그 후 신성로마제국과 레그눔 이탈리쿰의 도시국가들 사이에 전쟁이 거의 두 세기에 걸쳐 진행되었다.

이 전쟁에서 레그눔 이탈리쿰은 초기엔 밀라노를 필두로 그리고 나중엔 피렌체가 앞장 서 투쟁한 결과, 1312년경 신성로마제국 세력을 완전히 추방할 수 있었다. 이 기나긴 투쟁기간 동안 롬바르디아 및 토스카나(Tuscany)의 도시들은 전장에서 황제를 격퇴했을 뿐만 아니라,

자신의 명목적인 영주에게도 계속 저항하는 행위를 정당화할 수 있는 이념적 무기체계 또한 갖추게 되었다. 황제의 요구에 대해 그들이 응수한 논거의 핵심은 자신에게는 일체의 외부 간섭에 대항해 '자유'를 스스로 지킬 권리가 있다는 주장이었다. 또한 이 주장은 중요한 근대적 이념 두 가지를 분명히 밝혔는데, 하나는 자신의 정치생활에 대해 일체의 외부 통제로부터 자유로울 권리가 자신에게 있다는 생각, 즉 자신이 주권을 가지고 있다는 생각이며, 다른 하나는 스스로 적당하다고 믿는 방식으로 자신을 다스릴 권리가 있다는 '자치'의 개념이다(Skinner 1978, 6-7).

그러나 신성로마제국에 대항해 확인한 자유와 자치에는 약점이 있었다. 즉 도시들은 합법적인 무력을 소유할 명분이 없었던 것이다. 당시 법률에 대한 견해는 6세기에 완성된 유스티니아누스 법전(Codex Justinianus)의 자구에 절대적으로 충성하는 주석학파(School of the Glossators)의 입장에 따르고 있었다. 시대적 상황의 특수성을 무시하고 가능한 한 문자 그대로 해석하여 현실에 적용했던 것이다. 이에 따르면, 고대의 법률서는 도처에서 최고지도자인 프린켑스(princeps)[7]야말로 도미누스 문디(dominus mundi), 즉 지상의 유일한 통치자로 간주되어야 한다고 천명하고 있었고, 주석학파 법률가들 사이에서는 신성로마제국 황제가 곧 프린켑스라는 것이 정설로 받아들여졌다. 그러므로 로마법을 주석학파에 따라 해석하면, 도시들은 신성로마제국으로부터 법률적으로

---

7 프린켑스는 시민들 중의 으뜸인 자를 가리키는 용어이다. 따라서 그는 최고 권력자 지위를 갖는다.

독립되어 있다고 말할 수 없는 반면 황제는 도시를 무력으로 점령하는 것이 정당화되었다.

그러나 14세기에 이르러 후기주석학파(School of the post-Glossators)의 창시자인 바르톨루스(Bartolus of Saxoferrato)는 도시국가의 관할권 인정을 법률적으로 뒷받침해주는 입장을 취했다. 그는 법과 사실이 충돌한다면 법이 사실에 맞도록 수정되어야 한다고 주장한다. 그는 먼저 형식상 유럽 전체가 하나로서 신성로마제국의 관할 아래 속하며, 따라서 독립된 왕국들 즉 레그눔이라 불리던 것들은 단지 제국에 속한 지방에 지나지 않고, 마찬가지로 당시에 키비타테스(civitates)라 불렸던 도시공화체제 역시 신성로마제국에 속한 도시에 지나지 않는다는 주석학파의 입장을 받아들인다. 하지만 그는 비록 황제가 세계의 유일한 통치자라고 법률상으로는 주장할 수 있지만, 실제로는 그에게 복종하지 않는 사람들도 많다고 강조한다. 그리하여 "제국의 법은 예컨대 피렌체 시민과 같이 황제의 칙령에 실제적으로 복종하지 않는 사람들을 구속하지 않는다."고 적시한다. 그리고 도시들은 실제 매우 오랜 기간 동안 메룸 임페리움(merum imperium, unqualified authority)을 행사해왔다고 인정하고 "그들이 황제로부터 양여를 입증할 수 없는 경우라 할지라도 메룸 임페리움을 실제상으로 행사해 왔다는 점을 입증할 수 있는 한, 주권이 자신에게 있다는 그들의 주장은 타당하다."고 결론짓는다. 그리하여 도시들은 자신의 임페리움을 행사하는 '자유로운 인민'에 의해 다스려지며, 결과적으로 시비 프린켑스(sibi princeps) 즉 자기 나름의 프린켑스를 형성한다고 보았다. 그리하여 시비 프린켑스는 도시들이 자유를 보유할 수 있다는 주장, 즉 자신의 내정에 관해서는 어떤 법률적 간섭도 받지 않는다는 의미에서 자유롭다는 주장을 정당화시킨다(Skinner 1978, 12).

도시국가들이 신성로마제국에 대항해 싸운 기간 동안 가장 중요한 동조자는 교황이었다. 이 동맹은 교황 알렉산데르 3세 때 시작되었는데, 1159년 바르바로사 황제가 그의 교황 즉위에 대한 지지를 거부한 데서 연유한다. 그 후 1243년 교황으로 선출된 이노켄티우스 4세는 교황편의 군대를 동원하여 롬바르디아 지방의 황제편 요새를 공격했다. 하지만 이 동맹은 처음부터 위험이 내재되어 있었는데, 그 위험은 바로 교황이 레그눔 이탈리쿰을 통치하려는 야심이었다. 그리하여 도시국가들은 교황에 대한 저항을 강화하는 한편, 그 저항논리 개발에도 주력했다.

그 논리적 해결책은 파도바(Padova)의 마르실리우스(Marsilius)가 1342년 완성한 『평화의 수호자*The Defender of Peace*』에서 제시되었다. 먼저 마르실리우스는 교회 지도자들이 교회를 법률적, 정치적 혹은 그 밖의 어떤 의미에서든 '강제적 관할권'을 행사할 수 있는 종류의 제도로 생각하는 것 자체가 교회의 본질을 오해한 것이라고 주장한다. 그는 그리스도가 일체의 강제적 권위 또는 세속적 통치의 행사로부터 그 자신의 사도들과 제자들, 그리고 그들의 후계자인 주교들과 사제들을 일부러 배제했음을 역설한다. 그러므로 그리스도에 의해 세워진 교회란 애당초 특정한 영역에 대해 관할권을 갖는 존재처럼 간주될 수 없다는 것이다. 교회란 오직 성도들의 모임인 콩그레가티오 피델리움(congregatio fidelium), 즉 그리스도를 믿고 따르는 신심 있는 자들의 집단이 자발적으로 한 데 모인 것 이상은 아니라는 것이다. 신이 사제에게 부여한 유일한 권위는 다만 가르치고 행할 권위뿐이며, 다른 사람에 대한 강제적 권력의 사용은 허용될 수 없다. 그리하여 그는 각 독립왕국이나 공화제 도시에서 신분고하를 막론하고 모든 피조물 개개인에 대해 완전한 강제적 관할권을 정당하게 보유할 수 있는 유일한 주체는 오직 그 입법자라고 주장한다(Skinner 1978, 18-19).

교회로부터도 독립한 도시국가들이 다음으로 봉착한 문제는 바로 내부 갈등이었다. 도시는 자유를 얻었지만, 이 자유로 인해 도시 내의 계급들이 서로 분열했고 여러 붕당세력들이 등장하여 파쟁을 일삼았다. 일찍이 13세기에 라티니(Brunetto Latini)는 "모든 도시에서 싸움과 증오가 크게 증폭되고 마을 사람들 사이에 서로 다른 파당이 생겨서 어느 한편으로부터 사랑받는 사람은 다른 편으로부터는 증오를 받는다."고 한탄했다. 또한 14세기 피렌체의 콤파니(Dino Compagni)는 "교만하고 말 많은 피렌체 사람들 사이에 관직을 향한 투쟁이 줄곧 그토록 고상한 도시를 분열시켜온 원인의 뿌리였다."고 말했다. 한편 법률가인 무사토(Alberto Mussato)는 1328년 파도바의 공화정이 무너지고 칸그란데(Cangrande)의 수중에 떨어진 이유가 파도바 지도층들이 이자놀이에 손을 대고 자신의 탐욕을 무한히 증가시킨 데 있다고 지적했다.

한편 계급문제에 있어서의 갈등 역시 꾸준히 계속되었다. 도시엔 유력한 가문 외에도 무역과 상업으로 부를 축적해 부상한 인사들이 새로이 신흥세력으로 등장하게 되었다. 그러나 자신의 부에도 불구하고 이들은 포폴라니(popolani) 즉 인민계급에 속했으며 따라서 이들의 목소리는 위원회나 대의회에서 반영되지 못했다. 도시의 대의회는 여전히 오래된 명문가문들에 의해 장악되어 있었던 것이다. 이 분열의 간극이 넓어짐에 따라, 포폴라니는 인정받기 위해 투쟁하고 명문가문들은 자신의 과두적 특권을 유지하려고 싸우게 되어 도시민들 사이에 우려할 정도의 폭력이 증가했다. 일반적으로 이 투쟁은 참정권을 인정받지 못한 포폴라니 진영에서 먼저 촉발했다. 그리하여 민중은 나름의 평의회, 즉 포폴로(popolo)를 구성하고 그 꼭대기에 자신이 선임한 지도자인 카피타노 델 포폴로(capitano del popolo)를 앉혔다. 이는 도시를 지도하는 집정관인 콘술이나 포데스타가 주로 명문가문 출신인데 대한 반작용이었다. 일단 귀족정치에 금이 가기 시작하자, 포폴라니는 더욱 더 공격적인 움직임을 보였다. 예컨대 1287년 시에나(Sienna)에서는 포폴로가 포데스타에게서 통치권을 완전히 빼앗고 많은 귀족을 망명으로 내몰았다. 그러고 나서 9인위원회를 발족시켰는데, 이는 상인계급에 의한 과두제로서 1355년까지 줄곧 지속되면서 도시를 통치했다(Skinner 1978, 23-25).

도시 내부의 갈등이 이처럼 악화되자, 레그눔 이탈리쿰의 대다수 도시들은 행정수반제도를 만들기에 이르렀다. 공직을 둘러싼 파당들의 분열적 효과를 극복하기 위해 13세기부터 대부분의 도시국가들은 치안과 경찰권을 모두 담당했던 포데스타라는 단독 행정수반제도를 만들었으며(Waley 1988, 37), 비상시엔 한 사람의 시뇨레(signore)에 의한 일사분란하며 강력한 통치를 원하기도 하였다. 피렌체의 메디치가(家)의 지배는 대표적인 시뇨레 체제의 예이다. 그러나 시뇨레 체제를 반드시 나쁘게만 본 것은 아니었으며, 오히려 시뇨레를 통일과 평화를 가져다주는 사람으로 간주하였다.

여하튼 도시국가가 추구하는 목표는 이제 단순히 '자유'에만 머무는 것이 아니라 '평화'라는 가치를 하나 더 추가하게 되었다. 이때 평화란 각 계급간의 평화, 각 파당간의 평화를 의미하며, 평화가 지켜져야만 자유를 누릴 수 있다고 생각하게 되었다. 그런데 이렇게 되기 위해 가장 기본적으로 필요한 것은 사람들이 개인적, 파당적 이익을 제쳐두고 자신의 이익과 도시 전체의 이익을 같다고 인식할 줄 알아야 한다는 것이었다. 공공선을 무시하고 마을과 도시 전체가 무분별한 적대감으로 가득 차 있으면, 도시는 끊임없이 황폐해지고 파괴될 뿐이다. 그리하여 각 계급과 파당 간의 화합과 평화가 정치의 가장 중요한 가치로 칭송받게 되었으며, 공화체제의 목적은 이를 지키는 것이었다.

요컨대 르네상스기 레그눔 이탈리쿰은 혼란의 시기를 틈 타 교황과 황제, 영주의 지배로부터 벗어나 독립과 자치를 추구하는 도시국가들을 탄생시켰으며, 이 도시국가들은 먼저 자유를 목적으로 삼지만 이 자유가 파당간의 갈등, 계급간의 갈등을 초래하자 화합과 평화를 또 다른 이상으로 삼아 이를 모두 지킬 수 있는 공화체제를 발전시키게 된 것이다.

3. 공화정의 원리: 자유와 법치

자유와 자치, 그리고 방종한 자유에서 비롯되는 파당 간의 충돌을 막고 화합을 유지하기 위해 르네상스기 이태리 공화정이 주목한 것은 자유에 대한 새로운 인식과 이를 보존하기 위한 법치의 필요성이었다. 즉 이태리 도시국가 공화정의 가장 큰 특징은 '자유'와 '법치'를 그

두 축으로 삼는 데 있었다. 이 글에서는 그들이 생각하는 자유의 의미와 법치의 중요성에 대해 살펴보도록 하겠다.

앞서 지적한 것처럼 레그눔 이탈리쿰은 교황과 황제, 그리고 봉건 영주들로부터의 독립과 자유를 추구했으며, 그 결과 자치공동체인 도시국가를 건설하고 공화정을 수립했다. 그런데 이때 자치와 연관된 자유의 개념은 고대 로마적 의미의 자유를 계승하는 것으로서[8], 근대 자유주의에서 발견되는 자유 개념과는 다른 것이었다.

흔히 자유주의적 자유 개념은 다른 기관이나 개인으로부터 간섭받지 않는 자유, 즉 벌린(Isaiah Berlin 1998)의 용어를 빌면 '소극적 자유'(negative liberty)라 할 수 있는데, 이는 정치체제가 어떻든지 자신에 대한 간섭만 없으면 자유라고 생각한다는 점에서 한계가 있다. 이와 달리 공화주의적 자유는 '간섭의 부재'가 아니라 '지배의 부재' 상태를 의미한다. 이는 사적 형태의 주종 지배(domination) 또는 예속(dependency) 자체가 존재하지 않는 상태를 뜻한다. 즉 법의 제재를 두려워하지 않고 언제라도 남을 마음대로 억압할 수 있는 특정 개인이나 기관의 자의적 의지에 종속되어 있지 않은 상태가 바로 자유라는 것이다(Pettit 1997).

이태리인들에게 있어서 이런 자유 상태를 유지할 수 있는 가장 좋은 방법은 공화정 수립이었다. 공화정은 시민들의 자유 상태를 유지하기 위해 그들의 정치참여를 요구했다. 이는 자치의 원리를 내포하는 것이었는데, 즉 "모두에게 영향을 미치는 것은 모두가 결정해야 한다."

---

8 일찍이 고대 로마 공화정을 옹호한 키케로도 공화정의 최고 가치는 자유라고 주장하였다.

는 로마법 원리에 따른 것이었다. 시민 모두는 의사결정으로부터 똑같이 영향을 받기 때문에 자신의 개인적 이익을 위해서라도 공공선의 논의에 참여해야 한다는 것이다.

그러나 자유를 위해 주권적 정치과정에 참여하는 것이 요구되지만 그렇다고 직접 참여가 필수적인 것은 아니다. 공공선이란 모든 사람들이 일치하여 동의하는 것이 아니라, 남에게 예속되는 것도 원치 않고 또 남을 사적으로 지배하려는(또는 주인처럼 지배하려는) 야심도 없는 그런 시민들에게 이로운 것을 의미한다. 그리고 이런 예속을 피하려는 욕구가 바로 자유를 향한 욕구이며, 이런 공공선의 실현에는 공화정이 효과적이다(Viroli 2006, 36). 그리고 이 점에서 시민들의 집단적 의사에 의존하는 민주정보다 자의적이지 않은 법에 의존하는 것이 더 적절하다고 본다. 즉 법치에 따른 공공선의 실현이 시민의 자유를 보장해준다는 것이다.[9]

이런 공화주의적 자유는 민주주의적 자유와도 다르다. 민주주의가 말하는 자유는 주권적 의사결정 과정에 직접 참여하는 일종의 '적극적 자유'(positive liberty)이다. 또한 민주주의적 자유는 자신을 위해 스스로 규범을 정할 수 있는 힘, 그리고 스스로 만든 규범이 아니면 어떤

---

9 18세기에 루소도 이 점에 착안하여 복종(obedience)과 예종(servitude)을 구별하고 자유란 모든 사람에게 똑같이 제한을 가하는 법에만 복종하는 것을 뜻한다고 보았다. 그는 다음과 같이 말한다(Rousseau 1964): "자유로운 인민은 복종은 하지만 예종하지는 않으며, 지도자는 두지만 주인은 두지 않는다. 자유로운 인민은 오직 법에만 복종하며, 타인에게 예종하도록 강제할 수는 없는데, 이것은 법의 힘 때문이다."

규범에도 복종하지 않을 힘을 갖는 것을 의미한다. 즉 민주주의적 자유는 강요에 반대되는 개념으로서 자기규율을 뜻한다. 그리하여 민주주의적 자유인은 자유의사를 갖고 있는 사람, 즉 스스로 생각하고 다른 사람의 눈치를 보지 않으며, 압력이나 아부 또는 삶의 방향에 관한 환상들을 이겨낼 수 있는 전혀 고분고분하지 않은 사람을 가리킨다. 요컨대 스스로 결정해서 살아가는 것을 즐길 수 있다는 의미에서 자유로운 의사를 가진 사람이라는 것이다.

이에 비하면 공화주의적 자유는 개인들이 예속에 벗어나 있을 때, 그리고 타인이나 타집단의 자의에 좌우되지 않을 때 누리는 일종의 소극적 자유이다. 반면 공화주의적 자유는 그 역시 강요를 자유의 침해로 간주한다는 점에서는 의사의 자율성을 추구하는 민주주의적 자유에 가깝다. 그러나 공화주의에서는 내 의사가 자율적으로 되는 것은 나의 행동을 지배하는 법이나 규칙이 내 의사와 일치할 때가 아니라, 내가 남에 의해 강요받을 수 있는 끊임없는 위험성으로부터 보호될 때라고 본다(Viroli 2006, 103). 자유란 내가 동의한 법에 의해서만 나의 행동이 규율되는 것이거나, 내가 스스로 규칙을 만들어야 한다거나 또는 내가 만든 규칙만을 따를 수 있는 힘과 같은 것이 아니다. 그 대신 스스로 법을 만드는 것이—직접 만들거나 대표를 통해 만들거나—자유로운 삶, 즉 타인의 자의적 의지에 예속되지 않는 삶을 누리는 데 효과적인 하나의 수단이다.

그리하여 법에 의해 규율되는 행동이 자유로운 행동이 되는 것은 법이 자발적으로 받아들여지거나 시민들의 욕구에 부합할 때가 아니라 법이 자의적이지 않을 때, 즉 법이 보편적 규범을 존중하고, 공공선을 지향하며, 이를 위해 시민들의 의사가 타인의 강압에 의해 제대로 표현되지 못하는 위험성을 틀어막아 이런 의사가 충분히 자율적인 것이 되도록 보장할 때이다. 공화주의는 법에 의해 개인적 선택에 부과되는 제한이나 간섭은 자유에 대한 제한이라기보다는 오히려 공화주의적 자유의 핵심적인 구성요소로서 자동차의 브레이크처럼 꼭 필요한 것이라고 본다. 법은 모든 시민들 또는 단체의 모든 구성원들에게 똑같이 적용되는 공적이고 보편적인 명령이며, 따라서 법의 지배가 엄중하게 지켜지는 상황에서는 어떤 사람도 자신의 자의적인 의사를 타인들에게 강요할 수 없는 것이다. 반면 법 대신 사람이 지배하게 되는 경우에는 타인에게 자신의 의지를 강요할 수 있고, 이들을 억압하거나 이들이 하는 일을 방해함으로써 자유를 박탈할 수 있는 특정인들이 존재하게 된다(Viroli 2006, 108-109). 이 점은 다수파가 지배하는 민주주의에도 적용되는데, 다수의 지배는 결국 소수의 비자유인을 초래하는 것이다.

고대 로마의 공화주의자인 키케로 역시 『클루엔티오를 위한 변론 *Pro Cluentio*』에서 "우리 모두는 자유롭기 위해 법에 복종한다."고 말했으며(Cicero 1990), 르네상스기 피렌체를 이끌었던 브루니(Leonardo Bruni)는 진정한 자유란 법에 의해 보장되는 평등을 의미한다는 원칙을 역설했다. 또한 그는 지아노 델라 벨라(Giano della Bella)의 생각이라면서 덧붙이기를, 자유가 존속하는 것은 오직 법이 시민들보다 힘이 셀 때라고 하였다. 요컨대 공화주의에서 자유롭다는 것은 공평한 법 아래 사는 것을 의미하는 것이다.

따라서 르네상스기 이태리 도시국가의 공화정들은 민주정을 최고의 가치로 여기지 않았다.[10] 민주보다 더 중요한 것은 공공선을 실현하는 것이었으며 이때에만 시민들이 자유를 누릴 수 있다고 보았다. 그리고 공공선을 가장 잘 실현하려면 군주정, 귀족정, 민주정을 섞은 혼합정 체제가 가장 적합하다고 생각했다. 혼합정은 군주정, 귀족정, 민주정의 장점만 모은 것인데, 이런 혼합정이 필요한 이유는 정부를 구성할 때 3가지 핵심적 기능을 모두 확보해야 하기 때문이다. 먼저, 최고위 결정의 신속한 집행과 대외정책 및 정부 기타 활동의 조율과 감독이 요구되는데, 이는 군주정적 요소가 필요함을 의미한다. 이 기능은 포데스타나 도제(doge)[11] 등에 의해 수행되었다. 둘째, 여러 가지 정치적 능력들을 충분히 모아야 하는데, 이는 경험이 많고 존경받는 시민들로 구성된 원로원적 요소가 필요함을 뜻한다. 셋째, 독재체제를 수립하거나 파당적 이익을 관철시키려는 모든 시도를 막을 수 있는 믿음직스러운 방파제가 있어야 하는데, 이는 법률을 인준하고 실제적으로 통치를 담당할 집정관들을 선출하는 권한을 가진 대규모의 확대된 공회를 필요로 한다. 그런데 이 세 가지 요소의 혼합은 다양한 시민들의 욕심을 만족시킬 수 있다는 장점이 있다. 즉 도제나 곤팔로니에르(gonfalonier)[12]와 같은 직책은 도시국가의 다른 주요한 직책과 더불어 가장 야심적인 시민

---

10 비롤리는 공화주의를, "참여민주주의를 강조하는 이론체제라기보다는 헌법적 제약 속에서 운영되는 '대의제적 자기통치'에 관한 이론체제"라고 평가한다(Viroli 2006, 38).

11 도제는 베네치아의 행정수반을 지칭하는 용어이다. 선출부터 사망할 때까지 종신직으로 유지된다. 국가원수와 같다고 볼 수 있지만, 실질적인 권한은 별로 없었으며 각종 위원회와 위원들에 의해 제한받았다.

12 곤팔로니에르는 도시 내의 지역인 구(區)를 의미하는 곤팔로니를 담당하는 사람을 가리킨다.

들의 구미를 충족시킬 수 있다. 또한 베네치아의 프레가디(Pregadi)같이 구성원이 제한된 원로원은 중간 시민들의 야심을 충족시킬 수 있다. 마지막으로 대규모 공회(대의회)는 명예나 영광에 대한 특별한 야심이 없고 단지 공동체가 정의롭지 못한 법을 통과시키거나 사악하고 부패한 인사를 공직에 앉히는 것을 막기만을 바라는 일반시민들의 요구를 충족시킬 수 있다(Viroli 2006, 78).

그런데 르네상스기 이태리 도시국가에서는 이런 참여가 성문법에 의해 제도적으로 보장됨으로써 실제 그 힘을 발휘할 수 있었다. 법치를 강조하는 공화정은 특정 가문이나 특정인이 정권을 잡거나 공권력을 독점하는 것을 최대한 어렵도록 제도화시켜 놓았다. 예컨대 시에나의 경우, 최고위직(9인위원회 위원)에 선출되는 정치가는 오직 2개월만 그 직책에 재임할 수 있었고, 다시 선출되려면 법에 따라 20개월을 기다려야 했다. 뿐만 아니라 '추첨'에 의해 선출이 이루어졌기 때문에 누구도 9인위원회에 선출될 지 자신할 수 없었다. 끝으로 가족이나 친척 또는 동업자나 사업관계자가 다른 공직을 맡고 있는 경우에는 법에 따라 9인위원회 위원으로 선출되는 것이 엄격히 금지되었다.

결론적으로 말하자면, 르네상스기 이태리 도시국가는 지배가 부재하는 자유를 추구하기 위해 크게 두 가지 점에 주목했다고 볼 수 있다. 첫째는 공공선을 추구하기에 적합한 혼합정 체제를 채택했으며, 둘째는 개인의 자의적인 지배를 방지하기 위해 법치에 의존했다는 점이다. 그런데 법의 지배가 개인을 자유롭게 만드는 것은 그것이 이들의 의사나 동의를 표현해서가 아니라, 법이 일반적이고 추상적 명령이고 그리하여 개인들을 타인의 자의적 의지로부터 보호하기 때문이다. 이런 공화정의 원리를 염두에 두고, 피렌체와 베네치아의 사례를 차례로 살펴보도록 하겠다.

4. 피렌체의 공화정

피렌체는 정치, 경제, 문화 등 모든 면에서 이태리 르네상스를 이끈 대표적인 도시국가였다. 섬유산업과 광범위한 금융업이 발달하여 강력하고 부유한 도시국가를 이루었고, 인구는 대략 10만 명에 달했다. 문화와 예술 방면에서는 마사치오(Masaccio), 도나텔로(Donatello), 브루넬레스키(Brunelleschi) 등의 업적이 피렌체의 명성을 드높였다. 그러나 무엇보다 피렌체를 레지움 이탈리쿰의 대표적인 도시국가로 만든 것은 강력한 공화체제를 수립한 정치적 측면 때문이었다.

본시 피렌체에 공화정이 처음 들어선 것은 13세기였으며, 1328년 개혁 이후 비교적 안정적인 공화체제를 유지하였다. 특히 14-15세기의 인문주의자이며 재상이었던 살루타티(Salutati)를 비롯해 그의 동료인 브루니(Bruni), 포지오(Poggio), 베르제리오(Vergerio) 등이 피렌체 공화정의 전성기를 이끌었는데, 이들은 모두 시민적 자유에 대한 비전을 공유하며 그 실현을 위한 실천적 노력을 가속화시켰다(Baron 1966, 28).

특히 브루니는 공화정이 모든 시민들에게 공직참여의 기회와 영예획득의 기회를 동등하게 제공하기 때문에, 시민들 사이에 경쟁하고 참여하는 마음이 생겨 강하고 효과적인 공동체를 만들 수 있다고 보았다. 또한 토디(Todi)와 루카(Luca)의 재상을 지낸 후 1375년 피렌체의 재상에 임명된 살루타티는 풍부한 경험을 바탕으로 피렌체를 강력한 공화제로 바꾸어 나갔다. 당시 피렌체는 밀라노와 충돌하고 있었는데, 이 위기를 겪으면서 살루타티는 피렌체 유지에 주된 위협은 밀라노라는 외부의 적이 아니라, 전제적 횡포가 침범해 오는 데도 시민들이 자유를 위해 싸울 태세를 갖추지 않고 신뢰할 수 없는 용병의 손에만 자유수호 임무를 떠맡기는 데 있다고 보았다. 피렌체는 상업적 활동이 점점 더 복잡해지고 발달함에 따라 대부분의 부유한 시민들은 국방을 직접 담당하지 않고 용병을 고용하여 적과 싸웠는데, 몇 차례에 걸쳐 용병의 배신을 경험한 바가 있었다. 따라서 살루타티는 공화국과 자유를 유지하기 위해서는 자신의 목숨을 바칠 수 있는 사람들이 지키고 다스려야 한다고 생각했다. 그리하여 그는 피렌체 시민들이 공화국의 자유에는 아무 관심이 없고, 자신의 도시를 스스로 지키지 못하면서 오직 전리품에만 관심을 갖는 것을 남자답지 못한 행동이라고 비난하면서 시민들의 관심과 참여를 독려했다(Skinner 1978, 74-75).

이를 위해서는 소위 르네상스적 인간이 필요했다. 이는 모든 분야에 뛰어남을 목표로 하는 인간이다. 즉 시민이라면 학문적 지식이 있을 뿐만 아니라 정치에 관심을 갖고 전쟁에도 참여하는 실천적인 사람이어야 한다는 것이다. 그리고 이러한 능력의 총합은 소위 비르투라는 용어로 표명되었다.[13] 피렌체를 짊어질 젊은 시민들에게는 단지 어느 한

13 마키아벨리가 포르투나를 극복하는 비르투를 강조한 것은 자신의 독창적인 생각이 아니라 당시 이태리 공화체제에 공통으로 강조되던 내용이었다. 다만 마키

분야에만 뛰어난 전문가가 아니라 전인(uomo universale)이 요구되었으며, 이는 운명(fortuna)을 개척하는 사람으로 이해되었다.

피렌체 공화정의 특징은 시민들의 참여를 강조하면서도 실제적이고 효율적이며 강력한 행정체제를 형성했다는 데 있다. 당시 프랑스나 영국의 고위직은 교회 성직자들이 차지하고 관료체제가 발달하지 않은 데 비해, 피렌체는 수사학자나 법률가들이 주요 업무를 담당하면서 관료체제를 정비해 나갔다. 관료의 수가 증가했고, 조세수입이 늘면서 행정서비스가 확대되었으며, 기금을 조성하여 대출을 원활히 해주는 금융업이 발달하는 등 시민에게 도움이 되는 정책이 다수 시행되었다. 그 결과 공적 권위는 날로 증대했다(Finer 1997, 973).

그런데 이와 같이 관료조직의 힘과 권위가 강해졌지만 정부가 부패나 전제로 이어지지 않은 것은 피렌체 공화정의 제도적 특징 때문이었다. 먼저 피렌체에는 최고기관으로서 9인으로 구성되는 시뇨리아(Signoria)가 있었으며, 그를 조언하기 위해 2개 위원회의 보좌를 받았다. 시뇨리아는 주로 명문가 출신들로 구성되었으며, 위원장 1인과 4지역의 대표들이 각각 2인씩 참여했다. 이들의 임기는 2개월밖에 되지 않았으며, 퇴임 후 즉시 재임명은 불가능했다. 시뇨리아를 보좌하는 두 위원회는 12인위원회와 16인의 곤팔로니에르(gonfalonier)로 구성된 행정위원회가 있었는데, 특히 후자는 각 지역에서 충원되며 내무와 보안을 담당하였다. 임기는 전자가 3개월, 후자는 4개월이었다.

아벨리의 비르투가 다른 사람들의 비르투와 다른 점은 남자다움의 비르투에 술수의 능력도 포함시켰다는 점이다.

위원회 위원이 되려면 먼저 시민들의 심사(squittinio)를 통해 승인을 받아야 했다. 이 과정은 크게 두 단계로 이루어지는데, 우선 노미나토리(Nominatori)라는 예비선정위원회가 있어서 최종심사에 올라갈 사람을 먼저 뽑았다. 이때 선정방식은 시민들 중 일정 수 이상의 표를 얻은 다수의 후보자들 이름을 주머니에 넣고 이 중 행정관이 될 사람의 이름을 무작위로 뽑았다. 물론 후보자가 되는 과정에서 명문가나 거대상인, 그리고 길드조합의 지도자들이 부분적으로 영향력을 발휘한 것은 사실이다. 명문가가 아닌 사람(즉 중간급 상인이나 기능인)도 관직에 오를 수는 있었지만, 이는 누가 심사받을지 결정하는 노미나토리를 지배했던 유력하고 부유한 사람들이 승인할 때에나 가능했다. 하지만 최종적으로 누가 심사에 올라갈지는 아무도 몰랐으며, 그런 점에서 공정성이 유지되었다(Manin 2005, 81).

한편 노미나토리를 거쳐 최종심사에 회부된 사람들은 또 다시 심사를 받아야 했다. 이는 후보들에 대한 거부권을 행사하는 것인데, 이 기관은 시민들 중 추첨을 통해 선출된 사람들로 구성되며 그 수는 수백 명에 달했다. 따라서 심사는 두 번에 걸쳐 이루어졌으며, 한번은 노미나토리에서 명문가문이, 그리고 마지막에는 보다 폭넓은 범위의 시민집단 전체로부터 승인을 받아야 했다.

이런 복잡한 체제의 도입은 행정관 선발에 있어서 공평성을 보장하고 파당의 형성을 막기 위한 것이었다. 행정관 선출이 복잡한 과정을 거치기 때문에 어느 특정 개인이나 파당이 행정관 선출을 조작하는 것을 막을 수 있었다(Waley 1988, 41). 어느 누구도 그 과정의 각 단계를 통제하거나, 자신이 원하는 결과를 끌어낼 수는 없었기 때문이다.

1494년 개혁 후엔 베네치아 모델을 받아들여 대의회도 설치하였다. 이때는 대의회의 모든 위원들이 행정관 선발에 참여해야 했으며, 그들 스스로도 관직에 나아갈 수 있는 자격을 갖게 되었다. 선거에 나갈 이름을 예비선정하는 일은 계속되었지만, 명문가문들은 예비선정에 대한 통제력을 상실했다. 그때부터 노미나토리는 명문가문이 장악하는 대신 대의회 위원들 중 추첨으로 선출되었기 때문이다. 또한 대의회는 심사 후 추첨을 할지 아니면 심사에서 다득표를 얻은 사람에게 행정관을 배분할 지를 정하는 권한도 갖게 되었다. 이때 후자는 선거제를 채택했다는 의미를 갖는데, 유력가문 출신 중 선거를 통해 공직에 진출하는 경향이 발생함에 따라 시민들은 다시 추첨을 선호하게 되었다.

하지만 1434년부터 1494년까지 60년간은 메디치 가문에 의한 전횡이 이어져 공화정은 퇴색의 빛이 역력했다. 종교가이자 수사학자인 사보나롤라(Savonarola)가 중요한 역할을 했던 1494년 혁명과 함께 공화정이 부활되었지만 프랑스의 샤를 8세가 침략해오면서 피렌체는 위기에 봉착하게 되었다. 샤를 8세의 뒤를 이은 루이 12세 역시 빈번히 침략전쟁을 일으켰고, 1520년대 신성로마제국의 카알 5세가 밀라노에 대한 프랑스의 지배권에 맞서면서 레그눔 이탈리쿰 지역은 이후 30년간 전화에 휩싸이게 되었다.

이는 이태리 지역 전체에 걸친 도시국가의 정치 스타일에 변화를 가져왔다. 나폴리와 밀라노에서는 강력한 시뇨레 체제가 등장하였고, 피렌체나 로마에서는 자유를 옹호하는 사람과 보다 전제적인 방식이 필요하다고 생각하는 사람들 사이에 갈등이 빚어졌다. 그 후 메디치 가문에서 피렌체에 시뇨레 체제를 성립하기 위한 여러 작업들을 진행시켰으며, 망명했던 메디치 가문이 스페인 군대의 도움으로 복귀한 1512년에 공화정은 무너졌다. 또한 공화정 회복의 노력과 민중봉기가 있었지만 메디치가 출신의 교황 클레멘스 7세가 개입하여 공화정을 무력으로 무너뜨리고, 젊은 사생아 알렉산드로 데 메디치(Alessandro de Medici)를 피렌체의 종신 곤팔로니에르로 임명한 다음 1532년부터는 그 후계자들에게 영구적인 영유권을 내주어 토스카나 대공국(Grand Duchy of Tuscany)이라는 세습정부 형태로 전락하고 말았다.

5. 베네치아의 공화정

피렌체가 격정적이고 활기찬 공화정이었다면, 반대로 베네치아는 세레니시마(serenissima)라는 별명처럼 조용한 도시국가였다. 그 주된 이유는 베네치아가 서구제국의 일원이 아니라 비잔틴제국의 일부였고, 따라서 봉건주의를 거치지 않아 봉건귀족과 부유한 상인계층 사이의 극단적인 충돌이 없었으며, 다른 종류의 사회적·종교적 분쟁이 부재했기 때문이다. 17세기 영국의 공화주의자인 해링턴(James Harrington)은 자신의 저서 『오세아나*Oceana*』에서 그 이상적 모델로 삼을 정도로 베네치아는 모범적인 공화정이었다.

베네치아의 출발은 황무지로 버려진 땅에 여러 사정으로 인해 고향을 떠나 피난 온 사람들이 도시를 건설한 데서 비롯되었다. 비잔틴시대 8세기경부터는 도제가 통치를 맡았는데, 도제는 대의회에서 평생

직으로 선출되고 절대 권력을 가지며 대평의회의 동의를 얻어 중요한 일들을 결정했다. 초기엔 도제에 항거하는 인민봉기가 일어났으며, 9세기부터 11세기 사이에는 6명이나 쫓겨나거나 암살당하는 등 소용돌이가 몰아쳤다.

그 후 1297년에 헌법을 제정하고 본격적인 공화정을 만들어 이를 계속 유지하였다. 이 공화체제의 핵심 내용은 크게 세 가지인데, 도시의 공직을 대부분 임명하는 책무를 지닌 대의회(consilio grande), 외교와 재정에 관한 사무를 관장하는 원로원(senate), 그리고 대의회의 보좌를 받으면서 선출직 정부수반으로 재직하는 도제(doge)가 그것이다. 이렇듯 엄격하게 짜인 체제가 시행되자, 처음엔 참정권을 인정받지 못한 인민들이 봉기를 일으켰다. 하지만 이는 즉시 진정되었고, 1335년 비밀공안위원회인 10인위원회가 상설기관으로 설립된 후에는 더 이상의 소란은 없었다. 그리하여 베네치아는 중단 없이 자유와 안전을 누리면서 레그눔 이탈리쿰 전역에 선망의 대상이 되었다.

베네치아는 경제적으로도 유럽에서 가장 부유한 국가였다. 15세기에 도시인구는 10만 명 정도였고, 베네치아가 곳곳에 일군 제국 전체의 인구는 150만 명에 달했다. 당시 프랑스의 인구는 베네치아의 10배나 되었지만, 수입은 베네치아의 절반밖에 되지 않았다. 베네치아에는 100여 개의 명문가가 있었는데, 그 중 20-30개의 유력한 가문들이 대가문을 이루었다. 중요한 결정을 내리는 대의회는 많은 경우 1,500명 정도의 시민으로 구성되었으며, 이들이 모두 부유한 사람은 아니었다. 법관과 고위관료 등 주요공직을 담당할 수 있는 시민은 전체 인구의 5%에 해당되며, 대부분의 사람은 자유노동자나 숙련노동자였다. 이민온 사람들은 10년이 지나면 도시 내에서 무역을 할 수 있는 절반의 시민권(half-citizenship)을 획득하며, 이는 25년간만 유지할 수 있었다(Finer 1997, 991).

앞서 베네치아 공화체제를 이루는 세 요소를 나열했지만, 베네치아인들은 도시의 정치적 안정의 원인이 바로 이 혼합정 체제에 있다고 생각하고 자부심을 가졌다. 특히 법률가인 베르제리오(Pier Paolo Vergerio)는 1394년 도제에게 보낸 한 편지에서 베네치아의 특징인 혼합정을 찬양한다. 먼저 그는 플라톤이 『법률Laws』에서 밝힌 주장, 즉 가장 건전하고 안전한 정부형태는 세 가지 '순수한' 형태가 결합한 결과 즉 군주정과 귀족정, 민주정이 융합된 상태라는 주장에 동조한다. 그리고 베네치아 헌법이 특별히 뛰어난 것은 군주정의 요소를 대변하는 도제와 귀족정 및 민주정을 대변하는 원로원과 대의회 등, 세 가지 서로 다른 요소가 융합해 하나의 안정된 혼합정을 엮는 데 성공했기 때문이라고 강조한다. 또한 마키아벨리의 친구이며 베네치아에 망명한 적이 있는 피렌체 출신의 지아노티(Donato Gianotti) 역시 베네치아 공화정의 진화 과정을 서술하면서, 베네치아 사람들이 달성한 자유와 안전의 결합은 두 가지 주요 원인 때문이라고 주장한다. 그 첫째는 도제와 원로원, 대의회를 결합함으로써 베네치아 사람들이 일인지배와 소수지배 그리고 다수지배 사이의 균형을 유지할 수 있었다는 점이고, 둘째는 모든 관리 선출과 정책 결정이 어떤 파당적 이익에 앞서 공공선을 극대화하는 목적에 따라 이루어지게끔 선거와 투표제도를 정교하게 고안해 시행했다는 점이다(Skinner 1978, 141).

그러면 베네치아의 공직선출 과정을 보다 구체적으로 살펴보자.

먼저 도제를 선출하는 권한은 대의회에 있다. 예비추천위원회인 노미나토리는 후보를 추천했으며, 이 후보들 가운데 도제를 선출하는 권한은 대의회 위원 중에서 구성된 선거인단에 주어졌다. 선거인단이 구성되는 과정은 다음과 같다. 먼저 1,500명 정도로 이루어진 대의회에서 11명의 선거인을 임명하고, 이들이 그 가운데 스스로 4명으로 축소하며, 다시 이 4명이 40명(후에 41명)으로 선거인단을 확대시킨 후, 최종적으로 확대된 선거인단이 도제를 선출한다. 이러한 과정이 목표로 하는 것은 선거인단의 구성을 처음에 1,500명에서 11명, 11명에서 다시 4명으로 축소(reduction)시키고, 그것을 다시 40-41명으로 확대(expansion)하는 과정을 거치면서, 선출과정에서 어떤 파당도 형성할 수 없게 만드는 데 있었다(Finer 1997, 993). 그리고 선거인단을 임명할 때 추첨과 선거를 모두 활용했는데, 여기서 추첨을 사용한 것도 위와 똑같은 이유에서이다. 이런 복잡한 과정을 거침으로써 선거인단은 결국 특정한 소수를 위하는 사람이 아니라 전체를 대표하는 도제를 선출할 수 있게 되었다.

한편 원로원의 정원은 260명이었는데, 이 중 핵심은 120명으로 구성되며 나머지는 공직에서 물러나 보직을 받지 않은 참석자들에 불과했다. 이 120명의 핵심 중 절반인 60명은 대의회에서 선거로 선출되고, 선출된 60명이 또 다른 60명을 선출하여 이를 대의회에서 확정했다. 이러한 원로원을 구성할 때에는 여러 기준에 따라 평가하는데, 지식, 책임감, 토론능력, 연속성 등을 주요한 기준으로 삼았다.

대의회가 민주정의 요소를 가지고 있다고는 하지만, 베네치아 대의회 역시 인구의 일부분만 포함하고 있었다. 대의회의 위원 자격은 세습되었는데, 위원들은 1297년 개혁 때 입회했던 사람들의 후손이었다.

또한 대의회 위원들은 스파르타 귀족들(homoii)처럼 특권을 가진 동등한 자(privileged equals)로서 모든 공직의 후보가 될 수 있었으며, 공직의 임기는 대체로 1년이고 즉시 재임은 불가능했다.

베네치아의 특징 중 하나는 공직에 추천할 때 많은 부분이 추첨을 통해 이루어졌다는 점이다. 이는 앞서 설명한 바와 같이 후보추천 과정에서 파당들이 영향력을 행사하지 못하도록 하기 위해서였다. 즉 대의회 위원들은 어떤 직책에 어떤 후보가 추천될지 미리 알 수 없었으며, 후보추천 후에도 선거운동을 하지 못하도록 후보가 발표되면 바로 투표가 실시되었다. 요컨대 추첨을 통한 추천위원의 선정과 지명 및 즉각적인 투표는 관직 획득을 위해 파당을 자극하는 선거운동을 막기 위해 고안되었던 것이다(Lane 1973, 110). 그리하여 투표할 때 대의회 위원들은 집단과 파당의 압력으로부터 최대한 고립되었다.

베네치아 헌법의 가장 유명한 이론가인 콘타리니(Gasparo Contarini)는 추첨이 더 많은 사람들에게 일정한 역할을 부여하는 '민중적' 측면이 있다고 보았다. 그러나 이 평등주의적 측면은 대의회의 모든 위원들이 '중요한' 사람이 될 수 있는 동등한 기회를 갖고 있다는 즉 관직에 나갈 수 있는 동등한 기회를 갖고 있음을 의미하는 것이 아니라, 추천인이 될 수 있는 동등한 기회를 갖고 있다는 것을 말한다(Manin 2005, 89-90). 베네치아 역시 현실적으로 고위 행정직들은 항상 대의회보다 훨씬 적은 소수에 국한되었다.

하지만 베네치아는 시민들 간에도 원로원과 대의회로 나뉘어 상호견제가 이루어졌으며, 가장 부유한 만큼 심각한 빈부격차가 있었음에도 불구하고 조정과 화합이 잘 이루어졌다. 모든 인민들이 정치에 능동적으로 참여할 수는 없었지만 법 앞의 평등은 이루어졌고 모두의 권리는 보호되었다. 이렇듯 안정적인 베네치아 공화체제는 아이러니컬하게도 또 다른 공화주의를 내건 나폴레옹 군대에게 폭력적으로 점령당함으로써 그 역사를 마감한다.

6. 결론

이상의 논의를 요약하면 다음과 같다. 첫째, 르네상스기 레그눔 이탈리쿰은 명목상 신성로마제국 황제의 관할임에도 불구하고, 여러 민족과 국가의 침략 때문에 무정부상태에 놓여 있었다. 이 기회를 틈타 레지눔 이탈리쿰의 도시국가들은 황제와 교황, 그리고 봉건 영주들의 지배로부터 벗어나 자유도시를 만들고 공화정을 실시하였다. 둘째, 비록 자유도시들은 독립과 자치를 얻었지만 내부엔 파당 간, 계층 간의 갈등이 상존했으며, 따라서 공화정이 추구하는 최종적 가치는 '자유'와 '평화'였다. 그런데 그들이 추구한 자유는 소극적 자유인 간섭의 부재나 의지의 자율성을 강조하는 민주적 자유가 아니라, 지배의 부재를 의미하는 공화적 자유였으며, 평화는 파당 간의 극단적인 충돌 없이 화합하는 것을 의미했다. 셋째, 이런 공화적 자유와 평화를 보전하기 위해 그들은 군주정, 귀족정, 민주정의 요소를 융합한 혼합정 형태의 공화정을 채택하고, 어느 개인이나 파당의 자의적인 지배를 원천적으로 방지하기 위해 '법치'에 의존했다. 넷째, 당시 공화정은 크게 두 타입으로 나뉘는데, 피렌체 타입은 보다 민중적인데 비해 베네치아 타입은 보다 귀족적이었다. 하지만 두 타입 모두 공통적으로 군주정이나 귀족정적 요소가 부패하거나 전제화되는 것을 방지하기 위해, 즉 특정 개인이나 파당의 영향력 행사를 막고 공공선을 추구하는 행정관들을 선출하기 위해, 복잡한 공직선출제도와 추첨제, 임기제한, 자격심사제 등을 사용하였다. 마지막으로, 이 시기 공화정은 제한된 시민의 참여만 허용했기 때문에 근대적 의미의 민주주의는 아니었지만, 시민들 사이에는 공정성과 기회의 평등, 상호견제, 법치, 공공선에 대한 인식이 존재함으로써 공화적 민주주의의 원형을 보여준다.

앞서 지적한 바와 같이, 군주와 영주의 전제로부터 벗어나 자유도시를 세운 르네상스기 이태리인들에게는 이제 황제나 영주와 같은 한 개인을 대상으로 하는 투쟁보다는 시민계층과 인민계층의 계층적 갈등, 그리고 시민계층 내부 사이에서의 파당적 갈등이 더 중요한 문제였다. 이 중 파당적 갈등을 해결하는 문제에 있어서는 대체로 일치된 의견을 보였다. 하지만 계층적 갈등문제에 있어서는 서로 상반된 의견을 내놓았다.

먼저 피렌체주의자들은 공화정의 기반이 좁기보다는 넓어야 한다고 주장했다. 즉 소수 엘리트에 의한 지도보다는 포괄적인 대의회에 기초를 두어야 한다는 것이다. 예컨대 지아노티는 『피렌체 공화국*Florentine Republic*』에서, "질서가 잘 잡힌 공화정은 시민의 모든 계층을—귀족과 중간 부류뿐만 아니라 행정관으로 봉사할 자격을 갖추지 못한 처지에 있는 보통 인민인 포폴라니까지—망라하는 광범위한 대의회에 기초를 두어야 한다고 말한다. 마키아벨리 역시 『로마사 논고*The Dis-*

courses』 제1권 제5장에서, "현상유지만 원한다면—근대의 베네치아와 고대의 스파르타에서 승인받았듯이—공화국의 살림을 귀족에게 위임한다는 주장을 옹호할 수 있지만, 제국의 건설을 바라보는 공화국을 염두에 두고 있다면, 반드시 인민 전체가 자유의 수호자로 되어야 한다."고 역설한다(Skinner 1978, 159-160).

반대로 좀 더 작고 긴밀하게 상호 연관된 지배계급이 인민을 위해 리더십을 제공해야 한다고 주장한 귀족주의적인 공화주의자들도 상당수 있었다. 파트리찌(Patrizi)는 『공화국의 제도』 제4장에서, 가장 좋은 형태의 공화정은 모든 종류의 사람들이 한 데 섞여 있는 것"이라고 언급하면서도, 그러나 만약 귀족계급이나 민중계급이 단독으로 지배하는 것 사이에 선택해야 한다면, "반드시 민중보다는 귀족에 정치가 맡겨져야 한다."고 주장한다. 왜냐하면 귀족이 그 성격상 공공선에 훨씬 높게 헌신하기 때문이라는 것이다. 또한 귀차르디니(Francesco Guicciardini)는 『로마사 논고에 관한 고찰*Observations on Machiavelli's The Discourses*』에서 마키아벨리를 공격하면서, "인민의 집합체는 생각이 없고, 항심도 없으며, 변화에 목말라 하고, 원칙도 없이 의심만 하며, 나아가 부 또는 지위를 가진 모든 사람들을 무한히 시기하기 때문에, 그들은 한 마디로 말해 중요한 사안에 관해 결정할 능력이 없다."고 설파한다(Skinner 1978, 160-161).

레그눔 이탈리쿰에서 이 두 견해는 서로 팽팽한 균형을 이루었다. 비록 이론적으로는 지아노티와 마키아벨리의 민중주의적 접근이 보다 설득력 있어 보이지만, 실제적으로는 파트리찌와 귀차르디니의 견해대로 실행되었다. 그런데 필자가 보기에, 공화정의 핵심은 보다 귀족적인 공화정인가 아니면 보다 민중적인 공화정인가에 있는 것이 아니라, 귀족과 민중 중 어느 한쪽이 우세해지더라도 열세에 있는 다른 계층이 자유를 유지할 수 있는가, 또 열세에 놓인 다른 계층을 배제하지 않고 그들을 사회에 통합시킬 수 있는가에 달려 있다고 여겨진다.

다른 식으로 말하자면, 절대 권력자를—그것이 황제든 교황이든 아니면 제한된 관할권 내에서의 지도자이든—몰아내고 민주주의를 발전시킨다는 것이 단순히 민중계층이 정치권력을 확대하고 여기서 한 걸음 더 나아가 귀족계층을 최종적으로 타도하여 완전한 민주정을 수립하는 것에 국한되어서는 안 된다는 것이다. 설사 절대군주는 제거될 수 있어도 복잡한 사회라는 공간 속에서 하나의 계층으로서의 지도적 계층은 궁극적으로 사라지지 않는다. 이 지도계층은 때론 군사력이나 강제력을 바탕으로, 혹은 경제력을 기반으로, 혹은 이념이나 당성(黨性)을 기준으로 형성되며, 사회가 변하거나 시대가 지나도 여전히 존재한다. 이는 인간사회의 속성이며 정치의 특성이다.

그런데 여기서 중요한 것은 이 지도계층이 계속 세습되거나 한 가지 성격으로 국한되어서는 안 된다는 점이다. 왜냐하면 이런 상태가 지속되면 누가 권력을 갖든지 공화정적 요소가 사라지고 점차 사회를 전제화시키기 때문이다. 따라서 중요한 것은 귀족정과 민주정적 요소의 적절한 융합과 균형이다. 그러나 이것은 정적인(static) 상태로 존재하는 것이 아니라 동적인(dynamic) 과정으로만 존재한다. 즉 귀족정적 요소를 민주정적 요소가 투쟁하거나 대체하면서, 또 민주정적 요소의 혼란을 막고자 다시 귀족정적 요소가 부활하면서 현실 속에서 다이나믹스로 존재하는 것이다.

그런 점에서 민주사회에서 소란이 발생하는 것은 당연하다.[14] 또 소란이 지나치면 지나칠수록 이를 잠재우기 위해 귀족정적 요소가 대두하는 것 역시 당연하다. 이것의 순환만이 오히려 공화정을 유지시켜주는 비결인 것이다. 마키아벨리도 이 점에 착안하고 있다. 그는 『로마사 논고』에서 말하기를, "계층 사이의 충돌에서 자유에 우호적인 모든 법이 태어나며, 그러므로 계층갈등이란 공동체를 와해시키는 것이 아니라 하나로 묶어주는 접착제"라고 설파한다(Machiavelli 1970, 113). 그런 점에서 공화정은 귀족정과 민주정의 긴장과 경쟁 속에서 그 균형감을 잃지 않음으로써 사회의 자유와 평화를 유지하는 것이다.

지금 한국사회도 마찬가지이다. 오랜 민주화 과정을 거쳐 민주정이 확대된 만큼 사회적 혼란은 가중되기 마련이다. 혹자는 이 혼란을 부정적으로만 보는데, 이는 지나치게 귀족정적인 태도이다. 또한 다른 이들은 이 소란이 여전히 기득권층과 민중의 대결 속에서 아직 민중이 최종적으로 승리하지 못했기 때문이라고 보고 '민주주의의 공고화'를 주장하기도 하지만, 이는 민주정에만 치우친 진단이다. 지금 우리에게 필요한 것은 이런 혼란 속에서 공화의 의미를 되새겨보는 일일 것이다.

---

14 일반적인 기대와 달리, 아테네 민주주의는 조화보다는 시민들 사이의 갈등과 투쟁이 넘쳐난다. 이는 갈등과 투쟁이 민주주의를 구성하는 중요한 요소임을 의미한다. 아테네 민주주의의 소란스러움에 대해서는 Ober(1998), Hansen(1999) 참조.

참고문헌

곽준혁. 2005. "민주주의와 공화주의." 『한국정치학회보』 제39집 3호.

김경희. 2007. "서구 민주공화주의의 기원과 전개: 아테네에서 르네상스에 이르는 민주와 공화의 변증법." 『정신문화연구』 제30권 1호.

김종법. 2007. "이탈리아 도시국가의 공화정." 『민주주의 강의 1 - 역사』. 민주화운동기념사업회.

이동수. 2007. "민주화 이후 공화민주주의의 재발견." 『동양정치사상사』 제6권 2호.

이동수. 2005. "대의제 민주주의의 위기: 마넹의 논의를 중심으로." 『시민사회와 NGO』 제3권 1호.

Baron, Hans. 1966. *The Crisis of the Early Italian Renaissance.* Princeton: Princeton University Press.

Benson, R. L. and G. Constable (eds.). 1977. *Renaissance and Renewal in the Twelfth Century*. Oxford: Clarendon Press.

Berlin, Isaiah. 1998. "Two Concepts of Liberty." *The Proper Study of Mankind*. Ed. Henry Hardy. New York: Farrar, Strauss and Giroux.

Brucker, G. A. 1962. *Florentine Politics and Society, 1343-1378*. Princeton: Princeton University Press.

Burke, P. 1974. *Tradition and Innovation in Renaissance Italy*. London: Fontana.

Cicero. 1990. *Pro Cluentio*. Tr. H. Grose Hodge. Cambridge: Harvard University Press.

Finer, S. E. 1997. *The History of Government*. Vol. 2. Oxford: Oxford University Press.

Finlay, R. 1980. *Politics in Renaissance Venice*. London: Benn.

Hall, J. A. (ed.). 1986. *States in History*. Oxford: Blackwell.

Hansen, Morgens Herman. 1999. *The Athenian Democracy in the Age of Demosthenes*. Tr. J. A. Crook. Norman: University of Oklahoma Press.

Harrington, James. 1977. *Oceana. The Political Works of James Harrington*. Cambridge: Cambridge University Press.

Hyde, J. K. 1973. *Society and Politics in Medieval Italy: the Evolution of the Civil Life, 1000-1350*. London: Macmillan.

Lane, Frederic. 1973. *Venice: A Maritime Republic*. Baltimore: The Johns Hopkins University Press.

Machiavelli, Niccolo. 1970. *The Discourses*. Trs. Leslie J. Walker and Bernard Crick. Harmondworth: Pelican.

Manin, Bernard. 1997. *The Principles of Representative Government*. Cambridge: Cambridge University Press; 버나드 마넹. 곽준혁 역. 2005. 『선거는 민주적인가』. 서울: 후마니타스.

Mouffe, Chantal. 1993. *The Return of the Political*. London: Verso.

Ober, Josiah. 1998. *Political Dissent in Democratic Athens*. Princeton: Princeton University Press.

Pettit, Philip. 1997. *Republicanism: A Theory of Freedom and Government*. Oxford: Clarendon.

Pirenne, H. 1925. *Medieval Cities*. Princeton: Princeton University Press.

Reynolds, S. 1984. *Kingdoms and Communities in Western Europe, 900-1300*. Oxford: Clarendon Press.

Rousseau. J. J. 1964. "Lettres écrittes de la montagne." *Oeuvres complètes*. Vol. 3. Paris: Gallimard.

Rubinstein, Nicolai. 1952. "Florence and the Despots: Some Aspects of Florentine Diplomacy in the Fourteenth Century." *Transactions of the Royal Historical Society*.

Schevill, F. 1976. *History of Florence*. New York: F. Ungar.

Skinner, Quentin. 1978. *The Foundations of Modern Political Thought*. Vol.

1. Cambridge: Cambridge University Press; 퀜틴 스키너. 박동천 역. 2004. 『근대정치사상의 토대 1』. 파주: 한길사.

Viroli, Maurizio. 2002. *Republicanism*. New York: Hill & Wang; 김경희·김동규 역. 2006. 『공화주의』. 고양: 인간사랑.

Waley, Daniel. 1988. *The Italian City Republics*. London: Longman.

4장

제국(empire)과 영방(territorial state)의 긴장 속의 신성로마제국 정부*

장명학 경희대학교

1. 서론

정부란 일반적으로 국가구성원인 국민의 이익을 위해 국민을 대표해서 국가의 재화를 운영해 나가는 공공 조직이라는 데 그 핵심이 있다. 정부에 관한 기존의 연구들 또한 대체적으로 국가나 정부 조직을 '사적'(私的, private)인 것에 대립되는 '공적'(公的, public)인 측면을 강조하

* 이 글은 『한독사회과학논총』 21권 2호(2011)에 실린 글을 다시 수록한 것이다.

는 데 초점을 두었다. 즉 공동체나 국가에 관계되는 것이 '공'이며, 특정한 개인 또는 집단에 관련된 것이 '사'의 개념에 부합한다. 따라서 우리가 국가나 정부의 특성을 떠올릴 때, 흔히 사적인 것에 대비되는 '공공(公共)의 것' 또는 '공공성'(公共性)이라는 인식에 도달하곤 한다. 다만 공과 사의 이분법에 의거해 국가나 정부의 특성을 이해했던 전통적인 인식경향은 정부 내지 국가의 존재 근거이자 추구 목표인 공공성(公共性) 개념에 대한 인식에 어려움을 초래하지 않을 수 없었다.

따라서 우리가 여기서 특히 주목해야 할 점은 국가나 정부의 특성을 지칭하는 공공성이라는 용어가 공(公)과 공(共)이라는 두 가지 개념의 합성어라는 데 있다. 전자는 영어에서 공적인 것을 특히 강조하는 의미에서의 공공성(the public)[1]을 지칭하며, 반면에 후자는 공동의 것, 즉 공동성(the common)을 의미한다. 여기서 후자는 국가구성원인 개인들을 전제하고 이들의 의지를 함께 모았다는 의미를 지닌 공동성(the common)을 지칭하는 반면, 전자는 이러한 개별 국민들을 초월하여 오로지 정치공동체인 국가 또는 정부라는 '전체'를 위해 존재하는 공공성(the public)이라고 할 수 있다. 따라서 정부나 국가의 존재 근거이며 추

---

1 이 글에서는 한자어에 의거한 '공공성'(公共性)이라는 용어와 영어의 the public을 의미하는 '공공성'을 다음과 같이 구별할 것이다. 즉 후자는 공적인 것만을 특히 강조하는 용어인데 반해, 전자는 공적인 것, 즉 the public과 함께 공동의 것, 즉 the common을 모두 포함하는 더 포괄적인 개념으로 사용될 것이다. 아울러 이 글의 전개과정에서 정부의 공공성을 한자어와 함께 사용하는 경우에는 공(公)과 공(共)을 아우르는 보다 포괄적인 개념을 뜻하며, 한자어가 병용되지 않는 공공성이라는 용어의 사용은 영어의 the public의 의미만을 내포하고 있다.

구 목표이기도 한 공공성(公共性)의 핵심적인 의미는 다음과 같다. 즉 정부나 국가는 공동성의 측면에서는 구성원의 개별성을 존중하면서 이들의 의지를 함께 모으는 데 노력해야 하며, 공공성의 측면에서는 구성원의 이기적인 개별성들의 한계를 넘어서서 전체의 이익을 추구하는 데 주력해야 할 것이다.

이처럼 국가나 정부의 특성을 지칭하는 공공성(公共性)은 공공성(the public)의 의미와 공동성(the common)의 측면을 공히 담지하고 있는 것이다. 역사 이래 정부의 변천사를 보다 근원적으로 살펴보면, 공공성과 공동성의 두 가지 요소 중 어느 측면이 강조되는가에 따라 정부의 형태와 조직 그리고 제도의 모습이 다르게 나타난다. 만일 국가나 정부가 공동성에만 치중하면, 공동성을 지배하는 다수의 의지가 소수를 포함한 공동체 전체가 아닌 다수만을 위하는 것으로 변질될 우려가 있다. 직접민주주의의 타락된 형태인 소수를 배려하지 않는 다수만을 위한 정치, 포퓰리즘 그리고 중우정치 등이 바로 이에 해당하는 좋은 예이다. 반면에 전체를 강조하는 정부의 공공성에 치중하게 되면, 구성원의 개별성을 초월하는 전체만이 유일한 정치적 가치로 부각되는 전체주의(totalitarianism)로 치달을 위험을 안게 된다. 인류 역사에서 보듯이 전체주의는 국가, 민족, 인민 등 추상적 전체를 위해 구성원 개인의 권리나 이익을 유보하거나 희생시키곤 했던 폭력에 의존하는 체제였다.

이러한 맥락에서 볼 때, 바람직한 정부나 국가란 공(公)과 공(共), 즉 공공성과 공동성의 양 측면이 적절하게 균형과 조화를 이룬 공공성(公共性)에 도달했을 때 비로소 성취되었다고 할 수 있을 것이다. 이렇게 볼 때 국가나 정부의 특성을 공과 사의 이분법에 의거해 이해했던 전통적인 인식경향은 정부나 국가의 공공성(公共性) 개념을 적절히 인식하는 데 어려움에 봉착하지 않을 수 없었다.

이 글에서는 한걸음 더 나아가 공공성과 공동성을 포괄하는 공공성(公共性)의 개념을 다층적이면서도 다차원적인 개념으로 이해하고자 한다. 즉 우리 인간의 공동생활은 이러한 두 가지 측면을 공히 지니고 있는 것으로 파악해야 한다는 사실이다. 왜냐하면 우리 인간은 개인적 존재임과 동시에 공동체로부터 결코 분리될 수 없는 존재이기 때문이다. 이에 의거하면 개인의 범위를 넘어서는 개인들의 집합체인 공동체는 가족관계로부터 시작되어 다층적으로 확대되어 간다. 이때 하위 공동체는 외부적으로 더 상위에 있는 공동체의 공적 통제를 받아야 하고, 반면에 내부적으로 자신의 내부 구성원들을 공적으로 통제하는 속성을 지니지 않을 수 없다. 이와 달리 각 구성원들이나 공동체들 사이에서는 무엇보다도 각기 자신들의 공동의 관심사들을 함께 논의하고 결정하는 '공동성'의 특성이 내재하고 있다는 점을 결코 간과해서는 안 될 것이다. 왜냐하면 '공동체 구성원들이 함께 하는 공동의 것'이라는 정치적 의미를 내포하고 있는 '공동적'(共同的, common)인 측면, 즉 공동성에 대한 관심은 시민의 정치참여가 활성화되고 있는 민주적인 현대 정부의 올바른 이해를 위한 관건이기 때문이다. 바꾸어 말하면, 정부를 특징짓는 양대 속성인 공공성과 공동성이 균형과 조화를 이룰 때 비로소 바람직한 정부의 출현이 가능할 것이다.

정부에 대한 연구를 공공성과 공동성의 양대 개념에 입각하여 연구한 사례는 거의 없다고 해도 과언이 아니다. 다만 이와 연관된 최근 논의로서는 로마 공화정에 대한 연구와 이에 기초한 공화주의에 대한 연구들이 있다. 이에 따르면 정부나 국가의 존재 또한 그 구성원인 인간의 의지와 열망 그리고 미덕 등에 의해 좌우된다. 특히 키케로에게 있어서 인간의 공동체인 국가는 인간의 자연적인 군집성에 의해 발생하며, 이러한 국가의 존재 또한 지도자와 일반 인민이 공히 공동체의 안위를 우선시하는 열망에 기인한다(곽준혁 2007, 145). 즉 국가나 정부는 구성원의 자연적인 성향에 따라 공동 의지나 공동성에 의거해서 형성되며, 국가나 정부의 지속적인 존재는 지도자와 인민이 공히 공동체, 즉 공공성을 중시하는 데 달려있다고 말할 수 있다. 마키아벨리 또한 로마 공화정의 원동력을 공동체 구성원인 시민들의 비르투를 증폭시키는 데서 찾고 있다. 이에 따르면 로마 공화정의 진정한 의미는 가문이나 혈통 등에 의해서가 아니라, 오로지 공동체의 이익과 자신의 이익을 동일시하는 시민의 공적 능력인 비르투를 함양하는 데 있다. 바로 이 비르투를 진작해서 각 시민들은 공공선의 이념을 싹틔울 수 있고 동시에 공동체 전체의 힘도 결집시킬 수 있다(김경희 2005, 28-31). 즉 시민들의 덕성 함양에 의해서 공동체인 국가나 정부의 공공성과 시민들의 공동이익인 공동성이 조화될 수 있을 것이다.

이러한 문제의식에서 이 글은 유럽 역사 속에 존재했던 신성로마제국 정부의 형성과 운영과정 등을 공공성과 공동성의 두 가지 측면에서 분석함으로써 정부의 공공성(公共性)이 지닌 의미를 추적하려고 한다. 아울러 중앙집권적 정부를 일찌감치 구성했던 영국이나 프랑스와 달리 전통적으로 강력한 지방분권적 정치구조를 형성했던 독일만의 특수한 정치상황의 전개를 면밀히 검토할 것이다. 그리고 지방분권제도의 토대가 된 신성로마제국이 현대독일의 정치와 사회 그리고 문화를 이해하는 관건이라는 점을 밝혀낼 것이다.

2. 게르만족의 기독교화와 신성로마제국의 탄생

원래 북유럽에 거주하던 게르만족이 역사적으로 알려진 것은 지금의 프랑스 지역인 갈리아를 정복한 율리우스 카이사르(Julius Caesar; BC 100-44)에 의해서였다. 로마제국의 북부 경계지역의 여러 부족인 프랑크족, 고트족, 킴부리족, 반달족 등을 포괄하는 이 지역을 로마인들은 게르마니아(Germania)로 불렀다. 카이사르에 의하면 이 지역은 야만인들이 거주하는 지역이므로 로마의 정복이 불필요하다고 했다. 로마의 역사가인 타키투스는 『게르만인의 기원과 지역에 대하여』(98년 저술, 독일에서는 1497년 출간)를 통해 게르만족에 대한 기록을 남겼다. 그 후 로마 군대는 AD 9년 토이토부르그 숲에서 아르미니우스(Arminius)가 이끄는 게르만족에 의해 패하게 된다.[2] 그리고 흉노족의 서방진출로 인

2 독일사의 특수성을 강조하는 역사가들은 대체적으로 토이토부르그 전투에서 독일의 역사가 시작되었다고 말한다. 이는 로마제국이 직접 지배하던 갈리아(프랑스 지역)와는 달리, 로마가 직접 지배하지 않았던 척박한 게르만(독일) 지역의 독자적인 문화적 발전을 강조함으로써 독일문화의 특수성을 강조하는 것이기도 하다. 당시 로마는 광대한 영토를 개방적인 시민권 정책과 로마식 법률 및 제도로서 지배했는데, 이는 로마문화를 보편문화로 발전시키는 계기로 작용했다. 토이토부르그 전투에서 로마가 패배함으로써 독일 지역은 아직 로마의 보편문화로 편입되지 않았고, 따라서 게르만 특유의 문화를 보존할 수 있었다.

해 민족이동의 와중에서 게르만족은 점차 로마제국의 법률, 도시생활, 문화, 건축, 그리고 특히 기독교 정신을 점차적으로 수용하게 된다. 6-7세기경에 로마 영내에까지 정주하기 시작한 게르만족은 서서히 자신들의 원시신앙을 버리고 기독교에 귀의함으로써 게르만 사회의 기독교화를 이루어나갔다.

이때 게르만족의 분파인 프랑크족의 메로빙거 왕조(476-750)와 뒤이은 카롤링거 왕조는 기독교적 토대 위에서 왕조를 운영해나갔다. 특히 카롤루스 마그누스(Carolus Magnus; 768-814)[3]는 오늘날 유럽 영토의 직접적인 토대를 닦는데, 동쪽으로는 엘베강에서 서쪽으로는 대서양까지 그리고 남쪽으로는 피레네산맥과 이탈리아까지 제국의 영토를 확장함으로써 대제국을 건설하게 되었다. 나아가 북이탈리아 지역의 랑고바르드족을 평정해 로마교황청 방어를 책임지면서 로마교회와의 결속을 다졌다. 이 공로로 프랑크족 국왕인 그는 800년 로마교황 레오3세로부터 로마황제의 관을 받게 되는데, 이로써 로마제국, 보다 정확히 말하자면 서로마제국이 부활하게 되었다. 그러나 그의 사후 제국은 삼분된다. 이때 왕국의 분열로 유럽 서부와 중부의 실력자로 부상한 서프랑크와 동프랑크는 각기 현재의 프랑스와 독일의 기원이 되는 토대를 닦아나가게 된다.

그 후 독일지역에서 왕권을 처음으로 강화시킨 지도자로서는 작

---

3 카롤루스 마그누스는 라티어로서 독일어로는 칼 대제(Karl der Grosse), 불어로는 샤를마뉴(Charmagne) 그리고 영어로는 찰스 대제(Charles the Great)로 불리기도 한다.

센 지방의 제후였던 하인리히 공과 그의 후계자로 독일 국왕에 선출된 작센의 왕 오토 1세(Otto I; 936-973)를 들 수 있다. 오토 대제는 955년 훗날 오스트리아로 발전하게 되는 다뉴브 강 지역의 마자르족을 정벌하였고, 이들을 기독교로 개종시켰다. 뿐만 아니라 작센의 동쪽에 거주하던 슬라브족을 몰아내고 독일 국경을 오데르 강까지 확대하면서 메클렌부르그와 브란덴부르그 지역을 새로이 편입시키게 된다. 또한 그는 새로이 정벌한 지금의 프라하 지역에는 주교구를 설치했고, 막데부르그 지역에는 대주교구를 설치하는 등 서유럽에 자리 잡은 기독교 세계를 방어하는 데 크게 기여했고, 또 이를 안정화시키는 데 주력했다. 나아가 그는 신변보호를 요청했던 로마교황을 위해 제후들을 규합하여 이탈리아 원정을 단행했다. 이로써 오토대제는 군사적 정복자로서 이름을 떨쳤을 뿐만 아니라 로마제국의 보편이념으로 발전한 기독교 정신의 수호자로 부상했다(서양중세사학회 2003, 104-109).

이처럼 기독교 세계의 확장과 공고화에 기여한 공헌에 대해 교황 요하네스 12세의 로마교황청은 962년 독일의 오토대제에게 신성로마제국 황제의 관을 내리게 된다. 이로써 오토대제는 서로마제국의 붕괴 이후 최초로 기독교의 수호자이자 '로마의 최고 원로'(romanorum res semper Augustus)를 겸한 제국의 수장이었던 카롤루스대제를 계승하게 된 것이다. 이와 동시에 1806년 나폴레옹에 의해 제국이 해체될 때까지 무려 800년 이상을 지탱했던 그리고 독일 역사에서 흔히 '제1제국'으로 지칭되는 신성로마제국이 탄생했다. 신성로마제국의 황제는 독일의 국왕일 뿐만 아니라 로마제국의 황제이자 기독교 세계의 수호자 역할을 담당하게 된다(Richard Koebner 1961, 21-33). 이후 황제 직위와 제국의 명칭은 독일이 장악하게 된다. 즉 제국이나 황제라는 용어는 이후 독일왕국이 사용하는 특권적 용어로 자리매김했다(Robert Folz 1969, 47-52).

여기서 신성로마제국이라는 국호는 기본적으로 두 가지 의미를 내포하고 있다. 그 하나는 고대 로마제국과 함께 황제의 지위를 계승한다는 정치적 이념이 내포되어 있고, 다른 하나는 종교적인 측면에서 유럽 세계의 정신문명을 총괄하는 기독교적 보편이념이 자리 잡고 있다. 그러나 로마교황이 독일국왕을 신성로마제국의 황제로 칭하는 보다 직접적인 이유는 다음과 같다. 당시 세속 황제가 성직인 교황까지 겸하는 '황제교황주의'를 표방하던 비잔틴제국과 갈등관계에 있었던 로마교황은 비잔틴황제의 이러한 우월한 지위에 대항하는 방안을 찾고 있었다. 그가 찾아낸 유일한 방법은 로마교회의 가르침에 충실한 세속권력자를 내세워 비잔틴제국에 맞서는 것이었고, 신성로마제국 황제는 바로 이 때문에 등장했다(W. 울만 2000, 80).

신성로마제국의 황제에 오른 독일 국왕은 제국의 수장이자 기독교 세계를 수호하는 신성한 군주의 역할을 담당했다. 이러한 막강한 지위에 있던 그는 제국 내의 성직자를 임명하기도 하고 종교재판을 관장하는 권한을 보유하기도 했다. 오토대제 이후 독일 국왕은 자동적으로 신성로마제국 황제의 관을 물려받았고, 로마교황과 더불어 기독교 이념에 바탕을 둔 유럽세계를 지배하게 된다(이경구 2004, 91-92). 이처럼 막강한 권한을 보유하게 된 신성로마제국의 황제이긴 하지만, 오토대제에게는 이러한 화려한 위상을 뒷받침해주는 독일 내에서의 중앙집권적인 정부의 확보가 쉽지 않았다. 이 때문에 오토대제의 황제대관이 오히려 당시의 위축된 교황의 지위를 격상시키는 결과만 초래했다는 평가도 적지 않다(A. Cartellieri 1972, 119). 어쨌든 오토대제 이후 로마제국의 전통을 이어받아 서유럽 전체의 지배자인 황제로서의 역할을 다하고자 했던 독일 국왕들은 확대된 자신의 관할 영역인 북부 이탈리아 경영에 골몰했다. 이 때문에 정작 독일 내에서 국왕으로서의 자신의 지위를 강화하는 문제에는 소홀했다. 그래서 오토대제 이후 독일 영역 내에서는 황제인 국왕의 권한이 점차 약화된 반면 지방에서의 봉건 제후들의 권한은 지속적으로 강화됨으로써 독일의 독특한 지방분권 정치구조가 심화되는 계기로 작용하게 된다.

신성로마제국의 탄생과 관련해서 정부의 공공성과 공동성의 측면을 간략히 살펴보면 다음과 같다. 우선 로마교황의 지원과 함께 탄생한 신성로마제국의 정부는 오토대제의 지도하에 일단은 공공성(the public)의 측면이 강하게 드러났다. 그러나 이러한 제국 정부의 공공성의 측면은 시간이 지나면서 점차적으로 손상 받는데, 그 이유는 바로 신성로마제국의 등장 이후 제국 내에서 전개된 특수한 정치상황 때문이다. 다음에는 그 구체적인 원인들을 살펴보기로 한다.

3. 제국 정부와 교권의 갈등

먼저 독일 내에서 신상로마제국의 초대 황제 오토대제의 위상을 살펴보자. 오토대제는 자신이 원래 국왕으로서 관할하던 작센 지역을 제외하면 실질적으로 지배권을 행사했던 지역은 교회와 수도원이 관할하던 지역에 한정되었다. 오토대제는 가신들을 독일 내의 여러 지방 제후들에게 보내 지배권을 확보하고자 노력했지만, 지방 제후들의 저항이 만만치 않았다. 국왕에 대한 지방 제후들의 저항은 이미 카롤링거 왕조 때부터 배태되었던 것이기도 하다.

카롤링거 왕조 당시 국왕군대의 고위지휘관이었던 공작(Herzog)과, 제국 정부의 행정 중추 기능을 담당했던 백작(Graf)의 지위는 시간이 흐르면서 변했다. 즉 원래 국왕의 가신이었던 이들 공작과 백작은 국왕의 위임 하에 각 지역의 행정을 순찰하는 임무와 함께 군사령관의 역할도 동시에 담당했다. 국왕에게 충성을 맹세한 가신이었던 이들은 국왕으로부터 봉토(Lehen)를 하사받아 경영했고, 국왕의 필요에 부응하여 군대를 동원해 외적과의 전투에 임했다. 그러나 시간이 흐르면서 이러한 봉토에 기초한 봉건제(Lehenswesen)는 계속되는 이민족의 침입과 중앙권력의 쇠퇴 등 다양한 요인으로 인해 봉건 제후들의 세습화 경향을 초래했고, 이를 토대로 세습 제후들은 자신의 지배지역을 중심으로 점차 독립성을 확보해 나가기 시작했다. 이처럼 특수한 과정을 통해 발전한 독일의 봉건제 관행 때문에 국왕의 중앙권력은 세습화된 지방 제후들의 권한과 분할되지 않을 수 없었고, 이 때문에 독일에 특수한 지방분권화 과정이 시작됐다(M. 블로흐 2001a, 461-464).

오토대제의 신성로마제국은 바로 이즈음에 등장했다. 따라서 이들을 제국 정부, 즉 황제의 중앙권력 하에 두고자 하는 오토대제의 시도는 지방 제후들의 끈질긴 반발로 인해 결국은 실패로 돌아가게 된다. 이처럼 제국의 황제로서 강력한 중앙권력의 확보가 여의치 않게 되자, 오토대제는 세습의 위험이 없는 교회와 수도원 특히 주교, 대주교 그리고 수도원장 등 고위 성직자에 대한 임면권을 수중에 넣었다. 이로써 세속 제후들 대신에 원래 신앙 영역을 관장하던 주교나 수도원장 등 성직 제후[4]들이 오토대제의 통제 하에 있었다(W. 울만 2000, 146). 오토대제는 교회와 수도원에 대한 봉건적 주종관계를 확립함으로써 제국의 정부기구 속에 편입시켜 신성로마제국의 통치에 활용했다(Gerhart B. Ladner, 403-422). 그러나 오토대제 사후, 교회를 제국 정부의 제도적 기초로 삼으려고 했던 작센왕조의 지속적인 교회정책은 많은 대가를 치르지 않을 수 없었다. 제국 경영을 위해 교회와 수도원에 의존했던 작센왕조는 그 반대급부로 제국이 지배하던 교회와 수도원에게 점차적으로 막대한 토지와 특권을 허용했다. 이 때문에 수도원장, 주교, 대주교 등 고위성직자들, 즉 성직 제후들에 의해 통치되는 교회령 내지 교회국가 또한 점차적으로 증가했고, 독자적인 권한 또한 강화된 이들 성직 제후들은 나중에 세속 제후들과 대등한 지위를 획득하게 되었다(M. 블로흐 2001b, 163).

그후 오토대제의 작센 왕조의 후사가 끊어지자 프랑켄 가문의 콘라드 2세(Konrad II: 1024-1039)가 황제로 선출되면서 잘리어(Salier) 왕조로 교체되었다. 새롭게 신성로마제국 황제에 등극한 콘라드 2세는 세속권(Temporalia)과 교권(Spirturalia) 양자를 통합시키고자 했다. 이를 위해 독일과 부르고뉴 그리고 북부 이탈리아를 통합하는 데 매진했고, 나아

4 성직 제후라는 용어는 수도원장, 주교, 대주교 등 성직자들이 국왕으로부터 영지를 하사받아 통치하였기 때문에 불린 이름이며, 국왕의 가신에서 출발한 세속 제후들과 구별된다.

가 슈파이어 대성당을 축성하여 기독교신앙의 경건함을 중시하는 제국 황제로서의 위상을 강조했다. 아울러 그는 작센 왕조 당시 확장되었던 교회의 행정적·사법적 권한을 축소하고, 그 대신에 자신의 군대와 행정력을 바탕으로 중앙권력을 강화해 나가기 시작했다. 국왕과 교회, 즉 왕권과 교권의 결합이 내포하고 있는 심각한 문제점을 간파한 콘라드 2세는 작센 왕조와는 달리 교회의 권한과 특권을 제한함으로써 효율적인 왕권 강화를 추구했다. 그는 왕권 강화를 위해 당시의 봉건 제후들에 예속된 농노 출신의 관리인들이었던 미니스테리알렌(Ministerialen)을 하급기사로 충원하여 국왕 직할의 영지 개척과 경영을 촉진시켰다. 이로써 제국 정부의 중앙집권화를 시도했다(M. 블로흐 2001a, 478). 여기서 미니스테리알렌은 국왕의 위상을 강화시켜 줄 수 있는 새로운 세력으로 부각됐다. 하지만 이러한 시도 또한 지방 제후들의 지속적인 반발에 부딪혔기 때문에 기대했던 성과를 보지는 못했다.

콘라드 2세를 뒤이은 하인리히 3세(Heinrich III; 1039-1056) 또한 교회 내의 오랜 폐습이던 대처(帶妻) 행위와 성직매매를 시정하는 데 주력함으로써 교회에 대한 주도권을 장악했다. 이로써 세속군주인 황제가 교회의 보호자이자 실질적인 종교지도자로 기능했다. 동시에 하인리히3세는 교회와 수도원에게 막대한 토지와 특권을 허용했던 작센 왕조의 전통을 타파하고 교회의 지배권과 특권을 제한하기 시작했다. 하인리히 3세는 작센과 튀링엔의 공작직을 폐지했을 정도로 단호했지만, 왕권과 중앙정부의 권력 확대에 저항하는 성직 제후와 세속 제후들의 반발이 격렬했다.

부왕의 뜻을 승계한 하인리히 4세(1056-1106) 또한 제국 정부의 중앙집권화에 박차를 가했다. 그러나 세속 제후와 성직 제후들의 반발과 저항은 지속되었다. 더욱이 독일 안에서 촉발된 제국 정부와 지방 권력 사이의 이러한 갈등은 세속군주인 황제와 로마교황 간의 대립으로 비화되었다. 동시에 교회의 반발과 아울러 왕권의 확대 강화를 두려워했던 세속 제후들의 반발도 거세졌다. 황제와 교황, 즉 교권과 세속권 사이의 우열을 가리는 싸움은 독일 영토를 벗어나 이제 유럽 전체를 범위로 하는 투쟁으로 발전했다.

우선 교회 측에서는 세속권력으로부터 교권을 보호하기 위한 개혁운동이 부르고뉴 지방의 클뤼니(Cluny) 수도원에서 발발했다. 밖으로는 국왕에 의해 임면권이 주어지는 성직의 세속화에 저항했고, 안으로는 성직자의 대처 행위를 금지함으로써 엄격한 종교생활로의 복귀를 강조했다. 서임권을 둘러싼 국왕과 교황의 대립 또한 심화되었다. 이러한 갈등 속에서 클뤼니 수도원 출신의 교황 그레고리우스 7세(1073-1085)는 성직 매매와 대처 행위를 금지하며, 세속권력과 성직자들의 연계 고리를 끊어내고자 했다. 이를 위해 그레고리우스 7세가 내세운 논리는 다음과 같다. 첫째, 정의(justice)의 문제는 기독교 신앙의 한 요소로서 이에 대한 해석권은 전적으로 로마교회, 즉 궁극적으로는 교황의 소관이며, 둘째 이에 근거하여 세속군주는 로마교황의 명령에 복종해야 하고, 셋째 모든 기독교인은 교황의 신민이며 따라서 군주 또한 교황의 신민에 지나지 않는다는 점을 강조하면서 교황은 정신사뿐만 아니라 세속사에도 책임이 있다는 점 등이다(W. 울만 2000, 113-114).

서임권을 보유하고자 했던 국왕은 이에 반발했으나, 국왕에게 충성할 필요가 없다고 선포한 교황을 독일 안의 성직자들과 세속 제후들이 옹호했다. 제후들의 지지를 받지 못해 궁지에 몰린 제국의 황제는 교회에 양도했던 국왕의 영지를 다시 회수했고, 이에 교황은 하인리히 4세에게 파문 선고로 대응했다(M. 블로흐 2001b, 245). 세속 제후와 성직자들이 국왕이자 황제에게서 등을 돌리자 하인리히 4세는 1076년 1월 이탈리아 북부의 카노사에서 교황의 사면을 애원하기에 이른다. 비록 파문이 해제되었지만 '카노사의 굴욕'은 교권과 세속 왕권의 갈등을 극단적으로 보여주는 사건이었다.

교황과 신성로마제국 황제 하인리히 4세 사이의 갈등은 그것으로 끝나지 않았다. 이번에는 하인리히 4세가 세속 제후들의 권한 강화를 용인함으로써 이들의 지원을 얻었고, 다시 교황을 압박했다. 사정이 이러하자 그레고리우스 7세를 승계한 새로운 교황 우르바누스 2세(1089-1099)는 다시 하인리히 4세를 파문하게 된다. 그 사이에 하인리히 4세의 권력이 강화되는 것을 불안스럽게 바라보던 독일의 세속 제후들은 이번에는 국왕의 아들인 하인리히 5세를 중심으로 결집해서 부왕에게 대항케 했다. 그 후 하인리히 5세(1106-1125)에 의해 국왕이 지니고 있던 서임권이 교회에 이양됨으로써 서임권 문제는 일단락 지어졌다. 그러나 교회의 영지를 국왕이 회수하자 주교, 대주교 등 성직 제후들이 다시 저항했다.

이들을 제압한 하인리히 5세는 서임권을 다시 확보했다. 동시에 그는 회수된 제국령에 대해서는 신흥 미니스테리알렌을 기용해 직접 통치하려고 했다. 물론 이러한 시도는 세속 제후들과 교회의 지속적인 반발 때문에 오래가지 못했다. 게다가 제국의 황제인 독일국왕은 신앙을 관장하는 권한을 신으로부터 직접 부여받았다는 교황청과 교회 측의 논리를 정면 부정할 수 없었다(최갑수 2005, 130-131). 그 후 주교직 임면권인 서임권 문제는 1122년 보름스 협약(Wormser Konkordat)으로 해결되는데, 그 핵심 내용은 다음과 같다. 먼저, 주교는 교회법에 따라 선출된 다음 국왕에게 가신으로 충성 맹세를 하고, 둘째로 왕으로부터 세속영주권을 받으며, 셋째로 왕은 독일성직자의 임명권을 포기하고 다만 그 선출과정에 입회한다는 내용이다. 이로써 성직 임면에 대한 국왕의 권력은 위축되고 만다.

이 사건에서 보듯이 신성로마제국의 수장인 독일국왕 하인리히 4세는 세속 제후들의 저항에 대항할 수 있는 어떤 통치수단도 갖지 못했으며, 오히려 세속 제후들의 지원에 의존할 수밖에 없을 정도로 제국 정부의 중앙권력이 취약했다. 국왕의 권력이 취약할수록 세속 제후 및 성직 제후의 권한은 강화되었다. 원래 국왕을 지원했던 교회는 점차 세속화되어 국왕에게 군대와 세금을 제공하는 의무에서 벗어났고, 이로써 자신의 영역 지배를 더욱 공고히 할 수 있었다(M. 블로흐 2001b, 271).

요컨대, 신성로마제국의 등장 이후 제국의 황제들은 부단히 제국의 중앙권력을 강화함으로써 제국 정부의 공공성(the public)을 공고히 하고자 했으나, 이러한 노력들은 번번이 실패로 돌아가고 말았다. 왜냐하면 세속 제후들과 성직 제후들이 공히 제국 정부의 중앙권력 확대, 즉 정부의 공공성에 대한 강조는 자신들의 지위를 약화시킨다는 점을 분명히 깨달았다. 이 때문에 제후들은 자신들의 권익을 지켜내기 위해 이합집산 과정을 거듭하면서 중앙권력을 표방하는 제국 정부에 공동으로 대처하곤 했다.

제국 정부에 대한 이들 제후들이나 제후 국가들의 공동대처 행위는 정부의 특성 중 다른 하나인 공동성(the common)의 측면을 나타내고 있다. 제국 정부의 실패는 곧 제국에 대항하는 세속 제후들에 의한 공동성의 비중이 강화된 것을 의미한다. 즉 제국의 공공성은 지방제후들의 공동성에 의해 약화되지 않을 수 없었다. 역으로 지방 제후들의 공동성의 확대는 자신들의 영지에 대한 이들의 권한 강화로 나타났다. 다음에서는 독일 내 제후들의 권력 강화와 분권화 과정 속에서 등장하는 영방국가들의 의미를 보다 면밀히 살펴보기로 하자.

4. 제국과 영방의 대립과 도시국가의 성장

신성로마제국은 서임권투쟁과 교회세력 및 제후들과의 불화 등으로 국왕이자 황제의 지위가 끊임없이 약화되었다. 이때 등장한 호엔슈타우펜 왕조의 프리드리히 바르바로사(Friedrich Barbarossa; 1152-1190)는 재임기간 동안 독일 역사에서 통합과 평화의 시대로 기록되고 있을 정도로 정치적인 안정을 주도했다. '붉은 수염'(barbarossa)이란 별명과 함께 전형적인 기사의 품격을 지녔던 그는 '바르바로사의 신화'[5]로 지칭되듯

---

5 바르바로사 신화는 독일이 극도로 혼란에 처했을 때 어김없이 찾는 신화이다. 예를 들면 19세기 당시 독일의 민족통일운동이 한창이었을 때, 바르바로사의 신화가 발굴되었고, 프로이센의 국왕들이 그의 후계자임을 자처했다. 뿐만 아니라 히틀러의 제3제국 당시 소련을 침공할 때의 작전명인 바르바로사 작전 또한 바로 이 신화에서 따온 것이다(Fenske U. A. 1981, 171-175).

이 신성로마제국의 황제로서 '제국의 영광'을 위해 헌신했던 지도자로 평가받았다. 왜냐하면 그는 적어도 독일 내에서는 옛 로마제국의 판도를 계승하고 서유럽 전체를 '기독교 이념'으로 결속시킨 강력하고도 절대적인 지배자로 숭상되었기 때문이다. 제국의 영광이란 곧 독일, 부르고뉴, 이탈리아 국왕을 겸하고 로마황제로서 재정수입과 제국령에 대한 확실한 지배권을 행사하는 것을 의미한다.

제국 황제로서 그의 위상은 로마교황의 위상에 지지 않았다. 그는 교황이 세속 황제에게 관을 수여하기 때문에 황제보다 교황이 우위에 있다는 주장을 다음과 같이 반박했다. 즉 제국 황제는 이미 신으로부터 지명을 받았으며, 교황의 역할은 단지 이를 세상에 천명하는 데 지나지 않는다는 것이다(Robert Folz 1969, 105-106). 제국 황제로서의 그의 위상은 유럽 각지에서 7만 명의 기사들을 운집시켰을 정도로 기독교 세계의 통일을 상징적으로 보여주고 있다. 이처럼 프리드리히는 기독교 세계를 대변하는 보편 제국을 지향했지만, 그 또한 전임자들처럼 시칠리아와 북부 이탈리아 등지에 대한 경영에 빠져들면서 독일 내 지방 제후들의 권한 강화에 일조하게 된다.

황제에 의한 이탈리아 원정은 세속 제후들의 군사적·재정적 지원이 절실히 필요했고, 지방 제후들은 황제를 수행하여 원정에 참가하는 대신 자신이 지배하는 영토에 대한 절대적 권한을 요구했다. 이탈리아 원정에 대한 세속 제후들의 지지와 동의를 위해서 황제는 자신의 고유 권한인 화폐주조권, 관세징수권 그리고 재판권 등을 제후들에게 양도해줌으로써, 제국 황제로부터 세속 제후들로의 권력 분할이 가속화되었다(M. 블로흐 1986, 320-337). 게다가 이탈리아에 대한 지배권 확대에 경계심을 품은 교황의 반발에 대항하기 위해 황제는 국내의 세속 제후들뿐만 아니라 성직자들의 지지 또한 필요했다. 이를 위해 교회에도 국왕의 주권적 특권에 속했던 화폐주조권, 시장개설권, 관세징수권 등을 위임함으로써 교회고권(Kirchenhoheit)을 정착시키는 결과를 초래했다. 이를 바탕으로 12세기경에는 수도원 및 교회들이 독립성을 강화시켜나갔고, 급기야는 교회와 수도원의 관할지역에 대한 독자적인 재판권을 행사하는 폭타이 제도(Vogteiverfassung)를 시행하게 되었다(이민호 2003, 35). 이처럼 신성로마제국 황제들의 대외 경영전략은 독일 내의 정치적 분권화와 밀접한 연관이 있다.

프리드리히 황제 재위 당시에 있었던 아래의 사건은 이러한 지방 분권화의 좋은 사례이다. 즉 독일의 동북부 지역인 홀슈타인과 메클렌부르그 등지를 개척하면서 동시에 뤼베크, 슈베린 그리고 브라운슈바이크 등의 도시를 건설하여 강력한 세력으로 부상한 지방 제후가 있었는데, 그는 바로 하인리히 사자공(獅子公, 1129-1195)이다. 그는 프리드리히의 이탈리아 원정을 지원하지 않았다. 그 때문에 자신의 영토인 공작령을 몰수당하고 제국으로부터 추방을 당한다. 이때 하인리히 사자공에 대한 제국 추방령을 결정했던 제후들은 서열상 하인리히와 같은 등급의 제후들이었다. 하인리히로부터 몰수한 공작령을 황제 프리드리히는 자신을 지지했던 여러 제후들의 요청으로 이들에게 다시금 봉토로 나누어주게 된다. 이러한 관행은 당시 독일 정치의 지방분권 경향을 심화시켜 '독일적 지방주의' 확산이라는 결과를 초래했다(Georg von Below 1927, 13, 35-37). 즉 독일의 지방 제후들은 제국 황제의 이탈리아 원정 등에 참여함으로써 지속적으로 자신들의 이권을 공고히 하고 제반 특권들을 챙겨나갔다. 이들 제후들은 여러 가지 명칭으로 불렸는데 우선 공작, 궁정백작, 란트백작 등의 세속 제후들이 있었고, 반면에 대주교, 주교, 수도원장 등은 성직 제후로서 당시 독일의 정국을 주도해나갔다 (이민호 2003, 48).

물론 이러한 분권화 경향에도 불구하고 제국 정부의 중앙권력을 강화하려는 노력은 지속되곤 했다. 그 대표적인 예가 바로 호엔슈타우펜 왕조에 와서 독일 전역에 도입된 란트평화령(Landfrieden)이다. 란트평화령은 기존의 게르만적 관습법인 '페데'(Fehde) 관습을 일대 개혁하여, 제국 정부의 공적인 법질서 속에 편입시킴으로써 황제의 중앙권력을 강화시키려는 의미가 내재되어 있었다. 여기서 페데 제도란 개인이 당한 손해나 상해를 그가 속한 집단의 자력구제에 의존하는 전통적인 게르만적 법 관념을 의미한다. 호엔슈타우펜 왕조의 란트평화령은 모든 법적 분쟁들을 제국 정부의 공공질서 속에 편입시킴으로써 해결하려는 조처였으며, 그 궁극적인 목적은 황제의 중앙집권적 권력 강화에 있었다. 하지만 이러한 의도와는 달리, 사형 결정과 같이 국왕의 절대적인 권한에 해당하는 고급재판권조차도 지방 제후들에게 귀속되는 결과를 초래했다. 즉 란트평화령은 고급재판권 행사 주체가 영국[6]이나 프랑스와는 달리 독일의 경우 국왕보다는 세속 제후에게 관할권이 있다는 사

---

6 12세기 당시 영국의 경우, 왕권 강화의 일환으로 중앙권력에 의한 법집행의 일관성을 추구했는데, 정기적으로 지방 제후의 영지를 순례하면서 판결을 내렸던 국왕 직할의 순회재판소(circuit court)와 순회판사(iterant judge)의 경우가 그것이다(David Hume, 1983, vol. I. Appendix 2).

실에서 독일의 특수한 지방분권화를 극명하게 보여주는 사례이다.

지방분권을 촉진하는 이러한 정치적 상황은 1254년 호엔슈타우펜 왕조의 콘라드 4세가 후사 없이 사망한 이후 더욱 심화되었다. 1356년 카알 4세(Karl IV; 1346-1378)가 반포한 금인칙서(Die Goldene Bulle)는 국왕 및 황제 선출의 관행을 공식화시킴으로써 독일 내 제후들의 정치적 입지를 더욱 강화시켜주었다. 이에 따르면 신성로마제국의 황제는 '성직 제후'인 마인츠, 트리어, 쾰른의 대주교와 세속 제후인 보헤미아, 작센, 팔츠, 브란덴부르크의 제후 등 7명의 선(選)제후(Kurfuerst)에 의해 선출된다. 황제 선출의 절차는 선제후들의 투표와 다수결 원칙에 따랐다. 국가권력이 지방의 유력한 선제후들에게 분산되어 있었기 때문에 왕위계승은 전적으로 선제후들의 합의 내지 동의에 의거했다. 국왕 선거와 동시에 이루어진 황제 선거는 '동의'라는 의미를 함축하게 되는데, 이는 황제권에 대한 선제후들의 사전 동의를 필요로 한다는 점이 그 핵심이다(J. Leuschner 1980, 156-166).

황제 선출을 위한 선거는 프랑크푸르트에서 실시하고, 대관식은 아헨의 대성당에서 거행하게 했다. 이러한 독일의 황제 내지 국왕 선출 관행은 영국 및 프랑스의 군주제 전통과는 전혀 다른 사례를 보여준다. 즉 백년전쟁을 계기로 왕권의 장자 상속제를 굳혔을 뿐만 아니라 귀족들의 영향력을 배제해 중앙집권적 근대국가 건설에 성공한 영국 및 프랑스나 기타 유럽 국가들과는 달리 독일은 유력한 선제후들에 의한 국왕 선출이라는 독특한 경로를 거치는 관행이 자리 잡게 된다(W. 슈말레 2006, 46). 나아가 이들 선제후에게는 재판권, 광산채굴권, 채염권, 관세징수권, 화폐주조권까지 허용함으로써 영방제후의 주권적 권력을 제도적인 차원에서 공고히 해주는 결과를 가져왔고, 이는 동시에 독일의 지방분권적 정치구조를 정착시키는 중요한 계기로 작용하게 된다.

이들 선제후들은 특히 약 200년간에 걸쳐 동일한 가문에서 황제가 연속해서 선출되는 것을 허용하지 않으면서 황제권 내지 왕권 강화를 사전에 봉쇄했다. 황제의 지위가 세습되지 않고 선출에 의거하다보니, 제국의 이름에 걸맞은 강력한 중앙권력, 즉 제대로 된 중앙 정부의 구축은 애초에 불가능했다(Michael Stuermer 1992, 14). 다만 1439년 이후 황제위는 1742년에서 1745년 사이의 3년간을 제외하고는 선출직이기는 하지만 오스트리아의 합스부르크 가문이 독점했다. 그러나 제국 내에서 가장 강력한 왕가가 황위를 실질적으로 독점했지만 신성로마제국 황제의 권한은 매우 제한적이었다. 반면에 지방제후들은 자신의 영지 안에서는 독자적인 권력을 행사할 수 있는 주권적 권력인 '영방고권'(Landeshoheit)까지 보유하게 된다. 물론 이들은 독일 전역, 즉 제국의 안위에 대한 관심보다는 자신이 지배하는 영역의 개별적인 이익 극대화에 치중했다. 그만치 제국 황제의 중앙권력은 이에 상응해 취약해져만 갔다.

이로써 지방의 봉건 제후들은 '영방국가'(Territorialstaat)로 지칭되는 개별국가의 절대적인 군주로 자리매김해 나갔다. 영방국가는 신성로마제국 황제의 권한이 끊임없이 제후들에게 이양되면서, 본래 국왕의 신하에 불과했던 세속 제후 및 성직 제후들이 자신의 영토 안에서는 사형판결까지 내릴 수 있는 '유혈재판권'(Blutsgerichtsbarkeit)을 비롯해서 화폐주조권, 관세징수권, 축성권 등과 같은 법적·경제적 권리들을 독립적으로 행사하는 준독립국과 같은 정치단위를 지칭한다. 이처럼 독립국 행세를 하는 크고 작은 영방국가의 수는 14세기 이후에 약 300여개에 달하게 된다. 그 중 약 60여개의 영방국가가 가톨릭 수도원장, 주교 혹은 대주교 등 성직 제후들에 의해 통치되는 이른바 '교회국가'(geistlicher Staat)였다(Peter H. Wilson 2004, 43). 카알 4세의 '금인칙서'는 봉건 제후국인 영방국가의 독립성을 확인시켜주는 역할을 했고, 이로써 신성로마제국은 수많은 제후국들의 집합체에 불과한 명목상의 제국으로 남게 되었다.

이들 영방국가들에는 오스트리아, 프로이센, 작센, 바이에른, 뷔르템베르크 등과 같이 인구수와 영토 면적 등의 측면에서 규모가 아주 컸던 대제후국뿐만 아니라, 인구와 면적이 지극히 작은 소제후국도 포함되었다. 이외에도 프랑크푸르트, 뉘른베르크, 쾰른, 뤼벡, 에어푸르트, 브레스라우, 함부르크, 브레멘 등 익히 알려진 약 50여 개에 달하는 도시들이 제국도시(Reichsstadt)로서 신성로마제국의 정식 구성원으로서의 독립성을 유지하였다. 물론 이러한 영방국가를 근대적인 의미에서의 주권국가와 동일시하기는 어렵다. 왜냐하면 명목상이지만 이들 영방국가들은 어디까지나 신성로마제국의 영역 안에 존재하는 정치단위들이었기 때문이다.

요컨대 독일의 국왕이자 신성로마제국의 황제는 독일 영역 내부에서의 이러한 독특한 정치질서의 지속적인 공고화 과정, 즉 영방국가들의 독립성 공고화라는 정치현실 속에서 명목상으로는 독일제국 전체의 지배자였으나, 실질적으로 그가 지배하는 영토는 자신의 왕령지에 국한되었다. 따라서 이 시기에 황제의 직위는 명예직에 불과했다(김준석

2006, 71).

마지막으로 이처럼 허약한 신성로마제국의 황제에게 지속적으로 도전한 것은 세속 제후들이나 교회국가의 성직 제후들만이 아니었다. 독일 각 지역에서 교역이 이루어지던 도시의 등장 또한 중요한 의미를 지니고 있다. 독일에서 도시의 성장은 원래 생산된 물자의 교환이 이루어지는 시장을 중심으로 발전하기 시작했다. 이러한 독일도시들의 발전은 제국과 영방의 긴장과 갈등 속에서도 특수한 지위를 차지하는 양상을 보여주고 있다. 물자 교역을 위해 본격적으로 성장하기 시작한 각 도시들은 점차 거래와 지역 간의 무역을 전담하는 상인들의 거주지로 확대되어 나갔다. 그런데 특히 중세에는 도로의 발전이 취약했기 때문에 물자교역을 용이하게 했던 라인강 등 큰 강이나 하천을 중심으로 도시들이 번영하기 시작했다. 물자 교환을 위해서 이들 도시에서는 원래의 상인들뿐만 아니라 단순 수공업이나 점차적으로 대량 판매를 위한 제조업이 본격적으로 발전하게 되었고, 이 때문에 도시 인구 또한 급증했다.

이러한 도시의 발전은 전통적·봉건적 속박에서 벗어나는 계기를 마련해주었다. 봉건적인 영방 제후들은 초기에는 경제 이익의 확보를 위해 도시의 발전에 개입하기 시작했다. 그러나 인구증가와 부의 축적으로 역량이 강화된 각 도시들은 점차적으로 이러한 봉건 제후의 속박에서 벗어나 독립적인 자치단위로 거듭나기 시작했다. 이러한 과정을 거쳐 성장한 자치도시들은 라인 강변의 프랑크푸르트, 스트라스부르, 쾰른, 아헨 등을 들 수 있다. 도시 발전 초기에는 재정력이 있는 대상인들과 같은 상층 시민이 자치권을 행사했다. 그러나 수공업자들의 투쟁

(Zunftkaempfe) 등에서 보듯이 점차적으로 다수의 도시민들이 자치도시의 행정이나 정치적인 현안에 간여함으로써 공적인 정치활동에 본격적으로 참여하기 시작했다.

이러한 도시의 발전과정 속에서 정치적 비중의 정도에 따라 일반 도시와는 구별되는 제국도시(Reichsstadt)와 가톨릭 주교 혹은 수도원장 등 성직 제후들이 지배하는 주교도시(Bischofsstadt)들이 성장하기 시작했다. 전자에는 아헨, 프랑크푸르트, 뉘른베르크 등을 들 수 있고, 후자에는 스트라스부르, 슈파이어, 보름스, 쾰른 등이 속한다. 제국도시들 또한 제국과의 봉건적인 관계에서 점차 벗어나 재판권이나 화폐주조권 그리고 관세징수권 등과 같은 독립적인 도시국가의 정치적 권한을 확보해 나갔고, 주교 도시들 또한 교회로부터의 독립을 쟁취하면서 점차 제국도시들과 대등한 지위를 확보해나갔다.

이처럼 도시들이 독자적인 권한을 확보해가는 과정 속에서 특히 중요한 계기를 제공한 것은 각 자치도시들끼리의 동맹관계 형성이다. 봉건영주로부터의 위협에서 해방되고 독자적인 안전을 확보하기 위해 각 자치도시들은 동맹관계를 구축하기 시작했는데, 예를 들면 라인 동맹(1254), 라인·슈바벤 동맹(1376) 등이 그것이다. 그 후 다양한 제국도시들과 자유도시들을 포괄했던 한자동맹(Hansabund)은 중세 후기의 가장 중요한 도시동맹으로서 전성기에는 1백여 개에 달하는 가맹 도시들을 확보했다. 한자동맹의 상권은 러시아와 영국의 런던에까지 이르렀다. 이러한 도시동맹의 발전은 아이러니하게도 국가의 중앙권력이 부재한 상황에서 나타난 독일의 특수한 경우라고 할 수 있다. 왜냐하면 국가의 강력한 중앙권력에 의한 지배와 보호가 없었기에 이들은 경제적·

정치적 측면에서 연맹을 통한 자구책을 강구해야만 했기 때문이다.

지금까지의 논의를 공공성과 공동성의 맥락에서 평가하면 다음과 같다. 신성로마제국이라는 중세 독일에서 권력의 주체는 선출된 국왕과 세속 제후 그리고 수도원장, 주교 또는 대주교와 같은 성직 제후 등이며, 이들이 각기 정치권력을 나누어 가졌다. 따라서 각 권력의 주체가 지배권을 행사하는 영토 안에서는 정부의 공공성(the public)이 지배했다고 할 수 있다. 그리고 굳이 언급하자면 제국 차원에서는 중앙정부의 권력이 취약하였을 뿐만 아니라, 제국의 1인자인 황제 또한 각 영방 제후들에 의해 추대되었기 때문에 제국 정부의 구성에 있어서는 다수의 선제후들이 제국의 향방을 결정하는 공동성(the common)이 지배했다고 평가할 수 있다. 그리고 제국의 하부 정치단위인 개별 영방국가에서는 정부의 공공성이 지배한 반면, 영방국가의 구성원인 다수의 농민들에 의한 공동성의 측면은 발휘될 기회가 없었다고 판단된다. 반면에 중세 말기로 오면서 급속히 성장한 다수의 도시국가들의 경우에는 시민들이 점차적으로 도시의 공적 현안에 참여할 수 있었기에 도시국가의 정부는 공공성과 함께 공동성의 측면이 균형을 이룰 수 있었다고 평가된다.

5. 결론

지금까지의 논의를 정리해보면 다음과 같다. 신성로마제국 내에 존재했던 다양한 영방국가들은 후기에 와서는 독자적인 군사 및 조세권 그리고 재판권 등을 지니고 있었고, 이들 영방국가의 지배자들이었던 성직 제후 및 세속 제후들은 제국 내에서 중앙집권적 정부가 힘을 발휘하는 것을 원하지 않았다. 이 때문에 독일은 중세 이후 근대에 이르기까지 강력한 중앙집권 국가의 수립이 어려웠다. 영국과 프랑스에 비해 근대적인 국민국가의 형성이 상대적으로 뒤쳐진 점을 두고 독일은 흔히 '지각한 국민국가'(verspaetete Nation)라는 지적을 받곤 한다. 그뿐이 아니다. 영국 역사가 파이너(S. E. Finer)는 당시의 "독일이 국민, 영역 그리고 문화를 지칭하는 말이지 결코 국가를 지칭하는 용어는 아니었다."(S. E. Finer 1997, 936)고 평가한다. 물론 이러한 평가는 근대 국민국가 형성이 지상과제로 인식되는 한에서는 타당하다고 할 수 있다.

그러나 비록 국민국가 형성에는 뒤쳐졌지만, 신성로마제국 당시 독일의 특수한 정치 상황은 다수의 영방국가들의 독립성이 최대한 보장되었던 독특한 정치구조를 보여주고 있다. 이들 영방국가는 각기 자신들의 이해관계를 관철시키기 위해 신성로마제국 정부의 중앙권력에 끊임없이 공동으로 힘을 합쳐 저항했고, 이 때문에 개별 영방국가들은 독립성을 누릴 수 있었다. 이러한 영방국가들과 비교해볼 때, 신성로마제국은 제국 차원의 공공성(the public)을 대변하는 중앙권력이 지극히 취약했다. 따라서 신성로마제국은 1871년 비스마르크에 의해 독일이 통일될 때까지 이름만 존재했다. 뿐만 아니라 실질적인 제국 정부의 기능이나 권력의 중심이 존재하지 않았던 제국이었다. 다시 말해서 신성로마제국은 강력한 공권력을 확보한, 즉 공공성이 강조된 정부의 형태를 갖추지는 못했고, 수백 개에 달하는 영방국가들의 모임에 지나지 않았을 정도로 연약한 제국이었다. 그 이유는 독일의 영방제후들이 신성로마제국 시기 전반에 걸쳐 강력한 황제 권력이나 중앙 정부의 등장을 견제했기 때문이며, 이로써 독일 특유의 '지방분권화'를 촉진시켰기 때문이다. 이런 맥락에서 신성로마제국의 역사는 중앙권력과 지방권력 사이의 긴장과 갈등 그리고 이를 둘러싼 투쟁으로 점철된 독일의 특수한 역사이다. 중앙권력과 지방권력 그리고 제국과 영방 간의 갈등과 긴장은 신성로마제국이라는 명칭 하에 있었던 독일제국 역사의 복잡하고도 독특한 특성을 여실히 보여준다.

신성로마제국의 정치적 위상은 기독교적 세계관과 함께 보편제국으로서의 로마제국의 이념을 계승한 데서 출발한다. 로마제국의 이상을 추구했기 때문에 신성로마제국의 황제들은 독일 내보다는 로마제국의 핵심 영역이었던 북이탈리아의 지배에 골몰했고, 동시에 기독교 세계의 수호자를 자처함으로써 로마교황이나 교회세력들과의 알력 또한 끊임없이 지속됐다. 이는 다시금 독일 내 영방 제후들의 세력을 강화시켜주는 결과를 초래함으로써, 중앙집권국가 수립에 일찍이 성공했던 영국이나 프랑스와는 달리 중세 때부터 독일에 특수한 지방분권적 정치구조를 정착시키는 데 일조했다. 뿐만 아니라 신성로마제국의 역사적 전개과정은 오늘날까지 이어지는 독일의 특수한 지방분권적 정치구조와 정치문화를 발전시켜 왔다. 그것은 중세 말기와 근대 초기에 이르러 제국 정부의 간섭이나 통제에서 독립된 수많은 영방국가들의 존재에서 드러나고 있다. 그리고 이들 영방국가들은 신성로마제국의 테두리를 굳이 벗어나려고 하지 않았기 때문에 근대적인 의미에서의 주권국가와 동일시할 수 없다. 즉 국왕이자 황제와는 상관없이 독자적인 세력을 공고히 했던 영방국가들은 제국 정부가 자신들의 영역을 직접적으로 관리·통제·지배하려 들지 않는 한, 굳이 제국의 영역에서 이탈할 필요성을 느끼지 않았을 것이다. 오히려 영방국가들은 명목상이지만 신성로마제국이라는 테두리 안에 존재함으로써 제국 밖의 세력들로부터 안전을 확보하는 데 훨씬 유리한 위치에 있었다고 평가된다.

신성로마제국 내에서의 권력의 주체는 선출된 국왕 겸 황제와 영방국가의 세속 제후 그리고 교회국가의 성직 제후 등이라고 할 수 있다. 이들은 각기 자신들이 지배권을 행사하는 영토 안에서는 정부의 공공성(the public)을 실현할 수 있었던 권력의 주체였다. 다만 신성로마제국 정부의 공공성은 취약한 데 비해 제국의 향방을 결정하는 선제후들의 공동성(the common)은 압도적이었다고 평가할 수 있다. 그리고 영방제후의 강력한 지배력이 작동하고 있는 개별 영방국가 차원에서는 정부의 공공성이 지배적이었고, 다수 백성들에 의한 공동성의 측면은 발휘될 기회가 적었다고 판단된다. 하지만 급속히 성장하는 도시국가들의 경우 시민들이 공동체의 정치적인 현안에 직접 참여할 기회가 많았기에 도시국가의 정부는 공공성과 함께 공동성의 측면이 조화와 균형을 이룰 수 있었다고 평가된다.

요컨대 보다 상위에 놓여 있는 공공성(the public)을 대변하는 제국 정부의 중앙권력이 지방 분권적 성향을 강하게 띄고 있는 영방국가들의 견제 때문에 신성로마제국 시기 내내 관철되기 어려웠다는 점을 알 수 있다. 그런 의미에서 제국 정부의 공공성은 중앙권력에 대항하는 영방제후들의 공동성(the common)에 압도당했다고 평가된다. 다만 영방고권이 작동하는 각 영방국가들의 영토 안에서는 다시금 공공성이 지배하는 것으로 평가할 수 있다. 다른 한편 신성로마제국이라는 독일제국의 정부는 매우 취약한 공공성을 지녔음에도 불구하고 제국의 영역 내에 다양한 독자적인 영방국가들을 하위의 공공성들로 품은 독특한 정부의 모습을 하고 있다고 판단된다.

참고문헌

곽준혁. 2007. "키케로의 공화주의." 『정치사상연구』 제13집.

김경희. 2005. "비르투 로마나(Virtù Romana)를 중심으로 본 마키아벨리의 공화주의." 『한국정치학회보』 제39집 1호.

김준석. 2006. "'연방적 국가'의 탄생: 중세말-근세초 독일국가형성 과정의 재조명." 『국제정치논총』 제46집 4호.

서양중세사학회. 2003. 『서양중세사강의』. 서울: 느티나무.

이경구. 2004. "신성로마제국의 출발점에 대하여." 『서양중세사연구』 제13호.

이민호. 2003. 『새독일사』 서울: 까치.

최갑수. 2005. "제국에서 근대국가로. 유럽사에 대한 하나의 역사적 조망." 『세계정치』 제26집 1호.

M. 브로흐, 한정숙 역. 2001a. 『봉건사회』 제1권. 파주: 한길사.

__________________. 2001b. 『봉건사회』 제2권. 파주: 한길사.

W. 슈말레, 박용희 역. 2006. 『유럽의 재발견』. 서울: 을유문화사.

W. 울만, 박은구·이희만 역. 2000. 『서양중세정치사상사』. 서울: 숭실대 출판부.

Cartellieri, Alexander. 1972. *Weltgeschichte als Machtgeschichte* (in 5 Bänden). Band 2: *Die Weltstellung des Deutschen Reiches 911-1047*. Aalen: Scientia Verlag.

Fenske U. A. 1981. *Geschichte der politischen Ideen*. Athenaum Verlag.

Finer, S. E. 1997. *The History of Government from the earlist Times*. Oxford University Press.

Folz, Robert. 1969. *The Concept of Empire in Western Europe from the Fifth to the Fourteenth Century*. trans. by S. A. Ogilvie from the French. (1953). London: Eduard Arnold

Hume, David. 1983. *The History of England*. Liberty Fund.

Koebner, Richard. 1961. *Empire*. Cambridge University Press.

Ladner, Gerhart B. "Aspects of Mediaeval Thought on Church and State." *The Review of Politics*. Vol. 9, No. 4.

Leuschner, Joachim. 1980. *Germany in the Late Middle Ages*. Trans. Sabine MacCormack. Amsterdam: North-Holland.

Stuermer, Michael. 1992. "Wir fuerchten uns von einer Hauptstadt." K. Andermann, ed., *Residenzen. Aspekte hauptstaedtischer Zentralitaet von der fruehen Neuzeit bis zum Ende der Monarchie*. Sigmaringen.

Von Below, Georg. 1927. *Die italienische Kaiserpolitik des deutschen Mittelalters*. Muenchen: R. Oldenburg Verlag.

Wilson, Peter H. 2004. *From Reich to Revolution, German History, 1558-1806*. Basingstoke: Palgrave.

5장

공(公, public)·공(共, common) 개념과 중국 진·한(秦·漢) 정부의 재발견: 예·법(禮·法)의 분화와 결합*

장현근 용인대학교

1. 서론

상앙변법(商鞅變法)의 성공(1차: BC 356, 2차: BC 350)과 그에 따른 강력한 법치전통이 진시황에 의해 건설된 새로운 통일중국의 중심이념

* 이 글은 『정치사상연구』 16집 1호(2010)에 실린 같은 제목의 글을 일부 수정한 것이다.

이었음은 널리 알려져 있다(장현근 2005). 황제의 탄생, 전국의 군현화(郡縣化), 도량형 및 문자의 통일, 관제의 정비와 민간병기의 몰수 등 진 정부의 다양한 정책은 그 이전 '가국[1]'(家國)의 전통과는 판이하게 다른 것이었다. 특히 법제의 정비와 사상의 통일, 군주 중심의 중앙집권적 관료정치체제의 확립은 1911년 신해혁명(辛亥革命)으로 왕정이 폐지될 때까지 2천 년 중국정치사의 기본틀이 될 정도였다.

그럼에도 진나라는 불과 16년 만에 패망하고 말았다. 공적 정부의 구성, 공적 법제의 확립에도 불구하고 진은 왜 그렇게 빨리 패망하고 말았는가? 『사기史記』, 『한서漢書』 등 고대 문헌뿐만 아니라 그 이후 많은 연구 결과들은[2] 대부분 혹독한 법치와 가혹한 세금 및 요역에 따른 민심 이반 등 '정책'의 실패를 진이 단명한 이유로 설명하는데, 정치적 문제를 보다 명료하게 드러내는 다른 '사상적' 이유는 없었던 것인가?

---

1 주나라 봉건제도 하에서 '諸侯爲國, 大夫爲家'(제후위국, 대부위가)는 춘추시대에 일부 제후국들은 천자에 버금하는 세력을 갖추었고, 전국시대를 맞아 몇몇 대부들은 정권을 인수하여 가국의 범주를 넘어 왕을 칭하기도 하였다. 하지만 이들 모두가 사방 100리 이내의 제한된 강역에서 출발하였으며, 전국시대 일부 국가는 중앙집권적 군주전제정부를 구성하기는 하였으나 정부운용과 정책의 전개에서 여전히 가국의 범주를 크게 벗어나지 않았다.

2 사마천의 『사기』와 반고(班固)의 『한서』가 가장 중요한 1차 사료이며, 현대사학계의 대표적 저술인 중국 전백찬(翦伯贊)의 『진한사秦漢史』와 관련 연구, 일본 니시지마 사다오(西嶋定生)의 『중국의 역사: 진한사』(1997재판)와 관련 연구, 한국 이성규의 『중국고대제국성립사연구: 秦國 齊民支配體制의 形成』(1984)와 관련 연구를 통해 확인할 수 있다.

한편, 도희성(陶希聖)의 연구에 따르면 한 정부는 진율(秦律) 체계를 그대로 답습해 진의 '정책'을 계승했음에도(陶希聖 1975-1977) 어떻게 정치안정을 이루고 전후 4백 년[3]을 존속할 수 있었는가? 한이 진의 정치구조를 그대로 승계하였다는 점에서 흔히 진과 한을 하나로 묶어 이야기하는 기존 연구의 경우, 이 때문에 양 국가 사이의 심각한 정치적 차이가 잘 드러나지 않는 문제가 있으며, 대부분 진 정부는 법가적 형벌 통치를 실시하였고, 한 정부는 유가학술을 독존(獨尊)했다는 사실 정도로 취급해 왔다. 그렇다면 한의 장기적 안정을 보다 명료하게 할 다른 정치사상적 이유는 없었는가?

대의제 민주주의 정부의 발전을 전제하거나 목표로 삼고 있는 public(公)과 common(共)이라는 서양 개념을 끌어다 진·한 정부를 그대로 재구성하기는 어렵다. 하지만 public을 공(公)으로 common을 공(共)으로 파악하여 public과 common에 대한 의미의 확장을 시도할 수는 있을 것이다. 동시에 동양사상 속의 법(法)과 예(禮) 개념을 공(公)과 공(共)에 대입시키고(2절), 진 정부의 단명과 한 정부의 장기안정을 설명해보는 것(3절과 4절)은 위에서 제기한 문제에 대한 답을 찾아가는 하나의 시도가 될 수 있을 것이다.

중국은 오랜 역사 동안 안정된 정부체계를 유지하며 방대한 국가를 효과적으로 통치해 왔고, 공적(public)인 법과 정치제도를 발전시켜

3 한고조 유방이 진을 멸하고 한을 건국한 BC 205년부터, 중간에 왕망(王莽)이 찬탈하여 신(新)나라를 선포했다 패망한 시기(8년-25년)를 거쳐 광무제 유수(劉秀)로부터 조조의 위나라에 대체되는 220년까지를 말한다.

왔다. 또한 역사상 어느 정부든 예를 통해 공동체의 공공성(common)을 확보해 왔다. 왕권주의 정치체제(劉澤華 2000)였지만 민의를 수렴하는 정책과 제도를 실천해 왔으며, public과 common 즉 공(公)과 공(共)의 합주는 새로운 정부가 탄생할 때나 세습 군주가 계승할 때 공통적으로 정치적 정당성을 마련해 주기도, 그 정당성을 인정받게 만들기도 했다. 이 점에서 세습 군주의 독재 권력은 정부를 구성하고 정책과 제도를 만들면서 public과 common 사이를 부단히 왕래했다고 할 수 있다.

이 연구에선 우선 공(公)과 공(共)의 의미에 천착하여 법가의 법 중심 통치를 공(公, public) 지향의 정치, 유가의 예 중심 통치를 공(共, common) 지향의 정치로 정의를 하고자 한다. 이어 주나라의 정치를 예주법보(禮主法輔)의 틀로 재구성하여 간략히 살펴본 뒤, 전국-진에 이르는 시기의 정치를 주법기예(主法棄禮) 즉 예를 포기하고 군주중심의 공적 질서 확립이란 입장에서 재구성하고, 마지막으로 한나라에 이르러 다시 유가적 정치질서를 회복하면서 만들어진 법이 내재된 예치(禮治) 즉 외예내법(外禮內法)의 틀을 살펴보고자 한다.

2. 원시 유가사상과 예주법보: 공(共)의 지향

(1) 공(共)으로서의 예와 공(公)으로서의 법

옆은 금문 초왕유모정(楚王酓某鼎)에 보이는공(共)자이다. 두 손을 맞잡아 귀중한 물건을 받쳐 드는 모습의 상형에서 출발하며, 제사용 희생물을 받드는 공성(供牲)의 의미와 여러 물건을 그러모으는 징집(徵集)의 의미가 있다(甲骨文字典, 236-237). 『설문해자說文解字』에서는 共자는 동(同)의 뜻이다."라고 말한다. 다함께 힘을 쓴다는 얘기다. 이로부터 공유·공동의 의미로 발전하였다. "부모의 삼년상을 맞아 자최(齊衰) 상복을 입고 전죽(飦粥)을 먹음은 위로 천자부터 아래 서인에 이르기까지 하·은·주 삼대가 공통하였다."[4](『孟子』「滕文公上」)가 그 용례이다. 사회적·역사적 공통성을 뜻한다. "예컨대 북극성처럼 항상 그 자리에 있되 여러 별들이 공(共)히 떠받들고 있음과 같다."[5](『論語』「爲政」)에서 공(共)은 공동(共同)의 의미로 사회전체가 하나를 중심으로 둘러싸고 있는 형태를 뜻한다.

『시경詩經』「상송商頌」〈장발長髮〉에 있는 "소공(小共)과 대공(大共)을

---

4 三年之喪, 齊衰之服, 飦粥之食, 自天子達於庶人, 三代共之.

5 譬如北辰, 居其所而衆星共之.

받아 (은총이) 천하 국가를 두텁게 감싸도다."[6]라는 말은 『순자荀子』「영욕榮辱」편 등에도 인용되고 있는데 인륜과 같은 사회적 기제의 공통을 뜻한다.[7] 『예기禮記』「내측內則」에서 "젊은이가 어른을 섬기고, 천한 사람이 귀한 사람을 섬김은 공(共)히 시(時)를 사(帥)함이다."[8]의 공(共) 또한 사회 전체가 모두 공통적으로 하는 것을 뜻한다. 이에 대한 정현(鄭玄)의 주석은 "공(共)은 모두 개(皆)와 같다. 사(帥)는 좇는다는 순(循)이다. 시(時)는 옳다는 시(是)이다. 예(禮)는 모두 이와 같다."[9] 사회 전체에 통용되는 규범으로서 예(禮)는 공(共, common)의 영역이다.

통치이념을 정(政)으로 할 것인가 덕(德)으로 할 것인가, 통치방법을 형(刑)으로 할 것인가 예(禮)로 할 것인가에 대해 공자는 이렇게 말하였다.

> 정(政)으로 이끌고 형(刑)벌로 다스리면 백성들이 요행히 면하길 바라고 부끄러움을 모를 것이다. 덕(德)으로 이끌고 예(禮)로 다스리면 부끄러움을 알뿐만 아니라 품격이 있을 것이다.(『논어』「위정爲政」: 道之以政, 齊之以刑, 民免而无耻, 道之以德, 齊之以禮, 有耻且格)

---

6 受小共大共, 爲下國駿厖.

7 한편 『순자』「정명正名」편에는 논리학 용어로 '대공명(大共名)'(물物과 같은 보편적 최고의 유類개념)이란 말을 자주 사용하는데 이 또한 공(共)이 갖는 사회적 인식이 공통성을 뜻한다고 할 수 있다.

8 少事長, 賤事貴, 共帥時.

9 共, 猶皆也. 帥, 循也. 時, 是也. 禮皆如此也.

여기서 정은 무엇을 뜻하는가? 정(政)에 대한 초기 유가사상의 해석은 크게 세 가지다. 하나는 정(正)으로 보는 것이고(政者正也. 『논어』「언연顔淵」), 둘은 통치자가 백성들을 위해 하는 행위이고,[10] 셋은 권력이다.

위 「위정」편의 정은 보통 '정치'로 해석하는 경우가 많으나, 가치의 배분이나 권력의 획득·유지·확대 등 현대적 의미의 정치와는 매우 다른 개념으로, 권력 즉 힘으로 해석하는 것이 옳다. 마치 『논어』「계씨季氏」편에 "천하에 도가 있으면 정권이 대부의 손에 놓이지 않는다."[11]에서의 정과 같은 개념이다. 따라서 「위정」편 덕의 반대개념은 권력인 셈이다. 덕의 정치가 권력의 정치를 대체해야 한다는 것이 공자의 주장이었다.

형(刑)은 법에서 파생한 첫 번째 의미이며,[12] 법과 동일한 의미를 지닌다. 형(刑)이란 글자는 형벌 외에도 모범, 법칙, 제도라는 의미를 지니고 있으며, 그 규칙을 사회전체가 본받아야 할 모범으로 삼는 또 다른 파생적 의미를 지닌다.[13] 즉 법과 형은 제도, 형벌, 모범, 규칙의 네

---

10 『서경』「홍범」편에 등장하는 '8정'(八政)에 대한 공영달(孔穎達)의 소(疏)처럼 최고통치자가 백성들에게 베풀고 지도하는 일 또는 행위를 가리킨다.

11 天下有道, 則政不在大夫.

12 『서경』의 「여형呂刑」편을 보면 중국의 묘족(苗族)들이 다섯 가지 가혹한 형벌을 만들어놓고 이를 법이라 불렀다는 기록이 있다. 『주역周易』 둔(屯)괘의 상전(象傳)에는 "사람들에게 형벌을 사용하는 것은 이로써 법을 바로하기 위함이다."라고 말하고 있다. 이렇게 형벌이란 의미로 볼 때, 법은 이미 구성된 규칙위반 행위에 대하여 사후적 제재를 가한다는 결과적 측면을 담고 있다. 법의 글자어원과 정의에 대해서는 장현근 1994; 馬小紅 2004, 70-74 참조.

13 법이란 개념은 형벌을 통해 법을 어긴 행위를 제재하는 한편 그 법의 정당성을

가지 의미를 지닌 개념이다(장현근 1994). 권력 즉 정(政)의 외재적 발현 형태가 법 즉 형(刑)이고, 덕의 외재적 발현 형태가 예(禮)인 것이다. 따라서 『논어』「위정」편의 예치는 곧 법치의 상대개념인 셈이다. 공자는 공(共, common)이 강조되는 사회적 질서체계로서 예치와 공(公, public)이 강조되는 공적·정부적 질서체계로서 법치를 대비시켰던 것이다.

갑골문 공(公)은 공의 옹기그릇의 상형으로 옹(甕) 자였는데 빌어다 조상신에게 제사를 지내는 장소나 그럴 자격이 있는 사람으로서 족장을 지칭하는 말로 썼다(시라카와 시즈카 2009, 146; 甲骨文字典, 71).

동작빈(董作賓) 『은허문자갑편(殷墟文字甲編)』 2546의 글자이다. 서중서의 『갑골문자전』에는 신분으로서 선공(先公)을 뜻하는 경우와 대중의 궁실, 즉 공궁(公宮)의 경우 등 둘로 나눈다. 『상형자전』에 따르면 八은 분(分)의 본래 글자로 나눈다는 뜻이다. 음식물이나 재화를 고르게 분배한다는 의미로 공정(公正)의 뜻일 수도 있고, 『설문해자』는 "고르게 나눔이다. 자형은 八과 厶를 채용한 회의문자이다. 八은 서로 등지고 있는 모습이다. 한비자는 '사사로울 사(私)와 등지는 것이 바로 공(公)이다'고 말하였다."[14] 고 한다. 옹기그릇, 즉 옹

확보하는 노력을 동시에 하게 되었다는 의미다. 형(刑)은 형(荊)과 통하는 글자고 형(荊)의 본래 글자는 형(型)이다. 형(型)은 그릇을 주조하는 흙으로 만든 거푸집을 말하는데, 나무로 만들면 모(模)이고 대나무로 만들면 범(范, 範)이다. 법자의 어원 중 하나인 人+一+正(正에 합치함)은 모범이란 의미다.

14 平分也. 从八从厶. 八猶背也. 韓非曰:背厶爲公.

(甕)의 상형글자였는데 빌어다 제사 장소나 족장을 지칭하는 말로 썼을 수도 있다.[15]

公은 사적인 공간과 지위에 대비되는 공적이고 대중적이란 의미를 지녔을 수 있다. 대형 옹기의 상형인 公이 나중에 가차되어 그것을 소유한 왕공이란 의미로 전환되었다. 초기에는 공사관계의 公의 의미가 없었으며 공평한 분배라는 의미는 사(私) 개념을 부정적으로 사용하면서 그와 대비하기 위한 개념으로서 公을 등장시킨 후대의 산물로 여겨진다. 이 공(公)이 공공적 행위로 의미가 확장되었을 것이다. 『서경書經』「주관周官」에 "공(公)으로 사(私)를 멸하니 백성들이 마음으로 동의한다."[16]에 대하여 공전(孔傳)엔 "정치에 임하면서 공평(公平)으로 사정(私情)을 멸하면 백성들이 믿음을 가지고 귀의해온다."[17]라고 주석한다. 사사로운 정을 없앤 공평하고 공정한 정치행위를 공(公)으로 본 것이다.

사적인 것이나 그 확장인 가(家)에 대한 반대로서 공(公)의 의미는 법가사상에서 훨씬 선명하게 나타난다. 『상군서商君書』「일언壹言」편엔 "공적 이익을 개척하고"(開公利), "사적 경로를 막아라."(塞私門)고 주장한다. 여기서 공(公)은 국가와 군주를 가리키고, 사(私)는 귀족이나 큰 집안을 가리킨다. 『한비자』에서 사(私)에 반대되는 것인 公은 국가적 차원의 법(法)을 일컫는다.

---

15 시라카와 시즈카 지음, 윤철규 옮김, 『한자의 기원』, 앞의 책, 146쪽 및 서중서, 『갑골문자전』, 앞의 책, 71쪽 해석 참조.

16 以公滅私, 民其允懷.

17 從政以公平滅私情, 則民其信歸之.

법령을 수립하는 것은 그것으로 사사로움을 폐하려는 까닭이다. 법령이 행해지면 사적인 도는 폐기된다. 사사로움이란 법을 어지럽히기 때문이다."(「궤사詭使」: 夫立法令者以廢私也, 法令行而私道廢矣. 私者所以亂法也)

"필부들은 사적인 편리를 도모하고, 군주는 공적 이익을 도모한다. 일하지 않고 편안히 먹고살고자 하며, 벼슬길에 나가 (열심히 공무에 종사하지) 않고도 이름을 떨치려 함은 사적 편리이다. 문예나 학문을 금지시키고 법도를 분명히 밝히며, 사적편리를 방지하여 공로를 하나로 만듦이 공적 이익이다.(「팔설八說」: 匹夫有私便, 人主有公利. 不作而養足, 不仕而名顯, 此私便也; 息文學而明法度, 塞私便而一功勞, 此公利也)

한비는 입법의 최종목적이 사문(私門)의 편의를 막고 공문(公門)의 이익을 확장하는 것이라고 생각했다. 법가에게 있어 公적 질서는 법(法)의 질서였으며, 내용은 군권의 강조와 국가중심주의였다.

이러한 법가사상이 유가사상의 외피를 둘러쓰면서 외예내법(外禮內法)의 정치질서를 이루는 한 정부에 이르면 공공(公共)은 모두 법의 모양새를 띠게 된다. 한 대에 성립된 것으로 추정되는 『예기禮記』「예운禮運」은 "큰 도가 행해지니 천하는 공(公)적인 것이 되었다."[18]라 한다. 정현은 '공(公)은 공(共)과 같다.'고 주석하여 공공(公共)의 의미를 갈

18 大道之行也, 天下爲公.

은 맥락에서 조정·국가·공가(公家)의 맥락에서 이해한다. 『사기史記』「장석지풍당열전張釋之馮唐列傳」에서 "석지가 말하였다. 법은 천자가 천하와 더불어 공공(公共)적으로 누리는 것입니다. 이제 법이 이와 같으니 더욱 중시해야 함에도 이 법이 백성들 사이에 신뢰를 얻지 못하고 있습니다."[19]에 대해 사마정(司馬貞)은 색은(索隱)에서 소안(小顔)을 인용하며 '공(公)은 불사(不私)를 이른다.'고 하는데, 공공(公共)은 한 대에 법(法) 즉 정책과 제도의 의미로 이해되고 있었던 듯하다.

(2) 예주(禮主)

공자가 돌아가려 한 주공의 정치질서는 덕으로 이끌고 예로 다스리는 나라이다. 원래 은(殷)나라 사람들은 제사로 하루를 시작하고 제사로 하루를 마감하는 종교적 조상숭배가 삶이었는데, 예는 그 제사의식에서 비롯된 것이다.[20] 최고통치자로부터 일반 서민에 이르기까지 공통하는 규범이었다. 『예기』「제통祭統」에는 이렇게 말한다.

> 무릇 사람을 다스리는 도로서 예(禮)보다 급한 것은 없다. 예(禮)엔 다섯 가지 벼리가 있으나 제례보다 중요한 것은 없다.(凡治人之道, 莫急於禮. 禮有五經, 莫重於祭)

19 釋之曰: 法者天子所與天下公共也. 今法如此而更重之, 是法不信於民也.

20 禮의 글자적 어원과 의의에 대해서는 장현근 1993, 23-45 참조.

그 후 예는 주공에 의해 통치의 기본 규범으로 자리 잡았다. 주공이 실시한 봉건(封建)과 종법(宗法)은 예에 기반을 둔 정책이다.[21] 많은 사상가들은 거기에 다양한 인문주의적 의미를 부여하였다. 자산(子產)은 "예는 하늘의 경이고 땅의 의, 즉 천지의 섭리이며 백성들이 행해야 할 바이다."[22](『좌전左傳』〈昭公25年〉)라고 하였다. 이렇게 더욱 폭넓게 인간의 삶을 규정하는 규범적 의미[23]를 띠게 되었다. 고대 중국에서 예는 이렇게 백성들의 삶 전반에 영향을 미쳤다. 예가 common(共)의 중심영역으로 자리 잡게 된 것이다. 공자의 다음 말은 이를 잘 대변해준다.

> 안연(顏淵)이 인(仁)에 대해 묻자 공자가 대답하였다. '사사로운 자기를 이기고 예(禮)의 세계로 돌아가면 인(仁)이 된다. 하루라도 자기를 이기고 예로 돌아간다면 천하가 인에 귀의할 것이다. 인이란 자기로부터 비롯되는 것이지 어찌 다른 사람으로 말미암아 생기는 것이겠느냐?' 안연이 '구체적인 항목을 알려 주십시오.'라고 묻자 공자가 답하였다. '예가 아니면 보지 말고, 예가 아니면 듣지 말고, 예가 아니면 말하지 말고, 예가 아니면 행동하지 말아야 하느

---

21 종법제도가 주나라 사람들 예치의 사회적 기초라는 시각에 대해서는 馬小紅 2004, 108-112 참조.

22 夫禮, 天之經也, 地之義也, 民之行也.

23 예의 규범적 의미 때문에 예를 관습법의 원류로 보는 견해도 있다. 중국 근대 법학의 선구자 중 한 사람인 양홍렬(楊鴻烈)은 세계 5대 법학 계보 가운데 하나인 중화법계(中華法系)를 관통하는 사상을 예(禮)라고 규정한 바 있다(楊鴻烈 1998, 6-7).

니라.' 안연이 말하였다. '저 안회는 영민하지 못하지만 이 말씀을 평생 받들겠습니다.'(『논어』「안연」: 克己復禮爲仁. 一日克己復禮, 天下歸仁焉. 爲仁由己, 而由人乎哉?' 顔淵曰: '請問其目.' 子曰: '非禮勿視, 非禮勿聽, 非禮勿言, 非禮勿動.' 顔淵曰: '回雖不敏, 請事斯語矣.')

예는 중국 전통문화의 핵심이며, 삼라만상을 포괄하는 넓은 개념이다. "무릇 예의 대체는 천지를 몸체로 하며 사시를 본받고 음양을 모범으로 삼으며 인정에 순응한다. 그래서 예(禮)라 일컫는다."[24](『예기』「상복사제」) 예는 개인의 수양으로부터 각종 사회적 관계를 규정하며 common으로 기능한다. "예는 인간의 길의 극치이다. 그런데도 예를 본받지 않고 예를 충분히 실천하지 못하는 자들을 도리를 모르는 백성이라 하고, 예를 본받고 예를 충분히 실천하는 사람을 도리를 아는 선비라고 부른다."[25](『순자』「예론禮論」)

예는 치국의 도로써 정치·경제·법률에서 치국의 규범으로 작용하기도 한다. 따라서 common good의 형태로 public의 작용도 포괄하는 것이다. "예란 법을 변별하는 대원칙이며, 해석을 유추하는 원리원칙이다."[26](『순자』「권학勸學」)

예는 심지어 자연법칙에도 작용한다. 사람이 자연현상을 처리하

---

24 凡禮之大體, 體天地, 法四時, 則陰陽, 順人情, 故謂之禮.

25 禮者, 人道之極也. 然而不法禮, 不足禮, 謂之無方之民; 法禮, 足禮, 謂之有方之士.

26 禮者, 法之大分, 類之綱紀也.

면서 대처하는 방법으로 예가 기능한다는 것이다. common의 범위를 한껏 확장하고 있다. "천지가 화합하고, 그로써 일월은 밝고, 그로써 사시는 차례대로 이어지고, 그로써 별들은 질서 있게 운행하고, 그로써 강물은 흐르고, 그로써 만물은 창성하고, 그로써 좋아함과 미워함이 절제되고, 그로써 기뻐함과 성냄이 적당해진다. 아래로 작용하면 백성들이 순종하고, 위로 작용하면 군주가 영명해진다. 예가 있기 때문에 만물이 바뀌어도 혼란해지지 않는다. 예에 어긋나면 모든 것을 잃게 된다. 그러니 예가 어찌 지고무상하지 않겠는가!"[27](『순자』「예론禮論」)

이렇게 원시 유가사상에서 예는 사회기능을 조절하는 작용을 하며, 일정한 부분은 국가기구나 체제의 바탕이 되는 형식적 근거로써 작용하기도 한다. 전통 예제(禮制)를 충실히 계승하여 예를 사회가치의 최고 위치에 올려놓은 순자(荀子)는 정치 영역에서도 예의 지고무상성을 강조한다. 『대대예기大戴禮記』「예제편禮察篇」을 보자.

> 예로 말하자면 예로 말하자면, 악이 아직 자라나기 전 싹부터 끊는 것을 중시하고, 경건함이 미세한 부분부터 일어나도록 한다. 백성들로 하여금 자기도 모르게 죄를 멀리하고 선으로 나아가게 만든다.(禮云禮云, 貴絶惡於未萌, 而起敬於微眇. 使民日徙善遠罪而不自知也)

27 天地以合, 日月以明, 四時以序, 星辰以行, 江河以流, 萬物以昌, 好惡以節, 喜怒以當, 以爲下則順, 以爲上則明, 萬[物]變[而]不亂, 貳之則喪也. 禮豈不至矣哉!

이에 대해 양계초(梁啓超)는 이렇게 해설한다. "공자는 예의 작용이 인류를 자동으로 자치(自治)토록 하는 좋은 습관을 길러줄 수 있을 것이며, 사실상 사회를 개량하는 근본적인 방법에 해당된다고 생각했다. 이것이 바로 공자가 예치[28]를 주장한 정신의 요체이다."[29] 예는 인간의 모든 삶과 삼라만상을 포괄하는 common의 영역이다. 춘추시대까지 이어온 예치의 전통은 공(共)을 지향한 정치였다고 할 수 있다.

> 도덕과 인의는 예가 아니면 완성되지 않고, 가르치고 풍속을 바로 잡는데 예가 아니면 갖춰지지 않고, 다투거나 소송을 할 때 예가 아니면 판결을 못하고, 군신상하와 부자형제 간에 예가 아니면 질서를 못 정하고, 관료가 되거나 공부를 하거나 스승을 섬김에 예가 아니면 친하지 못하고, 조정에 나가거나 군대를 다스리며 관직에 있으며 법을 행할 때도 예가 아니면 위엄을 행할 수 없고, 기 제사 등 각종 제사를 지내고 귀신에게 음식을 바침에도 예가 아니면 정성스럽지도 장엄하지도 않다. 그래서 군자는 공경과 준절과 퇴양으로써 예를 밝힌다.(『예기禮記』「곡예상曲禮上」: 道德仁義, 非禮不成; 教訓正俗, 非禮不備; 分爭辨訟, 非禮不決; 君臣上下, 父子兄弟, 非禮不定; 宦學事師, 非禮不親; 班朝治軍, 莅官行法, 非禮威嚴不行; 禱祠祭祀, 供給鬼

28 예치(禮治)라는 용어는 중국 고전에 등장하지 않는 용어이다. 마소홍(馬小紅)은 양계초가 『中國法理學發達史論』에서 일본학자 호즈미 노부시게(穗積陳重)의 말을 인용하여 처음 썼다고 한다(馬小紅 2004, 87-88).

29 『飲冰室合集』제8책『專集之三十六·孔子』, 16-17.

神, 非禮不誠不莊. 是以君子恭敬撙節退讓以明禮)

(3) 법보(法輔)

서주에서 춘추시대까지는 덕이 예치정치의 기본 이념이었으며, 예치의 사회적 기초로써 종법제가 기능하고 있었다. 하지만 "어버이와 친하고, 신분이 높은 사람을 존중하고, 나이가 많은 사람을 어른 대접한다. 그리고 남자와 여자는 구별을 한다."[30](『예기』「대전大傳」)에서 보듯 마치 집안의 상하관계를 규율하는 것과 같은 예의 기본 정신은 귀족들 혹은 주(周) 종족만을 위한 자기보존 수단으로 쓰이고,[31] 일반 서민이나 타 종족의 경우는 형벌로 규제하였다. 『예기』「곡예曲禮」의 "예는 서인에까지 내려가지 않고, 형벌은 대부에까지 올라가지 않는다."[32]가 그 예증이다.

숫자적으로 다수에게 적용되었다는 점에서 이를 법 위주라고 할 수는 없다. 지향하는 사회가 예치사회이며, 예의라는 관념만으로 통제가 가능한 집단을 대부 이상의 귀족과 주 종족으로 보고, 이데올로기만으로는 통제가 불가능한 평민과 타 종족에게는 예를 제도화하여 그

30 親親也, 尊尊也, 長長也. 男女有別.

31 주(周) 왕실은 희(姬) 성이었는데, 성씨가 다른 구성원들에게 내리는 차별이란 견해도 있다. 이 경우 '刑不上大夫'의 형(刑)은 궁형(宮刑)이라고 한다. 동성 귀족들에게 궁형을 내리지 않는 것은 종족보존을 유지시키기 위함이라는 견해이다. 馬小紅 2004, 115쪽 참조.

32 禮不下庶人, 刑不上大夫.

것을 어길 경우 형벌로 다스렸다고 해석하는 것이 타당하다. 다시 말해 형벌은 예치의 보조수단이었던 것이다.

『서경』「궁형呂刑」에는 "오직 다섯 형벌을 공경함은 그로써 세 가지 덕을 완성시키기 때문이다."[33]라고도 하고 "짐이 형벌을 받듦에 오직 덕으로 형벌에 임한다."[34]라고도 한다. 예의 본질이 되는 덕이 중심이고 형은 그 보조라는 얘기다. 『서경』의 「강고康誥」·「주고酒誥」·「소고召誥」편에도 예와 덕이 공경해야 할 대상이고 형벌은 도덕의 실현을 보조하는 수단임을 명기하고 있다.

사회 전체에 통용되는 common으로서의 예는 교화와 형벌이란 두 가지 수단을 통해 실현된다. 초기 유가들은 학교교육을 통해 인륜을 가르쳐 정치적 교화의 목적을 달성하려고 했다. 그에게서 정교하고 복잡한 방법으로 이루어지는 교화야말로 예치 사회를 구성하는 핵심이었다. 형벌은 어디까지나 예법제도의 굳건한 시행을 위해 보좌하는 역할을 한다. 공자의 다음 말을 보자.

> 명칭이 바르지 못하면 말이 순조롭지 못하고, 말이 순조롭지 못하면 일이 완성되지 않으며, 일이 완성되지 않으면 예악(禮樂)이 일어나지 못하고, 예악이 일어나지 못하면 형벌이 제대로 적용되지 못한다.(『논어』「자로子路」: 名不正則言不順, 言不順則事不成, 事不成則禮樂不興, 禮樂不興則刑法不中)

33 惟敬五刑, 以成三德.

34 朕敬於刑, 有德惟刑.

형벌은 정명(正名)과 질서회복을 위한 하나의 수단일 뿐이다. 예악의 교화야말로 인정(人情)에 합당하는 것으로 추구해야 할 공(共)이다. 공자는 심지어 "아버지는 자식을 숨겨주고, 자식은 아버지를 숨겨주는 것, 그 가운데 올곧음이 존재한다."[35](『논어』「자로」)라고 한다. 살인한 아버지를 고발한 것은 잘한 일이라는 섭공(葉公)의 public한 판단에 대하여 공자는 법의 영역이 아닌 사적 공간에서의 은(隱)을 허용하고 있다. 이 점은 『맹자』에도 보인다.

> 도응(桃應)이 물었다. "순(舜)임금이 천자로 있을 때 고도(皐陶)가 재판관이 되었는데 순임금 아버지 고수(瞽瞍)가 살인을 하였다면 어떻게 하겠습니까." 맹자가 말했다. "그를 체포할 것이다." "그럼 순임금이 그것을 막지 않을까요?" 맹자가 말했다. "순임금이 어떻게 그것을 막을 수 있다는 말이냐? 그도 이어받은 법이 있을 텐데." "그렇다면 순임금은 어떻게 할까요?" 맹자가 말했다. "순임금은 마치 헌신짝 버리듯 천하를 버릴 것이다. 그리고 아버지를 업고 도망하여 바닷가에 살면서 평생 흔쾌하게 지내고 기꺼이 천하를 잊어버릴 것이다."(『맹자孟子』「진심상盡心上」: 桃應問曰: "舜爲天子, 皐陶爲士, 瞽瞍殺人, 則如之何?" 孟子曰: "執之而已矣." "然則舜不禁與?" 曰: "夫舜惡得而禁之? 夫有所受之也." "然則舜如之何?" 曰: "舜視棄天下猶棄敝蹝也. 竊負而逃, 遵海濱而處, 終身欣然, 樂而忘天下.")

35 父爲子隱, 子爲父隱, 直在其中矣.

public한 법은 꼭 준수되어야 한다고 맹자는 생각했다. 하지만 public한 법이 닿지 않는 곳으로 피하여 천륜이라는 common의 영역을 지킬 것을 제기한다. 순임금이 왕위를 버리고 아버지를 업고 도망가는 행위는 법망이 닿지 않는 곳에 public 질서를 피할 수 있는 common의 범위를 상정하고 있는 것이다. 이렇게 초기 유가의 인정(仁政)은 common을 기본으로 두고 법을 보조수단으로 생각한 것이다. common을 지향하여 예를 사회적 통제의 수단으로 보면서도 법을 보조수단으로 활용할 수 있다고 긍정하고 있는 것이다.

결국 춘추시대까지는 공(共)의 기능을 하는 예가 주도하는 사회였으며, 그럼에도 공(公)을 소홀히 하지 않았다. 예 주체는 사회적 관리시스템을 국가의 공적 관리 시스템보다 중요하게 생각했다.

3. 전국(戰國)과 진(秦) 정부의 주법기예(主法棄禮): public 지향

⑴ 군권(君權)의 강조: 예(禮)의 포기

춘추를 지나 전국시대에 이르면서 수많은 가국(家國)들은 하나로 통합되었다. 주나라 초 무려 1,773개 가국(家國)이 봉작을 받았으며, 춘추시대엔 140여 국가들이 존재하였다. 전국시대에 이르면 12제후만 살아남고, 그 가운데 강력한 나라는 진(秦)·초(楚)·연(燕)·제(齊)·한

(韓)·위(魏)·조(趙) 7웅(雄)이었다. 거대한 정치공동체가 출현한 것이다. 이들을 통치하기 위해선 일종의 주(周)왕실 가례(家禮)에서 출발한 예의(禮義) 또는 예제(禮制)를 가지고 사회를 통제하는 기능을 더 이상 수행할 수가 없었다.

전국시대 사상가들 가운데 농가(農家)나 장자(莊子) 등 극소수만이 군주제에 대해 의문을 제기했을 뿐이며, 대부분은 어떻게 군권을 공고히 할 것인가에 치중하였다. 그만큼 커진 나라를 통치하는 데 군권의 강화가 중요시되었다는 얘기다. 이런 경향은 춘추시대 말기부터 나타났다. 『논어』「자로」편을 보면 노정공(魯定公)과 공자가 "한 마디로 나라를 흥하게 할 수 있고," "한 마디로 나라가 망하게 할 수 있다."[36]는 논의를 하는데 이는 군주가 국가의 치란과 흥망성쇠에 결정적인 작용을 하였다는 얘기다.

『노자』와 『한비자』는 군주를 우주의 본원과 연결시키고 있다. 군주전제의 당위성과 필요성을 강조하기 위함이었다. "도가 크고, 하늘이 크고, 땅이 크고, 왕 또한 크다."[37] 군주가 천지와 나란히 비교된다. 『한비자』「양권揚權」편을 보자. "도(道)는 만물의 다른 성질과 다르며, 덕(德)은 음양의 다른 부분과 다르며, 형(衡)은 경중을 재는 다른 것과 다르며, 승(繩)은 길이를 재는 다른 드나듦과 다르며, 화(和)는 보통의 마르고 습함과 다르며, 군(君)은 무수한 다른 신하와 다르다. 이 여섯 가

36 一言可以興邦, …… 一言而喪邦.

37 道大, 天大, 地大, 王亦大. (『老子』 25章)

지는 도에서 나온다."[38] 군주는 도 가운데서 직접 탄생하고 일체의 신민을 초월한다.

군주는 우주의 본원일 뿐만 아니라, 천지변화를 이끌고 역사변천을 달성하며, 한 사람이 천하를 소유하고 또 독재하는 독일무이(獨一無二)의 존재이다. 이렇게 지존인 군주에게 신민들이 복종하는 것은 인의도덕이나 예의가 아니라 군주의 권세를 두려워해서이다.

> (신민이) 군주를 사랑하는 것이 아니라 군주의 위세를 두려워하는 것이다. 백성들이 다투어 쓰이길 바람은 군주를 사랑해서가 아니라 군주의 법령이 두려워서이다.(『관자』「명법해明法解」: 非愛主也, 以畏主之威勢也. 百姓之爭用, 非以愛主也, 以畏主之法令也)
>
> 신하가 군주에 대하는 것은 골육의 친척관계가 있어서가 아니라 세에 속박당해 어쩔 수 없이 섬기는 것이다.(『한비자』「비내備內」: 人臣之於其君也, 非骨肉之親也, 縛於勢而不得不事也)

이렇게 되면 가족을 규율하고 그것의 확장 형태로 사회를 통제하는 예(禮)는 더 이상 의미가 없어진다.

물론 천하의 소유자로서 군주의 권위에 대한 긍정은 매우 오래된 전통을 가지고 있다. 『시경』「북산北山」에서 "넓은 하늘 아래 왕의 땅

---

38 道不同於萬物, 德不同於陰陽, 衡不同於輕重, 繩不同於出入, 和不同於燥濕, 君不同於群臣, 凡此六者, 道之出也.

이 아닌 곳이 없고, 땅 위의 모든 것이 왕의 신하 아닌 것이 없다."[39]고 말한 이래 거의 모든 사상가들은 이를 긍정하였다. 다만 춘추시대까지는 예(禮)라는 common의 질서 속에서 민의와 상보적 관계에서 정점에 섰던 천자가 사회통제의 가치와 이념의 최고 담지자 역할을 했음에 비해, 전국시대에 이르면 천자의 유일 권위는 약화되고, 거대해진 자국 영토를 통치하는 정부를 구성하고 제후 군주들이 강력한 힘을 행사하는 정점에 선 공공(公共)의 권력자로서 public한 존재로 부상한 점이 다르다. 군주의 공(公)적 권력은 사회생활 모든 영역에 관통해야 한다. 『관자』「임법」편은 이것을 6병(柄)으로 개괄한다. "현명한 군주가 잡고 있는 것은 여섯 가지다. 그를 생·살·부·빈·귀·천하게 하는 것이다."[40] 결국 일체의 권력은 군주의 손아귀에 집중되어야 한다.

그러기에 군주가 사(私)적인 행위를 하는 것을 매우 경계하였다. 『상군서』「수권」편은 이렇게 말한다. "지금 난세의 군주와 신하들은 모두가 한 나라의 이익에만 정신을 쏟고 있으며, 한 관직의 대권을 호령하여 사적인 편의를 도모한다. 이것이 나라를 위태롭게 만드는 까닭이다."[41] 전국시대의 제자백가들은 그래서 군주의 공적 권력을 말하기 위해 여러 가지 궁극적인 가치를 얘기하였다. 예컨대 유가의 도(또는 도의 道義), 도가의 도, 법가의 법 등이 그렇다. 제자백가가 말하는 도나 법은 단순한 개별군주에 대한 긍정이 아니라 군주전제제도에 대한 보편

---

39 溥天之下, 莫非王土; 率土之濱, 莫非王臣.

40 明主之所操者六. 生之·殺之·富之·貧之·貴之·賤之.

41 今亂世之君臣, 區區然皆擅一國之利, 而管一官之重, 以便其私, 此國之所以危也.

적 긍정, 즉 public 권력의 상징으로 정부와 등치되는 군주를 이상화시키고 있다.

그리하여 성(聖)과 왕(王)을 통일시키게 되었다. 『순자』「해폐(解蔽)」편은 말한다. "성은 물리에 다 통달한 자이다. 왕은 예제를 다 갖춘 자이다. 이 둘을 다하면 천하의 지극한 법칙이 된다. 그래서 배우는 자들은 옛 성왕을 스승으로 삼으며, 성왕의 예제를 법으로 삼는다. 성왕의 예법을 본받음으로써 통류(統類)에 통달하길 바라고 그 사람됨을 본받는 데 힘쓴다."[42] 여기서 예제(禮制)는 과거 common의 사회통제기능을 했던 예(禮)가 아니다.[43] 쉽게 법(法)으로 전환될 수 있는, 즉 군주로 대표되는 정부의 공적 질서를 뜻하는 것이다. 『상군서』「편법更法」편을 보자. "성인이 진실로 나라를 강하게 할 수 있었으나 옛날을 본받은 것이 아니고, 진실로 백성을 이롭게 할 수 있었으나 옛 예제(禮制)를 따른 것이 아니다."[44] 내성외왕(內聖外王)은 군주에 대한 높은 요구이다. 이 요구는 왕의 완벽에 대한 것이지 왕에 대한 부정이 아니다.

군권의 강화는 공(公)적 질서의 강조로 이어지고 사회통제 기능을 담당했던 예는 포기되었다. 군주전제제도는 더욱 강화되고 예(禮)를 법(法)으로 대체한 진이 최후 승리를 거두었다.

---

42 聖也者, 盡倫者也; 王也者, 盡制者也; 兩盡者, 足以爲天下極矣. 故學者以聖王爲師, 案以聖王之制爲法, 法其法以術其統類, 以務象效其人.

43 예제(禮制)가 법을 포함하고 있다는 주장에 대해서는 馬小紅 2004, 113-118 참조.

44 聖人苟可以强國, 不法其故; 苟可以利民, 不循其禮.

(2) 주법(主法): public

시대의 변화에 따라 통치방식이 달라져야 한다는 논의는 『상군서』에 매우 명쾌하게 나온다.

> 하늘과 땅이 생겨난 뒤 사람이 태어났다. 이 시기에 사람들은 제 어머니만 알고 제 아버지를 몰랐다. 그 때의 사회원리는 가족을 아끼고 사적인 이익을 추구하는 것이었다. ……세월이 흘러 사람이 더욱 많아졌음에도 아무런 사회적 통제도 없이 그저 오래오래 상부상조 원칙만 강조하다보면 혼란이 생기게 된다. 그래서 성인이 이어받은 뒤 토지·재화·남녀 사이의 구분을 정하기에 이르렀다. 구분이 정해졌음에도 강제규정이 없으면 안 되므로 금지명령들이 만들어졌다. 금지명령들이 만들어졌는데 이를 집행할 사람이 없으면 안 되므로 관리를 두게 되었다. 관직을 설치해놓고 통일된 지휘를 할 사람이 없으면 안 되므로 군주를 세우게 되었다. 이미 군주가 세워졌으면 현인을 숭상하는 관념은 없어지고 신분을 소중히 여기는 관념이 만들어진다. 이렇게 보면 상고시대엔 가족을 아끼고 사적인 이익을 추구하였으며, 중세시대엔 현인을 숭상하고 어진 행동을 즐겼고, 근세엔 신분을 소중히 여기고 관리를 존중하게 되었다. …… 세상사가 바뀌어 행해야 할 도리도 달라졌기 때문이다. 그래서 '왕도에는 기준이 있다, 즉 최고의 정치원칙은 그 시대의 기준에 합치해야 한다.'라고 말한다.(『상군서』「개색開塞」)(天地設, 而民生之. 當此之時也, 民知其母而不知其父, 其道親親而愛私. 親親則別, 愛

私則險, 民衆而以別險爲務, 則民亂. 當此之時也, 民務勝而力征. 務勝則爭, 力征則訟, 訟而無正, 則莫得其性也. 故賢者立中正, 設無私, 而民說仁. 當此時也, 親親廢, 上賢立矣. 凡仁者以愛利爲務, 而賢者以相出爲道. 民衆而無制, 久而相出爲道, 則有亂. 故聖人承之, 作爲土地貨財男女之分. 分定而無制, 不可, 故立禁. 禁立而莫之司, 不可, 故立官. 官設而莫之一, 不可, 故立君. 旣立君, 則上賢廢, 而貴貴立矣. 然則上世親親而愛私, 中世上賢而說仁, 下世貴貴而尊官. 上賢者, 以贏相出也; 而立君者, 使賢無用也. 親親者, 以私爲道也, 而中正者使私無行也. 此三者, 非事相反也, 民道弊而所重易也, 世事變而行道異也. 故曰: "王道有繩.")

사(私)적 이익이 강조되는 사회가 과거 예(禮)의 질서이며, 인구가 많아지고 군주에 의한 공(公)적 통제가 필요한 현재는 강제규정과 금지 명령 등이 필요한 법(法)의 시대라는 말이다. 상앙(商鞅)은 인의나 예악 따위는 과감히 버려야 한다고 외친다. 유가의 덕목들을 우리 몸에 스멀스멀 기어 다니며 피를 빠는 이에 비유할 정도였다.

시·서·예·악·선·수양·인의·염치·변론·지혜, 이 열 가지가 나라에 있으면 위에서 전투를 시킬 방법이 없다. 나라를 이 열 가지로 다스리면 적이 오면 반드시 당할 것이고, 오지 않아도 필경 가난해질 것이다. 나라에서 이 열 가지를 없애면 적이 감히 침입해오지 못할 것이며, 온다 하더라도 반드시 퇴각하게 될 것이다.(「농전」: 詩·書·禮·樂·善·修·仁·廉·辯·慧, 國有十者, 上無使戰守. 國以十者治, 敵至必削, 不至必貧. 國去此十者, 敵不敢至; 雖至, 必却)

예악이니 인의니 하는 주나라의 전통적 덕목은 옛날에 효용이 있었을지 모르지만, 부국강병을 달성할 수 있는 실력이 중요한 당시의 시점에선 폐기 대상이다. 역사의 진화는 이미 법치의 시대로 접어들었으니 더 이상 전통적인 예치를 고집하지 말라는 얘기다. "고대의 백성은 질박하고 후덕했는데 오늘날의 백성은 약삭빠르고 거짓을 일삼는다. 그러니 고대를 본받고자 하면 도덕에 기초하여 다스려야 하고, 오늘날을 본받고자 하면 형벌을 앞세우는 법치를 행해야 한다."[45](「개색」) 이렇게 법 위주의 정치질서를 주장한 상앙은 아예 예치(禮治)시대의 유산을 다 불태워버리라는 극단적인 주장을 하기에 이른다.

상앙의 주장은 진 정부에서 그대로 실천되었다. 그는 예보다 법 위주여야 한다는 논쟁, 보수귀족들과의 정치투쟁, 그리고 군주에 대한 치열한 설득과 백성들로부터 법을 신뢰하게 만들도록 많은 노력을 기울였다.[46] common 영역을 완전히 배제한 public 지향의 상앙 정치는 두 차례의 대규모 변법의 실시와 그 성공적 안착을 통해 진나라 정치에 그대로 반영되었다. 그리고 전국시대 가장 낙후했던 진을 일약 최강국으로 만들었다. 한비자는 그의 법 이론을 계승하였고, 이사(李斯)와 진시황은 그의 실천방안을 그대로 답습하여 마침내 천하를 통일하였다.

---

45 古之民樸以厚, 今之民巧以僞. 故效於古者, 先德而治; 效於今者, 前刑而法.

46 상앙의 이런 노력들과 그 결과들에 대해서는 장현근 2005 참조.

(3) 진(秦) 정부의 실패: public을 담보하지 못한 입법

진의 법은 public을 추구하여 성공적인 정치제도를 만들었고, 중국통일이란 정치적 성공을 거두었다. 그들의 public은 법(法)이었다. 문제는 바로 그 법 때문에 생겼다. 그 법을 누가 만드느냐의 문제에서 문제가 생긴 것이다. 인구의 증가 → 거대 사회의 출현 → 공(公)적 질서의 필요성 → 군주와 관료의 출현 → 법의 지배라는 법가의 논리에 따르면 거꾸로 군주를 포함한 모든 사람이 법(法)의 지배 아래 살아가야 큰 사회에 대한 통제와 질서유지가 가능하다. 그런데 public = 군권(君權)으로 보아 입법권을 군주 개인의 독단에 맡김으로써 모순이 노정되고, 결국 실패에 이르게 되었다.

사(私)에 반대되는 것으로서 공(公, public)은 군주 개인보다 우위에 있어야 한다. 따라서 군권을 제약하는 형태로서의 법이어야 하고, 법은 당연히 군주보다 우위에 있어야 했다. 물론 법가의 이론에 따르면 군주도 법 아래 존재해야 한다는 주장이 있다.

> 훌륭한 군주와 충신이 오늘날에 나서 자기 나라를 통솔할 수 있는 자라면 잠시라도 법을 잊어선 안 된다.(『상군서』「진법愼法」: 有明主忠臣產于今世, 而能領其國者, 不可以須臾忘于法)
>
> 현명한 군주의 나라에서 명령은 말 중 가장 귀중한 것이며, 법은 일 중 가장 적절한 것이다. 귀중한 말이 둘일 수 없고, 적합한 일이 둘일 수 없다. 따라서 언행 중 법령에 맞지 않는 것은 반드시 금지시킨다.(『한비자』「문변問辯」: 明主之國, 令者, 言最貴者也; 法者, 事最適者

也. 言無二貴, 法不兩適, 故言行而不軌于法令者必禁)

법령은 군주가 제정하는 것이지만 군주도 법령에 의거하여 행동해야 한다는 주장이다. 군주가 법령에 의거하지 않고 행동하면 나라가 망할 수도 있다고도 한다. 하지만 이것이 만인평등의 입장에 근거하여 군권에 대한 법적 제약을 뜻한 것으로 볼 수는 없다. 그 '만인' 가운데 '군주'는 포함되지 않는다. "군주는 뭇 신하와 같지 않고", "군주와 신하는 도가 다르다. 아래서 신하가 명분을 가지고 정책실행을 청구하면 군주는 그 명분을 조종한다. 그리고 신하가 그 실제 성과가 있는 형태를 바치면 실질 형태와 정책 명분이 서로 일치될 것이니 위아래가 조화를 이룰 것이다."[47](『한비자』「양권」) 군주를 법 앞에 평등한 존재로 인식한 것이 아니라 군주를 오히려 절대화시켜 군주를 뺀 만인의 절대적 복종을 요구하고 있다. 이것을 public으로 본 것이다.

절대적 군권주의는 더욱 공고화되고 진시황의 통일 이후 황제지상주의는 더욱 강화되었다. "공적은 5제를 뒤덮고 은택은 소·말에 미치는"[48](『사기』「진시황본기秦始皇本紀」) 진시황은 세상 일체를 지배할 권한이 있으며 일체를 소유한다고 보았다. "천지 사방이 황제의 땅이고", "사람의 발자국이 닿는 곳에 신하 아닌 사람이 없다."[49](『사기』「진시황본기秦始

47 君不同于群臣. …… 君臣不同道, 下以名禱, 君操其名, 臣效其形, 形名參同, 上下和調也.

48 功蓋五帝, 澤及牛馬.

49 六合之內, 皇帝之土. …人迹所至, 無不臣者.

皇本紀」)고 선포한다. 모든 신민의 행위준칙과 규범, 법 규정은 모두 황제의 의지와 명령에 따라야 한다는 것이다.

> 황제께서 자리에 임하시어 제도를 만드시고 법을 밝히시니 신하들은 아래서 그걸 꾸미고 가꾼다." "황제께서 처음을 지으셨다. 법도를 바르게 펴니 만물의 원칙이 되었다." "진나라 성인이 나라에 임하시어 처음으로 형명(刑名)을 정하니 낡고 오랜 규정의 문제들이 드러나게 되었다. 처음으로 법식을 바로잡고 직책과 임무를 살펴 나눔으로써 항구적인 규범이 수립되었다.(『사기』「진시황본기」: 皇帝臨位, 作制明法, 臣下修飾. ……皇帝作始. 端平法度, 萬物之紀. …… 秦聖臨國, 始定刑名, 顯陳舊章. 初平法式, 審別職任, 以立恒常)

이렇게 황제 개인의 생각이 public이 된다면 심각한 문제에 부딪히게 된다. 황제의 머리에 성(聖) 자를 둘러씌워 일체의 개인적 독단을 정당화시킨다면, 황제가 민의를 꿰뚫는 뛰어난 철학자거나 깊은 고뇌로 세상의 이치를 이해하려는 성실한 사람이 아닐 경우 세상과 무관한 일이거나 민의에 배치되는 것이 공(公)이 될 수 있다. 진시황 자신의 극단적 권력욕과 사치, 환관 조고(趙高)와 진이세(秦二世)의 개인적인 낭비는 그 대표적 사례이다.

이렇게 권력을 제약하는 형태로서의 법이라기보다 근본적으로 군주 개인을 위한 법이 횡행하고, 국가권력을 과신하고 개성의 발전을 저해하여 부른 것은 중벌주의와 분서갱유(焚書坑儒)와 같은 문화전제주의였다. 결국 "법률만능은 결과적으로 군주만능이 되었다."[50]

4. 한(漢) 정부의 외예내법(外禮內法): public과 common의 결합

(1) 진(秦) 멸망의 원인 분석: common의 중요성 부각

극단적 군주만능이 법의 공공성을 해치면서 진 왕조는 멸망하였다. 하지만 또다시 등장한 새로운 황제는 군권의 강화를 위해 진나라의 기본 정치제도를 포기하고 싶지 않은 듯했다. 유방(劉邦)은 수많은 군사적 실력자들을 끌어들여 수십 년의 피땀으로 왕조를 건국하였으나, 세습 권력을 강화시키기 위해 과거의 동지들을 한 명씩 주살하였다. 하지만 그의 이러한 비정치적 폭력에 대해 건국 초부터 여러 비판이 따랐다.

> 마상에서 천하를 얻었다고 하여 어찌 마상에서 천하를 다스릴 수 있겠습니까? 탕(湯)왕·무(武)왕은 거역하여 쟁취하였으되 순응하여 그것을 지켰습니다. 문과 무를 병용함이야말로 장구한 통치술입니다. 옛날 오(吳)왕 부차(夫差)와 진(晉)의 지백(智伯)은 극단적으로 무에 치중함으로써 망했습니다. 진(秦)나라는 형법으로만 임하여 바꾸지 못했으므로 조(趙)씨[51]는 창졸간에 멸망하였습

---

50 梁啓超, 『음빙실합집』제9책『專集之五十·先秦政治思想史』, 132-133.

51 진시황을 의미. 진의 선조 조부(造父)가 조(趙)에 봉해졌으므로 그 후예들의 땅

니다. 만약 진이 천하를 병합하고 인의를 행하고 선왕성인을 본받았다면 폐하께서 어떻게 천하를 얻을 수 있었겠습니까?(『사기』「육가열전陸賈列傳」: 居馬上得之, 寧可以馬上治之乎? 且湯武逆取而以順守之, 文武竝用, 長久之術也. 昔者吳王夫差智伯極武而亡; 秦任刑法不變, 卒滅趙氏. 鄉使秦已并天下, 行仁義, 法先聖, 陛下安得而有之?)

진은 형벌과 법에만 의존했기에 멸망했으며, 장구한 통치술은 문과 무의 병용이라는 주장이다. 문(文)은 문화이며 육가와 같은 유생들에게 그것은 인의이고 선왕성인이며, 예(禮)의 질서이다. 육가(陸賈) 또한 과거 법가와 마찬가지로 새로운 시대엔 새로운 통치방법을 구상해야 한다고 주장한다. "옛 것을 잘 말하는 사람이면 오늘에도 그것을 합치시켜야 한다. 먼 것을 능히 서술할 수 있으면 가까운 것도 밝혀주어야 한다."[52](『신어新語』「술사術事」) 동시에 백성의 지지를 얻어야 비로소 통치를 공고히 할 수 있다고 주장한다. "나라를 부유하게 하고 위엄을 강화시켜 땅을 개척하고 먼 데 사람들까지 복종시키려면 반드시 백성들의 지지를 얻어야 한다."[53](『신어』「지덕至德」) 정치에서 common의 중요성을 다시 제기한 것이다. 육가는 군주의 정책이 치와 난을 결정짓는다고 생각했는데, 정책을 결정할 때 도의로써 민심을 얻으라고 주장한다. 단순한 정부정책, 즉 공(公)만으로는 좋은 정치를 이룰 수 없다는 것이다.

인 진나라를 조씨로도 불렀음.

52 善言古者合之於今, 能述遠者考之於今.

53 夫欲富國强威, 辟地服遠者, 必得之於民.

육가의 주장은 황제의 마음을 움직이기는 했으나 바로 정책과 제도에 반영된 것 같지는 않다. 한 초엔 황로(黃老)사상이 크게 유행하였는데, 장량(張良), 조참(曹參), 여(呂)태후, 진평(陳平), 문제(文帝), 경제(景帝), 두(竇)태후 등 정치지도자들은 한결같이 청정을 숭상하고, 황제(黃帝)·노자(老子)의 술로 정치적 안정을 이루었다. 예컨대,

> 군주와 신하 모두 무위의 입장에서 만사를 휴식하려 하였다. …… 정치명령 따위가 집 밖으로 나가지 않아도 천하는 편안하였다. 형벌은 극히 드물게 운용되었으며, 죄인은 희박했다. 백성들이 농사 짓는데 힘쓰니 의식이 더욱 번성하였다.(『사기』「여태후본기呂太后本紀」: 君臣俱欲休息乎無爲. ……政不出房戶, 天下晏然. 刑罰罕用, 罪人是希. 民務稼穡, 衣食滋殖)

정부의 존재와 행위가 강조되지 않는, 즉 public에 대한 극단적 혐오를 드러낸 것이다. 이는 public이 과도하게 강조된 진나라 정치에 대한 반발로 보이며, 정부 주도의 토목공정이이나 형벌의 운용을 거의 하지 않고,[54] 백성들이 스스로 생계에 전념하도록 하였다. 황로(黃老)의 청정무위 정치는 사회경제의 회복과 인민생활의 안정에 크게 기여한 것으로 보인다.(劉澤華 주편 2002)

---

54 육형(肉刑) 폐지를 골자로 하는 한 문제(漢文帝)의 법제개혁에 대해서는 도미야 이따루 지음, 임대희·임병덕 옮김 1999 (2004 재판) 참조.

(2) 예(禮) 위주, 법 위주: public과 common의 결합

한 초 유생들에 의해 common의 중요성이 다시 강조되고, 한 초의 황노학파에 의해 public이 배제된 바탕 위에서 문제 때 활동한 젊은 천재 가의(賈誼)는 한 왕실의 장구한 안정을 위해 새로운 정치구상을 하였다. 그는 진나라의 잘못을 인의의 부재, 즉 common의 상실로 진단하고, "제도의 제정과 예악의 발흥"[55](『신서新書』「과진론過秦論」)을 주장한다. 유가를 지도이념으로 삼아 제도를 개혁하되 public과 common의 결합을 요청한 것이다. 그는 우선 예(禮)로 나라를 다스려야 한다고 주장한다. 국가와 사회생활 전부를 예의 궤도에 집어넣어야 한다는 것이다. 예(禮)를 public과 common을 아우르는 개념으로 확장했다. 이는 순자와 육가의 이상을 비판적으로 계승한 견해이다.

> 예란 국가를 공고히 하고, 사직을 결정하고, 군주로 하여금 백성을 잃지 않도록 하는 까닭이다.(『신서』「예禮」: 禮者, 所以固國家, 定社稷, 使君無失其民者也)

가의는 등급의 귀천과 계급의 구별을 매우 정밀하게 정리하고, 이 원칙을 사회생활 각 방면, 즉 의·식·주 및 제사 등에까지 관철시키기를 요구한다. 그는 등급 혹은 계급을 사회통제의 가장 유력한 도구로 보았으며, 이것이 잘 되어야 군주의 지위가 공고해진다고 생각했다. "예

55 定制度, 興禮樂.

란 신하가 그것으로 윗사람을 받들어 모시는 바이다.", "군주는 군주답고 신하는 신하다움이 예의 올바름이다. 권위 있는 덕이 군주에게 있도록 함이 예의 분별이다."[56](『신서』「예禮」) 가의가 말하는 예는 등급의 도덕화이며, 주인·노예관계의 도덕화이기도 하다.

가의 정치안정책, 즉 「치안책治安策」의 기본 출발점은 존군론(尊君論)이며, 군주전제와 독재의 강화를 추진하려는 것이었다. 당시 제후국 왕들의 세력이 강대하여 중앙정부의 통제력이 약화된 상황을 두고 한 왕실의 정치안정을 바라서 나온 주장이긴 하지만, public 기능이 강하게 강조된 예치(禮治)의 실시는 당시 정치가들에게 받아들여지지 않았다. 문경지치(文景之治)는 무위를 앞세운 common 위주의 정치를 하였으며, 시대를 앞서가던 가의는 요절하고 말았다. 하지만 인의의 시행과 박애의 실천을 강조한 민본론과 도의를 공(公)적 권력보다 중요하게 여기는 가의의 주장은 common의 중요성을 충분히 담지하고 있었다. 이렇게 예(禮) 가운데 public 기능을 우위에 두고 common이 동시에 강조되는 가의의 주장은 법가와 다른 방식의 황제권력을 강화하려는 한 무제에겐 적절한 복음이었다. 무제는 통치자가 효제하고, 겸병·사치하지 말고, 검약·절제하여 백성들로부터 사상적·문화적으로 동의를 얻으라는 가의의 common은 외피로 받아들이고 실제 내부적으로는 예(禮)의 이름을 한 법(法)을 운용하여 정부의 public 기능을 강화하는 데 성공하였다. 향후 중국의 황제들은 거의 이를 모범으로 삼았다.

한편, 가의와 같은 해(BC 200) 태어나 지낭(智囊)으로 불리며 문

---

56 禮者, 臣下所以承其上也. …… 主主臣臣, 禮之正也; 威德在君, 禮之分也.

(文)제·경(景)제의 정책수행에 큰 역할을 했던 조착(鼂錯)은 법가의 전통을 계승[57]하면서 가의와는 반대로 public과 common을 아우르는 것으로 법(法)을 상정하였다. 그는 법질서의 확립만이 정치안정과 사회의 안정을 가져온다고 주장한다. 정치안정이란 측면에서 법을 공(公)적 질서의 핵심으로 보면서도, 사회의 안정이란 측면에서 인정에 순응하는 유가의 예(禮)를 받아들인다. 문제의 질문에 인정에 순응하는 것이 나라를 다스리는 큰 원칙이라고 답한다(『한서』「鼂錯傳」). 법이 중요하지만 인정에 순응하기 위해 상벌에 주의를 기울여야 한다. 조조는 제왕의 가장 중요한 책무는 인민을 안정시키는 데 있다고 생각하였으며, 백성들을 바다처럼 받아들이고 이롭게 하되 위엄이 있어야 한다고 주장한다. 위엄을 강조한 점은 법가의 계승이지만 백성을 받아들이라는, 즉 민심에 순응하라는 것은 법가와 배치된다. 유가의 논지로 법가의 폐단을 보완하고 있다.

법률은 백성의 이익과 가장 긴밀하게 연결된 큰 문제이다. 조조는 입법의 목적은 백성들로 하여금 공포에의 복종이나 두려움에 떨게 하여 백성들을 사지로 모는 것이 아니라 "그것으로 이익을 일으키고 해로움을 제거하여 군주는 존중되고 백성들은 편안해져 폭란에서 구하는 것이다."[58](『한서』「조조전」)라고 한다. 상을 주는 것은 "천하에 충효를 권면하여 그 공로를 밝혀주기 위함이고", 벌을 주는 것은 "천하에 불충·

---

57 특히 인간의 성정을 욕망의 충족으로 보고 출발하는 점, 법을 중시한 점, 농전(農戰)을 강조한 점, 중농억상 정책 등이 그렇다(『한서』「조착전鼂錯傳」 참조).

58 以之興利除害, 尊主安民而救暴亂也.

불효하여 나라에 해를 끼치는 자를 금지하려는 것이라"[59](『한서』「조조전」)고 한다. 선진 법가와 진나라의 중벌주의를 버리고 법(法)의 common적 측면에 관심을 둔 것이다.

조조의 법가 이론은 평화를 지향하며, 군주에게 권력을 집중시켜야 한다고 주장한다. 한나라 초 군주들의 무위적 성향을 비판하였으며, 현자의 임용을 주장하기도 했다. 그 또한 가의처럼 당시 번왕들의 권력투쟁을 걱정하며 중앙집권적 정치안정을 위한 삭번(削藩)을 건의했으며, "천자가 존중받지 못하면 종묘는 안정되지 못한다."[60](『한서漢書』「조착전鼂錯傳」)고 말한다. 애석하게 그가 존중하는 천자에게 죽임을 당했으며, 그의 모든 저작이 망실되었으나 『한서』「조조전」과 「식화지食貨志」 등을 통해 본 그의 사상은 유가를 법가와 화합시켜 public과 common의 융합을 꾀한 것이었다.

(3) 유술독존(儒術獨尊): 외예내법(外禮內法)

common의 중요성이 부각되고 common과 public의 융합을 꾀한 한 초의 정치사상은 결국 순자가 추구했던 예치로 귀결된다. 순자에 있어서 예는 사회의 자발적 질서라는 common의 순기능을 수행하기도 하며, 예헌(禮憲)·통류(統類)의 개념 하에 법을 포괄하며 국가나 정부의

59 以禁天下不忠不孝而害國者也. 故罪大者罰重, 罪小者罰輕.

60 天子不尊, 宗廟不安.

public 기능을 수행하기도 한다.[61] 한 초는 유가, 도가, 법가 사상이 혼재하였으며 육가, 가의, 조조 및 황노 사상가들 모두 내부적으로 여러 사상을 겸하고 있었다. 황노술은 당시 민정에 따라 일시 유행을 하였으나 이론적으로 발전하지 못하고 무제(武帝) 이후 사라졌다. 그 후에 유가의 법가화와 법가의 유가화가 동시적으로 진행되었으나(장현근 1997, 185-238) 법가 또한 조조 이후 이론적 발전을 하지 못하였으며, 사상적으로는 오경(五經)을 익힌 유학자들이 결국 이론과 실천을 모두 장악하게 되었다.

3년간 한 발도 정원에 내려서지 않을 정도로 열심히 공부했던 동중서(董仲舒)는 유가를 위주로 하면서 음양오행·법·묵가 등의 학설 가운데 천인(天人)정치론을 섞어 중국고대정치사상의 형성과 발전에 중대한 영향을 미쳤다. 동중서는 순자로부터 확장된 전통적인 예제(禮制)에 관한 주장을 계승하였다. 성인이 나라를 다스릴 때 무엇보다 먼저 한 일은 바로 "존비의 제도를 세워 귀천의 차이를 등급 매겨"[62] 예제를 수립한 것이었다고 한다. 동중서의 예제사상은 두 가지 뚜렷한 특징이 있다.[63] 첫째, 예의 내용을 확대하여 예를 음양의 도의 구현이라고 말하였다. "예란 천지를 계승하고 음양을 구현하여 주와 객을 신중히 처리하고 존비·귀천·대소의 지위에 차례를 매겨 내외·원근·신구(新舊)의

61 이상 장현근 2002 참조

62 立尊卑之制, 以等貴賤之差.(『春秋繁露』「保位權」)

63 이 두 가지에 대해서는 劉澤華 1996 秦漢魏晉南北朝卷 董仲舒 장 참조.

등급에 차이를 두는 것이다."[64] 순자 등 초기 유가사상가들에 있어서 예는 기본적으로 사회정치 관계에 대한 개괄이다. 동중서는 전통적 인식을 인정한 바탕 위에서 예를 "천지를 계승하고 음양을 구현한" 높은 단계로 끌어올렸다. 둘째, 복장 수식을 통해 예의 기능이 발휘되는 것을 중시하였다. 동중서는 "상하의 인륜질서가 구별되지 않으면 그 세력을 서로 다스릴 수가 없다."[65]고 생각했으며, 예의 기능은 바로 이러한 차별을 촉진시켜 "귀천에 등급이 있고, 의복에 차별이 있으며, 조정에 지위가 있고, 향당(鄕黨)에 질서가 있도록"[66] 하는 데 있다고 생각했다. 그는 조정의 지위라는 public에 향당의 질서라는 common을 예제(禮制)를 통해 결합시킨 것이다. 순자가 도를 논하면서 주로 예의 이론적 발전에 치중했다면, 동중서는 이론구축을 행하는 동시에 예의 시행과 정치적 조작에 더 주의했다.

같은 시기 포의 출신으로 재상이 된 공손홍(公孫弘)은 유학의 정치적 지위를 일약 높였고, 이로 인해 유학을 배우는 것이 정치적 출로를 모색하고 이익을 도모하려는 선비들에게 가장 좋은 길이 되었다. 그리하여 "천하의 학자들이 이 방향으로 쏠리게 되었다."[67] 그 방향이란 공손홍이 유학을 외형상 근본으로 삼지만 실제 정책에선 법가를 수단으로 채택한 것과 같은 외유내법(外儒內法)을 이른다.

---

64 禮者, 繼天地, 體陰陽, 而愼主客, 序尊卑貴賤大小之位, 而差內外遠近新舊之級者也.(『춘추번로』「奉法」)

65 上下之倫不別, 其勢不能相治.(「度制」)

66 貴賤有等, 衣服有別, 朝廷有位, 鄕黨有序.

67 天下之學士靡然鄕風矣.(『史記』「儒林列傳」)

한 무제는 유학의 존군·예제(禮制)·충효사상이 군주의 권위를 수호하는 데 도움이 되며, 유가의 덕치·교화는 사람들의 사상을 속박하는 중요한 수단일 수 있음을 간파하였다. 특히 순자 이래 왕도의 추구라는 외형에 각종 의제(儀制)와 전장(典章)으로 잘 꾸며진 정치적 기제는 public을 추구함으로써 생기는 무정함을 보완해줄 수 있다는 사실을 깨친 듯하다. 그러니까 무제의 숭유(崇儒)는 유학 정치학설을 모든 정책의 출발점으로 삼는 것이 아니라 유술의 '문식'(文飾) 기능을 중시한 것이다. 무제가 "유학을 좋아하였으나 그 이름만을 좋아했을 뿐 그 실체를 알지 못하였다. 그 외화를 숭모했을 뿐 실질은 폐기하였다."[68]는 사마광(司馬光)의 말은 바로 이 뜻이다.

육가-가의-동중서-공손홍으로 이어지는 순자 유학의 전통은 한대에 『예기』의 대대적 발전을 가져왔다. 표면상으로 지향한 예치질서가 크게 유행한 때문으로 보인다. 예(禮)와 악(樂)에 대한 논의를 다룬 『예기』는 소(昭)제·선(宣)제 때 대덕(戴德)의 『대대예기大戴禮記』 85편(현존 40편)과 대성(戴聖)의 『소대예기小戴禮記』 49편으로 발전하며 유술독존의 실상이 겉으로 예치(禮治)임을 증명한다. 예는 "사해 어디에 놓아두어도 모두가 따를만한 것"[69]으로 "예의라는 것은 사람됨의 큰 실마리"[70](『예기』「예운」)이니 무한한 권력을 가진 황제도 예의 공공(公共)성 앞에 어느 정도 복종을 하지 않을 수 없었을 것이다.

---

68 雖好儒, 好其名而不知其實, 慕其華而廢其質.(『司馬文正公傳家集』 권12)

69 放之四海而皆准.

70 禮義也者, 人之大端也.

위에서 언급했듯이 초기 유가사상에서 예(禮)는 주로 인간의 각종 행위뿐만 아니라 사회를 규율하고 공공의 질서를 만들어가는 핵심 규범이며, 동시에 국가의 제도로서도 기능하였다. 『예경禮經』이 있었다고 하나 알 수가 없고, 현존하는 『예기禮記』가 이 방면에 특히 상세히 논술하고 있는데 한 대에 성립한 책이다.

> 예가 나라를 바로잡음은 저울이 경중을 다룸과 같고, 먹줄이 곡직을 다룸과 같다.(『예기』「경해經解」: 禮之於正國也, 猶衡之於輕重也, 繩墨之於曲直也)

> 정치를 함에 예를 우선해야 하니 예야말로 정치의 근본 아닌가?(『예기』「애공문哀公問」: 爲政先禮, 禮其政之本與?)

> 따라서 나라를 다스림에 예로써 하지 않으면 쟁기가 없이 밭을 가는 것과 같다.(『예기』「예운禮運」: 故治國不以禮, 猶無耜而耕也.)

예의 정치적 작용은 주로 교화와 인도이고, 실제 정책 및 사회질서의 확립을 위해선 여전히 형(刑)·정(政)이 필요하다. "예는 장차 그러기 전에 금지하는 것이며, 법은 이미 그러한 뒤에 금지하는 것이다."[71](『대대예기大戴禮記』「예찰禮察」) 예와 법은 상호 보완적이다.

---

71 禮者禁於將然之前, 而法者禁於已然之後.

> 예는 민심을 절도 있게 하며, 악은 백성의 소리를 화합시킨다. 정치로써 그것을 행하며, 형벌로써 그것을 막는다. 예·악·형·정의 넷이 통달하여 어그러짐이 없으면 왕도가 갖추어진 것이다.[72](『예기』「악기樂記」: 禮節民心, 樂和民聲, 政以行之, 刑以防之. 禮樂刑政, 四達而不悖, 則王道備矣.)

"예로써 민심을 절제시키고, 악으로써 백성의 소리를 화합시키며, 정치로써 그 행동을 하나로 만들고, 형벌로써 그 간사함을 방지한다. 예·악·형·정의 극치는 하나이다."라고 하는데 예악형정(禮樂刑政)을 언급한 이 구절과 앞에 언급한 공자의 덕예형정(德禮刑政)과 비교해보면 춘추시대 주 대 공자의 주장과 한 대 『예기』의 주장이 어느 정도 정치화, 법가화 되었는지 짐작할 수 있다. 예주법보(禮主法輔)의 사유는 여기서 예와 법이 같은 비중으로 중시되며 특히 정치적으로는 법이 예의 실질로 작용하고 있음을 알 수 있다. common과 public 병용의 실질은 법을 내적 실제로 한다는 얘기다.

물론 『예기』의 저자는 통치자들에게 정치는 common과 public의 조화에 힘써야 한다고 거듭 경고한다. "위에서 아래와 친함을 뱃속처럼 하면 아래서 윗사람을 친함이 어린애가 자애로운 어미 보듯이 할 것이다. 위아래의 친함이 이와 같은 연후에 명령하면 따르고 시달하면 행해진다."[73](『대대예기』「주언主言」) 조화의 길은 민정을 통찰함에 있다. "현인

---

72 禮節民心, 樂和民聲, 政以行之, 刑以防之. 禮樂刑政, 四達而不悖, 則王道備矣.

73 上之親下也如腹心, 則下之親上也如保子之見慈母也. 上下之相親如此, 然後令則

으로 불리는 사람은 좋아하고 미워하는 감정을 백성과 같이 하며, 취하고 버리는 실마리를 백성과 같이 하며, 행동은 항상 규칙에 맞도록 하여 근본을 다치게 하지 않는다."[74](『대대예기』「애공문오의哀公問五義」)

이런 조화의 방법은 실질적인 조처, 즉 요역과 부세 경감, 수전제(授田制)[75]의 실행, 적절한 농토의 지급, 환과고독(鰥寡孤獨)의 양육과 노인공경, 교화의 진행 등으로 귀결되어 유가의 전통적인 주장을 수렴하였다. 물론 이러한 정책은 부모가 자식에게 은택을 베풀 듯 군주가 베푸는 은택으로 생각하는 '군주의 부모화'와 함께 진행된 것이다. 이는 가국(家國) 질서의 연장으로 볼 수도 있겠으나 오히려 군권(君權)의 이념적 강화로 보는 것이 더 적절하다. 따라서 예(禮)·법(法)의 결합은 군주전제의 더 정교한 형태로의 진화라고 설명할 수 있다. 사랑과 베풂을 주는 자를 배반하는 것은 더 이상 사람이 아니기 때문이다.

한 무제 때 완성된 유술독존(儒術獨尊)은 제국을 통치하는 원리로 법(法)의 공(公)적 기능이 되살아나는 과정이었다. 하지만 진나라 때 과도했던 public 추구가 정치의 내면으로 숨어들고, 겉으로는 황제의 덕화를 기반으로 한 common의 추구, 즉 예치(禮治)라는 형상을 갖추게

從, 施則行.

74 所謂賢人者, 好惡與民同情, 取舍與民同統, 行中矩繩而不傷於本.

75 고대 호구에 따라 전답을 분배해주던 제도이다. 하(夏)나라의 공법(貢法), 은(殷)나라의 조법(助法), 주(周)나라의 철법(徹法) 등이 있다. 전답은 공유(公有)이며, 전답을 받은 사람은 국가에 세금을 납부해야 하고, 늙으면 국가에 반환한다. 한(漢)대에 실시되었다고 하나 자세한 기록은 부족하며, 당(唐)나라 때 실시한 수전(授田)은 『구당서旧唐書』와 『신당서新唐書』「식화일지食貨志一」에 상세히 소개되어 있다.

된 것이다. 크게 볼 때 그 후 민주주의 공화국이 등장할 때까지 중국정치의 기본은 시종 이 틀을 벗어나지 않았다.

5. 결론

public과 common을 중심으로 진·한 정부를 재구성해보기 위해 이 글에서는 두 가지의 변수, 즉 법과 예를 전면에 놓고 고찰하였다. 사회적 통제와 질서의 기제인 예를 common으로 보고 공(共)으로 개념화하였으며 특히 춘추시대까지 가국(家國)의 사회에서 내건 예치(禮治)를 common의 질서로 비정하였다.

인구가 늘고 생산력과 강역이 비약적으로 확대되는 전국시대 이래 common의 예(禮)만으로는 정치질서 수립이 어려워졌고, 법을 통한 public한 통제가 주요 의제로 떠올랐다. 부국강병 사상이 크게 유행하고 군권(君權)의 강화가 이루어졌다. 강력한 전제군주에 의한 일통천하를 이룬 진은 그 끝단을 화려하게 장식하였으나 과도한 public 질서의 강요, 심지어 황제의 독단을 public으로 삼는 왜곡의 심화, 그리고 common에 대한 도외시로 순식간에 멸망하고 말았다.

예와 법의 적절한 결합을 핵심으로 하였던 순자 사상은 그의 제자 한비자와 이사에 의해 과도한 public의 강조로 뒤틀렸다. 하지만 제자의 제자인 한 대의 육가는 다시 common을 강조하였다. 같은 맥락의 가의도 진의 법치를 분석한 뒤 예와 법의 결합을 주장하였다. 진의 실패를 거울로 한 정부는 진의 법제를 그대로 계승했음에도 이들의 주장을 수용하여 다시 유가학술을 중요시하며 예(禮)를 정치의 표면에 내세웠다. 특히 한 무제 때에 이르러 예치(禮治)를 외피로 삼고 법치(法治)를 내면으로 삼은 이른바 외유내법(外禮內法)의 질서체제가 완성되면서 적어도 형식적으로는 common과 public의 조화를 이룬 것이다. 이는 한 정부 장기안정의 한 가지 요인으로 작용하였을 것이다. 이 틀은 봉건 중국정치의 기본적 형태로 근세까지 이어졌다. 물론 중간에 예(禮)가 강화되어 예교(禮敎)의 질곡에 빠지기도 하였으며, 내법(內法)의 일환인 군권(君權)의 절대화는 갈수록 심해졌지만, 대체로 정치안정을 이룬 정부들은 예(禮)와 법(法)의 정치적 공능을 두루 활용하였다고 할 수 있다.

통일로 거대해진 사회에 대해 진 정부가 public을 지향한 것은 필연의 과정이었을 것이다. 하지만 예주법보(禮主法輔)의 전통 속에 배어 있는 정치적 작용에 대해 심사숙고했어야 한다. 예(禮)라는 공(共)의 가치를 전면 부정하면 사회의 내적 통제라는 중요한 기제를 포기하는 것이기 때문이다. 진 정부가 법을 위주로 public을 내세우는 한편 예(禮)의 보조자로서의 작용을 긍정하여 common의 질서를 확립했더라면 동양의 정치전통은 전혀 다른 방향으로 갔을 것이다. 현대사회도 마찬가지다. 법치가 주도하지만 예의 보조자로서의 작용을 되살릴 필요가 있다. 법주예보(法主禮輔)의 새로운 '공화'(共和)정부가 필요하다.

참고문헌

『十三經注疏』. 1984. 北京: 中華書局.

荀況. 『荀子』.

愼到. 『愼子』.

商鞅. 『商君書』.

韓非. 『韓非子』.

管仲. 『管子』.

司馬遷. 『史記』.

班固. 『漢書』.

陸賈. 『新語』.

賈誼. 『新書』.

許愼. 『說文解字』.

徐中舒 主編. 2006. 『甲骨文字典』. 成都; 四川辭書出版社.

李圃主編. 2004. 『古文字詁林』(전12책), 上海教育出版社.

강정인. 2002. "德治와 法治 - 양자 兼全의 필요성을 중심으로." 『정치사상연구』 제6집.

도미야 이따루. 임병덕·임대희 역. 1999(2004 재판). 『유골의 증언: 고대중국의 형벌』. 서울: 서경문화사.

니시지마 사다오. 최덕경·임대희 역. 2004. 『중국의 역사: 진한사』. 서울: 혜안.

비탈리 루빈. 임철규 역. 2007. 『중국에서의 개인과 국가: 공자, 묵자, 상앙, 장자의 사상연구』. 서울: 율하.

서울대학교동양사학연구실 편. 1997. 『고대중국의 이해 3』. 서울: 지식산업사.

송영배. 1991. 『유교사상, 유교적 사회와 마르크스주의의 중국화 1: 유교사상과 유교적 사회구조 분석』. 서울: 남풍출판사.

시라카와 시즈카. 윤철규 역. 2009. 『한자의 기원』. 서울: 이다미디어.

유병선. 2007. 『보노보혁명 - 제4섹터, 사회적 기업의 아름다운 반란』. 서울: 부키.
이성규. 1984. 『中國古代帝國成立史硏究: 秦國 齊民支配體制의 형성』. 서울: 일조각.
장현근. 1993. "荀子政治思想에 있어서 '禮'의 機能." 『한국정치학회보』 26집 3호.
장현근. 1994. "先秦政治思想에서 '法'의 의미." 『한국정치학회보』 27집 2호 하.
장현근 편저. 1997. 『중국정치사상입문』. 서울: 지영사.
장현근. 2005. 『상군서: 동양의 마키아벨리즘』. 서울: 살림.
劉澤華 주편. 장현근 역. 2002(2006 재판). 『중국정치사상사(선진편 상/하)』. 서울: 동과서.
陶希聖. 1975-77. 『儒法關係之社會史的考察: 漢律系統之原流』. 臺北: 中山學術思想刊行委員會.
楊鴻烈. 1937(1984臺 6판). 『中國法律思想史』. 臺北: 臺灣商務印書館.
馬小紅. 2004. 『禮與法: 法的歷史連接』. 北京: 北京大學出版社.
袁剛. 2003. 『中國古代政府機構設置沿革』. 哈爾濱: 黑龍江人民出版社.
翦伯贊. 1984. 『秦漢史』. 香港: 中國圖書刊行社.
劉澤華 主編. 1996. 『中國政治思想史(秦漢魏晉南北朝卷)』. 杭州: 浙江人民出版社.
劉澤華. 2000. 『中國的王權主義: 傳統社會與思想特點考察』. 上海: 上海人民出版社.
梁曉杰. 2007. 『德法之辨: 現代德法次序的哲學硏究』. 上海: 上海人民出版社.
周良宵. 2006. 『皇帝與皇權』. 上海: 上海古籍出版社.
樂承耀 주편. 2006. 『中國古代執政案例選編』. 上海: 上海社會科學出版社.
劉海峰·李兵. 2004. 『學優則仕: 教育與科擧』. 長春: 長春出版社.
龐天佑. 2002. 『秦漢歷史哲學思想硏究』. 北京: 中國社會科學出版社.
徐復觀. 2001. 『兩漢思想史 1-3』. 上海: 華東師範大學出版社.

龔鵬程. 2005.『漢代思想』. 北京: 商務印書館.

6장

'공공' 개념의 전통: 중국과 일본을 중심으로*

김봉진 기타큐슈(北九州) 시립대학교

1. 머리말

공(公)과 사(私)는 대(對) 개념이자 상관 개념이다. 공이 없으면 사도 없고, 사가 없으면 공도 없다. 그런 뜻에서 공과 사는 '불즉불리'(不即不離) 또는 상보(相補) 내지 차연(差延)의 관계에 있다. 공과 사라는 한

* 이 글은 平野健一郎 등 편, 『國際文化關係史研究』(2013)에 게재된 제1부 제2장의 일부를 수정, 보완한 것이다.

자는 전자가 '염', '열림'을, 후자가 '닫음', '닫힘'을 표상한다. 그 사이를 매개하는 개념으로서 공(共)이 있다. 이로써 공·사·공이라는 상관 개념의 삼원 구조가 성립한다. 거기서 공과 공이 결합하면 공공(公共)이 된다.[1] 공공은 후술하듯 처음 사용될 때부터 '공공한다, 즉 공을 함께 달성, 성취한다'는 동사의 뜻을 담고 있었다.

모든 사물은 생육(生育)하고 변화한다. 그러고 나서 죽든가 사라지고, 새로 태어난다. 이른바 역사성을 지닌다. 이는 개념에도 적용된다. 이러한 사실을 딛고 이 글에서는 동아시아 전통의 '공공' 개념과 그 역사를 중국과 일본을 중심으로 고찰하려고 한다.[2] 이에 앞서 중국과 일본의 현대어 사전 속의 공과 사, 그리고 양국 전통의 공과 사가 지닌 말뜻의 특징을 정리해 본다.[3]

우선 현대어 사전에서 본 중국어의 공은 '공공을 함의함, 동사로도 사용됨, 국가 차원을 넘음'이라는 특징을 지닌다. 이에 대해 일본어의 공은 이들 특징이 보이지 않는다. 이러한 차이에는 양국 전통의 공 개념의 특징이 담겨 있다. 한편 중국어와 일본어의 사는 '독점', '닫힘' 이라는 부정적 의미를 지닌다. 그 배경에는 양국 공통의 전통이 있다.

---

1 공공의 '공'(共)은 공의 담당자인 사 내지 사를 표상하는 사람들 또는 개개인을 함의한다. 이는 다수 의 사나 사람들의 존재를 전제할 때 비로소 성립하기 때문이다. 따라서 공공이란 공을 다수의 '사가 함께 함', 즉 '사공'(私共)의 뜻을 포함한다. 단, 사공이란 개념은 일반적으로는 사용되지 않는다.

2 한국 전통의 '공공'은 다양한 용례와 풍부한 역사를 가지고 있다. 그 고찰은 후일을 기약한다.

3 중일 양국 전통의 공과 사에 관해서는 溝口雄三(1995), 溝口雄三(1996) 참조.

다음으로 중국 전통의 공은 ①군주의 공, ②공권력, ③인인(人人)의 공, 만물의 공, ④천하의 공, 국가의 공 등 다의성과 중층성과 더불어 원리성과 윤리성을 지닌다. 여기서 ③과 ④의 공은 '열림' 또는 '함께 함'(共)을 함의한다. 예컨대 천하의 공을 '천하위공'(天下爲公)으로 간주하면 그 공은 '열림'과 '함께 함'의 양의성을 가지게 된다.[4] 한편 중국 전통의 사는 ①사유, 사용(私用)의 뜻이며 공의 ②③④의 반대어로 되어 있다.

일본 전통의 '공'(오야케, 大宅)은 '천황, 국가의 공'을 뜻할 뿐 '만물, 천하의 공'이라는 뜻은 없다. 달리 말해 공의 원리성, 윤리성과는 무관하다. 이와 관련하여 일본 전통의 '사'(와다쿠시, 私)에는 역으로 '반원리적, 반윤리적 의미'가 없다. 일본의 '사' 또한 원리성, 윤리성과는 무관하다는 뜻이다. 그래서 일인칭 대명사로 사용될 수 있었던 것이다.

후술하지만 중국에서 공공이란 용어가 처음 사용된 것은 사마천(BC 145-BC 86)의 『사기史記』부터의 일이다. 이후 당대까지 그 용례는 드물다. 그러나 송대에 이르면 점차 늘어난다. 그리하여 정주학(성리학)의 발생과 함께 급증한다. 이로써 리학(理學)의 성격을 강하게 띠게 된다. 명대에는 양명학의 영향을 받아 양명 심학(心學)의 요소가 더해진다.[5] 한편 일본에선 에도(江戶) 시대의 유학자나 국학자들 사이에 정주학이

---

4 후한의 정현(鄭玄; 127-200)은 『예기禮記』「예운禮運」의 '천하위공'(天下爲公)에 '공은 공(共)'이라는 주석을 붙이고 있다.

5 여기서 리학과 심학의 구별은 어디까지나 편의적인 것이다. 정주학도 양명학도 리학과 심학, 그리고 기학의 요소를 모두 갖추고 있다.

퍼지면서 공공이라는 용어도 사용되고 있었다.

2절과 3절에서는 중국과 일본 전통의 공공의 용례를 소개하면서 각각의 개념사를 고찰한다. 마지막으로 근대에 새로 태어난 공공/성 개념에 담긴 '번역의 문제'를 지적하고 나서 새로운 공공의 지평을 열기 위한 길을 제시한다.

2. 중국 전통의 공공

『사기』「장석지 · 풍당열전張釋之 · 馮唐列傳」에 따르면 한문제(漢文帝)가 무례를 범한 한 백성에 대해 법규 이상의 처벌을 요구하자 당시 정위(廷尉, 법무장관)였던 장석지는 다음과 같이 대답했다고 한다. "법이란 천자가 천하와 더불어 공공하는 것입니다. 금일의 법도 그러하니 이를 다시 무겁게 한다면 백성은 그 법을 불신하게 됩니다."(法者天子所與 天下公共也. 今法如此而更重之, 是法不信於民也). 즉 법이란 천자=군주와 천하=백성이 공공하는 것이기 때문에 그 법의 규정을 넘어선 중벌을 내릴 수 없다는 말이다. 여기서 공공은 '공공한다'라는 동사의 뜻을 담고 있다.

위 인용문에서 '공공함'이란 '군주와 백성이 법(=公)을 함께 함(共)' 즉 '군민공공'이란 말로 바꾸어 표현할 수 있다. 이는 군민 상하의 수직적 위상의 윤리성, 정치성을 함의한다. 그러나 동시에 '천하=백성의 공공'은 수평적 위상의 개방성, 공평성이라는 공공 관념을 이끌 수 있다. 천하로부터 보면 천자도 백성의 하나인 까닭이다. 그렇다면 공공은 인간의 지위를 넘어선 수평적 위상의 개방성, 공평성, 나아가 윤리성, 정치성도 함의하게 된다. 실제로 정주학의 '공공'이 그러하다(후술).

이렇게 『사기』의 예문에 출현한 '공공'은 당대(唐代)까지는 자주 사용되지는 않은 듯하다. 그 용례를 보면 예컨대 『한서漢書』에는 『사기』의 예문이 그대로 실려 있다. 한편 『석명釋名』「석수제4釋水第四」에는 "강(江)은 공(公)이다. 작은 물이 흘러들어 공공한다."라는 글이 있다. 여기서 '공공'이란 '함께 흘러 듦'을 뜻한다. 또한 『진서晋書』「형법지刑法志」는 "인군이 천하와 더불어 함께하는 것이 법이다."(夫人君所與天下共 者法也)라고 한다. 이는 『사기』의 문장과 비슷하나 공(公)이 빠져 있다.

당대에 이르면 공공의 용례가 산견된다. 예컨대 『전당문全唐文』「육치陸贄, 사밀지인론소선사장謝密旨因論所宣事狀」을 보면 "이것이 성왕(聖王)의 전장(典章)을 선명(宣明)하는 까닭이니 천하와 더불어 공공함이다."라는 글이 있다. 이는 『사기』의 예문과 유사함을 알 수 있다. 또는 "국가가 공공하는 마음으로 일을 만들면 사람들[백성]은 기꺼이 이를 따를 것"(「陸贄, 奉天請罷瓊林大盈二庫狀」)이나 "공공으로 해(諧, 화합)함"(「晋高祖以宰 臣一人知中書印詔」)이라는 용례도 있다.

(1) 정주학의 공공

송대가 되면 공공의 용례가 점차 늘어간다. 『건염이래계년요록建炎以來繫年要錄』에는 "공공으로 숙의(熟議)함"(권123 「紹興八年十一月」), "공공으로 상량(商量)함"(권134 「紹興十年三月」)이라는 글이 있다. 여기서 공공은 부사로서 '함께'라는 뜻으로 사용된 셈이다. 또한 "공공으로 후사(後嗣)를 이음"(『송사宋史』 권125)이라는 표현도 등장한다. 송대 이래 종법(宗法) 제도의 발달에 따라 상속과 관련하여 '공공'이 사용된 것이다. 이는 공공이라는 용어가 사회에 침투, 확산해 갔던 현상을 보여준다.

정주학이 등장함에 따라 공공의 용례는 크게 늘어난다. 그런데 정주학은 리학의 성격이 강하다. 따라서 공공이란 개념 역시 리학의 성격을 강하게 띠게 된다. 덧붙여 말하면 리는 '일용인륜(日用人倫)의 도'와 결합하여 뭇사람(衆人)의 윤리화, 정치화를 추진시키는 원동력이 된다. 그 결과 정주학은 특유한 공공철학의 지평을 연다. 실은 유교 자체가 원래 일종의 공공철학이다. 이를 정주학이 활성화시킨 셈이다. 다시 말해 리학의 성격이 강한 공공을 발명함으로써 새로운 공공철학을 수립한 셈이다.

그 선구는 정명도(程明道; 1032-85), 정이천(程伊川; 1033-1107) 형제이며, 그 계승자가 주자(朱子; 1130-1200)이다. 『이정집二程集』의 예를 보자. 그 「하남정씨유서河南程氏遺書」(권2 상)에는 "만물은 모두 오직 하나의 천리"로서 "사람은 공공이 방재(放在)한 천지만물 속에 일신을 내던질 수 있다." 또는 "하늘이란 한 가지로 공공무사(公共無私)하다는 뜻이 있다."라는 글이 있다. 사람이 일신의 사를 버리면 하늘=천지만물의 공공, 무사를 얻을 수 있다는 말이다. 달리 말해 사람은 누구나 '공공'의 주체가 될 수 있다는 것이다.

『이정집』에는 공과 사, 이(利)를 둘러싼 논의가 많다. 예컨대 '지공불사(至公不私), 대공무사치천하(大公無私治天下), 지공대동지도(至公大同之道)'(「주역정씨전周易程氏傳」 권1) 등이 그것이다. 그리고 "리는 천하의 지공,

이(利)는 뭇사람이 똑같이 욕망하는 것이다. 실로 그 마음을 공(公)하여 [=열어서] 정리(正理)를 잃지 않는다면 이를 중(衆)과 더불어 함께할 수 있다."(「주역정씨전」 권3)라고 말한다. 여기서 '지공', '대공'이란 공공을 함의하는 개념이라고 본다.

이와 함께 '도, 리는 천하의 공'이라는 식의 표현이 많이 보인다. 이때 '공'은 공공을 함의한다. "하늘이란 모든 것을 덮어 키운다는 뜻이다. 왕이란 모두를 공공무사하게 만든다는 뜻이다."(「하남정씨수언河南程氏粹言」 권1)라고 말하기 때문이다. 그래서 하늘 또는 왕과 관련된 '공', '도', '리' 등 개념은 공공, 무사를 함의하게 되는 것이다. 그 때문이리라. 정이천은 제자인 윤화정(尹和靖; 1071-1142)이 "도는 중(衆)과 공공하는 것"이라고 말하자 이에 찬동한다(「하남정씨외서河南程氏外書」 권12). 이로써 '중인(衆人) 공공의 도'라는 명제를 만든 셈이다.

그리하여 '천하의 공, 중인의 공'은 천하 사람들에게 열린 '천하공공, 중인공공'이 되는 계기를 얻었다. 이를 계승한 주자는 공공의 다양한 용례를 구사한다. 『주자어류朱子語類』를 보면 공공은 대개 '기', '도', '리'와 관련하여 사용되고 있음을 알 수 있다. 예컨대 주자는 "천지 간(間) 공공의 기"(권3 「귀신鬼神」)를 말한다.[6] 이는 '천지공공의 기'라는 명제의 성립을 뜻한다. 또한 "천리의 공, 인욕의 사"와 함께 "먹고 마심은 천리, 맛을 탐함은 인욕"(飮食天理, 美味人欲)을 말한 후 "도는 고금

6 이와 함께 주자는 "우풍노뢰(雨風露雷), 일월주야(日月晝夜), 이는 귀신의 흔적이다. 이는 공평정직의 귀신이다."라고 말한다. 따라서 '공공의 기'의 '공공'은 '공평정직'을 함의한다고 보아도 좋다.

(古今) 함께 따르는 리이다. 아버지의 자(慈), 자식의 효, 군의 인, 신의 충은 각각 하나의 공공하는 도리이다.(是一箇公共底道理)"라고 한다(권13 「학7역행學七力行」). 따라서 '공공의 도리'라는 명제가 성립한다.

주자는 "리는 천하공공의 리이다. 모든 사람에게 똑같으며 물아(物我)의 나뉨(分)이 없다."(권18 「대학5혹문하전5장大學五或問下傳五章」)라고 한다. 이는 '천하공공의 리'라는 명제와 함께 리의 만인구유성(萬人具有性)을 설명한 셈이다. 여기서 필자의 견해를 밝히면 리는 '천리자연권'(天理自然權, 필자의 조어)이라는 일종의 자연권과 인간평등의 관념을 담고 있다. 또한 리가 '공=평분(平分)'(『설문해자說文解字』), '평, 균(均)' 등 개념과 결합하면 사나 사적 욕망을 긍정하는 계기를 만들어 낸다. 나아가 사람들 누구나 윤리/정치의 주체로 부상할 수 있는 계기도 생긴다(후술). 이를 촉발, 매개하는 개념이 바로 '공공'이다.

주자는 이렇게 말한다. "락(樂)이란 '중(衆)과 함께 즐김'을 뜻한다.", "락은 공(公)이니 사 를 싫어한다. 군자는 공공의 락을 지닌다."(권20 「논어2학이편상論語二學而篇上」). 여기서 '공'은 '공공'을 함의함을 알 수 있다. 이어서 "도리란 천하의 공공하는 것"이라 한다. 이 '천하 공공의 도리'라는 명제는 도, 리의 상관 개념들과 결합하여 다양하게 표현된다. 권52 「맹자2공손추지상孟子二公孫丑之上」의 예를 들어 보자. "도의는 공공하는 무형영(無形影)의 물사(物事)", "도는 물아(物我)가 공공하는 자연의 리이다", "도의는 중인이 공공하는 것이다."(道義是衆人公共底). 그 가운데 '중인공공'이라는 표현에 주목할 필요가 있다. 그것이 '공공의 민중화'에의 의지를 담은 용어이기 때문이다.

또는 "리는 공공의 물사"(권93 「공맹주정장자孔孟周程張子」), "천하공공의 리"(권94 「주자 지서태극도周子之書太極圖」)라는 표현도 있다. 나아가 주자는 "도는 천하공공이다. 이를 내 가 이미 터득했으니 반드시 다른 사람들에게도 보급하려 한다."(권118 「주자15훈문인6朱子十五訓門人六」)는 말도 있다. 이는 '천하공공의 도, 리'를 '일용인륜'으로 만들어 널리 보급하겠다는 뜻이다. 이렇듯 주자는 '공공의 민중화'에의 의지, 목표를 지니고 있었던 것이다. '이를 빨리 달성하고 싶다'는 조급함 때문일까, 주자는 "도리는 천하의 공공하는 것인데, 이것을 나 혼자만 깨닫고 다른 사람들은 깨닫지 못하니 홀로 고민하고 있다."(권119 「주자16훈문인7朱子十六訓門人七」)라고 토로하기도 한다.

(2) 양명학의 공공

주자는 불교의 공, 도교의 허에 대한 실리(實理)를 내걸고, 이를 바탕으로 주자학의 학문 체계를 수립함으로써 새로운 질서를 구축하고자 했다. 그 목적은 원대를 거쳐 명대에 이르러 정주학이 정치의 교학(敎學), 사대부/관료의 정학(正學)이 되면서 리학이 융성했다는 점에서 일정 정도 이루어졌다고 볼 수 있다. 또한 '공공의 민중화'도 상당한 진전이 있었을 것이다. 그러나 다른 한편 리학의 교조화나 리의 공허화라는 폐해가 생겨났다. 그리고 '공공의 민중화'는 이와 더불어 변동해 갔던 사회와 분출해 나왔던 민중의 다양한 욕구를 충족시킬 만큼의 진전은 아니었던 듯하다.

왕양명(王陽明; 1472-1528)은 명대의 사회 변동에 적응하기 위해 정주학의 가르침 일부를 개변함으로써 (주자의 의지, 목표였던) '공공의 민중화'를 더 가속시키려고 했다고 말할 수 있다. 이로써 공허화한 리를 현실화, 즉 '일용인륜'의 리로 회복함과 동시에 학문의 담당자를 민중에게까지 확산시키고자 했다. 이를테면 '주자학의 민중화'를 더 진전시키려고 했던 셈이다.[7] 이를 위해 정주학의 '성즉리'(性卽理) 대신 '심즉리'(心卽理)를 제시하고 '치량지'(致良知)를 내건 것이다.[8] 또한 '천지만물일체(一體)의 인(仁)'이라는 정명도의 명제를 재생시켰고 '친민'(親民)을 강조했다. 친민이란 이를테면 '민을 섬기라'는 뜻이다. 거기에는 정치, 윤리의 지평을 민중에게 열겠다는 의지가 강하게 담겨 있다. 나아가 양명은 공공의 범주에 '학술'을 집어넣음으로써 '학술의 민중화'도 목표로 삼았다. 이는 양명학에 의한 새로운 공공철학의 탄생을 이야기한다.

양명은 육상산(陸象山; 1139-92)의 존덕성(尊德性)과 주자의 도문학(道問學)을 병용할 것을 주장하면서 "마음을 공평정대한 땅에 두어야지 이김(勝)에 두면 안 된다."(『왕양명전집』 외집 권5 「답사성지1答徐成之一」)라고 말한다. '공평정대'란 공공을 함의한다. "학술이란 고금 성현의 학술로서 천하공공하는 것"(「답서성지2」)이기 때문이다. 그에 따르면 '천하공공의 학술'이 바로 성인의 학이다. "성인의 학은 타인과 자기(人己), 안과 밖[의 구별] 없이 천지만물을 하나로 삼는 마음이다." 그럼에도 "심성의 학이 인륜을 밖으로 내던지고 사/물을 잊는다면 바야흐로 선(禪)이

7 溝口雄三, "儒教道德の民衆化路線," 溝口雄三·伊東貴之·村田雄二郎(1995), 제2장.

8 "양지양능(良知良能)은 우부우부(愚夫愚婦)이나 성인이나 똑같다."라는 명제는 왕양명의 강력한 민중에의 지향(志向)을 보여준다.

될 뿐"(권4 「중수산음현학지기重修山陰縣學之記」)이라는 것이다. 양명학을 심학이라 하나 그 실은 (주자학과 마찬가지로) 천하에 공공하는 일용인륜의 학문이다.

양명의 목표인 '학술의 민중화'는 제자들에게 계승된다. 왕룡계(王龍溪, 1498-1583)는 "우 리의 강학(講學)은 승심(勝心)을 가지거나 기견(己見)에 집착함을 제일 멀리한다. 원래 학은 고금 공공의 물(物)이니 우리의 사(私)로 삼아서는 안 된다."(『용계왕선생전집』 권10 「재답오오재하再答吳悟齋下」)라고 말한다. '고금 공공의 학'을 민중화하고자 왕룡계는 우주적 양지를 역설했다. 그리고 현성(現成) 양지를 주장했다. 현성이란 '현재 눈앞에 만들어져 있는 것'을 뜻한다. 도, 리를 밝힘은 성의정심/격물궁리가 아니라 누구나 지닌 양지의 자연스런 의지나 그것을 사회에 공공하는 활동/실천이라는 것이다.

왕심재(王心齋; 1483-1540)는 양지 심학을 제창함으로써 태주(泰州)학파를 형성하고 강학 활동을 사회에 펴는 운동을 전개했다. 강한 경세 의식을 지녔던 그는 '치량지'에 따라 '간이직절'(簡易直截)한 판단 근거를 얻어 '만물일체의 인'을 천하에 보급하려 했다. 그래서 각자 양지에 입각하여 일용인륜을 행하는 민중의 모습이 바로 성인의 그것과 같다는 현성론을 제창했다(『왕심재전집』 권3 「어록71語錄七一」). 그 양지를 굳게 믿고 자유자재로 약동하는 모습이 '락'이라면서 "락이 학이요, 학이 락이라."(권4 「學樂歌」)고 말한다. 그는 '만가(滿街)의 사람 모두가 성인'(『전습록伝習錄』 하)이란 발언으로 유명하다. 즉 성인과 서민을 동렬에 두는 양지 현성론을 전개했던 것이다.

태주학파의 라근계(羅近溪; 1515-88)는 『중용』 제1장의 "도는 잠시

(須臾)라도 떠날 수 없다."라는 명제를 "이는 곧 사람들이 공공함"(『羅近溪先生明道錄』 권5 「회어會語」)을 뜻한다고 해석한다. 그의 '인인공공의 도'가 주자의 '중인공공의 도'와 다른 것은 양지 현성론에 바탕을 두었다는 점이다. 이로써 '인인으로부터 발출하는 공공의 도'라는 점이 강조된 것이다. 따라서 민중은 공공의 담당자 내지 공공을 만들어 내는 주체가 될 수 있다는 믿음이 한층 강화된다. 거기에는 '민중의 윤리화, 정치화'의 계기가 짙게 담겨있다고 볼 수 있다.

(3) 왕양명 이후의 공공

양명학은 '심즉리, 치량지, 양지 현성론' 등으로 '공공의 민중화'를 가속시킬 수 있는 새 지평을 열었다. 또한 '민중의 윤리화, 정치화'의 새 지평도 열었다. 이와 함께 사/욕망 긍정의 새 지평을 열게 된다. 그래서 양명학 이후 '공공의 민중화'와 사/욕망 긍정은 동시 진행한다. 단, 그 기원은 정주학에 있음을 잊어서는 안 된다. 거듭 말하지만 정주학은 '천하공공, 만인구유의 리'를 내세웠다. 이로써 인권, 인간평등 관념은 물론 사/욕망 긍정과 '민중의 윤리화, 정치화' 등 계기를 제공했던 것이다.

정주학은 인욕의 사를 부정적인 것으로 본다. 그렇지만 동시에 천리/자연의 사/욕망을 긍정한다. 그 바탕에는 "천리와 인욕은 동행하지만 (각각의) 정이 다르다(다를 뿐이다)."(天理人欲, 同行異情)(『주자어류』 권78 「상서1요전尙書一堯典」)라는 관점이 있다. 정주학의 '천리의 공, 인욕의 사'나 '존천리, 멸인욕'이란 명제 각각의 후자는 분명 '부정적인 뜻'을 지닌다. 단 주의할 것은 거기서 부정되는 인욕은 어디까지나 사리사욕이나 탐욕과 같은 작위의 (천리/자연을 벗어난) 욕망에 한정된다는 점이다. 앞에서 인용했던 주자의 "먹고 마심은 천리, 맛을 탐함은 인욕"에서 보듯이 '먹고 마심'과 같은 인간의 본능적, 자연적 욕구, 즉 생존욕, 자연욕은 천리/자연으로서 당연히 긍정된다.

이 같은 천리/자연의 사/욕망 긍정은 송대를 거쳐 명대로 계승되어 널리 확대된다. 나아가 명말 청초에 이르면 긍정되는 욕망은 생존욕, 자연욕을 넘어 그때까지 부정적으로 여겨져 왔던 인욕의 사, 그리고 사적 소유욕을 포용하게 된다(溝口雄三, 1995). 이 같은 욕망 긍정의 확대는 공공의 담당자가 일반 민중에게 확대되는 과정에서 생겨난 현상이다. 그 배경에는 양명학 이후의 의식 변화와 그에 따른 '공공의 민중화'의 새로운 진전이 있었다. 동시에 '리 관념의 변혁'이 있었다(溝口雄三, 1980). 그 결과 명말부터 사/욕망 긍정의 언설이 부상하기에 이른다.

여곤(呂坤; 1536-1618)의 글을 인용해 보자. "세간 만물에는 모두 욕망하는 것이 있다. 그 욕망은 천리인정, 천하만세 공공의 마음이다. [하지만] 언제나 만물에는 많든 적든 욕망해도 얻지 못하는 것이 있음을 가엽게 여긴다. (중략) 천지가 수많은 인/물을 낳은 이상 자연히 이것들을 기르고 충족시킬 수 있다. 그럼에도 욕망을 채우지 못함이 있음은 다름 아닌 불균(不均) 탓이다."(『신음어呻吟語』 五) 여기서 욕망이란 생존욕 뿐만 아니라 소유욕을 포함한다. 소유욕도 또한 '공공의 마음', 즉 천리/자연의 욕망으로 긍정된 셈이다. 거기에는 욕망은 본디 누구에게나 '균하게' 충족되어야 한다는 유교의 균등, 균분 사상이 담겨 있다고 본다.

이같이 인욕의 사와 사적 소유욕은 '천하공공의 마음'으로 긍정된다. 이를 '마음=천리+인정'의 만물구유성에 대입시키면 '천하공공의 리와 정=욕망'이라는 명제가 성립한다. 그리고 '천하공공의 리'는 '천하공공의 정=욕망'을 포섭하게 된다. 역으로 정=욕망은 리에 침투하여 리의 내실을 질적으로 변혁시키게 된다. 이 같은 '리 관념의 변혁'을 촉발했던 것이 바로 '공공'이라고 본다. 이로써 '공공'은 '리', '균'과 결합하여 사/욕망 긍정을 이끎과 함께 천리의 공과 인욕의 사를 매개하는 역할을 담당하기에 이른 것이다.

그 역할을 '공공'이 실제로 어떻게 수행했는가라는 현실적 문제는 남는다. 그러나 여기서 문제 삼고 싶은 것은 인욕의 사를 어디까지 긍정할 것인가이다. 달리 말해 인욕의 사와 천리의 '중정'(中正)을 어떻게 조화시킬 것인가라는 문제이다. 그런데 양명학의 '심즉리, 치량지, 양지 현성론'은 분명 '공공 민중화'의 새 지평을 엶과 동시에 리 관념의 변혁을 일으켜 사/욕망 긍정을 이끌었다. 그러나 다음과 같은 경향을 낳고 말았다. 천리, 경(敬), 도덕, 윤상(倫常)의 경시와 불교, 도교 등 이단에 대한 지나친 관용 등이 그것이다. 이러한 경향을 이끈 것이 양명학 좌파 특히 왕룡계와 왕심재의 태주학파였다.

그런데 양명 사후 그가 남긴 사언교(四言敎)의 해석을 둘러싸고 제자들 사이에 논쟁이 일어났다.[9] 논쟁점은 '무선무악'의 범주 설정이었

9 왕양명은 만년에 '무선무악은 마음의 체이며, 유선유악은 의지의 움직임이다. 선을 알고 악을 아는 것이 양지이며, 선을 위해 악을 버리는 것이 격물이다.'(無善無惡是心之體, 有善有惡是意之動. 知善知 惡是良知, 爲善去惡是格物)의 사언교(

다. 우파의 전서산(錢緖山; 1496-1574)은 '일무삼유설'(一無三有說)을 주장했다. 마음의 체만 무선무악이고 그 외의 것은 유선유악이라는 것이다. 이에 대해 왕룡계는 '사무설'(四無說)을 내걸었다. 말하자면 마음의 용(用) 역시 무선무악이라는 것이다. 그리고 이를 양지 현성론과 결합시켜 인간의 자연스런 의지와 활동을 적극적으로 긍정했다. 또한 유/불/도 삼교 일치설을 내건 채 불교의 공이나 도교의 허를 용인하기도 했다. 그 결과 '중정'을 벗어난 제멋대로의 행동마저 허용하게 된다. 이른바 '임정종욕의 환'(任情縱欲之患)에 빠진 셈이다.[10]

이렇게 되자 왕심재는 만년에 "내가 설도(說道)하는 마음은 중화(中和) … 중정이다."(『왕심재전집』 권4 「대성학가大成學歌」)라면서 중화, 중정을 강조했다. 자신의 양지설이 윤상 경시의 풍조로 이어질 것을 우려하고 있었기 때문이다. 그러나 태주 학파와 후학의 일탈은 계속되었다. 이탁오(李卓吾; 1527-1602)가 제기한 동심(童心)설, '정욕이 곧 성명(性命), 리'라는 명제는 그 일탈의 전형이었다.

'마음·양지의 중정=천리'를 회복하고자 사·욕망의 문제나 무선무악설과 정면으로 씨름 한 일군의 학자가 동림파(東林派)이다. 이들은

四言敎)를 남겼다. 이를 통해 '양지에 바탕을 둔 행동, 실천은 외적 규범에 속박됨 없이 무선무악'임을 설명하고자 했던 것이다.

10 이는 조선 양명학파의 시조로 일컫는 정제두(鄭齊斗; 1649-1736)의 말이다. "나는 양명집을 보고 그 도가 간요(簡要)하고 매우 정(精)해서 마음 속 깊이 즐기고 좋아했다. 그런데 신해년 6월, 우연히 동호(東湖)에 가서 숙박했을 때 꿈속에서 돌연히 깨달았다. 왕씨의 치량지의 학은 매우 정하나 그 폐로서는 임정종욕의 환이 있다."(『하곡집霞谷集』 권13 「대학설大學說」).

무선무악설을 배격하고, 중정에 입각한 사/욕망만을 긍정한다. 풍종오(馮從吾; 1556-1627)는 다음과 같이 말한다. "인의는 본디 천리. 거짓 인의는 인욕이지 천리가 아니다. 화색(貨色)은 본디 인욕. 그렇긴 하나 공화공색(公貨公色)이면 천리이지 인욕이 아니다."(『풍소허집馮少墟集』 권1 「변학록辨學錄」 54장) 여기서 주목할 점은 세 가지다. 하나는 천리의 정립(定立). 둘은 천리와 인욕 이항대립의 해체. 셋은 '화색=소유욕과 정욕'이 천리로서 긍정되어 있다는 점이다. '공화공색', 즉 공적인(=열린) 욕망이라면 천리일 수 있다는 것이다.

풍종오의 인욕이란 사욕에 기초한 공욕, 이를테면 사공(私共)/뭇사람의 욕망이나 그 사회적 총화를 뜻한다. 그리고 '공화공색'의 공이란 '천하의 공, 균분의 공'을 가리킨다. 이는 사욕 긍정을 전제로 삼은 채 사욕과 사공/뭇사람의 욕망이 조화된 상태의 공이다. 그리하여 이른바 '공욕즉리'(公欲卽理)라는 명제가 성립한다. 이러한 공은 '천리의 공과 인욕의 사를 중화시키는 역할'을 담당한다는 뜻에서 공공을 함의한다. '공욕=공공욕, 리'인 것이다. 거기서 사/욕망은 공공을 매개로 긍정된다.

이 같은 사상사적 변화는 이 시기에 갑자기 발현했던 것이 아니다. 그것은 정주학의 '공공의 민중화'로부터 시작되었다. 그리고 이를 계승, 진전시킨 양명학과 그 후의 유교 사상에서 일어난 변화에 따라 지속적으로 발현해 왔던 것이다. 그 지속적 발현의 양상을 명말 청초의 세 유학자를 통해 살펴보자.

황종희(黃宗羲; 1610-95)는 이렇게 말한다. "인류가 처음 생겨난 이래 사람은 각자의 자 사(自私), 자리(自利)"를 누려왔다. 그런데 후세의 군주가 자기의 "대사(大私)를 천하 대공(大公)"이라고 (잘못) 내걸었으니 "만약 군주만 없다면 사람은 각자의 자사, 자리를 누릴 수가 있다"(『명이대방록明夷待訪錄』「원군原君」). 고염무(顧炎武; 1613-82)는 말한다. "천하의 모든 사람은 자기 집을 마음에 두고 자기 자식의 일을 생각한다. 이것이 인정이다." 그래서 "성인은 천하 만민의 사로써 천자 한 사람의 공으로 삼아 천하가 잘 다스려졌다. (중략) 천하의 사가 천자의 공인 것이다."(『정림문집亭林文集』「군현론郡縣論」). 왕선산(王船山; 1619-92)은 "인욕을 각자 누림이 바로 천리의 대동(大同)"(『독사서대전설讀四書大全說』 권4)이며, "인욕의 대공이 바로 천리의 지정(至正)"(『사서훈의四書訓義』 권3)이라고 한다.

황종희에 따르면 정치의 원점은 군주의 사를 배제하는 대신 뭇사람의 '자사, 자리'를 충족시킴으로써 '천하 대공'을 회복하는 일이다. 고염무는 뭇사람의 사를 긍정하고, 그 '천하의 사'를 합한 것이 '천자의 공'이라 한다. 왕선산은 인욕에 바탕을 둔 천리, 이른바 '존인욕적 천리'를 내세운다. 그리하여 '인욕의 대공=천리의 지정'을 이루려는 것이다. 이들 '천하의 대공, 천자의 공, 인욕의 대공'은 당연히 공공을 함의한다. 이로써 사/욕망 긍정은 공공의 매개를 통해 다시 새로운 모습으로 용인되기에 이른 것이다.

3. 일본 전통의 공공

일본에서 '공공'의 용례는 에도 시대의 17세기 이후에 나타난다. 그 계기는 정주학의 수용에 있다. 그 과정에서 공공이라는 용어도 수입된 것이다. 단, 리학의 성격은 옅다. 리학의 체계적 수용을 위한 현실 상황과 사상 기반이 약했기 때문이라고 본다. 그래도 17세기부터 정주학이나 양명학이 수용되었고 이어서 고학, 국학 등이 등장한다. 이 과정에서 "'리'로부터 동떨어진 태도"(「『理』への態度の懸隔」, 渡辺浩 1997, 72)와 더불어 '도', '리'는 굴절되거나 배제되는 현상이 생긴다. 이는 '공공'에도 반영된다.

일본에서는 정주학, 양명학 등을 수용하여 정치와 사회의 원리, 규범으로 삼으려 할 때 여러 모순, 알력, 충돌이 발생했다(渡辺浩, 1985, 제2장). 그 배경에는 바쿠한(幕藩) 체제의 중층 권력 구조 하에서 무사 계급이 농, 공, 상, 천민을 지배했던 정치 체제와 사회 구조가 있다. 거기에는 공의(公儀)라고도 일컬었던 바쿠후에 의한 공의 독점이라는 '공의 국가화' 현상이 두드러진다. 그리고 주자학을 정통으로 삼는 통치 원리나 과거 제도가 없었다. 그래도 정주학, 양명학이 수용되었던 만큼 '공공의 민중화'의 계기가 주어졌다. 그러나 그 계기는 현실의 제약을 받지 않을 수 없었다.

(1) 일본 주자학의 공공

일본에서는 주자학이 수용되자 곧 신도와 결합하는 현상이 생겨났다. 하야시 라잔(林羅山; 1583-1657)의 '리당심지신도'(理當心地神道, '리는 신도의 마음에 해당한다'는 뜻)라는 명제에 입각한 이른바 유가신도(儒家神道)는 하나의 예이다. 그는 "신도와 유도(儒道)는 어떻게 구별되는가?"라는 물음에 대해 양쪽 모두 "리는 하나요, 그 일(爲)이 다를 뿐"이라고 답한다. 그리고 "신도는 곧 왕도"라고 말한다(『羅山林先生文集』 권66 「隨筆二」). 따라서 주자학의 도리나 왕도는 신도 안에 회수될 수 있게 된다. 그리하여 라잔의 주자학은 신도에 포섭되고 변용된다. 이는 일본 사상사에서 쉽게 발견되는 '보편의 특수화' 현상의 한 예라고 볼 수 있다.

이는 야마사키 안사이(山崎闇齋; 1618-82)가 그의 독자적인 주자학과 더불어 성립시켰던 스이카(垂加) 신도에도 적용된다. 그는 "도는 천하의 공공이니 성현이 사(私)할 수 있는 것이 아니다."(『垂加草』 권11 「跋朱子訓子帖」)라고 한다. 그의 『대학계발집大學啓發集』에는 주자의 저작을 인용한 '공공'의 용례가 적지 않다. 예컨대 권4에서는 『주자어류』 권18로부터 인용된 "리는 천하공공의 리"를 말한다. 권5에서는 『주자문집』 권57을 인용하면서 "리는 인, 물이 함께 비롯되는 것이다. 천지간에 공공함을 도라고 일컫는 까닭이다."라고 한다.

이렇듯 안사이는 주자의 '천하공공의 도리'를 수용했다. 그러나 한편 "우주는 단 하나의 리이다. 즉 신성(神聖)이 태어나고 해가 뜨는 곳[일본]과 해가 지는 곳[중국]이 다를지라도 그 도는 스스로 묘계(妙契)하는 것"(『垂加草』 권10 「洪範全書序」)이라고 말한다. 이런 식으로 그는 스이카 신도를 창출한 것이다. 그의 '묘계'란 일본 유학과 신도 사이의 모순, 충돌이라는 문제를 해결하는 수법이었다고 볼 수 있다. 그러나 이로써 '천하공공의 도리'는 일본 내부에 닫히게 된다. 그의 '공공'은 리학의 성격을 띠면서도 그 보편성, 개방성을 잃은 셈이다.

(2) 고학의 공공

이토 진사이(伊藤仁齋; 1627-1705)의 고학은 주자학 비판에 입각하여 성립되었다. 그는 주자학을 신봉하다가 점차 거리를 두면서 독자적인 고학을 구성했던 것이다. 그는 주자학이란 "근세 선유(禪儒)의 설"로서 불교나 노장(老莊)처럼 "공허"하며 또한 리의 "고원(高遠)"에 치우친 탓에 공맹(孔孟)의 도를 잃은 학문이라고 비판한다. 그리고 도란 "인륜일용에 마땅히 행하는 길(路)"이자 "귀천존비 [모두에게] 통행하는 곳"이라고 주장한다(『어몽자의語孟字義』 권상 「도道」).

진사이는 도란 '인륜'이며 '알거나 행하기 쉽고 평정친절(平正親切)한 것'이라고 한다(『동자문童子問』 상, 5장). 여기에는 '천하공공, 중인공공의 도'라는 관념이 담겨 있다. 이러한 그의 도는 주자의 그것과 기본적으로는 다르지 않다. 주자 역시 도란 '인륜일용'이라고 말하기 때문이다(『논어집주論語集注』「술이述而」). 단, 주자의 도는 '사물당연의 리'이기도 하다(「학이學而」). 그러나 진사이는 리를 배척한다. 리는 도를 "알기 어렵고 행하기 어려우며 고원하여 이를 수 없는 것"(『동자문』 상, 5장)이라는 것이 이유였다. 그런 만큼 진사이는 '리'로부터 동떨어진 태도를 취하고 있다.

진사이는 '천하공공의 도'를 활용하여 맹자의 폭군 방벌론을 긍정한다. "권(權)이란 한 사람이 마음대로 하는 것으로서 천하의 공공이 아니다. [이에 비해] 도란 천하의 공공으로서 한 사람의 사정(私情)이 아니다.", "탕(湯), 무(武)는 자신의 사정을 따르지 않고 천하의 그러함을 따랐다. 그래서 이를 도라고 일컫는다."(『어몽자의』 권하 「권權」). 또 "도란 천하의 공공이며 인심이 함께 그러하다고 하는 것이다.", "탕, 무의 방벌은 천하가 이를 방벌한 것이다."(『맹자고의孟子古義』 권1 「제선왕문왈장齊宣王問曰章」)라고 한다. 요는 '천하공공 의 도'란 '인심이 함께 그러하다고 하는 것'으로서 '고원'한 리가 아니라는 것이다.

그러나 진사이가 리를 '고원'하다고 본 것은 주자학에 대한 일종의 오해이다. 주자학의 '리일분수(理一分殊)'라는 명제에 입각하여 말하면 '하나의 리'는 고원한 원리가 될지도 모르나 동시에 '나뉘어' 인륜일용이 되기 때문이다. '분수의 리'는 인륜일용(의 도)로 이어진다. 그래서 '천하공공의 리'인 것이다. 그런데 진사이의 도는 다음과 같은 위험성을 지닌다. 도가 '인심이 함께 그렇다.'라는 것이라면 '도는 곧 인심'이 되어 결국 도심과 인심의 분별은 사라진다. 그리하여 '인심은 위태롭고 도심은 희미하다.'(『서경書經』「대우모大禹謨」)라는 말이 있듯이 인심이 '중정=천리'를 잃고 비도(非道), 인욕=사리사욕에 빠질 수 있다. 이른바 '임정종욕의 환'에 빠질 우려가 있는 것이다.

진사이는 비도나 인욕을 바로 잡기 위한 '리=본연의 성'의 필요성을 인정하지 않는다. 오히려 '중인공공의 마음이나 정에는 도가 본래적으로 있다.'고 할 뿐이다. 그는 마음을 정과 거의 같은 것으로 본다. 정이란 "물(物)을 느껴 움직이는 성[=생生]의 욕(欲)"이라며 "선을 좋아하고 악을 싫어함은 천하의 동정(同情)"이라는 것이다(『어몽자의』 권상

「정情」). 이같이 성선설을 무조건 신봉하는 진사이에게 인정 외에 천리는 필요 없게 된다. 이를테면 '천하공공의 리'는 무용지물인 셈이다.

오규 소라이(荻生徂徠; 1666-1728)는 주자학을 배운 후 40세쯤부터 고문사학(古文辭學)을 제창한다. 그리하여 주자학도 진사이도 비판한다. 둘 다 '고문사를 몰랐기' 때문에 육경, 논어 등 고전을 오독하여 그 참뜻을 얻지 못했다는 것이다. 또 주자학은 노장, 불교의 해독을 입었으며, 진사이의 고의(古義)는 옳지 않다는 것이다. 단, 이런 비판은 소라이의 '주자학에 대한 오해'가 진사이보다 더 심함을 드러낼 뿐이라고 본다.

소라이는 '천하공공, 중인공공'의 도, 리에는 관심을 두지 않았다. 그의 관심사는 오히려 '공의 정치, 정치의 공'에 있었다. 그에 따르면 도란 '선왕의 도'이며, 그 핵심은 '예악형정'(禮樂刑政)에 있다. '선왕이 만든 작위의 도일 뿐 천리자연의 도가 아니라'는 것이다(『변도辨道』). 달리 말해 도는 '리', '천리'와 무관하며, 통치자가 설정한 정치의 방법 내지 기술이란 것이다. 그 때문이리라. 소라이의 저작에는 공공이란 용어가 눈에 띄지 않는다. 그렇다고 그에게 공공의 관념조차 없었던 것은 아니다. 소라이는 다음과 같이 말한다. "중(衆)과 함께 하는 것을 공이라 일컫는다. 오직 자기 혼자만 하는 것을 사라고 일컫는다. 군자의 도에는 중과 함께 하는 것과 오직 홀로 하는 것이 있다. (중략) 군자라 해도 어찌 사가 없겠는가."(『변명辨名』 상 「공정직公正直」). 여기서 그의 공은 '중공(衆共)' 내지 '공공'을 함의한다. 그런데 그의 도는 공과 사로 나뉜다. 이어서 '천하, 국가를 다스리는 공을 귀하게 여기는 것은 사람의 위에 있는 도'라고 한다. 요는 통치자의 공, 도는 뭇사람의 사, 도위에 군림한다. 그렇다면 그것은 공도가 아닌 사도의 일종일 뿐이다. 따라서 '천하공공의 도'는 존재할 도리가 없다.

이 때문에 소라이의 정치 방법, 술은 '공공의 민중화'와는 아무런 관련이 없다. 오직 통치자의 공과 관련될 뿐이다. 그의 『정담政談』을 보면 알 수 있듯이 소라이는 곳곳에서 바쿠후의 '공의'(公儀), '공변'(公邊)이나 천황의 '공가'(公家)를 언급하면서 신하의 '봉공'을 강조한다. 그의 공사론은 결국 바쿠후나 조정에 의한 공의 독점, 즉 '공의 국가화'를 정당화하는 논리를 이끈다고 해도 좋을 것이다.

(3) 국학의 공공

야마가 소코(山鹿素行; 1622-85)는 유학자, 병학자, 무사도론자, 국체론자, 국학자 등 여러 얼굴을 지니고 있다. 그는 일본의 황통을 논한 『중조사실中朝事實』이라는 저작을 남겼다. 거기서 "중국[=일본]의 물과 땅은 만방보다 탁월하며, 인물은 팔굉(八紘[=우주])의 정수(精秀)라 할 만하다. 이 때문에 신명(神明)이 드넓고 성치(聖治)가 이어지니, 그 빛나는 문물과 무덕(武德)은 하늘과 땅(天壤)에 비할 곳이 없다."(「자서自敍」)라고 주장한다. 요는 '본조(本朝)=일본이 최고의 나라이자 곧 중국'이라는 것이다. 이로부터 그의 강렬한 국수주의적 성향을 볼 수 있다.

소코는 주자학을 수용하면서도 비판하는 식으로 유교 사상을 형성했다. 예컨대 "도는 일용으로 함께 하며 마땅히 행해야 할 조리(條理)"(『성교요록聖教要錄』「도道」)라고 한다. 또는 "도는 그 조리로써 공공하는 것(公共底)"(『야마가어류山鹿語類』 권36 「성학4 聖學四」)이라고 한다. 여기서 '공공하는 것'이란 주자의 용어로서 소코는 이를 통해 '공공의 도'를 이해한 것이다.

그런데 소코는 도를 조리로 간주한다. 그래서 "조리 있음을 리라고 한다. 사물 사이에는 반드시 조리가 있다."(『성교요록』「리理」)라고 한다. 이처럼 그는 '천하공공의 리'가 아니라 '개개 사물의 조리'를 중시한 셈이다. 그에게는 "리란 개개의 공공하는 물(物)"(『야마가어류』 권41 「성학9聖學九」)일 뿐이다. 달리 표현하자면 '리일'이 배제된 '분수의 리' 또는 '천리'를 결여한 '자연'의 조리일 뿐이다.

그렇다면 소코의 '도'는 어떤 것일까? 그는 『야마가어류』에서 '성인의 도'와 함께 '군도', '신도', '부자도'(父子道), '사도'(士道) 등 '분수된' 도를 설명한다. 이들 '분수된' 도의 중점은 '상하의 분'에 있다. 예컨대 군도란 '옛 신칙(神勅)을 지키는 천황의 신도'를 가리키며, '상하의 분이라는 자연의 도리'에 기초한다. 사도는 '자기 직분을 아는' 무사의 봉공이나 충의 도이다. 그런데 그는 만년에 이르러 기기(記紀, 『古事記』『日本書紀』)에 나오는 '유칙(遺勅)의 신도'야말로 '정통의 도'라고 주장한다(『적거동문謫居童門』 권3).

이 같은 '유칙의 신도', 즉 '천황의 신도'의 정통화는 유교 도덕과 서로 모순, 대립된다. 유교는 한 가계의 독점 지배를 정통화하지 않기 때문이다. 이러한 모순, 대립을 극복하려 한다면 결국 유교 도덕을 배척하고 오직 '유칙의 신도'만을 정통으로 내세울 수밖에 없다. 이를 위해 일군의 국학자가 등장한다. 그 전형이 모토오리 노리나가(本居宣長; 1730-1801)이다.

노리나가는 『우히야마부미宇比山踏』에서 "도를 배우려는 자는 먼저 가라고고로(漢義)와 유의(儒意)를 깨끗이 씻어 버리고 야마토 혼을 굳게 하는 일이 필요하다."고 주장한다. 그러면서 '아마데라스 오미카미(天照大御神)의 도'인 '천황의 도'가 '진정한 도'라고 한다. 또는 '천황의 천하를 다스려 주시는 정대공공의 도'라고 한다. 그의 공공은 범주가 일본으로 한정된 것이다. 이를 한마디로 '공공의 일본화/국가화'라고 표현할 수 있다. 이때 공공은 본래의 보편성을 잃고 특수화된다. 이러한 현상을 '보편의 특수화'라고 표현한다면 노리나가의 '공공'은 그 전형적인 예를 보여 준다.

4. 맺음말

근대에 들어 일본에서 공/공공(public), 공공성(the public, 독일어Öffentlichkeit)이라는 번역어(=일역 한어)가 태어났다. 이로써 'public'은 공과 공공의 양의성을 띠게 됨과 함께 새로운 공공/성이라는 개념이 생긴 것이다. 그리고 공과 공공의 특수화/국가화와 보편화/민중화 의 두 경향이 병행해 나간다. 이 과정에서 특히 근대 일본에서는 특수화/국가화 현상이 두드러진다. 거기에는 일본 전통의 공공과 그 역사도 큰 영향을 미쳤을 것이다. 이미 고찰했듯 일본 전통의 공공과 그 역사는 특수화/국가화 경향이 강하다.

주지하듯이 근대 일본은 번역어의 산실이었다. 그 대부분은 중국, 한국 등 동아시아 한자 문화권에 퍼지게 된다. 공공/성은 그 하나이다. 이때 '태어났다'란 '창조되었다'를 뜻하지 않는다. 거기에는 전통이 혼합되어 있기 때문이다. 그런 뜻에서 공공/성은 일종의 '전통의 발명'으로서 전통과 근대의 이종교배(hybridization)의 산물이다. 또는 '문화촉변'(acculturation)(平野健一郞, 2000)에 의해 태어난 복합체이다.

주의를 환기할 것은 모든 번역어는 필연적으로 번역의 문제를 수반한다는 점이다. 번역어와 원어는 각각 역사성을 지니고 있으며, 그 사이에는 다름(相違性)과 같음(共通性)이 개재하기 때문이다. 나아가 그 다름에는 당사국 사람들의 사고 양식이나 언어 코드의 차이가 투영되어 있다. 이로부터 번역의 오류나 오차, 말뜻의 혼동이나 중복 등 문제가 발생한다. 이와 관련하여 공공/성은 근대에 태어난 일역 한어인 까닭에 다음과 같은 문제를 안고 있다.

일역 한어에는 서양과 일본의 전통/근대가 혼합, 투영되어 있다. 이로써 일본 이외의 동아시아 전통/근대는 사상되거나, 일본의 그것으로 표상되는 계기가 생긴다. 이러한 현상은 역으로 일역 한어를 받아쓰는 동아시아인에게도 영향을 미친다. 그 결과 동아시아인의 사고 양식은 정도의 차가 있을 뿐 서양과 일본의 근대/전통의 주박(呪縛, 홀림과 얽매임)에 걸리게 된다. 또한 동아시아 각국 간에도 일종의 번역의 문제가 생긴다. 각국 사람들의 사고 양식과 언어 코드에는 차이가 있기 때문이다.

따라서 동아시아 전통의 공공의 개념사를 고찰할 때는 근대에 태어난 공공/성에 얽힌 '주박'을 인지하고 또 초극해 나가려는 자세가 필요하다. 그리고 동아시아 각국의 전통, 사고 양식과 언어 코드에 주목하여 이들을 비교해 볼 필요가 있다. 특히 일본의 근대/전통을 잘 이해해야 한다. 예컨대 일본의 유학은 독특하며 '유교의 본래성'과의 거리가 먼 점도 많다. 더욱이 근대 이후엔 근대주의에 의한 왜곡이나 오해가 더해졌다. 그리고 동아시아 각국에도 작지 않은 영향을 미쳤다.

그런데 현대어의 공공/성은 '국가에 관계된 공적인(official) 것', '모든 사람에게 관계된 공통의(common) 것', '누구에게나 열려 있음(open)'이란 뜻으로 풀이된다(齋藤純一 2000, viii-ix). 즉 '국가공공', '중인공공', '공개'의 세 말뜻을 지닌다는 것이다('공공'의 다의성). 이 가운데 특히 국가공공에는 서양과 일본의 전통/근대가 혼합되어 담겨 있다. 전술했듯 일본 전 통/근대의 공공은 특수화/국가화 경향이 강하다. 이는 서양 전통/근대의 'public'에도 일정 정도 해당된다(Arendt 1958, Habermas 1962).

근대의 산물인 공공/성은 근대의 주박을 수반한다. 특히 국가공공의 주박은 심각하다. 근대 일본의 국가공공은 여타의 동아시아 국가에도 퍼져 공유되었다. 그러나 이미 보았듯 중국 전통의 공공은 본래 국가공공의 뜻이 거의 없었다. 다만 『사기』의 예문에는 '천자와 천하의 공공'이라 하는 까닭에 천자가 국가를 상징할 여지는 있다. 그렇다 해도 그 공공은 어디까지나 '천자=군과 천하=민이 공을 함께 한다.'는 뜻이며 게다가 '천' 관념과 결합되어 있다.

중국 전통의 공공은 정주학에서 '천하공공, 중인공공' 등의 뜻을 낳았다. 거기에는 당연히 '공개'의 뜻이 담겨 있다. 나아가 공·사·공이란 상관개념의 삼원구조 안에서 다양한 말뜻을 낳았다. 주목할 것은 현대어의 공공/성에서 '천하공공'의 뜻이 탈락되어 있다는 점이다. 그것은 근대 이래의 '공공의 특수화/국가화'에 기인한다고 말해도 좋다. 또한 근대의 주박에 기인한다고 말해도 좋다. 이렇듯 근대의 주박은 뿌리 깊다.

그런데 '천하공공, 중인공공'이란 공공의 중층성을 상징한다. 더욱이 시공간의 중층성을 상징한다. 예컨대 천하란 천지만물로서 전 세계를 뜻한다. 공간적으로는 지방, 국가, 지역, 지구의 이른바 글로리내컬(global/regional/national/local)의 다층 차원을 포함한다. 시간적으로는 과거, 현재, 장래를 포함한다. 그것은 결코 국가 차원으로 회수될 수 없는 개념인 것이다. 또 중인이란 글자 그대로 '뭇사람'을 뜻한다. 그 범주는 전 인류를 포함하며 동시에 과거, 현재, 장래의 전 세대에 걸쳐 있다.

'천하공공, 중인공공'이야말로 동아시아 전통의 공공의 본래성을 구성하는 요소였다. 그런데 근대 이래 서양과 일본의 전통/근대의 영향을 받으면서 그 요소를 거의 잃고 말았다. 그렇다 해서 공공의 전통이 소멸된 것은 아니다. 근대에도 살아 있었고 현대에도 살아 있다. '중인공공'의 전통은 예컨대 '시민적 공공성'과 같은 개념 속에 살아 있다. 그리고 '지구시민'이라는 말이 있듯이 글로리내컬한 다층 차원의 여러 문제를 해결하고자 국경을 넘어 활동하고 있는 사람들도 많다. 거기에 '천하공공'의 전통이 살아 있다.

이런 뜻에서 동아시아 전통의 공공은 이제부터 새로운 공공의 지평을 열기 위한 길을 가리키고 있다. 그 길은 공공/성에 얽힌 '주박'을 초극하면서 전통의 공공을 다시 보고 이로부터 현대 세계의 상황, 변화에 알맞은 요소를 재생, 활성화해 나가는 일이다. 그와 함께 공/사 대립의 이원사고를 지양하면서 공과 사를 매개, 조화시켜 함께 살리기 위한 삼원사고의 지평을 함께 열어 나가는 일이다.[11]

11 '삼원사고'는 필자의 조어이다. 이에 관해서는 김봉진 2006, 2009a, 2009b 참조.

참고문헌

『禮記』.

『史記』.

『漢書』.

『釋名』.

『晋書』.

『全唐文』.

『建炎以來繫年要錄』.

『宋史』『二程集』.

『朱子語類』.

『說文解字』.

『王陽明全集』.

『傳習錄』.

『書經』.

『龍溪王先生全集』.

『王心齋全集』.

『羅近溪先生明道錄』.

呂坤.『呻吟語』.

鄭齊斗.『霞谷集』.

馮從吾.『馮少墟集』.

黃宗羲.『明夷待訪錄』.

顧炎武.『亭林文集』.

王船山.『讀四書大全說』.

王船山.『四書訓義』.

林羅山.『羅山林先生文集』.

山崎闇齋.『垂加草』.

山崎闇齋. 『大學啓發集』.
伊藤仁齋. 『語孟字義』.
伊藤仁齋. 『童子問』.
伊藤仁齋. 『論語集注』.
伊藤仁齋. 『孟子古義』.
荻生徂徠. 『辨道』.
荻生徂徠. 『辨名』.
荻生徂徠. 『政談』.
山鹿素行. 『中朝事實』.
山鹿素行. 『聖教要錄』.
山鹿素行. 『山鹿語類』.
山鹿素行. 『謫居童門』.
山鹿素行. 『宇比山踏』.
김봉진. 2006. "공공철학과 한사상의 지평." 『한국시민윤리학회보』 제19집 2호.
김봉진. 2009a. "글로벌 공공철학으로서의 한사상." 『한류와 한사상』. 서울: 도서출판 모시는 사람들.
김봉진. 2009b. "韓日共通の思想課題." 『翰林日本學』 14(한림대학교 일본학연구소).
Arendt, Hannah. 1958. *The Human Condition*. Chicago: The University of Chicago Press.
Habermas, Jürgen. 1962. *Strukturwandel der Öffentlichkeit: Untersuchung zu einer Kategorie der bürgerlichen Gesellschaft*. Berlin: Neuwied.
齋藤純一(사이토 준이치). 2000. 『公共性』. 東京: 岩波書店.
溝口雄三(미조구치 유조). 1996. 『公私』. 東京: 三省堂.
溝口雄三. 1995. 『中國の公と私』. 東京: 研文出版.
溝口雄三·伊東貴之(이토 다카유키)·村田雄二郎(무라타 유지로). 1995. 『中國という視座』. 東京: 平凡社.
溝口雄三. 1980. 『中國前近代思想の屈折と展開』. 東京大學出版會.

平野健一郞(히라노 겐이치로). 2000.『國際文化論』. 東京大學出版會.
平野健一郞 등 편. 2013.『國際文化關係史硏究』. 東京大學出版會.
渡辺浩(와타나베 히로시). 1997.『東アジアの王權と思想』. 東京大學出版會.
渡辺浩. 1985.『近世日本社會と宋學』. 東京大學出版會.

7장

세종정부의 의사결정 구조와 과정에 대한 연구 : 제1, 2차 여진족 토벌 사례를 중심으로*

박현모 여주대학교

1. 이끄는 말

이 글은 세종시대에 추진된 파저강토벌을 사례로 정책결정에 있어서 원활한 의사소통과 책임자에게 위임하기의 중요성을 구명(究明)하는 데 목적을 두고 있다. 파저강토벌은 1433년(세종15) 4월과 1437년 9

* 이 글은 『동양정치사상사』 8권 1호(2009)에 게재되었고, 졸저 『세종처럼: 소통과 헌신의 리더십』(2008)에 일부 소개된 것을 다시 수록한 것이다.

월, 두 차례에 걸쳐 단행되었는데, 1차 토벌에 비해 2차 토벌은 전과(戰果)의 측면이나 역사적 평가에서 그리 성공적이지 못한 대외 정벌이었다.

우선 이 토벌의 목표였던 파저강 일대의 여진족 추장 이만주를 살해 내지 생포하지 못했다. 총사령관 이천이 7,800여 명의 군사를 이끌고 가서 60명을 죽이거나 생포한 것도 그다지 만족할 만한 전과가 아니었다. 특히 4년 전에 있었던 제1차 파저강 토벌과 제2차 토벌을 비교해보면 그 한계가 더욱 여실해진다. 즉 1433년(세종15) 4월에 총사령관 최윤덕은 1만 5,000여 명을 이끌고 파저강(지금의 혼강) 일대의 여진족을 기습해서 애초의 전쟁 목표인 이 지역 여진족을 성공적으로 응징하였다. 183명의 여진족을 참살하고 248명을 생포한 것이다.

당시 사람들의 반응도 1차에 비해 2차 토벌은 좋지 못했다. 제1차 토벌이 끝난 후 세종은 "지금 파저강을 정벌한 것이 대마도에 비하여 그 공이 갑절이나 된다."(세종실록 15/05/11)[1]며 흔쾌히 기뻐했다. 하지만 제2차 토벌 직후 총사령관 이천의 공적을 평가할 때, 우의정 노한은 이천이 "중국 사람들까지 불필요하게 다 죽였다."면서, 그까짓 토벌은 "여연판관이 군사 200-300명만 거느리고 갔어도 이보다 낫겠다."고 말했다(세종실록 19/10/17)(표 1 참조).

---

1 『세종실록』 15년 5월 11일자 기사, 이하 '세종실록 15/05/11'로 약기한다. 6#은 윤6월.

〈표 1〉 제1, 2차 토벌 비교

구 분	총사령관	동원병력	목 표	전과 (참살, 생포)	역사적 평가
제1차 토벌(세종15) (1433년 4월)	최윤덕	15,000여 명	여진족 응징	431명	성공
제2차 토벌(세종19) (1437년 9월)	이천	7,800여 명	추장 이만주 제거	60명	비판

조선후기의 역사서에서도 2차 토벌은 그리 좋은 평가를 받지 못하고 있다. 18세기의 이긍익은 『연려실기술燃藜室記述』에서 1차에 비해 2차 토벌을 훨씬 간략히 언급했다.[2] 17세기 초에 편찬된 『국조정토록國朝征討錄』에는 1차와 달리 2차 정벌은 아예 누락시켰다(노영구 2008, 125).[3]

1차 때의 '완벽한 승리'와 달리 세종은 왜 2차 토벌에서 승리를 거두지 못했는가? 필자는 그 원인을 세종의 의사결정 과정의 차이에서 찾아보고자 한다. 뒤에서 자세히 살펴보겠지만, 1차 토벌을 위해서 세종은 6개월간(1432.12-1433.5) 41회의 회의와 33회의 활발한 토론을 거치면서 전투 중 발생할 수 있는 문제점을 미리 다 점검하고 그 대책을 마련한 다음 출정했다. 이에 비해 2차 토벌의 비슷한 기간(1437.5-10)에 세종은 10번의 회의와 고작 2회 정도의 활발한 토론을 거쳤을 뿐이었다. 대부분은 왕의 지시(37회)와 신하들의 보고(22회)를 통해 의사결정이 이

2 이긍익, 『연려실기술』 제3권, 세종조 고사본말(야인토벌).

3 노영구 교수는 이 논문에서 제2차 파저강토벌을 현지 지휘관의 재량권 측면에서 집중 분석하고, 그것이 '실패'했음을 언급했다. 하지만 구체적으로 어떤 결정 과정을 거쳐 실패했는지는 다루고 있지 않다.

루어졌다. 한마디로 1차 토벌은 수직적·수평적 의견교환이 모두 활발했던 데 비해, 2차 토벌은 왕과 현지 지휘관들 사이의 수직적 의견교환만이 있었던 것이다.

이 글의 연구대상으로 설정한 시기는 1, 2차 토벌기간 중 여진족의 침입 이후 전쟁결과가 보고되고 그것이 마무리되는 각각의 6개월간이다. 주로 『세종실록』에 기록된 내용을 토대로 살펴볼 것이지만, 필요할 경우 『연려실기술』이나 『국조정토록』도 참조할 계획이다. 다음 절에서는 파저강토벌의 결정의 이해를 돕기 위해 세종시대 의사결정의 구조를 먼저 살펴본다. 그리고 제1, 2차 파저강토벌의 결정과정을 살펴보고자 한다.

2. 세종시대 의사결정의 구조와 과정

(1) 의사결정구조

왕위에 오른 후 맨 처음 한 공식 발언이 "의논하자"(세종실록 00/8/12)는 말이었다는 것이 상징하듯, 세종은 토론을 매우 중시했고, 의논하면서 국사를 결정하는 군주였다. 그의 신하들이 세종을 "토론을 즐기는"[樂於討論](세종실록 16/4/11) 군주라고 부른 사실은 그가 회의를 매우 활발히 이끌었음을 보여준다. 실제로 『세종실록』을 보면 "상참(常參)을 받고 경연(經筵)에 나아갔다."거나 "상참을 받고, 윤대(輪對)를 행하고, 경연에 나아갔다.", "조참(朝參)을 받고 정사를 보고 경연에 나아갔다." 등의 문장이 수없이 나온다. 그리고 거의 대부분의 국정사안이 상참, 경연, 윤대라는 회의에서 활발히 논의되었고 결정되었다. 다시 말해 세종정부의 정책결정과정에서 상참, 윤대, 경연은 매우 중요한 '투입구조'였다.[4]

그런데 이것은 비단 세종정부에만 해당되는 것은 아니었고, 조선왕조의 정책결정과정의 특징이기도 했다. 조선시대의 어전회의는 크게 정무를 토론하는 시사(視事)회의와 고전을 강독하는 경연(經筵)회의로 나눌 수 있는데(김운태 2002, 411), 먼저 시사회의에는 조참, 상참, 윤대, 그리고 차대 등이 해당되었다. 즉 『경국대전』의 예전(禮典) 조의(朝儀)편을 보면, 첫째, 신하들(百官)은 매월 5일·11일·21일·25일에 조참(朝參)을 해야 했다. 즉 한 달에 네 번씩 근정전에 나아가 출근[登廳]했음을 알리는 의례를 거행해야 했다. 둘째, 고위 관료들은 매일 윤번(輪番)으로 왕을 알현해 정무보고를 올리는 상참(常參)을 해야 했다.[5] 셋째, 6품 이상의 동반(東班)이나 4품 이상의 서반(西班)이 각각 관아(官衙)

4 조선왕조 정치체계를 투입구조(관료충원, 유림의 상소, 종중공동체의 정치사회화[향촌질서유지]), 전환과정(의정부·육조 등의 의사결정과정)으로 구분해 설명하는 시각으로는 김용욱, 『조선시대 정치체계: 체계유지와 붕괴』(이리: 원광대학교출판국, 1988)와 김운태, 『조선왕조 정치·행정사: 근세편』(서울: 박영사, 2002) 등의 연구가 있다.

5 상참의 참가범위는 의정부, 종친부, 충훈부, 중추부, 의빈부, 돈녕부(이상 1품 아문) 및 육조, 한성부(이상 2품 아문) 등의 당상관 전원과, 다음으로는 언관인 사헌부·사간원에서 각 한 명과 경연의 당상관·당하관 각 두 명까지이다(『경국대전』 예전 조의조).

의 차례에 따라 매일 돌아가며 접견하는 윤대(輪對)이다. 세종 7년에 변계량의 제안(세종실록 07/06/23)으로 시작된 윤대는 다섯 명 이하의 관리가 왕을 접견하는 과정에서 특정인을 참소하는 계제(階除)로 악용될 수 있다는 우려가 제기되었다(세종실록 13/03/05). 하지만 세종은 윤대를 통해 신하들의 마음 속 이야기를 다 들을 수 있고 또 인재를 가려내는 기회가 될 수 있다는 점을 들어 그 제도를 지속시켰다.[6]

다른 한편, 국왕과 신료들이 경전을 놓고 함께 공부하는 경연(經筵)이라는 학습회의는 말 그대로 언관과 재상들이 왕 앞에 앉아서 고전[經]을 놓고 공부하면서 당면과제를 함께 풀어가는 독특한 회의[筵] 방식이다. 흥미로운 것은 경연에 참석하는 신하들의 구성인데, 『경국대전』을 보면 고전강독을 맡는 언관들과 정책의 실무자인 재상들, 그리고 국왕 바로 앞에 앉아서 토론 내용을 빠짐없이 기록하는 사관들이 참여하고 있다. 처음에 언관들이 책 내용을 가지고 회의를 이끌다가, 어느 시점이 되면 재상들이 나서서 그와 관련된 국정현안을 토론하곤 했다. 세종은 이처럼 고전에 나와 있는 '말'과 당면한 '일'을 엮는 경연을 즉위한 직후부터 재위 후반에 이르기까지 월 평균 5회 꼴로 개최했다. 태조 때 23회(월평균 0.2회), 태종 때 80회(월평균 1.3회)에 불과했던 경연을 무려 1,898회(월평균 5회)까지 개최해 국정 토론의 중심지로 만

---

6 참고로 매달 여섯 차례씩 의정(議政)·대간(臺諫)·옥당(玉堂)들이 입시(入侍)하여, 중요한 정무(政務)를 보고하던 차대(次對)라는 회의는 세종시대에 나타나지 않았다. 문종시대에 들어 '차대'라는 말이 처음 나오고 있다(문종실록 1/7/12). 차대는 보통 빈청(賓廳, 경복궁의 경우 근정전 서남의 승정원 남쪽에 위치)에서 이뤄졌다.

들었다.[7]

세종은 특히 경연에 언관이나 재상만이 아니라 당시 신진 엘리트 그룹인 집현전 학사들도 참여하게 했다. 또 사관을 들어오게 하여 모든 토론 내용을 기록하게 했다. 세종이 왕위에 오른 지 두 달째인 1418년 10월 7일에 처음으로 열린 경연의 좌석 배치를 그려보면 다음과 같다:

〈그림 1〉 세종시대 첫 경연의 좌석배치

왕
(세종)

사관[翰林] **사관**

지사(知事): 유관, 변계량 **영사**(領事): 박은, 이원

동지사(同知事): 이지강

부 검 시 시 참
검 토 강 독 찬
토 관 관 관 관
권도 김자 정초 성개 하연
유영 김익정
이수
윤회

이 그림을 보면, 좌의정이었던 박은과 우의정이었던 이원이 경연

7 조선시대 왕들의 경연 횟수를 정리하면 다음과 같다.

조선시대 왕들의 경연 횟수

왕	태조	정종	태종	세종	문종	성종	영조
총횟수	23회	36회	80회	1,898회	210회	9,006회	3,458회
월평균	0.2회	1.3회	0.4회	5회	7회	29회	5회

* 남지대(1980), 권연웅(1982·1989), 송영일(2001) 등을 참조하고, 『조선왕조실록』을 토대로 재정리.

의 최고담당관이 된 가운데 총14명의 경연관이 참석하고 있다. 특히 당대 최고의 학자로 평가되던 예조판서 변계량과 예문관 대제학 유관이 지사로 참석했고, 도승지 하연과 세종의 사부인 동부승지 이수는 참찬관으로, 그리고 과학과 농서 분야의 권위자인 정초 등이 시강관으로 참석했다. 한마디로 당대 최고의 지식인들이 전공을 불문하고 이 회의에 참석하고 있음을 알 수 있다.

그러면 구체적으로 세종은 이러한 경연과 시사회의를 어떻게 운영했는지 살펴보자.

(2) 운용

즉위 초년의 첫 번째 경연의 교재는 『대학연의大學衍義』였다. 세종은 첫 경연에서 『대학연의』를 읽으면서 "과거를 설치하여 선비를 뽑는 것은 참다운 인재를 얻으려 함인데, 어떻게 하면 선비로 하여금 들뜨고 화려한 것만 좋아하는[浮華] 버릇을 버리게 할 수 있을까"라고 물었다(세종실록 00/10/7). 과거시험이 원래의 취지를 살리지 못하고 있어서 진지하고 실용에 맞는 참다운 인재를 뽑는 장치가 되지 못하고 있다는 말이었다. 이 자리에서 지사 변계량은 시험제도 개혁을 주장했다. "초장에서는 의(疑)와 의(義)로 경학에 대한 깊고 옅음을 보고, 종장에서는 대책(對策)으로 그 사람의 포부를 보는데" 이 중에서 종장의 '대책'을 강화해야 한다는 것이었다. 종래의 암기식 시험이 아니라 논술식으로 바꿔야 한다는 게 그의 주장이었다. 요컨대 세종과 신하들은 경연의 첫 교재로 『대학연의』를 가지고 논의를 시작하다가 점차 과거제도,

인재선발 등의 주제로 옮겨가고 있다.

이처럼 세종은 고전 강독으로 시작하는 경연을 정무(政務)까지 함께 의논하는 자리로 활용하곤 했다. '말'과 '일'을 섞는 방식으로 회의를 진행한 것이다. 또 다른 예를 들어보면 재위 11년 6월에 세종은 윤대를 하고 경연에 나아갔는데, 이날은 『좌전左傳』을 강독하는 날이었다. 세종은 시강관(侍講官)에게 '성균관에 가서 석전례(釋奠禮)를 행하고 인재를 뽑는[取士] 문제에 대해 어떻게 생각하느냐'고 물었다. 동부대언(同副代言) 황보인(黃甫仁)이 그것은 "아름다운 일"이라고 찬성하자 세종은 다시 "성균관에서 경서(經書)를 강(講)하게 하여 선비를 뽑아야 하느냐"고 물었다. 강경할 때 자못 대면(對面)하여 사정을 용납하는 잘못이 있지 않겠느냐는 것이었다. 그러자 황보인은 하루 동안에 그 많은 사람들을 다 강하게 할 수도 없을 것이라며 변계량의 제안처럼 제술(製述)로 시험을 치르게 하면 좋겠다고 대답했다. 이처럼 세종은 경연에서 고전을 강독하는 한편 인재 등용의 문제까지 함께 경연관들과 의논하곤 하였다(세종실록 11/06/02).

다른 한편, 시사(視事)회의인 상참이나 윤대는 고전 강독 없이 '일'을 중심으로 회의가 진행되었다. 예를 들어 세종은 재위 14년 12월에 상참을 받은 자리에서 정사를 의논했는데, 이조판서 허조(許稠)가 참람하게 신문고 치는[擊鼓] 자들 때문에 헌부(憲府)와 형관(刑官)에 안건(案件) 문서가 구름같이 쌓여있다면서 그 대책을 마련해야 한다고 말했다. 그러자 세종은 격고라는 제도가 중국에서 어떻게 운용되고 있는지에 대해 말하면서 "하정(下情)이 주달(奏達)될 길을" 열어 놓되 참람히 호소하는 무리만 처벌하는 게 어떻겠느냐고 물었다(세종실록 14/12/3).

세종은 특히 상참과 같은 정례회의에서 충분히 논의되지 않은 안건이 있을 때 몇몇 신하들을 별도로 인견(引見)하곤 했다. 재위 15년 1월 19일에 세종은 상참이 끝난 후 최윤덕을 따로 불렀다. 그 당시 현안이었던 여진족 토벌에 대해 최윤덕이 여진족 거주지형의 험난함을 이유로 반대하고 있었기 때문이다. 당시 최고의 군 지휘관이었던 최윤덕의 마음이 바뀌지 않고는 성공적인 토벌은 어렵다고 판단한 세종은 "만약 정토(征討)하지 아니한다면 뒤에 뉘우치고 깨달음이 없어, 해마다 반드시 이와 같은 일이 있을 것"이라면서 토벌의 필요성을 역설했다. 즉위 초년의 대마도 정벌 때도 반대가 많았으나 "태종께서 대의(大義)로서 결단해 토벌"하고 나니 "그 후로 적(賊)들이 마침내 두려워하는 마음을 가지게" 되지 않았느냐는 것이었다. 하지만 최윤덕은 '준비부족'을 이유로 토벌을 반대했다. 이날 세종의 끈질긴 설득 끝에 최윤덕이 마음을 바꾸었고 세종도 그에 부응해 그 일을 그에게 전임시키는 것으로 회의가 끝났다(세종실록 15/1/19). 아울러 이날 세종은 최윤덕을 판중추부사 영 영변도호부사로, 조말생을 함길도 관찰사 겸 함흥부윤으로 발령했다.

윤대라는 회의시간에는 주로 하위 관리들의 의견을 듣고 처결하곤 했다. 재위 15년 2월 2일의 상참에서 세종은 여연지역에 여진족이 침공했을 때 제대로 대응하지 못한 강계절제사 박초 등을 꾸짖고 그 형벌의 경중을 논의했다. 그리고 이어진 윤대에서는 고려 태조 현릉을 고쳐 쓰는 것과(예조), 세종의 온천 행 때 사용될 마료 문제(호조) 등을 보고받고 그 제안을 채택했다(세종실록 15/2/12).

제1, 2차 파저강 토벌의 시기에서 특기할 사항은 의정부 권한의 변화이다. 세종시대의 국정운영체제를 연구한 최승희 교수에 따르면, 1436년(세종18) 4월의 의정부 서사제 도입 이전에도 의정부는 국정 주도권을 장악하고 있어서 "육조직계제 아래에서 의정부나 의정들이 정치에서 소외되었다고 본 것은 실제와 크게 어긋난 것"이었다(최승희 2002, 172).[8] 최승희 교수는 아울러 "정치체제를 육조직계제에서 의정부서사제로 전환했다고 해서 국정운영의 틀이 근본적으로" 바뀐 것은 아니라고 했다(최승희 2002, 180). 그런데 제1차 토벌기간(1432.12-1433.5)의 의사결정을 보면 대부분이 예조(36건), 병조(19건), 형조(6건), 이조(9건), 호조(3건) 등 육조에서 보고[啓]가 올라오고 있다. 의정부에서는 황희, 최윤덕 등이 개인 차원에서 아뢴 몇 가지 사안을 제외하면 거의 없는 점과 대조를 이룬다.

이에 비해 제2차 토벌기간(1437.5-10)의 경우 가장 많은 건수(36건)가 의정부에서 올린 보고이다. 반면 예조(5건), 병조(7건), 형조(22건) 등 육조의 보고 건수는 대폭 줄어들고 있다. 이를 통해서 볼 때, 재위 18년 4월의 의정부 서사제의 채택을 전후해서 세종정부의 의사결정체계에 '의미 있는' 변화가 있었음을 알 수 있다. 의정부 서사제 도입 이후 의사결정과정에서 의정부의 권한이 확실히 커진 것이다.

그러면 구체적으로 제1, 2차 파저강 토벌은 어떤 계기로 시작되었으며, 어떤 과정을 통해 추진되었나? 이에 대해서는 절을 바꾸어 살펴보기로 한다.

---

8 최승희 교수는 의정부 권한이 강한 이유 중 하나가 영의정 황희의 정치적 역량이 컸기 때문이라고 보고 있다.

3. 제1차 파저강토벌: '수평적·수직적 의사소통'의 활성화

(1) 경과

제1차 파저강토벌은 1432년 12월 초에 오랑캐 추장 이만주가 400여 기(騎)의 군대를 이끌고 여연 지역에 침입해 53명을 죽이고 100여명을 납치해 간 것이 계기가 되었다. 당시 강계절제사 박초가 뒤늦게 소식을 듣고 추격해 붙들려가던 사람 26명과 마소 80여 마리를 도로 빼앗아왔다. 하지만 워낙 예상치 못한 대규모 기습이라 피해가 막심했다. 평안도 감사의 긴급보고[馳報]를 받은 세종의 맨 처음 반응은 분노였다. "임금이 심히 노하여 황희, 조말생 등을 불러 의논했다."(세종실록 14/12/09)는 기록이 그것이다.

세종은 침략한 이만주 일당이 그동안 조선의 울타리 구실을 한다는 명목으로 생필품을 공급받아갔던 집단이라는 점에서 배신감까지 느꼈다. 하지만 곧 세종은 이 사건을 계기로 여진족을 제압하고 북방영토를 개척하는 기회로 삼기로 마음먹었다. 신하들의 줄기찬 반대에도 불구하고 1, 2, 3차의 토론을 거쳐 최윤덕 등을 설득해 '북정'(北征)을 감행한 것이 그것이다.

그 후 '파저강 토벌을 위한 대논쟁'은 크게 다음과 같은 3단계를 거친다.

제1단계 논쟁-'토벌'을 중국에 보고할 것인가(1432년[재위 14년] 12

월 9일-21일)

제2단계 논쟁 – '토벌'을 실제로 감행할 것인가(1433년 1월 11일-19일)

제3단계 논쟁 – '토벌'의 시기와 방법(전략과 전술)을 어떻게 할 것인가(1433년 2월 15일-28일)

세종의 첫 번째 대응조치는 중국(명)과 관련되는 것, 즉 중국황제에게 보고해서 중국의 지원을 얻는 문제였다. 중국과의 관계에 따라서 여진족 토벌의 성과가 다르게 나타날 거라 보았기 때문이다.

첫 번째 회의(논쟁)의 주제인 '이 사건을 중국 황제께 글을 올려 보고[奏文]해야 할 것인가'에 대해서 황희는 반대했다. 여진족이 내침했을 때 그들을 공격하는 것은 방어를 위한 것이기 때문에 굳이 황제에게 보고할 필요가 없다는 것이었다. 국가의 정당한 자기보호 조치라는 게 황희의 주장이었다. 그러나 맹사성과 권진은 "주상에 말씀에 따라 보고하는 것이 좋겠다."고 말했다. 한마디로 좌의정 맹사성과 우의정 권진은 주문을 찬성했고 영의정 황희는 반대했다(세종실록 14/12/09). 의논이 길어지자 세종은 회의를 다음 날로 연기했다.

다음 날 아침 경복궁 사정전(思政殿)에서 열린 회의에서 세종은 "어제의 미진했던 일을 의논해 보라."며 다시 안건을 내놓았다. 맹사성과 권진은 전 날처럼 명나라 황제에게 보고해야 한다고 주장했다. 그런데 이 자리에서 허조와 최윤덕 등은 아예 보고하는 일이나 거병(擧兵) 자체를 하지 말아야 한다고 주장했다. "중국에 보고해보았자 금수와 다름없는 오랑캐들이 그 일을 두려워하지도 않을 뿐더러, 국경을 넘어서는 거병을 황제가 인준할 지 여부도 불확실"하며(허조), "설사 황제의 인준을 얻는다 해도 그곳은 행병(行兵) 하기가 매우 어려운 지역"이기 때문에(최윤덕) 이번 거사는 그치는 것이 좋겠다는 게 대다수 생각이었다.

이조판서 허조는 특히 '조용한 외교론'을 주장했다. "잠자코 말하지 마옵시고 국경이나 스스로 견고히 하는 것이 좋겠다."는 것이다. 그런데 이 자리에서 황희는 "치욕을 당하고 잠자코 있는 것은 불가"하다면서, 일단 파견한 홍사석이 돌아온 다음 사람을 보내 저들의 잘못을 문책[詰問]해야 한다고 주장했다. 적들의 잘못을 따지고 꾸짖는 것[致問]까지 그만 둘 수야 없지 않느냐는 말이었다(세종실록 14/12/10). 결국 '주문'과 '치문'에 대한 논의는 21일까지 계속되다가, "빨리 주문하는 것이 상책"이라는 세종의 뜻에 따라 새벽녘에야 보고문[奏本]에 옥쇄를 찍을 수 있었다. 요컨대 첫 번째 장애요인은 중국 황제가 어떻게 나올 것인가(불확실성)였다.

둘째, 토벌 여부를 둘러싼 논쟁이다. 야인 정벌을 위한 제2차 논의는 그로부터 한 달 후인 1월 11일에 재개되었다. 2차 논쟁의 핵심은 이만주 일당이 거주하고 있는 파저강 일대에 "무위(武威)를 보이는 것", 즉 토벌 여부였다.

토벌추진론은 그 사이에 드러난 몇 가지 새로운 사실에 힘입어 제기되었는데, 그 하나는 여연 침입의 주범이 이만주 일당이라는 사실이 밝혀진 점이다. 포로들의 증언이나 마침 그 지역을 지나던 중국 사신의 말에 비추어 이만주의 소행이라는 것을 분명히 알게 된 다음에 세종은 허조 등 '조용한 외교론자'들을 설득하기 시작했다.

세종 : 비록 경들의 논의가 안정을 지키는 도리에는 합당할지 모르나 멀리 내다볼 때 군사를 정돈하고 베풀어서 무위를 보이는 것이 좋겠다. 야인들이 우리 지경에 가까이 살면서 이유 없이 변경을 침범하여 인민을 죽이고 사로잡아 가는데도, 나라에서 가만히 있으면 후일에 자주 침범하는 근심이 생길 것이다.

허조 : 하오나 야인들의 종류가 많아서 지금 비록 토벌할지라도 반드시 뒤에 우리나라 누대의 근심이 될 것입니다. 따라서 아직 그대로 두고 논하지 말며, 스스로 경계를 굳게 지키다가 침범하거든 그때 가서 방어하는 것이 편할 것으로 생각되옵니다.

황희 : 이제는 군대를 훈련하여 마땅히 무위를 보여야 할 때이옵니다.(세종실록 15/01/11).

결국 이 문제의 결정에는 최윤덕의 태도가 중요하게 되었다. '북정'(北征)을 담당하게 될 최고 지휘관이 끝까지 반대한다면 아무리 국왕의 뜻이 강하더라도 추진할 수 없는 일이었기 때문이다. 세종은 8일 후인 1월 19일에 평안도 도절제사 최윤덕과 도진무, 김효성 등을 불러서 "만약 정토(征討)하지 아니한다면 뒤에 뉘우치고 깨달음이 없어, 해마다 반드시 이와 같은 일이 있을 것이다."(세종실록 15/1/19)라고 설득했다.

세종은 이어서 대마도토벌에 대해서도 언급했다. "대마도토벌 당시 정벌해서는 안 된다는 주장이 있었고, 나 역시 그 일이 비록 마음에 만족스럽지 못했다. 하지만 상왕(태종)께서 대의로써 결단하고 토벌한 결과, 적들이 마침내 두려워하는 마음을 갖게 되지 않았느냐!"는 말이었다. 이에 대해 최윤덕은 "대마도의 일은 백 년 동안의 준비였고, 오늘날의 일은 겨우 십 년 동안의 준비인데 좀 더 신중을 기해야 하지 않겠사옵니까?"라고 여전히 반대의 의견을 내세웠다. 그러자 세종은 "경의 말이 옳다. 그러나 내침한 도적의 실상을 살펴서 알 수만 있다면 군마를 정리해 밤낮으로 행군하여 한 두 마을을 쳐부수어도 족하지 않겠느냐."(세종실록 15/01/19)라고 재차 설득했다. 그러자 그 동안 반대해 오던 최윤덕이 비로소 마음을 바꾸었다. 그 동안의 현지조사와 준비를 통해 여진족의 거주지와 지리조건, 그리고 무엇보다 명나라가 우리의 입장을 지지하는 외교문서를 보내왔기 때문이다

『세종실록』에는 가끔 특별한 현상이 발견되는데, 바로 토론과정에서 자신의 애초 생각을 바꾸는 사람들이 자주 등장한다는 사실이다. 예를 들면, 재위 중반기의 세제개혁과정에서 황희가 태도를 바꾸어 새 개혁안을 인정하고 추진하는 주체가 되었고, 중후반기에 세자의 국정 대리운영을 보좌하는 첨사원 제도에 대해서 가장 강력하게 반대하던 이사철이 왕에게 설득당해 그 기구의 책임자로 일했다.

이 경우에도 최윤덕은 그 동안의 반대 입장을 바꾸어 결국 "지금은 땅이 얼고 물이 흘러넘치니 4, 5월 봄에 물이 마르기를 기다려서 행군하는 것이 가능합니다."라고 말했다. 말하자면 토론과정에서 자신이 애초에 반대하던 정책의 성격과 내용을 알게 되고, 또 그것이 공동체의 이익을 위해 필요하다는 자각을 하게 되면서 자기 생각을 바꾸어 실행력을 더욱 높이는 사람들이 생겨난 것이다.

세종은 최윤덕의 입장 변화를 반기면서 다음과 같이 말했다.

> 경의 말한 바를 내가 어찌 듣지 않겠는가. 군사의 진퇴에 이르러서는 모두 경의 처분대로 따르겠다.(세종실록 15/01/19).

여기서도 드러나듯이, 세종은 이 문제를 '충분한 토론[熟議]'과 '전적인 일임[專掌]'이라는 방식으로 결정하고 있다. 충분한 찬반토론을 거쳐 발생할 수 있는 소지를 미리 짚어본 다음, 그 일을 주관할 사람에게 "전적으로 담당[專掌]"하게 하는 방식이 그것이다.

셋째 파저강토벌의 마지막 논쟁은 토벌의 방법과 시기, 다시 말해 토벌의 전략과 전술을 짜는 문제였다. 2월 15일에 열린 이 회의는 여전히 허조의 반대를 염두에 둔 상태에서 열렸다. 허조는 계속해서 토론자들이 '집단적 착각'(group thinking)에 빠져들지 않도록 만드는 '쇠파리'(Gadfly)와 같은 역할을 하고 있었다.

토벌 전략과 관련해 대체로 먼저 성토를 한 다음에 토벌하자는 얘기가 많았다. 즉 저들의 "죄를 성토하고, 납치된 사람과 가축을 다 돌려보내게 하되, 만약 따르지 않으면 그 때 토벌해야 한다."(황희)는 주장이나, 성토를 하되 "1, 2년을 기다려 저들의 무장상태[武備]가 느슨해질 때 토벌하자."(이맹균)는 주장이 그것이다. 반면 "화친하기를 허락지 말고, 삼가고 굳게 지켜서 저들로 하여금 스스로 자복하게 하되, 만약 횡포하게 굴거든 급히 공격하자."(맹사성)는 기습론도 있었다(세종실록 15/02/15).

이 날 회의는 '비밀리'에 열렸는데, 의정부와 육조는 물론이고 삼군도진무 소속의 모든 담당자들이 모두 소견을 말할 기회를 가진 것이 특징이었다. 즉 영의정 황희를 비롯해 좌의정 맹사성, 우의정 권진, 이조판서 허조 등 23명의 모든 참석자들이 순서대로 "계책을 각각 진술" 했다. 이 때문에 회의 시간은 다소 길어졌지만, 토벌 시 발생할 수 있는 문제점들은 거의 대부분 드러났다. 그에 대한 대책을 마련하도록 지시한 것은 물론이다. '토론의 예방적 효과'를 최대한 활용한 것이다.

토벌 시기에 대해서 먼저 황희와 허조는 "얼음이 얼기를 기다렸다가" 공격하자는 '겨울공격설'을 내놓았다. 4월에는 큰 비가 와서 압록강을 건너기 힘들기 때문이라는 것이었다. 이에 대해 최윤덕은 큰 비는 통상 6-7월에 내리며, 공격하려면 마땅히 4월에 해야 한다고 주장했다. 결국 세종은 "4월에 풀이 무성할 때 군사를 내어 치는 것이 마땅하겠다."(세종실록 15/2/26)라고 하여 최윤덕의 의견을 채택했다. 이 문제의 전문가이자 담당자인 최윤덕의 판단이 옳다고 보았기 때문이다. 그 외에도 세종은 병력 규모, 강을 건너는 방법, 진법의 문제, 그리고 지휘자의 선발 등 제반 사항을 아울러 "숙의하여 아뢰라[熟議以啓]"(세종실록 15/2/26)고 지시했고, 의논을 거쳐 채택했다.

결과적으로 이 토벌은 대성공이었다. 『세종실록』 15년 5월 5일자의 "야인평정을 하례하는 글[箋]"에 기록된 것처럼, 최윤덕이 지휘하는 총 14,962명의 토벌군은 1433년(세종15) 4월 19일 새벽에 일곱 방향으로 나누어 기습 공격했다. 전투는 거의 일방적인 승리로 끝났는데, 동가강과 파저강, 즉 혼하(渾河) 일대를 소탕하는 9일간의 전투 끝에 183명의 여진족을 참살하고, 248명을 생포했다. 아군은 4명 사망했지만, 전과에 비해 미미하다고 할 수 있겠다.

(2) 의사결정과정 분석

1차 토벌과 관련해 인상적인 것은 토론 준비과정에서 이루어진 어전회의 및 왕과 현지 지휘관 사이의 주고받은 말이 상세히 기록되어 있다는 점이다. 이 때문에 이 토론과정은 '조선판 갈리아전기'라 불리기도 한다(김홍우 2007). 카이사르가 프랑스 지역을 정벌하면서 자세하게 그 과정과 논쟁을 기록했던 것처럼, 세종도 후세의 판단을 위해서 파저강토벌이라는 역사적 사건을 3단계의 대토론 과정에서 충실히 기록했다. 그런데 이 기록의 백미는 역시 회의를 통해 세종이 지혜를 모아가는 과정, 즉 토론이라는 예방적 효과를 통해 정책이라는 상품의 불량률을 최소화하는 방식에 있다.

그러면 세종은 어떤 방식으로 토론의 효과를 살렸나?

첫째, 군신간의 수직적, 수평적 의사소통 구조의 활성화이다. 아래 표에서 보듯이, 세종은 6개월 동안 무려 41회의 대책 회의를 열어 발생할 수 있는 문제점을 점검하게 했다(63%). 앞에서 살펴본 것처럼, 세종은 '토벌을 중국에 보고할 것인가'부터 '토벌을 실제로 감행할 것인가', 그리고 '토벌의 시기와 방법(전략과 전술)' 등에 이르기까지 다양한 내용을 신하들과 대토론하면서 점검하고 대책을 세웠다. 뿐만 아니라 그는 신하들의 '보고'를 듣고(34%), 적절한 시점에서 '지시'를 내려서(29%) 토론 내용이 작전 수행에 도움이 되도록 했다.

둘째, 의사소통채널을 다양하게 활용했다. 세종은 토벌을 위한 의견과 대책을 수렴하되, 다양한 방식의 회의를 진행시켰다. 그 하나는 왕이 직접 회의를 주재하는 어전회의이다. 세종은 1432년 12월 9일에 여

〈표 2〉 제1차 토벌 때 나타난 군신간의 의사결정방식

구분		횟수	비율
왕 (65건)	회의	41회	63%(41/65)
	지시(전지, 명령 등)	19회(4회, 15회)	29%(19/65))
	단순 반응	5회	8%(5/65))
신료 (59건)	보고(啓, 馳報)	20회(14회,6회)	34%(20/59)
	토론	33회	56%(33/59)
	대응(단순반응, 謝禮)	6회(4회, 2회)	10%(6/59)

연 침공 소식을 듣자마자 영의정 황희, 좌의정 맹사성, 우의정 권진과 입번도진무(入番都鎭撫) 조말생, 병조판서 최사강 등을 불러 들여서 그 대책을 의논했다(세종실록 14/12/9). 또한 그 이듬 해 1월 13일에도 영의정 황희를 비롯한 삼정승 및 이조판서 허조, 호조판서 안순 등을 불러서 약탈당한 여연·강계 인민들의 구휼 방법을 의논했다(세종실록 15/1/13).

다른 하나는 왕이 회의를 주재하되 참석자 모두에게 의견을 개진하게 하는 방식의 어전회의이다. 2월 15일에 세종은 의정부·육조·삼군 도진무 등에게 토벌할 계책을 "각각 진술하게[各陳]" 하였는데, 이날 영의정 황희에서 시작해 공조 우참판 이긍에 이르기까지 무려 23명이 각자의 의견을 말했다. 이날의 '각각 말하는' 회의에서 여진족 토벌과 관련한 예상되는 문제가 거의 다 나왔는데, 다만 세종은 이 내용을 발표하지 말고 밀봉해서 깊이 생각할 수 있게 하라고 지시했다(세종실록 15/2/15).

마지막으로 세종이 자주 활용한 회의방식은 도승지와 승지를 삼정승 등에게 보내 여러 가지 사안에 대한 의견을 듣고 보고하도록 하는 것이다. 예를 들면 세종은 여연침공 소식을 들은 다음날 안숭선과 김종서를 사정전에 불러 여러 가지 토의 사항을 일러준 다음 황희, 최윤덕. 허조 등에게 각각의 의견을 청취해 오도록 했다(세종실록 14/12/10). 사흘 뒤인 12월 13일에도 도승지 안숭선으로 하여금 의정부에 가서 황희 등과 강계, 여연 등지에 성을 쌓는 일 등을 의논하고 의견을 청취해오라고 지시했다(세종실록 14/12/13). 이처럼 국왕의 신뢰를 받는 승지가 사정전 등에 가서 여러 대신과 담당자들의 비밀리에 또는 공개적으로 의견을 청취해오는 방식은 잦았다(세종실록 14/12/21, 15/1/19, 15/2/17, 15/2/21). 승지를 보내 의견을 청취하는 곳은 때로 정승들의 집이 될 수도 있지만(세종실록 15/5/4), 경복궁 사정전은 세종이 가장 많이 활용한 어전회의 장소였다. 세종은 자신이 직접 이곳에서 회의를 주재하기도 하고, 승지들로 하여금 대리주재하게 하여 왕이 있는 효과를 거두기도 했다.

셋째, 세종은 회의를 하되, 주요 의제와 목표만 제시하고 세부적인 토론과정은 신하들에게 위임했다. 그는 '중국에 보고할 것인가', '누구를 총사령관으로 삼을 것인가' 등을 회의 초반에 제시했으나, 회의 진행과정은 영의정 황희로 하여금 이끌도록 했다. 특히 황희는 정벌논의 중반부에 여진족을 토벌해야 한다는 의견을 개진한 후(세종실록 15/01/11), 허조 등이 제기하는 토벌 시 발생할 수 있는 문제점의 대안을 제시하는 데 주력했다. 그는 최윤덕을 총사령관으로 임명하는 일이나(세종실록 15/1/11), 행군할 때의 진법 및 삼군으로 나누어 공격하는 일

(세종실록 15/2/21), 함길도 갑사 선발방법(세종실록 15/2/26), 토벌 직전 여진족의 이동 억제방안(세종실록 15/3/23) 등 다양한 계책을 내곤 했다. 『세종실록』에서 빈번히 나오는 "황희 말대로 하라."는 말은 회의 내용을 정리하면서도 다양한 해법을 제시해서 문제를 풀어가는 황희의 역할을 단적으로 보여준다.

그리고 파저강 토벌의 기본구상이 결정된 다음 왕이 현지 작전 전개에 거의 개입하지 않았다는 점도 중요하다. 세종은 1433년(세종15) 2월 말에 토벌의 시기와 방법까지 정해진 다음부터는 현지 사령관인 최윤덕에게 맡겼다. 멀리서 전장의 변화하는 양상에 대처할 수 없다는 점을 고려해 야전 장수의 재량권을 최대한 높여준 것이다. 앞에서 지적한바 "경의 말한 바를 내가 어찌 듣지 않겠는가. 군사의 진퇴에 이르러서는 모두 경의 처분대로 따르겠다."(세종실록 15/01/19)는 말이 그렇다. 세종은 아예 온양온천으로 남행을 감행해서 일체의 작전 진행에 간여하지 않을 뿐만 아니라, 여진족으로 하여금 안심하고 내려와 농사를 짓도록 만드는 기만책을 구사하기도 했다(박현모 2006, 65-69).

4. 제2차 파저강토벌: '수직적' 의사소통의 한계

(1) 경과

제1차 파저강토벌의 전과는 컸지만, 여진족 추장인 이만주를 놓침으로써 우환거리를 남겼다. 실제로 이만주는 그 후 계속해서 같은 여진족인 범찰이 조선에 가까워지는 것을 이간하거나, "조선의 군마 때문에 소란해서 살 수가 없다."(세종실록 19/5/12)고 명나라에 모함하는 등 조선의 처지를 어렵게 만들려고 노력하였다. 뿐만 아니라 틈만 나면 변경을 침입해 약탈하거나(세종실록 17/1/18; 17/7/16; 18/5/23), 읍성을 포위하는(세종실록 18/10/3) 등 조선을 괴롭혔다.

이만주는 1차 토벌 직후인 1433년 윤8월에 명나라 황제에게 조선의 토벌을 보고해서 조선으로부터 생포된 사람들과 우마(牛馬)를 되돌려 받아갔으며(세종실록 15/8#10), 그로부터 2년 뒤인 1435년 1월에는 홀라온과 연합하여 조선의 여연 지역을 재차 침범하기도 했다(세종실록 17/1/13). 게다가 두만강 하류의 여진족 내부 분란—재위15년 10월말에 양목답올이 우디거족과 연합해 오도리족의 추장 동맹가첩목아 부자를 일시에 살해함—을 이용해 조선정부는 그 일대에 6진 개척을 추진했는데, 이것에 위협을 느낀 여진족들이 선제적으로 경원 등지를 공격하려는 조짐이 감지되었다. 한마디로 조선은 동북방의 함길도 일대와 서북방의 평안도 일대라는 두 개의 전선을 동시에 방비해야 하는 어려운 상황에 처하게 되었다(노영구 2008, 52). 그런 가운데 발발한 것이 1437년 5월 1일의 올량합 여진족에 의한 조명간구자 침입이다.

5월 6일에 평안도 절제사 이천으로부터 올량합이 침입했으며, 그 지역의 만호 신귀가 선방하여 물리쳤다는 치보(馳報)를 받은 세종은 제1차 여연 침입소식 때와 달리 별 반응을 보이지 않았다. 그도 그럴 것이 그 전 해인 1436년 10월의 경원지역 침입 등을 비롯해 여진족은 계속해서 크고 작은 공격을 해왔기 때문이며, 조명간구자의 경우 다행히 현지 장수들이 협력해서 적을 물리쳤다는 보고를 받았기 때문이다. 세종은 그로부터 4일 후인 5월 10일에야 조명간구자 전투에서 승리한 신귀 등의 포상 문제를 논의했으며(세종실록 19/5/10), 그 다음날에는 그 지역 백성들을 위해 그해 세금[田租]의 절반을 면제하기로 결정하고 있다(세종실록 19/05/11).

사실 세종은 재위15년의 제1차 토벌 후에도 여진족의 공격이 끊이지 않자 적잖이 당황하고 있었다. "내가 젊었을 때에는 혈기가 한창 왕성하여 일을 생각함이 주밀했으므로 계획한 것이 혹시 그 적당함을 얻게 되었는데, 근래에는 혈기가 쇠약하여 생각하는 것이 조금씩 틀리고 행동하면 문득 불길하게 된다. 지금 함길도 경원의 인민이 살해를 당하고 약탈을 당하니, 내가 매우 부끄럽게 여긴다."라는 말이 그것이다. 하지만 곧이어 그는 "끝이 없는 만 가지 일 중에서 오직 이것이 큰 일"인데 그것은 "바로 변경의 경보(警報)"라면서 변방 지휘관들에게 각별한 노력을 당부하였다(세종실록 18/10/16).

어전회의에서 제2차 파저강토벌 논의가 나온 것은 여진족의 침입 후 열흘이 지난 1437년 5월 11일이다. 세종은 이날 평안도 절제사 이천에게 "적의 침략이 그치지 않는다면 할 수 없이 군사를 일으켜 토벌하여야 마땅할 것"인데, "만약 군사를 일으키려면 경의 생각으로는 얼마나 군사를 써야 하겠으며, 어느 때 쳐들어가며, 쳐들어갈 곳은 몇 길[路]이어야 마땅할지"에 대해 계책을 올리라고 명했다(세종실록 19/05/11). 이 때 황희 등 조정 대신들은 대부분 여진족 토벌이 명나라로부터 자칫 "명분 없는 군사를 일으켰다."는 비난을 우려해 반대하고 있었다(세종실록 19/5/16)

5월 16일의 어전회의에서 세종은 "이만주(李滿住)는 진실로 우리나라의 원수"라면서 지금 중국 황제의 명령[聖旨]을 칭탁해 우리 국경에 와서 머무르고 있는데, "군사를 일으켜 가서 토벌함이 어떨까." 라고 제의했다. 그러자 황희 등은 그들이 와서 머무르는 곳이 높고 험하여 군사를 행하기가 심히 어려워 토벌해도 반드시 이긴다고 할 수는 없을 뿐만 아니라, "만약 저들이 와서 침노하기를 기다려서 공격하면, 곧은 것이 우리에게 있어서 중국 조정에 말하기가 순할 것"이라면서 "마땅히 성을 튼튼하게만 하고, 굳게 지키는 게" 상책이라고 말했다(19/5/16). 이로써 토벌론은 한동안 가라앉았으나 그 다음 달에 세종에 의해 다시 제기되었다. 그것은 6월 11일의 평안도 절제사 이천의 상황 보고에 힘입은 것이었다. 이천에 따르면 파저강의 여진이 올라성으로 들어갔다는 정보와 함께 적의 무리가 많아야 400명에 불과하다면서 정병(精兵) 700-800명이면 9월 상순경에 들어가 칠 만하다고 상언(上言)했다(세종실록 19/6/11).

이천의 이 상언에 고무된 세종은 8일 후인 6월 19일에 "먼저 발하면 남을 제어하고, 뒤에 발하면 남에게 제어 받는다."면서 수나라가 취했던 계책대로 평안도내에서 정병을 골라 번갈아 나가고 들어오면서, 해마다 토벌하여 그 소굴을 불태우고 그 볏곡을 밟기를 수년 동안 하게 되면 도적이 반드시 피곤하여 쇠약해질 것이라는 방안을 이천에게 내려보냈다(세종실록 19/06/19). 이날 논의에서 특이한 것은 신인손과 김돈에게 세종이 "너희 두 사람은 어두울 때를 타서 토벌 찬성론자인 신개의 집에 가서 계획을 정하고, 다른 사람에게는 미리 알리지 말도록 하라."고 지시한 점이다. 세종에 따르면 "우리나라 사람들은 성품이 가

벼워서 모든 일에 떠들고 비밀을 지키지 아니하니, 너희 두 사람 외에는 알지 못하게 하라."고 비밀리에 추진할 것을 당부했다. 이처럼 세종이 조정 대신들조차 알지 못하게 토벌을 준비한 것은 차제에 변방 백성의 어려움을 보다 근원적으로 해소시킬 필요가 있다고 보았기 때문이다. 세종에 따르면 "늙은 대신들은 선유(先儒)의 '오거든 어루만지고, 가거든 쫓지 말라.'는 말을 좇아서 매양 '국경을 굳게 지키자'고만 주장하는데" 이것은 하나만 알고 둘은 모르는 말이었다. 즉 적들이 침략할 때마다 미봉책으로 넘기기보다는 차라리 토벌해서 적을 제압하는 것이 낫다는 게 세종의 판단이었다. 결국 이 날 밤 좌찬성 신개가 승지들과 함께 용병(用兵)할 계책 12가지를 올렸는데, 거기에 세종이 4가지를 추가해 제2차 파저강토벌의 기본구상을 완성했다.

이처럼 세종은 2차 파저강토벌의 구상을 비밀리에 마련해오다가 근 한 달 뒤인 7월 18일에 가서야 비로소 병조판서 황보인을 불러 공식 석상에서 그 문제를 의논했다(세종실록 19/7/18). 하지만 이 자리에서 어떤 구체적인 의논이 오갔다는 기록이 없는 것으로 볼 때 세종이 신하들에게 일방적으로 알려주는 형태였던 것으로 보인다. 그 후로도 세종은 이전과 마찬가지로 현지의 군 지휘관에게 전지하고 보고를 듣는 방식으로 작전계획을 구체화했다. 그러다가 9월 22일에 가서야 평안도 감사가 파저강토벌의 결과를 치보해옴으로써 비로소 조정에서는 9월 7일에 압록강을 건너가 파저강 일대를 공격하고 16일에 다시 강을 건너 돌아왔다는 사실을 확인하게 되었다. 즉 좌군 도병마사 이화와 우군 도병마사 정덕성이 평안도 절제사 이천과 함께 고음한(古音閑) 지방, 오미부(吾彌府) 일대 등지를 기습하고, "파저강을 지나서 올라산성과 아한(阿閑) 지방을 수색하였으나, 적이 모두 도망하여 숨었으므로 단지 1명만 목 베이고 돌아왔다."는 등의 결과를 보고한 것이다(세종실록 19/09/22).

(2) 의사결정과정 분석

그러면 이러한 토벌준비 과정에 나타난 의사결정방식은 어떤 특징을 가지고 있는가?

첫째, 군신간의 수직적 의사소통방식이다. 2차 토벌 준비과정에서 보인 의사결정방식의 특징은 유난히 많은 왕의 '지시'와 신하들의 '보고'이다. 〈표 3〉에서 보듯이, 세종은 주로 현지의 지휘관들에게 '전지'(傳旨) 또는 '명령'의 형태로 37회의 '지시'를 하고 있다(63%). 이것은 1차 때의 '지시'가 전체 의사결정방식의 29%이던 것의 두 배 이상을 차지하고 있다. 또한 신료들의 의견표출방식 역시 다르게 나타나고 있는데, 아뢰[啓], 치보(馳報), 첩서(捷書), 밀계(密啓), 상언(上言) 등의 '보고'가 총 22회로 나타나고 있다(67%). 이것 역시 1차 때의 '보고'가 34%였던 것의 두 배 가량에 해당한다. 한마디로 2차 토벌은 1차 토벌 때 '회의'(63%)와 '토론'(56%)이라는 수평적 의견교환이 많았던 것과 달리, '지시'와 '보고'라는 수직적 의사소통이 중심을 이루었던 것이다.

둘째, 왕과 승지, 그리고 현지 지휘관이 비밀리에 의견을 주고받았다는 점이다. 세종이 토벌 논의를 극비리에 추진한 것은 1차 토벌 때와 대조를 이룬다. 즉 4년 전의 1차 토벌 때는 '토벌 여부'를 비롯해 세부사항을 일일이 점검하면서 거의 석 달에 걸친 '대논쟁'을 벌였다. 반

〈표 3〉 제2차 토벌 때 나타난 군신간의 의사결정방식

구분		횟수	비율
왕 (59건)	회의	10회	17%(10/59)
	지시(전지, 명령 등)	37회(35회, 2회)	63%(37/59)
	단순 반응	12회	20%(12/59)
신료 (33건)	보고(啓, 馳報, 捷書, 密啓, 上言)	22회(5회,3회,5회,1회,8회)	67%(22/33)
	토론	2회	6%(2/33)
	대응(반응, 謝禮)	9회(8회, 1회)	27%(9/33)

면 이번에는 평안도와 함길도의 도절제사 등 책임자와만 긴밀히 의논하였고, "군기는 마땅히 비밀히 하여 누설하여서는 아니 된다. 비록 지친과 자제라 하더라도 알게 하지 말고 십분 비밀히 하라."(세종실록 19/3/11)고 말하곤 하였다. 이처럼 엄중한 비밀 속에서 토벌 논의를 진행한 것은 1차 토벌 때와 달리 왕 자신이 여진족의 규모나 위치를 상당 부분 알고 있다는 점, 토벌에 대한 명나라 황제의 사전 승인("소굴을 끝까지 찾아내라" 세종실록 19/07/18 병오丙午), 그리고 군사상의 문제를 공론에 부치는 것이 반드시 적합하지 않다는 판단에 따른 것으로 보인다. 즉 그 해 8월 김종서와 주고받은 글에서 보듯이, 용성 후퇴론이나 사군 설치 반대론 등을 겪으면서 "조정의 뜬 말[浮言]"로 인해 자칫 큰일을 그르칠 수가 있다는 인식이 그것이다(세종실록 19/8/6).

셋째, 국왕의 구체적 지시와 현지 지휘관의 좁은 재량권이다. 세종은 7월 18일에 '평안도에 군사 쓸 일'을 병조판서에게 의논하라고 지시한 뒤, 신개의 계책에 의거해 토벌에 관한 열여섯 가지 세목에 의거

하여 2차 토벌을 결정했다. 그런데 이날 총사령관 이천에게 내린 '토벌 지침[傳旨]'은 매우 구체적이어서 현장 지휘관의 재량권을 크게 위축시킨 것이었다. 비록 "상황에 맞춰 요량하라"는 왕의 말이 덧붙여지긴 했지만, 행군 및 공격 방법, 무기 사용과 산성의 공격 대형 등까지도 세세히 지시하고 있다. 총사령관 이천이 전투가 진행되는 도중에 5번이나 왕에게 첩서를 보냈다는 사실 자체가 얼마나 왕이 깊숙이 작전에 개입했는지를 보여준다.

이 외에도 1차 때와 달리 2차 토벌은 석연치 않은 구석이 많았다. 우선 작전의 목표를 이만주의 제거로 좁게 설정함으로써(세종실록 19/08/14) 그의 거처에 대한 정보 수집을 위한 근접 체탐(體探)이 불가피했고, 그 과정에서 두 번이나 체탐꾼이 적에게 사로잡히는(세종실록 19/07/01; 19/07/19) 등 조선의 목표가 적에게 고스란히 노출되었다(노영구 2008, 137). 뿐만 아니라 토벌 계획이 왕과 총사령관인 평안도 도절제사인 이천, 그리고 평안·함길 양도의 관찰사를 중심으로 비밀리에 논의되다보니 1차 토벌 때와 달리, 황희와 허조 등 조정 대신들이 소외되는 경향이 있었다. 특히 왕이 작전수립과 전개에 세세히 개입하다보니,[9] 작전 수행 중 발생할 수 있는 문제점들을 다각적으로 검토할 수 있는 기회를 갖지 못했다.

결과적으로 재위 19년 9월 22일에 평안감사가 올린 보고에 나타

---

9 2차 토벌 때 자주 나오는 "내 뜻으로는"(세종실록 19/07/18), "나는 생각건대"(세종실록 19/07/23) 등의 용어는 세종의 작전 구상에 대한 강한 의지를 보여준다.

나듯이(세종실록 19/9/22), 이천을 총사령관으로 한 토벌군은 9월 7일부터 16일까지 열흘에 걸쳐 7,800여 명의 군대를 좌·우군으로 나누어 파저강 일대와 오라산성 부근의 여진족을 소탕해, 여진족 60여 명을 죽이거나 생포하였다(아군 1명 사망). 하지만 공격목표인 이만주를 놓치는 등 작전수행에 적잖은 허점을 드러냈다.[10]

5. 맺는 말

이상에서 살펴본 바와 같이, 세종은 제1차 파저강토벌과 달리 제2차 토벌에서는 수평적인 의사소통 채널을 거의 가동하지 않았고, 황희나 허조와 같은 조정 대신들의 의견도 거의 수렴하지 않았다. 대부분 왕의 말을 잘 듣고 수행하는 승지나 토벌찬성론자인 신개, 그리고 현지 지휘관들과 의견 교환을 나눴을 뿐이다. 뿐만 아니라 왕이 1차 토벌의 승전경험에 힘입어 지나치게 작전에 개입함으로써 현지 사령관의 재량권을 크게 위축시켰다(노영구 2008, 154.).[11] 그 결과 '적장의 제거'라는 토

10 2차 토벌 직후, 총사령관 이천의 공적을 평가할 때, 우의정 노한은 이천이 "중국 사람들까지 불필요하게 다 죽였다."면서, 그까짓 토벌은 "여연판관 이종효에게 군사 200 내지 300명만 거느리고 가게 하였어도 이보다 낫겠다."고 말했다. 이에 대해 세종은 분개하면서 노한을 파직시켰다(세종실록 19/10/17).

11 노영구 교수에 따르면, 제2차 토벌 4개월 전인 1437년 5월에 병마도절제사인 이천이 철산, 의주 등지와 압록강 건너 지역에서 사냥을 한 사실이 알려지면서

벌의 목적을 달성하지 못했을 뿐만 아니라 좋은 전과도 거두지 못했다. 왜 그랬을까? 아마도 세종은 1차 토벌 때 얻은 북방지역에 대한 정보와 승리한 자신감 때문에 직접 정벌과정에 개입한 듯하다. 일종의 '승리의 역설'이 작용한 셈이다.

흥미로운 것은 세종의 제2차 파저강 토벌이 제1차 세계대전 당시 영국과 독일의 의사결정과정과 유사한 측면이 있다는 점이다. 알려진 것처럼, 제1차 세계대전에서 독일군은 '전투'에 승리하고도 '전쟁'에 패했다. 처칠의 회고록에는 그 이유가 설명되어 있는데, 그에 따르면, 독일군은 주로 군 사령부 내부의 지휘관 및 참모들과 작전회의를 했다. 그런데 그것은 결과적으로 영국군과의 해양패권을 둘러싼 전쟁에서 실패하게 된 원인이 되었다. 즉 독일의 참모총장 힌덴부르크 등은 1917년 1월 9일에 황제 앞에서 열린 플레스 회의에서 민간 정치인들을 침묵시키고, 무경고 잠수함인 유보트(U-boat)를 전격 투입하기로 결정했다. 처칠에 따르면, 독일 황제와 그의 대신들은 해군 전문가가 제시하는 자료 및 숫자와 전문가의 견해, 즉 유보트의 무차별 공격으로 매달 60만 톤의 영국 배를 격침시킬 수 있고, 그러면 독일이 해상봉쇄 상태에서 벗어날 수 있다는 주장에 반론을 펴지 못했다. 그 결과 독일은 군부의 의견대로 유보트의 공격은 시작되었고, "그 이후로는 모든 것이 일사천리로 재앙을 향해 줄달음"쳤다(윈스턴 처칠, 조원영 번역 2003, 186).

이에 대한 영국의 대응은 달랐다. 독일군의 무차별 공격선언에 영국은 한 때 큰 위기에 빠졌다. 항구를 드나드는 상선의 숫자는 일주일

(세종실록 19/5/13) 현지 사령관에 대한 왕의 신뢰가 상당히 약화되었다.

에 최소 2,500척이 넘는데, 그들을 지켜줄 많은 군함을 당장 구할 수는 없었고, 결국 해상패권을 독일에게 내줄 수밖에 없다는 결론에 이르렀다. 이 결론이 뜻하는 것은 영국이 장악해온 해상패권을 독일에게 내줄 수밖에 없다는 것이었고, 그것은 곧 미국의 참전 불가라는 심각한 사태를 의미했다.

바로 이런 상황에서 상식에 입각한 토론과 하급 장교의 용기에 찬 도전이 빛을 발했다. 영국의 전쟁 내각의 일원인 모리스 행키 경과 R. G. 헨더슨 중령이 대표적인 예이다. 행키 경은 이 사안을 접한 다음 "관련 하급 해군 장교들의 견해를 비밀리에 수집해서, 그들의 견해를 기초로 해군 지도부와 논쟁을 벌이고, 문제의 핵심을 추궁해 들어가는 면밀함을" 보였다(윈스턴 처칠, 조원영 번역 2003, 187).

그리고 바로 그 때 헨더슨 중령은 모두가 당연한 듯이 받아들이고 있는 2,500척이라는 항해 숫자에 의문을 품기 시작했다. 그는 마침내 해군성이 제시한 이 항해 숫자는 300톤급 이상의 모든 연안 무역선과 단거리 무역선의 반복하는 입출항 숫자까지 포함한 수치라는 걸 밝혀냈다. 말하자면 맨 처음 제시된 '상선 호송체제'는 대양을 가로질러 가는 무역선만을 보호하자는 것이었는데, 해군성에서는 연안의 모든 배의 숫자를 제시해 그 의견을 묵살한 것이었다. 따라서 행키 경은 헨더슨 중령의 분석에 토대해 1,600톤급 이상의 원양 항해 선박에 한해서만 군함이 호송을 하면 되고, 그 선박의 최소 숫자는 일주일에 120-140회에 지나지 않는다고 밝혔다.

처칠에 따르면, 해군성의 "2,500이라는 허수가 무너지자 이를 기초로 쌓아올렸던 모든 논리적 쟁점이 하루아침에 설 땅을 잃게 되었다."(윈스턴 처칠, 조원영 번역 2003, 196).[12] 결국, 영국은 모리스 행키 등의 주장대로 '상선 호송체제'를 실행했고, 이로 인해 독일의 유보트 공격을 성공적으로 막아냈다. 미국의 1차 세계대전 참전은 이 '호송체제'의 또 다른 성과였다. 이와 관련해서 처칠은 다음과 같은 의미심장한 말을 던지고 있다.

> 길고 격렬했던 논쟁의 한편에는 아마추어 정치인들이 있었다. 그들은 유능하고 경험 많은 전문가인 해군성 장군들과 싸우고 토론했다. 결국 그 아마추어들의 상식을 기반으로 한 추론이 옳았고, 전문가인 해군성이 틀렸다는 것은 우리에게 많은 것을 생각하게 해준다.[13](윈스턴 처칠, 조원명 번역 2003, 185).

한마디로 영국에서는 군의 핵심 관계자 외에도 민간인(civilian)들까지도 의사결정에 참여했고, 그들은 '비효율적'으로 보일 수 있는 행동들을 취했다. 그들은 하급 장교들의 '이견'을 청취하고 다니는가 하면, 의회 등에서 전쟁의 큰 흐름 및 외교관계 등을 놓고 "때론 대립하고 싸우면서" 토론을 벌였다. "편견에 치우친 잘못된 주장들을" "정치인들이 줄기차게 물고 늘어져서 마침내 그 두터운 벽을 허물었던" 것이다(윈스

12 이 때부터 1918년 10월까지 모두 1,782척의 대형 선박이 호송을 받으며 대양을 항해하였지만, 피해를 입은 것은 고작 167척이었다.

13 1차 세계대전 당시 영국 정부 내의 '대토론' 사실을 처음 알게 된 것은 서울대 김홍우 교수님의 수업에서였다. 이 기회를 빌어 김 교수님께 감사드린다.

턴 처칠, 조원영 번역 2003, 186). 그런데 결과적으로 그런 영국이 조직적으로 군 전문가들의 신속하고 일치단결한 의사결정을 내린 독일을 무너뜨리고 제1차 세계대전을 승리로 이끌었던 것이다.

600여 년의 시간을 초월해 한반도와 유럽에서 벌어진 두 가지 사건은 무엇을 의미하는가? 한치 앞을 내다볼 수 없는 상황에서 큰 결정을 내려야 한다면, 우리는 먼저 전문가의 견해를 묻되, 보통 사람의 상식에 입각한 의견을 듣는 창구도 열어놓아야 할 것이다. 수직적인 의견교환 못지않게 수평적인 의사전달 채널을 활성화시키는 것이 중요하다는 점, 특히 고위직에 있는 사람들이 전제하고 있는 조건들을 문제 삼을 수 있는 열린 회의 분위기야말로 최선의 결정을 위한 필수조건이라는 점을 세종과 영국군의 사례를 통해 깨달을 수 있다.

참고문헌

『세종실록』.

『문종실록』.

『경국대전』.

『국조정토록』.

『연려실기술』.

권연웅. 1982. “세종조의 경연과 유학.” 『세종조문화연구1』. 서울: 박영사.

권연웅. 1989. “조선 영조대의 경연.” 『동아연구 17집』. 서강대학교 동아연구소.

김용욱. 1988. 『조선시대 정치체계: 체계유지와 붕괴』. 익산: 원광대학교출판부.

김운태. 2002. 『조선왕조 정치·행정사: 근세편』. 서울: 박영사.

김홍우. 2007. 『한국정치의 현상학적 이해』. 고양: 인간사랑.

남지대. 1980. “조선초기의 경연제도: 세종·문종 연간을 중심으로.” 『한국사론』 6. 서울대 국사학과.

노영구, 2008. “세종의 전쟁수행과 리더십.” 『오늘의 동양사상』. 서울: 예문동양사상연구원.

박현모. 2006. 『세종의 수성(守成) 리더십』. 서울: 삼성경제연구소.

송영일. 2001. 『조선시대 경연과 제왕교육: 성종대 경연 진강을 중심으로』. 서울: 문음사.

윈스턴 처칠. 조원영 역. 2003. 『폭풍의 한가운데: 윈스턴처칠 수상록』. 서울: 아침이슬.

최승희. 2002. 『조선초기 정치사연구』. 서울: 지식산업사.

2부 근대의 정부

8장

자유주의와 공동성: 데이비드 흄의 논의를 중심으로*

이병택 경희대학교

1. 서론: 현대 자유주의의 흐름에 대한 문제제기

본 연구는 자유주의 이론가들이 명시적으로나 암묵적으로 제시한 공동성(the common)에 대한 견해들을 해명하고, 그런 견해들에 내포되어 있는 자연과 인위의 문제를 데이비드 흄의 논의를 중심으로 고찰하는 데 목적을 두고 있다. 이런 논의를 통해서 필자는 오늘날 자유주

* 이 글은 『사회과학연구』 20집 1호(2012)에 게재된 글을 다시 수록한 것이다.

의가 안고 있는 문제점들을 간접적으로 조망하는 데 도움을 주고자 한다. 오늘날 자유주의 정치이론에서 사회구성원들의 유대를 의미하는 공동성에 대한 논의는 다소 생소한 것으로 보인다. 왜냐하면 자유주의는 개인의 자유라는 추상적인 전제 위에서 출발함으로써 정치공동체의 문제를 주변적인 것으로 만들었기 때문이다. 그리고 이런 자유주의의 이론이 다루지 못한 영역을 공동체주의는 정치공동체의 구성원들이 공유하는 문화적 측면과 공동의 덕성을 강조함으로써 보완하고 있다.

우선 필자는 '자유주의'라는 말의 다의성을 충분히 유의하면서 주로 홉스(Thomas Hobbes), 로크(John Locke), 흄(David Hume), 스미스(Adam Smith) 등 자유주의 사상의 발전에 주요했던 근대 사상가들을 포괄하는 흐름을 자유주의로 보겠다.[1] 나아가 오늘날 자유지상주의자들이나 그들에 대립해서 사회적 정의에 깊은 관심을 갖는 롤즈의 사상을 자유주의 흐름에 있는 것으로 간주한다.[2] 본 연구는 자유주의 사상의 맥락을 이해하는 핵심적인 문제의 하나로 공동성의 문제를 고찰한다. 그리고 공동성의 문제는 자연과 인위의 관계를 이해하는 데 있음을 밝힐 것이다. 따라서 자유주의에 대한 논의는 스미스를 제외한다면

1 물론 스트라우스(Leo Strauss 1968)가 주장하는 것처럼 자유주의의 흐름을 고대로부터 추적할 수도 있다. 연구방법의 차이를 제외하면 스키너(Quentin Skinner 1998)의 주장도 비슷한 시각에서 고려될 수 있다. 특히 스피노자는 근대 자유주의의 중요한 인물로 다루어질 필요가 있다고 본다.

2 필자는 샌델(Michael Sandel 2009)의 구분을 대체로 수용한다. 다만 샌델이 정의에 대한 관점을 행복, 자유, 덕이라는 삼분법을 중심으로 구분했지만, 공리주의는 스튜어트 밀(John S. Mill)에서 보듯이 자유주의와 관련될 수 있다.

자연스럽게 사회계약에 근거한 사회적 관계의 발상이 가지는 문제점을 밝히는 데 초점을 둘 것이다.[3]

현대의 정치사상의 연구방향에 있어서 공동성에 대한 관심이 증가한 가까운 원인 중 하나는 아마도 롤즈(J. Rawls)가 제안한 정치적 자유주의의 문제의식과 깊은 연관이 있다. 자유주의가 사회적 불평등에 무관심한 방향으로 진행되는 것에 반대하면서 사회적 정의를 중요하게 부각시켰다는 점에서 롤즈의 정치적 자유주의는 공동성의 논의에 기여한 바가 크다. 그럼에도 불구하고 그의 논의가 철저했느냐의 질문에는 의문의 여지가 있다. 철학적으로 그의 논의는 '순수' 사유와 '순수' 의지를 강조하는 신칸트주의 철학에 기초하고 있다고 말해진다. 이런 이유로 롤즈 이후 정치사상의 흐름에 등장하는 변화의 운동들은 좋건 싫건 간에 그의 정치적 자유주의와 신칸트주의 철학에 대한 반발들을 중심으로 전개되었다고 볼 수 있다.

이러한 맥락에서 샤피로(Ian Shapiro 1990, 2-16)는 신칸트주의 철학에 기초한 롤즈의 정치사상에 대해서 네 가지 정도의 불만들이 제기되었다고 본다.[4] 그 중 본 연구와 관련해서 특히 강조하고 싶은 점은 신칸

---

3 이런 맥락에서 평가자들의 의견 중에 굳이 '자유주의'란 용어를 사용하여 논의를 혼란스럽게 할 필요가 있느냐는 지적이 있었다. 일리가 있는 지적이다. 다만 제목을 사회계약에 대한 흄의 비판으로 한정한다면 흄의 자유주의가 희석될 우려가 있고, 둘째 스미스의 경우에는 자유주의 사상에 많은 영향력을 행사하고 있는 사상가임에도 사회계약과 관련해서는 논의하기 어려운 면이 있기 때문에 고민 끝에 제목을 그대로 유지하기로 하였다.

4 샤피로가 말하는 불만들은 아래와 같다. 첫째로 롤즈가 내세우는 도덕적 중립성에 대한 회의가 있으며, 둘째로 그 이론이 정치공동체에 대한 만족할만한 해

트주의 철학이 갖고 있는 전제들이 개인과 문화를 단절적인 것으로 간주함으로써 정치공동체의 이해를 위한 만족스러운 해명의 틀을 제공해주지 못한다는 것이다. 이런 철학적 전제는 근대의 사회계약사상에도 그대로 깔려 있다. 사회계약사상에 따르면 정치의 영역은 개인들 사이의 동의에 의해서 구성되는 인위적인 영역이다. 홉스 이후로 다양한 형태의 사회계약사상이 나왔지만 정치의 영역이 인위의 영역이라는 점은 거의 의문의 여지없이 받아들여졌다. 때문에 사회계약이론에 기초한 근대정치학은 '폴리스'를 자연적인 것으로 간주한 아리스토텔레스의 발상을 부정하고 있다.

사회계약이론은 국가의 자의적 권력행사를 견제하고 정치를 합리적으로 만들려는 의도에서 성립되었다. 좀 더 정확히 말하자면 개인의 합리성에 근거해서 정치세계를 합리적으로 구성하려 했던 것이다. 이런 의도에 상응하게 사회계약이론은 국가의 자의적 권력행사를 견제하는 데 어느 정도 이론적인 명분을 준 것도 사실이다. 그러나 이런 공헌에도 불구하고 사회계약이론은 공동체 구성원들을 묶어주는 '공동성'을 계약에 의한 인위적 유대에 한정함으로써 구성원들의 유대감을 옅게 하는 데 일조했다는 혐의를 벗어나기 힘들다. 자유주의 진행과정에서 드러나는 공동성의 두께 부재 현상은 사회계약이론이 함의하고 있는 과거 혹은 역사의 배제에 기인하지 않을 수 없을 것이다. 현대인의

명을 주지 못한다는 점이다. 셋째로 롤즈의 이론이 사회적 조직의 원리를 의무론적 형식으로 추구하는 것에 대한 불만이다. 끝으로 신칸트주의적 논증에 숨겨져 있는 이데올로기적인 차원들에 대한 우려가 존재한다.

삶에 드러나는 시민적 유대의 두께 부재를 다룸으로써 공동체주의는 자유주의가 남긴 공백을 채우려하고 있다.

한편 계약이론의 흐름을 고려한다고 해도 공동성에 대한 자유주의의 망각은 그 발전사를 고려할 때 대단히 이례적인 현상으로 보인다. 베버의 사회학적 접근법에 근거한 뮌히(Richard Münch 2001)의 연구에서 보듯이, 자유주의 성장의 역사는 롤즈의 자유주의 기획과는 현격한 차이를 드러낸다. 뮌히에 의하면, 로크, 흄, 스미스 등 영국의 자유주의자들은 사회적 질서 혹은 '사회적 공동체'(societal community)가 이미 주어져 있는 것이라고 생각했다. 비록 그것이 주어지는 방식에 대한 다양한 이해방식에도 불구하고 사회적 유대는 주어져 있고 또한 자연적으로 성장하는 것으로 보았다. 이런 이유에서 그들은 대륙 사상가들과는 달리 사회통합의 기능을 국가에 귀속시키는 발상을 하지 않았다. 뮌히는 특히 영국의 보통법이 사회적 통합을 이끌어내는 데 중요한 매개자 역할을 했다고 지적하고 있다. 달리 말하면, 영국의 자유주의자들은 사회적 공동체의 형성이 인위적인 방식으로 조직되는 것이 아니라 자연스럽게 성장하는 것으로 간주했던 것이다.

이런 관점에서 볼 때, 영국의 자유주의 전통은 원자화된 개인으로부터 시작해서 인위적인 계약관계의 형태로 국가적 공동성을 형성하는 방식에 익숙하지 않았다. 흔히 근대 정치사상의 선구자로 간주되는 홉스는 극단적인 개인주의적 발상을 제시하고 공포를 근거로 해서 원자화된 개인들을 인위적 계약으로 묶으려 했다. 그러나 그의 '인위주의'(conventionalism)는 영국의 정치전통에서 상당히 벗어난 것으로 볼 수 있다.[5] 반면에 로크는 자연법에 의해 규율되는 공동체 성원들 사이의 자연적 관계를 인위적인 정치적 관계와 구분하는 길을 채택함으로써 홉스의 노선을 벗어나게 된다. 다시 말하면 로크는 정치세계에 제한된 인위주의를 추구함으로써 홉스의 정치적 결론을 반박하고자 했다. 그러나 사회가 정부에 우선한다는 로크의 구분법에 기초한 자유주의 흐름에서 인위적 계약에 기초한 정부는 차츰 사회의 부수적 현상으로 취급되는 경향을 띄게 된다. 이런 까닭에 정치사상사에서 '자연주의'(naturalism)가 지배적 현상으로 등장하게 된 것이다.

이런 자연주의적 흐름의 정점에 서있는 사람이 바로 아담 스미스다. 그는 인위를 철저히 배제한 자연의 질서를 구상하였다. 스미스에 의하면, 인간의 자연적 본성은 '자기이익추구'와 '공감' 두 가지로 대표된다. 공감은 『도덕감성론』에서, 자기이익의 추구는 『국부론』에서 주로 논의된다. 그의 이론적 출발점은 이 두 가지 성향에 의해서 구성되는 완벽한 대칭 체계를 구성하는 데 있었다. 만일 이런 자연적 질서가 완전하다면 인위적인 것은 더 이상 필요가 없을 것이다. 그러나 두 가지 본성은 스미스가 처음 생각했듯이 현실에서 완전한 보완관계를 형성하지 못했다. 스미스에게 정부는 이런 자연적 질서의 불완전성 때문에 존

---

5 convention은 흄을 논할 때는 관행으로 번역될 것이다. 그러나 홉스의 맥락에서는 관행이 전적으로 인위적 영역에 속한다. 그런 의미에서 '인위주의'로 번역했다. 이와 더불어 샤킷(Gordon Schochet 1988)의 흥미로운 관찰은 롤즈의 원초적 입장에 있는 계약의 당사자들이 '가족의 우두머리'(as heads of families)로 간주될 수 있음을 시사하고 있다는 점이다. 달리 말하면 롤즈에게 가족관계는 정치적 공동성을 구성하지는 않지만 여전히 자연적인 사회적 관계로서 남아있다고 보는 것이다.

재하게 된다. 정치적 존재성을 배제하고 자연적인 상호 공감의 작용에 의해 구성되는 사람들 사이의 공동성은 일종의 '군집성'(gregariousness)이 되어 버린다(Joshep Cropsey 1987). 군집성은 고대정치사상가들이 바라본 인간의 정치적 특성, 즉 지배와 복종의 관계를 희석해버렸다. 크롭시에 따르면, 스미스가 제시한 자연적 질서의 불완전성으로 인해서 그 이후의 철학은 불완전한 자연의 질서를 포기하고 역사에 관심을 두기 시작했다.

지금까지 우리는 근대의 정치사상에서 나타나는 여러 양태의 공동성에 대한 관점들을 간략히 살펴보았다. 요약하면 공동성에 대한 근대의 사유는 두 가지의 대립하는 극들 사이에서 움직인다. 한편에서는 스미스에서 드러나듯이 자연적으로 주어진 공동의 유대, 즉 자연적 '군집성'에 대한 발상이 존재한다. 다른 한편으로는 홉스가 주장하는 '자연상태'를 극복하는 방법으로서의 인위적 계약이라는 발상이 존재한다. 그리고 근대의 '공공성'(the public)에 대한 여러 발상들은 공동성에 대한 상이한 의견들에 크게 의존하는 것으로 보인다. 가령 홉스의 정부에 대한 구도는 개인들의 동의에 기초한 인위적 유대라는 그의 공동성에 대한 의견에 기초하고 있다. 그 결과 주권자의 명령은 공공성과 등식관계에 놓이게 된다. 이런 이유 때문에 로크는 홉스와 달리 인위적 유대를 정치영역에 한정하고 자연법에 기초한 사회적 유대를 인정함으로써 홉스의 주장을 약화시키는 전략을 택하고 있다. 로크에 있어서 정부가 담당하는 공적인 기능은 사적인 개인들 사이의 분쟁에 관여하는 심판의 역할 정도에 그친다. 그러다가 스미스에 이르러서는 공감을 통해서 형성된 자연적 유대가 인위적인 정치적 유대를 대체하고 시장이 정부를 대체하는 구도가 형성된다. 즉 인위가 아니라 자연의 섭리가 문제해결의 핵심으로 등장한 것이다. 그 결과 오늘날 자유주의에서 정부와 시장의 구분은 공적인 것과 사적인 것을 구분하는 데 있는 것이 아니라, 시장의 자연성을 정부의 인위성이 보완하는 데 그 핵심이 있다. 이때 정부는 자연의 섭리를 다소 보충하는 부수적인 현상으로 취급되고 있다.

이 글은 공동성과 공공성에 대한 근대의 다양한 견해들이 갖고 있는 문제점을 데이비드 흄이 제시한 자연과 인위에 대한 견해를 중심으로 고찰할 것이다. 흄의 주 비판 대상은 바로 사회계약사상의 전제들로서, 그는 계약이 아니라 '관행'(conventions)을 중심으로 공동성을 이해하고자 했다. 관행에 대한 철학적인 근거를 파헤치기 위해서 흄은 소유권자로 이해되는 근대의 '자아'(self) 관념을 해체하고 그와 관련된 의식 혹은 이성을 비판한다. 무엇보다도 소유권중심의 자아 관념과 그런 관념에 기초한 계약으로서는 공동의 삶(common life)이 구성될 수 없다는 반성이 흄의 비판 속에 자리를 잡고 있다. 오히려 계약이란 제도는 사회적 관행들에 근거하고 있는 것으로 흄은 보고 있다. 흄에 있어서 공동성은 관행들의 '다발'이라고 할 수 있다. 그리고 드러나는 사회제도들은 관행들에 기초하고 있는 것이다. 필자는 아래에서 관행의 성장을 '사회와 정념'의 관계를 중심으로 고찰하고, 나아가 '정부와 공감'의 관계를 중심으로 살펴보고자 한다.

2. 사회와 정념

흄의 자연상태에 대한 이해는 사회계약사상가들과는 다른 길을 걷는다. 가장 두드러진 차이는 사회계약사상에서 출발점으로 삼는 '개인'이 등장하지 않는 데 있다. 사람들은 개인으로 존재하기보다는 이미 어느 집단에 속한 구성원으로 등장한다. 흄은 『인성론』에서 그 이유를 치우쳐 흐르는 사람의 자연적 공감작용에서 찾고 있다. 그리고 치우친 공감은 그 친밀성의 범위가 제한되어 있을 수밖에 없다. 앞으로 밝혀지겠지만, 흄이 갖는 자연과 인위에 대한 독특한 관점 때문에 '자연상태'란 표현은 정확하지 않다. 그보다는 "다듬어지지 않은 자연의 상태"(uncultivated state of nature)가 더 정확하다. 『영국사』에서는 "다듬어지지 않은"이라는 표현과 더불어 '거친'(wild) 혹은 '조야한'(crude)이라는 표현을 사용한다(Hume 1983).

이처럼 흄이 표현방식을 바꾼 이유는 사회계약사상과의 차이를 드러내기 위해서이다. 사회계약사상의 전제는 자연과 인위의 이분법에 기반하고 있기 때문에 '다듬어진 자연상태'란 용법은 통용되질 않는다. 하지만 흄에 있어서는 인위가 자연이 표현되는 양상을 바꾸는 데 있기 때문에 용법의 변화가 필요했을 것이다. 공감의 작용에서 보듯이 다듬어지지 않은 자연상태에서 정념들은 거칠게 표현된다. 흄에 있어서 다듬어지지 않은 정념의 표현에 새로운 방향성을 부여하는 것이 사회의 성장이다.

여기서 사회는 사회적 관행들의 다발이고, 이런 관행들은 정념들을 사회적 생활에 적합하게 정향 지워준다. 오늘날의 사회과학적 시선에서 볼 때 '관행'이란 말은 대단히 모호하게 들린다. 학자에 따라서는 흄이 말하는 관행을 '조정'(coordination)과 '협동'(cooperation) 등으로 세분해서 보기도 한다. 엘스터(Jon Elster 2009)는 서로 간에 약속 혹은 계약이 없음에도 두 사람이 배의 노를 함께 젓는 행위처럼 자발적으로 성취되는 것을 조정의 사례로서, 그리고 곡물을 추수할 때 서로 도와주는 행위를 협동의 사례로서 보고 있다. 후자의 사례에서 흄은 상호신뢰의 관행을 강조하고 있다. 엘스터도 잘 지적하듯이 관행은 '개인의' 합리성보다 더 심층에 존재하고 있다.

엘스터의 구분에서도 보듯이 흄은 때로는 관행들을 '자연스럽게' 형성되는 것으로, 또 때로는 경험에 의해서 구성되는 것으로 설명한다. 여기서 '자연스러움'을 강조하다 보면 '자연적인' 것으로, 나아가서는 '자연주의적인' 것으로 진행할 수 있다. '자연주의'(naturalism)란 말은 이런 서로 다른 뉘앙스들을 모두 포괄하고 있다. 따라서 필자들에 따라서는 'natural', 'naturalistic', 혹은 'naturalist' 등으로 자신의 입장을 달리 표현하기도 한다.[6] 한편 역사적 경험이나 인위(artifice)를 지나치게 강조하다보면 상대주의로 흐를 위험성이 있다. 흄의 철학을 '상대주의'로 묘사하는 것은 이런 이유에서이다.

6 대표적으로 리빙스턴(D. Livingston 1984)은 켐프 스미스의 '자연주의'에 대한 불편함을 드러내면서, 역사와 관행을 강조하는 방향으로 나아간다. 그런 자신의 입장을 'naturalist'로 표기한다. 흄의 자연주의에 대한 철학적 논의에 관해서는 김효명(2001, 92-115) 참조.

주지하듯이 흄은 고대의 '실체'(substance) 개념과 동시에 근대의 '제일성질'과 '제이성질'의 구분을 공히 비판한다. 근대의 정치학에서 제일성질에 해당하는 것은 '자연적 권리들'일 것이다. 자연적 권리들은 로크가 사물들의 제일성질로서 간주했던 크기, 형태 등에 해당한다. 흄은 이런 방식으로 인간을 구성하는 것에 동의할 수 없었을 것이다. 그렇지만 흄 자신도 인간의 본성 혹은 자연(nature)을 탐구하기 때문에 어떤 방식으로 본성을 바라보아야 할 것인지 어려움이 따른다. 흄에게서 한 가지 확실한 점은 불변하는 어떤 것을 함의하는 실체나 제일성질의 개념으로 본성을 바라보지 않는다는 것이다. 습관들은 자연의 산물이라고 할 수 있다. 그리고 그런 습관들을 산출하는 것이 인간의 본성이라고 할 수 있다. 흄에 따르면, 인간은 '발명의 종'이기 때문에 자연의 성장에서 문제가 되는 것은 자연의 연속성과 발명에 의한 표현방식의 변형을 이해하는 데 있다.

여기서 자연의 성장에 대한 흄의 관점을 '정념'을 중심으로 천착해 보자. '정념'(passions)이란 번역어는 흄의 '간접적 정(情)'(indirect passions)의 의미를 잘 전달하기 위한 것이다. '직접적 정(情)'(direct passions)은 관념적인 요소가 매개되지 않은 마음의 작용이기 때문에 정념이란 용어가 적절하지 않다. 그럼에도 일단 글쓰기의 편의를 위해서 정념으로 번역한다. 그리고 무엇보다도 흄의 사회철학에 있어서의 핵심은 '정념'이라고 할 수 있기 때문에 그런 번역을 따른다. 스피노자를 제외한다면 흄 이전에 정(情)과 념(念)의 결합을 주장한 사람은 없을 것이다. 흄의 『인성론』에서는 '자긍'(pride)과 '비하'(humility) 그리고 '사랑'(love)과 '증오'(hatred)의 대립 쌍을 정념의 대표적 사례로 제시하고 있다. 이런 정서적인 정향들에는 관념이 관여하기 때문에 '즐거움'(joy), '희망'(hope), '공포'(fear) 등의 직접적인 '인상'(impressions)인 정(情)보다도 더욱 치열하고 지속적인 것이 된다. 가령 '자긍'과 '비하'에는 '자기'(self)라는 관념이, '사랑'과 '증오'에는 '타자'(other)의 관념이 정(情)이 지향하는 '대상'(object)이 되기 때문에 직접적인 '즐거움'보다 지속적이고 다루기 힘든(restive) 것이 된다.[7]

이처럼 정념에 대한 흄의 새로운 발견은 쾌락과 고통의 평면적 이분법에 기초해서 정념을 다루는 벤담의 공리주의와는 구별된다. 흄의 정념의 발생론을 간단히 이해하기 위해서 두 가지 사항을 이해할 필요가 있다. 첫째, 자긍과 비하에서 보았듯이 정념은 관념을 포함한다. 자긍과 비하의 정념이 주시하는 대상은 '자기'로서, 흄에 따르면 이 대상은 "자연적이면서도 원초적이다." 비록 '자기'라는 관념이 상상에 의한 '픽션'이라고 할지라도 말이다. 둘째, 자긍과 비하의 원인들은 대체로 자연적이라고 할지라도 원초적이지는 않다. 달리 표현하면 이 정념의 원인들은 원초적이라고 하기에는 너무 다양하다.

이런 흄의 정념에 대한 분석은 동시에 정념들을 온화하게 다스리는 방법에 대한 통찰로 이어진다. 정념을 온화하게 통치하는 방법은 정념에 새로운 방향성을 부여하는 것이다. 자긍과 비하의 정념을 일으키는 원인들은 원초적이지는 않기 때문에 인위적인 방편들도 활용될 수

7 켐프 스미스(Kemp Smith 1949, 151)가 흄의 『인성론』 제2권을 불필요한 것으로 제거한 점은 그의 자연주의를 구했을 수는 있으나 결국 흄이 제시한 정념의 발생론을 이해하지 못한 원인이 되었다.

있다. 가령 향후 '보상'의 방법으로 발전하게 되는 '화해'의 방편은 가해자가 피해자에게 자신의 잘못을 인정하고 적절한 물적인 지원을 함으로써 피해자의 자긍을 높여주게 된다. 이런 방식으로 화해는 피해자의 복수심을 완화시키는 인위적 방편으로 일반화된다. 이런 관행의 형성으로 초기사회에서 '공적인 평화'(public peace)의 관념이 생기고, 이것은 다시 사적인 복수욕을 차츰 억누르는 데 기여하게 된다. 여기서 좁은 틀에 갇혀 있던 '자기'(self)라는 관념은 성장한 사회적 유대를 매개로 다소 교정되고 확장된다. 요약하면, 흄의 정념에 대한 관점은 상대주의를 배제하며, 그의 인위에 대한 관점은 사회제도를 개인들의 욕구만족이라는 단순한 기능으로 환원하려는 기능주의적 관점을 배제한다.

흄은 관행의 형성을 통한 자연의 성장을 제시함으로써 자연과 문명의 이분법을 벗어나서 사고할 수 있는 가능성을 보여준다. 비판철학의 역사에서 보이는 것과는 달리, 흄의 관점은 자연으로 회귀하려는 시도나 문명을 통해 자연을 흡수하려는 시도와는 다른 방향의 사회발전에 대한 이해방식이다.[8] 흄의 이런 관점은 인간이 갖는 자연적인 애정의 치우침 현상에도 마찬가지로 적용된다. 애정의 치우침 현상은 제한된 관대함으로도 나타나지만 가까운 사람들에 대한 고결한 사랑으로 표현되기도 한다. 이 현상은 인간이 단순히 이기적이라는 언명과는 현격히 다르다. 이기심이 문제라면 홉스처럼 개인들의 자유를 제한할 수 있는 체계를 만드는 것으로 사회적 난관을 해결할 수 있을 것이다. 사

8 자연과 문명에 대한 비판철학의 입장변화에 대한 논의는 달마이어(Fred Dallmayr 1989)를 참조.

실상 이런 방식의 이해가 자유주의 사상에서 공동성의 차원을 망각하게 된 중대한 분기점이라고 생각한다. 그러나 흄의 문제제기는 애정의 치우침을 교정하여 시민사회에 적합하게 애정을 확장하지 않으면 정치 공동체의 발전을 생각할 수 없다는 데 그 핵심이 있다.

하지만 애정의 치우침은 인간의 자연적 성향이기 때문에 이 성향 자체를 폐기하려는 시도는 정치가가 할 수 있는 역량을 넘어선다. 이런 정치적 시도의 한계에 대한 흄의 통찰은 역사적 경험에 대한 냉철한 반성으로부터 나온 것이다. 따라서 애정의 치우침을 교정하는 방식에 대한 연구가 흄의 큰 관심사가 된다. 이런 점을 해명하기 위해서 흄은 인간의 '공감'이 작용하는 방식에 대해서 탐구한다. 흄은 다음의 세 가지 사례를 통해서 제한되고 치우친 자연적 공감의 움직임이 확장되는 경우를 설명한다.

[사례 1] 이탈리아에 있는 영국인은 친구가 될 수 있다. 중국에 있는 유럽인도 그럴 수 있다. 우리가 달에서 어떤 사람을 만난다면 아마도 그는 그 자체로 사랑받을 것이다. 그러나 이것은 그와 우리의 관계로부터만 나오는 것이다. 이런 사례들에서 그 사람에 대한 사랑은 몇 사람에게 국한됨으로써 힘을 얻는 것이다(Hume 1978, 482).

[사례 2] 내가 들판에서 자고 있는데 내가 전혀 알지 못하는 어떤 사람이 말발굽에 밟힐 위험에 처한 것을 본다고 가정할 경우 나는 즉각적으로 그를 도우러 뛰어갈 것

이다(Hume 1978, 385).

[사례 3] 자선의 마음은…대단히 공감할 수 있는 정도의 극심한 비참함을 보는 것으로부터 나온다(Hume 1978, 387).

위의 세 가지 사례들에서 드러나듯이 시선이 제한되는 상황이나 위급한 상황, 혹은 타인이 극도로 고통을 당하고 있는 정황들에서는 타인으로 공감이 확대된다. 하지만 이런 자연적으로 확대되는 공감은 지속되지 않고 그 범위가 지극히 제한되어 있다는 데 문제가 있다.[9] 따라서 자연적 공감의 불편함을 교정하기 위해서 사회란 공감의 지속과 범위확장을 가능하게 하는 정황들로 구성된다. 여기서 확대된 사회는 애정의 농도가 약해지기는 하지만 사람들이 함께 살아가는 일반인들에게 지속적이면서도 확대된 공감을 보일 수 있는 정황들로 구성된다. 이런 이유 때문에 확대된 사회를 구성하는 관행들은 데리다(Jacques Derrida)의 경우에서 볼 수 있는 것과 같은 원시공동체에 대한 향수를 불러일으키는 '용서'(forgiveness)나 '호의'(hospitality) 등의 도덕으로부터 거리를 두게 된다. 오히려 시민사회에서의 행위기준이 되는 '실례'(excuse)나 '신뢰'(trust)를 구성하는 관행들이 강조된다.

흄의 자유주의적 경향이 자유지상주의나 롤즈의 정치적 자유주

9 흄의 논의맥락에서 첫 번째 사례는 내가 더 많은 애정을 가지고 있는 사람들이 배제된 공간에서의 공감의 작용에 대한 것이다. 그리고 상대방도 대체로 동일한 조건에 있게 될 경우이다.

의의 흐름과 다른 까닭은 자연(본성)에 대한 확장된 긍정에 있다. 대체로 오늘날의 자유주의는 개인의 '재능'을 자연적 소여로 보면서 권리담론으로 그런 자연을 보호하려는 경향을 가진다. 이런 경향으로 인해서 공동의 유대감은 자유주의 담론에서 더욱 더 희석되고 있다. 이에 반해서 흄은 인간의 정념들을 포괄적으로 자연적인 것으로 인정한다. 복수심과 집착도 예외가 아니다. 이런 정념들을 다스리는 방법적인 측면에서 흄의 자유주의적 경향은 잘 드러난다. 요컨대 정념들은 억압을 통해서 다스려질 수 없다. 오히려 정념들에 적절한 방향을 주면서 자연적 도덕감각을 확장시키는 것만이 흄에 있어서는 온당한 해법으로 등장한다. 또한 흄의 자유주의적 경향은 경험에 대한 강조에서도 두드러진다. 즉 경험을 강조함으로써 인간의 행동에 대한 기준을 완화시키게 되고 그런 만큼 실천(practice) 혹은 정치의 공간을 확장시킨다.

『인성론』에서 흄이 정의를 다루는 방식은 정념이 교정되어 공감이 확장되는 방식을 보여주는 중요한 사례이다. 그는 점유의 욕구가 교정되어 사람들 사이의 공감이 확장되는 방식을 통해서 사회의 발전을 규정하고 있다. 흄에 의하면 점유의 안정에 대한 욕구는 점유의 욕구를 제지한다. 다시 말해서 이성이 아니라 점유의 욕구 자체가 점유의 욕구를 제지한다는 것이다. 타인으로부터 점유를 빼앗으려는 것은 싸움을 유발하기 때문에 사회적 혼란을 가져온다. 이런 혼란에 대한 경험은 점차 점유를 안정시키려는 방향으로 마음을 돌리게 한다. 그리고 점유를 안정시키기 위해서 '재산'이란 관념이 등장하게 된다. 흄에 따르면 점유의 안정성이 확립된 이후에 사람들은 "서로에 대해서 참을 만한"(tolerable to each other) 상태에 이르게 된다. 이런 이유에서 점유의 안정성은 사회 내지 사회상태의 기본적 토대가 된다.

점유의 안정성이 확보된 이후에는 각 사람들의 필요와 관계없이 확정된 재산배분으로부터 불편함이 생기게 된다. 이때 재산 재조정의 필요성을 만족시키기 위해서 재산의 지나친 고착성과 급격한 가변성을 피하면서 재산의 이전을 가능하게 하는 규칙이 고안된다. 여기서 동의에 의한 이전은 앞서 언급한 불편들을 벗어날 수 있는 적절한 고안물이 된다. 동의에 의한 이전의 확립에 의해 사회는 안정을 기초로 한 적절한 변화를 이룰 수 있게 된다. 또한 사회는 점유의 문제로 인해서 다시 전쟁상태로 빠지지 않게 된다. 흄에 따르면 사회가 이런 단계에 이르게 되면 사람들은 "서로에게 이익이 된다."(mutually advantageous). 동의에 의한 이전의 규칙이 정착된 이후에는 사람들 사이의 교류를 활발하게 할 새로운 사회적 필요가 생긴다. 사람들 사이의 이런 관행들로부터 '약속'이라는 고안물이 발명된다. 사회가 이 단계에 접어들게 되면 사람들은 "서로에게 쓸모가 있는"(serviceable to each other) 존재가 된다.

필자는 서론에서 사회를 규정하기 위해 시민적 관행들의 '다발'이라는 은유를 사용했다. 이제 그 은유를 수정할 때가 되었다. 관행들의 성장의 예를 통해서 드러나듯이, 관행들은 그냥 다발로서 존재하는 것이 아니라 관행들 위에 새로운 관행들이 덧붙여져 확장하는 형태를 띤다. 그 한 예로 필자는 흄의 기술에 따라서 점유의 욕구가 사회적 관행들에 의거해서 확장되는 모습을 그렸다. 공동의 생활에서 '편리함'이나 '불편함' 혹은 '필요성'을 경험하는 사례들을 통해서 공동체의 성원들이 스스로의 행동을 일정한 방식으로 자제하겠다는 결심에 이르게 되면 관행들이 형성되었다고 할 수 있다. 일반적 규칙은 이런 선행하는 관행들이 없다면 이해될 수도 없고 또한 고안되지도 않았을 것이다. 이렇게 관행들이 성장하는 과정에서 인간의 정념들은 그 스스로를 제지하게 된다.

이런 관점에서 앞서 언급한 '조정'과 '협동'으로 관행을 구분하는 엘스터의 구분을 흄의 입장에서 보자. 필자는 흄이 사용하는 관행의 용법이 '조정'과 '협동'의 구분 이상으로 확대될 수 있다고 생각한다. 가령 『영국사』에서 왕과 귀족 그리고 일반인들 사이의 관계가 의거하고 있는 관행들을 현대적인 의미의 '조정'이나 '협동'으로 부르기는 어려울 것이라고 생각한다. 왜냐하면 이런 용어들은 '개인'에 대한 근대적 관점에 기초하고 있기 때문이다. 둘째, 흄의 관심사는 한 배를 타고서 관행에 의해 배를 젓는 경우처럼 비교적 쉽게 관행이 확립되는 경우와, 이와 대조적으로 재산의 안정과 관련된 규칙처럼 그것을 어겨서 생긴 불편에 대한 반복적인 경험을 함으로써 서서히 확립되는 경우의 구분에 있다. 특히 그의 『영국사』를 독해할 때는 정념들을 다루기가 어렵다는 점을 깊이 되새기며 관행의 성장을 바라보아야 한다.

3. 정부와 공감

자유주의사상에서 볼 때 정부는 부수현상에 지나지 않는다. 이런 정부에 대한 시선을 반박하기 위해서 흄은 '공감'(sympathy) 개념을 중심으로 정부의 의의를 강조하게 된다. 이것은 또한 정부를 '리바이어던'(Leviathan)으로 간주하는 홉스를 동시에 비판하는 것이기도 하다. 공감의 확장에 대한 해명은 제2절에서 보았듯이 사회를 구성할 때도 요구되었다. 그러나 정부의 구성을 설명할 때 공감의 확장은 더욱 더 강조된다. 왜냐하면 작은 사회에서 큰 사회로 성장하는 데 있어서 정부는 사회를 유지하는 핵심적인 요소가 되기 때문이다. 『인성론』에서 흄은 작은 사회를 '자연적 사회'(natural society)로 규정하고, 확대된 사회를 '시민적 사회' 혹은 '정부'(civil society or government)로 표현하기도 한다 (Hume 1978, 545).

사회계약사상을 비판하는 흄의 핵심 논점은 사회를 떠받치고 있는 관행들과 정부를 떠받치는 관행들이 서로 다른 이익에 근거한다는 것이다. 다시 말해, 사회계약사상이 전제하는 사회의 우선성을 받아들일 수 없다는 것이다. 이런 이유에서 정부에 대한 복종의 의무도 자연적 의무와 구분되어야 한다고 흄은 역설한다. 더 나아가 그는 시민적 사회를 설명하기 위해서는 오히려 정부를 더 우선시해야 한다고 말한다. 흄에 의하면, 자연적 의무뿐 아니라 시민적 의무의 준수는 "정부라는 제도의 효과이지, 정부에 대한 복종이 약속을 지켜야 한다는 의무의 효과는 아니다."(Hume 1978, 543).

다른 한편으로 정부는 홉스가 상상한 리바이어던의 모습으로 나타날 수 없다.[10] 정부도 어쨌거나 사람들 사이의 관행들에 기초하고 있

10 타미노(Jacque Taminiaux 1985, 1-37)는 헤겔이 흄스의 경험적 연구를 사변적 이해로 바꾸었다고 주장한다. 이런 점에서 볼 때 홉스의 정부에 대한 이미지는 근대인들에게 큰 영향을 미쳤다고 할 수 있겠다.

는 것이기 때문이다. 정부의 절대성은 허상이다. 따라서 절대적 복종도 존재하지 않는다. 이 점에서 흄은 로크의 입장에 동의한다. 하지만 흄은 복종과 불복종의 단순한 이분법이 갖는 정치적 경박성에 대해 비판하는 입장을 취한다. 특히 사회계약이론이 불복종을 조장하기 위한 것으로 교육되는 실상에 대한 비판이 강하게 깔려있다.

흄은 휘그파가 제시하는 기준을 통과할 수 있는 정부는 어디에도 없다고 본다. 계약의 관념이 제기하는 문제점을 극복하기 위해서 흄은 '복종의 척도'(measures of allegiance)를 도입한다. 즉 복종과 불복종에는 그 척도가 있어야 한다는 것이다. 복종은 일반적 규칙이다. 하지만 모든 규칙에는 그 예외가 있기 마련이다. 그리고 이런 예외 규칙도 일반적 규칙의 성질들을 가져야 하고, 빈번하면서도 흔하게 일어나는 사례들에 기초해야 한다. 요컨대 복종의 척도는 일반사람들이 감각적으로 잴 수 있는 무게에 근거한다.

그러나 홉스와 로크의 정부에 대한 견해를 좀 더 근본적으로 비판하기 위해서는 흄의 공감이론을 보다 체계적으로 다루어야 할 것이다. 왜냐하면 시민사회는 개인들의 합리성이 아니라 시민들의 확대된 공감에 토대를 두고 있다고 보는 것이 흄의 입장이기 때문이다. 지금까지의 흄의 정치사상에 대한 연구는 정부의 기원에 초점을 두어왔거나, 아니면 정부가 의견에 기초하고 있다는 흄의 주장에 집중했다.[11] 이런

11 흄의 정치적 입장에 대한 논의는 대체로 계약사상과의 관계를 중심으로 한 것(고티(David Gauthier 1979); 웰란(Frederick G. Whelan 1994))이나 보수주의 논쟁(월린(Sheldon S. Wolin 1954); 무어(James Moore 1977); 스터워트(John B.

시각에서는 흄의 『영국사』를 제대로 소화시킬 수 없다는 것이 필자의 입장이다. 왜냐하면 『영국사』는 '자연적 사회'가 아니라 '시민적 사회'의 등장과 발전을 다루는 것이 주요한 주제가 되기 때문이다. 시민적 사회는 자연적 공감작용으로는 해명이 불가능하고 정치공동체를 구성하는 다양한 사람들이 자신들의 치우친 공감작용을 교정하는 힘겨운 과정을 거쳐야 한다.

이런 관점에서 보면 『영국사』를 독해하는 하나의 방법은 치우친 자연적 공감이 그 치우침을 교정하면서 확장하는 과정을 관찰하는 것이다. 여기서 핵심적 사항은 관행들의 구체적 성장과정을 그려내는 것이다. 다시 말하면 제도들을 형식적으로 기술하는 차원을 넘어서 그 배경에 깔려 있는 관행들의 성장을 추적할 필요가 있다.[12] 개념적 혼란

Stewart 1992))을 통해서 이루어졌다. 이런 논쟁들에서 공감과 정부의 관계에 대한 논의는 빠져있다. 공감과 정부의 관계에 대한 논의의 부재는 '공감'을 자연주의적 시각에서 보려는 흄 해석사와 관계가 있을 것이다. 맨저(Robert A. Manzer 2001)의 경우 헌정의 애착에 대한 흄의 논의를 다룬다. 그러나 그의 논의는 발생적인 관점에서 진행되기보다는 정태적 분석으로 그친다.

12 후쿠야마(F. Fukuyama)는 최근 『정치질서의 기원들』(The Origins of Political Order)에서 사회계약사상의 전제들을 비판하고 있다. 그는 계약사상의 전제들인 권리담론과 개인의 합리성에 대해 강한 회의를 표시하면서 '사회적 응집'을 다른 방식으로 설명하려고 한다. 그는 자연상태에서 인간이 개인으로 존재하는 것이 아니라 사회적 존재임을 보여주고자 한다. 인류는 자연상태의 좁은 사회적 관계로부터 확장된 사회적 관계로 발전해왔다. 하지만 이전의 사회적 관계들이 뒤에 오는 사회적 관계들에 의해서 완전히 대체되는 것은 아니다. 후쿠야마는 사회제도를 형식적인 측면에서만 고찰하는 것은 정치현실을 제대로 읽어낼 수 없기 때문에 어느 정도 일반적인 수준에서 사회적 응집의 양상을 발전론적인 관점에서 고찰할 수 있는 길을 모색하고 있다. 무엇보다도 필자는 후쿠야마가 사회제도를

을 줄이기 위해서 우선 언급해 둘 점은 자연적으로 존재한다고 가정되는 완전 경쟁시장은 환상에 지나지 않는다는 것이다. 경쟁시장이란 것도 관행들에 기초하고 있는 것이고 그런 관행들을 유지하는 것도 정부의 역할에 해당한다. 『영국사』에서 본격적인 시장의 등장은 엘리자베스 여왕의 재위 시기이다.[13] 이런 점에서 흄을 스미스와 동일선상에서 '자연주의'의 시각에서 보는 것은 문제가 있다고 생각한다.[14]

공감의 확장을 중심축으로 해서 고찰할 때 흄의 『영국사』는 시민적 사회의 초벌그림이 그려진 대헌장과 그것이 완성된 1688년 혁명으로 마무리된다. 윌리엄의 영국정복(1066년) 이후 피정복민을 다스리기 위해서 귀족들은 왕을 중심으로 결집하였다. 차츰 사회가 안정을 찾으면서 귀족들은 왕의 자의적 권위로부터 벗어나고자 했고 피정복민과 지방에서 자연스럽게 교류함으로써 독자적인 세력을 구축할 수 있게 되었다. 이런 상황에서 존 왕의 실정이 빈번하게 발생함으로써 귀족들은 일반인들의 지지를 이끌어내어 왕의 자의적 권력을 제한하려고 했다. 흄은 대헌장의 의의를 아래와 같이 기술한다.

관행의 관점에서 보려고 한다는 인상을 받는다.

13 이 시기 관행들의 성장에 따른 '계약'의 확장과 발전에 대해서는 홈즈 판사(O. W. Holmes 1881, 제 7강의)를 참조.

14 자연주의 시각에서 흄과 스미스를 보는 시각에 대해서는 하콘센(Knud Haakonssen 1981)을 참조. 흄과 스미스의 차이는 스미스의 『도덕감성론』에 등장하는 '상호적 공감'(mutual sympathy)을 흄의 자연적인 공감의 작용과 비교하면 잘 드러난다. 스미스는 인간의 자연적 공감작용에 내재하는 문제를 보지 못하고 있다.

> 왕들과 그리고 아마도 귀족들의 야만적 방종은 그 후로 어느 정도 더 억제되었다. 사람들은 자신들의 재산과 자유에 대한 안전을 좀 더 획득했다. 그리고 정부는 애초의 제도 목적, 즉 정의의 분배와 시민들의 동등한 보호에 좀 더 가까이 접근했다. 이전에는 왕의 폭력과 부정행위가 (당하는) 개인들에게만 해가 되는 것으로 여겨졌고, 주로 피해를 받는 사람들의 수나 권력 그리고 위엄에 비례해서 그 위험성이 감지되었다. 그러나 이제는 어느 정도 공적 손해로서 그리고 일반적 안전을 위해 고안된 헌장에 대한 침해로 간주되었다(Hume 1983, I 488).

위의 기술에서 흄은 자유와 방종을 구분한다. 앞서의 논의를 빌면, 방종은 절제되지 않은 자유의 표현이자 자기중심적인 치우친 공감의 표현이다. 대헌장은 이런 방종을 억제하고자 하는 중요한 단초를 제공한 것이다. 그 결과 자의적 권력으로 사람들에게 폭력을 가하는 것이 그 폭력을 당한 당사자의 문제로만 치부되지 않고 사회적 다수에 가해지는 공적인 손해로 간주되기 시작했다. 이렇게 사람들은 자신들의 행위를 어느 정도 자제하고자 결심함으로써 법치로의 길을 열었다고 할 수 있다.

한편 왕들의 방종을 깎아낸 대헌장 이후에는 귀족들의 방종을 억제하는 것이 자유헌정의 길로 가는 두 번째 관문이 되었다. 왕에게 저항한 선례와 봉건제의 역학으로부터 오는 귀족들의 '독자성'(independence)은 귀족들의 방종에 문을 열어주었다.[15] 이때부터 일반인들의 마음은 방종과 폭정을 일삼는 귀족들로부터 멀어져가면서 다시금 왕에게서 정의의 근원을 찾는 경향을 갖게 된다. 이런 경향을 정치적으로 수용하려 한 사람이 프랑스 출신으로 영국에 정착하게 된 시몽 드 몽포르(Simon de Monfort)였다. 몽포르는 허약했으면서도 변덕이 심했던 헨리 3세의 실정에 반란을 획책하여 새롭게 정부를 구성하려 했다. 특히 그 내용 중에 일반인들의 대표를 의회에 소집하는 조항이 들어 있었다. 이를 바탕으로 지방의 대표들이 의회에 참석하는 선례가 만들어졌다. 반란의 실패 이후 몽포르의 구상은 헨리 3세의 아들 에드워드 1세에 의해서 다시금 도입된다. 그것은 절박한 필요성이 없었다면 재도입될 수 없었을 반역자가 남긴 선례였다. 대 귀족들에 대항한 왕과 하원의 오랜 동조가 여기서부터 시작되고, 정부는 대중적 방향으로 선회하게 된다.

귀족들의 발호 하에서도 힘이 있는 왕들은 의회의 동의를 형식으로 삼아 자의적인 통치를 할 수가 있었다. 그러나 무력한 왕의 경우에는 귀족들의 권력싸움에 희생자가 되곤 했다. 후자와 같은 상황에서 의회는 단지 승리한 "현 권력의 기관"에 불과했다.

> 파벌의 시대 동안 의회는 현 권력의 기관에 다름 아니었다. 의회를 구성했던 사람들은 대단한 독자성을 누렸던 것처럼 보이지만 사실

---

15 왕과 귀족, 귀족과 기사의 관계는 봉건제의 형태로 보면 동일한 것이지만, 후자가 갖는 근친의 정황들로 인해서 지방귀족들은 독자적인 세력을 구축하는 경향을 가진다.

상 진정한 자유를 점하지 못했다. 그들 각각의 안전은 법에 의한 일반적 보호라기보다는 그 자신의 사적인 힘과 동맹들로부터 나왔다(Hume 1983, II 179).

이런 시대의 특징은 사람들이 사적인 동맹을 구성해서 자신을 보호하거나, 아니면 힘이 있는 실력자 밑으로 들어가서 보호를 요청하는 데 있다. 흄은 이런 상태를 '거친 자연상태'(the rude state of nature)라고 표현한다. 『영국사』 제2권(헨리 3세-리처드 3세)은 파벌싸움으로 인해 반복해서 발생하는 거친 자연상태로의 퇴행을 기록하고 있다. 1216년 헨리 3세 제위로부터 1485년 리처드 3세의 죽음에 이르기까지 약 270년 동안 영국사회는 귀족들의 방종에 의해서 생긴 정치적 혼란으로 점철되어 있다. 따라서 오랜 파벌싸움으로 귀족들의 세력이 약화된 점, 그리고 귀족들의 방종에 동조함으로써 더 이상 정치적 혼란을 야기하지 않으리라는 일반인들의 마음가짐은 튜더 왕들이 왕권을 강화하는 길을 터주었다.

그[헨리 7세]는 오랜 피비린내 나는 시민전쟁들 다음에 왕좌에 올랐다. 시민전쟁들은 그의 권위에 의한 침해들에 저항할 수 있을 대귀족들을 모두 파괴했었다. 인민들은 반목과 내부적 격변에 지쳐 있어서, 새로이 그런 참화로 뛰어들기보다는 침해나 심지어 위해까지도 감수하고자 했다…. 헨리는 군소파벌로 통치했기 때문에 그가 공직을 수여한 사람들은 모두 모든 것이 그의 보호에 달려 있다는 것을 감지하고서 정의와 전 국민적 특권들을 희생하면서도 그의 권력을 지탱하고자 했다(Hume 1983, III 74).

흄은 헨리 7세의 파벌에 의한 통치가 과거의 적대감에 기댄 정책이었다고 본다. 헨리의 통치방식은 요크와 랭캐스터 가문 사이의 누적된 적대감을 개명된 정책으로 해결하기보다는 그 적대감을 더 예리하게 만들었다. 이런 상황에서 두 가문 사이의 적대감을 봉합하는 해결책은 결혼정책으로부터 나왔다. 헨리는 국민들의 바람이자 전쟁에서 자신이 약속한 요크 가문의 엘리자베스와의 결혼을 마지못해 받아들인다. 따라서 두 가문 사이의 반목은 헨리 7세의 전 통치시기를 통해서 지속되었고, 그의 아들 헨리 8세의 등극과 함께 비로소 해소되기 시작했다. 다만 역설적이게도 적통의 논쟁으로부터 완전히 벗어난 헨리 8세는 그만큼 더 왕권 강화의 길을 걷게 된다.

튜더 왕들은 왕권의 안정이 대 귀족 세력을 억제하는 데 달려있다는 것을 잘 알고 있었다. 그들은 전문적 지식을 가진 낮은 신분의 사람들을 등용함으로써 확고한 충성을 얻어내거나, 귀족들이 자유롭게 봉건적 재산을 이전하게 허용하거나, 엘리자베스의 경우처럼 귀족들의 저택에 머물면서 화려한 파티로 그들의 재산을 탕진하게 하기도 했다. 그리고 무엇보다도 상업의 발달로 귀족들이 칼을 버리고 사치품에 맛을 들이면서 거대한 귀족들의 재산은 소진되었다. 때문에 대 귀족들은 유혈투쟁 없이 정치적으로 서서히 쇠락해갔다. 흄에 따르면 대 귀족의 쇠락과 하원이 아직 정치적으로 성장하지 않은 틈을 타서 왕들은 거의 절대적이라 할 권력을 행사하게 되었던 것이다.

그 이후 진행된 사태를 이해하기 위해 한 가지만 짚고 넘어가자.

앞서 보았듯이 튜더 왕들 이전의 영국사회는 통합된 정치공동체라고 보기 어려웠다. 대체로 사람들의 충성 대상은 자신과 가까이 있는 영주에 머물러 있었다. 물론 대헌장을 비롯해서 하원의 설립으로 왕이 정의의 원천으로 인식되는 경향이 서서히 성장해 갔지만 말이다. 그러다가 튜더 왕들을 거치면서 사람들의 충성은 보다 확실하게 국왕으로 확장되었다고 볼 수 있다. 따라서 향후 왕의 자의성을 제한하려는 시도는 과거의 정치적 투쟁과 유사한 성격을 갖겠지만, 두 차례의 혁명을 통해서 왕정을 넘어서려 했다는 점에서 차이가 난다. 왕정을 넘어서려 했다는 것은 충성의 대상을 왕이 아니라 법적인 헌정에 대한 애정으로 확장시켰다는 점이다. 그리고 이런 확대된 애정을 통해서 영국사회에 법치의 원리가 정착하게 된 것이다.

여기서 '일반적인 대상'으로 애정을 확대하는 것이 인간의 본성적인 측면에서 볼 때 대단히 어려운 일임을 지적해야 할 것이다. 필자는 크게 세 가지 점을 지적하고자 한다. 첫째, 인간의 자연적 공감은 가까이 있는 것을 멀리 있는 것보다 더 선호하기 때문에 멀리 떨어져 있는 것으로 보이는 헌정으로 나아가기가 쉽지 않다. 그리고 인간의 공감은 '일반적' 대상보다는 '구체적' 대상으로 치우치는 경향이 있다. 따라서 가까이 있는 영주에 대한 충성에서 왕으로 애정이 확장되는 것과 왕으로부터 헌정으로 확대되는 것 사이에는 큰 차이가 있다.[16]

---

16 이 말은 왕이 구체적 대상으로만 현상한다는 뜻이 아니다. 바로 구체적 대상이자 일반적 혹은 추상적 대상으로 파악되기에 '왕의 몸'과 '왕의 직위'가 구별될 수 있을 것이다. 바로 이 구별이 영국사에서 표면화된 시기는 의회가 찰스 1세와

둘째, 정치공동체의 구성문제를 단순히 '합리성'을 기초로 해서 해결할 수 없다는 점이다. 흄은 인간의 본성을 넘어선 이성의 원리로 하루아침에(*ex machina*) 공동성의 문제를 해결할 수 있다는 이성주의에 대해 불신한다. 이런 이유로 흄은 사회계약사상의 허구성을 파헤치는 데 초점을 두면서 『인성론』을 집필했다. 흄이 기술하는 영국사의 흐름에서 보았듯이, 오직 자연적인 공감작용이 그 자체의 치우침을 교정해 나가는 방식만이 역사의 가능한 길이었다. 인간의 도구적 이성은 이런 교정의 과정에 간접적인 방식으로 봉사할 뿐이다. 시민적 유대는 이런 역사적 과정을 통해서 성장한 것이고 또한 성장하는 것이다.

셋째, 흄이 말하는 '부적절한 의미'의 이성에 대해 언급할 필요가 있다. 사람들은 구체적 정황들이 생략되었을 경우에는 대체로 좋은 것을 더 선호한다. 흔히 이것을 '이성'이라고들 한다. 그렇지만 구체적 상황 속에서 사람들은 먼 곳에 있는 것보다는 가까운 것을 선호하는 성향을 가진다. 이런 성향을 교정하기 위한 방편으로 등장한 것이 정부였다. 그리고 이를 교정하기 위해서 정치가에게는 먼 곳에 있는 것을 가까운 것이 되게 할 정황들을 마련해야 한다고 흄은 말한다. 그러나 이

시민전쟁을 벌일 때이다. 자연적인 지각의 관점에서 보았을 때, 구체적 대상의 지각이 일반적 대상의 지각에 선행한다. 하지만 오늘날의 교육은 일반적 대상을 중심으로 가르친다. 그 결과 행동과 이론 간에 상당한 간극이 존재한다고 생각된다. 김중락(2006)은 찰스 1세의 처형에서 국왕에게 반역법을 적용한 점을 잘 부각시키고 있다. 아마도 반역법을 적용할 수 있게 된 것은 위와 같은 구분을 배경으로 한다고 생각한다. 그리고 내부고발자(inside informer) 문제도 이런 시각에서 조망될 수 있다.

런 철학적 의미를 역사의 상황에서 이해한다는 것은 다른 문제이다. 크롬웰의 위대성은 바로 여기에 있다. 그는 의회가 왕좌에 오를 것을 건의했을 때 그 유혹을 떨쳐버림으로써 영국사에서 고전적 의미의 왕의 존재를 사라지게 하는 데 중요한 역할을 하게 된다. 그리고 크롬웰은 그 스스로도 법을 위대한 행위의 기준으로 준수함으로써 공감의 치우침과 자유에 대한 정념을 법치의 방식으로 교정하는 데 큰 기여를 하였던 것이다.

크롬웰 사후 한 차례의 혁명을 더 거침으로써 영국사회는 마침내 법적 헌정에 대한 확장되고 세련된 감각을 가지게 된다. 이런 의미에서 두 차례의 혁명은 원시사회에서 일어나는 천편일률적으로 반복되는 동일한 내용의 격변이 아니라 참다운 차이를 만드는 것이었다. 두 차례의 혁명은 방종이 지배하던 사회를 자유헌정의 정치공동체로 변화시키고, 법적으로는 최고의 권력자에게 정치적 책임을 물음으로써 영국사회에 책임의 원리가 뿌리를 내리게 된다.

4. 결론

지금까지 필자는 흄의 『인성론』과 『영국사』를 통해서 정념과 공감의 논의를 분석하고 그 교정의 과정을 보여주고자 했다. 특히 필자는 『영국사』에서 시민적 유대의 형성 과정이 자연적 공감의 불편을 교정하는 대단히 힘든 과정이었음을 강조하였다. 이런 관점에서 볼 때 흄에게는 인민들의 동의에 의해서 하루아침에 정부를 만든다는 발상은 허구임이 명백했다. 또한 정부와 구별되는 자연적 질서로서의 시장에 대한 발상 역시 허구라는 것은 자명해 보인다. 오늘날 우리에게 자족적인 존재성을 갖는 것으로 보이는 발상이나 제도들이 사실은 자족적인 것이 아니라 힘들게 형성된 관행들에 기초하고 있는 것이다. 흄의 입장에서 보면 관행의 성장이 없이 단순히 제도만을 교체하는 것은 사회적 문제의 해결에 별다른 도움이 되질 않는다. 더군다나 수시로 제도를 교체하는 것은 자연스러운 관행의 성장을 방해하는 요소임이 틀림이 없다. 이런 사실은 오늘날 우리의 제도와 관행이 밀착되어 움직이지 않고 괴리가 생기는 이유를 잘 설명해준다. 공감의 차원에서 보면 시민적 공감을 요구하는 제도가 사실상은 부족사회에서 통용되는 관행에 갇혀서 제대로 작동하지 못하는 경우가 발생하는 것이다. 바꾸어 말하면 제도란 관행들에 접목되는 것이지 그 자체로 자족적으로 기능하는 것이 아니다. 관행에 대한 흄의 강조는 한국사회에 만연해 있는 '제도만능주의'에 대해 경각심을 일깨워 준다.

끝으로 필자는 흄의 공감이론과 대비되는 두 가지 방향의 공감이론이 있다고 생각한다. 먼저 홉스에서 비롯되는 전통으로 공감이 타인으로 확장되는 것이 거의 불가능하다고 보는 입장이 그것이다. 홉스에 따르면 공감은 자연적으로 자신에게 집중되고 바로 이점 때문에 개인들은 불평등하기보다는 평등하다는 점을 입증한다.

> 사람들은 많은 다른 이들이 좀 똑똑하고, 좀 유창하게 말하고, 좀 학식이 있다고 인정한다고 하더라도 자신만큼 똑똑한 사람들이 많

> 다는 것을 거의 믿지 않는 것이 인간의 본성이다. 왜냐하면 자신의 똑똑함은 가까이에서 보고 다른 사람의 것은 멀리서 보기 때문이다. 이것은 사람들이 바로 이런 점에서 불평등하기보다는 평등하다는 것을 입증한다(Hobbes 1968m, xiii).

홉스에게 공감은 자신으로만 향하기 때문에 확장된 공감에 기초한 시민사회는 상상조차 불가능하다. 오직 그런 개인들을 공포에 기초해서 통치하는 정부만이 가능할 뿐이다. 이런 자신의 정치적 구상에 안정성을 주기 위해서 홉스는 약속준수의 '의무'가 자연으로부터 나오는 것임을 입증할 필요가 있었다.

둘째, 홉스와는 달리 '상호적 공감'(mutual sympathy)을 강조하는 흐름이 있다. 이런 경향은 자연주의적 경향의 철학에서 지배적인 견해이다. 앞에서 언급한 스미스의 자연주의적 경향은 공리주의 철학에서도 잘 드러난다. 공리주의 철학의 경향에 대해 롤즈는 한 가지 흥미로운 통찰을 제공해주고 있다. 롤즈에 따르면, 한 개인의 합리적 선택의 원리를 전 사회에 대한 원리로 삼는 공리주의는 결국 '효율적 행정'으로 귀착된다. 그리고 개인의 합리적 선택의 원리를 사회의 원리로 전환시키는 핵심적 고리는 공리주의가 갖고 있는 '공감'에 대한 발상이다(Rawls 1999, 19-24). 공리주의의 '공감'에 대한 발상은 사람들 사이의 구분을 진지하게 고려하지 않고, 그 결과 사회적 결정은 "불편부당한 관찰자"의 모놀로그로 수렴되어 버린다.

한편, 공리주의의 공감이론을 비판하면서 롤즈는 계약이론의 전통을 계승하고자 한다. 롤즈는 무엇보다도 정치적 원리들의 "공적인 성격"을 강조하는 것이 계약이론의 특징이라고 본다. 여기서 공적인 성격은 계약의 '공개성'(publicity)에 있다(Rawls 1999, 14). 정치공동체의 중요한 사안은 공동체 구성원 모두에 공개되어 합의에 의해 결정되어야 한다는 원리는 그 자체로 고귀한 원리라고 할 수 있다. 하지만 필자는 공감의 작용을 폐기하고서 '합리성'을 중심으로 정치공동체의 유대를 설명할 수 있을지에 대해서는 회의적이다. 왜냐하면 '공개성'이 공동체 구성원들의 구체적 유대감이 없는 상황에서 어떻게 이해될 수 있는 것인지 상상하기 어렵기 때문이다. 아마도 공감의 작용에 의해서 수렴될 수 없는 각자의 해석만이 존재할 것이다. 롤즈는 이런 어려움을 '일반성'(generality) 조건이란 인식론에 의거해서 극복하려고 하는 듯하다. "이런(일반적) 원리들을 이해하는 것은 우연적인 개별적인 것들의 지식을 요구하지 않는다."(Rawls 1999, 114).

무엇보다도 롤즈의 정치적 자유주의에 대한 발상에는 사회제도의 뿌리–인간의 본성–에 대한 성찰이 부족하다고 생각한다. 가령 '시기심'(envy)이 없는 도덕적인 사람을 전제한다면 '견제와 균형'의 원리에 대한 발상은 이해할 수 없는 것으로 남을 것이다. 그런 전제 하에서는 이상적인 제도에 이르는 지름길이 쉽게 찾아질 수 있겠지만, 다른 한편으로는 그 발상이 현실적으로 작동될 수 있을 것인지에 대해서는 회의적이지 않을 수 없다. 흄의 『영국사』를 통해서 알 수 있듯이, 역사에서 그런 지름길은 존재하지 않는다고 보는 것이 합당할 것이다. 오늘날 형식에서는 민주주의를 채택하고 있으면서도 그 현실은 다르게 움직이는 정치체제들을 이해하기 위해서도 사회제도의 뿌리와 근거에 대한 이해를 심화해야 할 것이라고 생각한다. 흄에 있어서 사회제도의 뿌리는 인간의 본성이었고, 사회제도의 근거는 사람들 사이에 형성되는 관행들이었다.

참고문헌

김중락. 2006. "국왕죽이기: 잉글랜드 찰스 1세의 재판과 반역법." 『영국연구』. 제15호.

김효명. 2001. 『영국경험론』. 서울: 아카넷.

Cropsey, Joseph. 1987. "Adam Smith." *History of Political Philosophy*. Third edition. Chicago: Chicago University Press.

Dallmayr, Fred. 1989. "Freud, Nietzsche, Lacan: A Discourse on Critical Theory." *Politics, Culture, and Society*. Vol. 2, No. 4.

Elster, Jon. 2009. *Alexis de Tocqueville: The First Social Scientist*. Cambridge Univ. Press.

Fukuyama, Francis. 2011. *The Origins of Political Order*. New York: Farrar, Straus and Giroux.

Gauthier, David. 1979. "David Hume, Contractarian." *The Philosophical Review*. Vol. 88, No. 1.

Haakonssen, Knud. 1981. *The Science of A Legislator*. Cambridge University Press.

Hobbes, Thomas. 1968. *Leviathan*. London: Penguin Books.

Holmes, Oliver W. 1881. *The Common Law*. Boston: Little, Brown, and Company.

Hume, David. 1978. *A Treatise of Human Nature*. ed. L. A. Selby-Bigge, Oxford University Press.

_____, 1983. *The History of England*. 6 vols. Indianapolis: Liberty Fund.

Livinston, Donald W. 1984. *Hume's Philosophy of Life*. Chicago and London: Univ. of Chicago Press.

Lock, John. 1988. *Two Treatises of Government*. Cambridge: Cambridge Univ. Press.

Manzer, Robert A. 2001. "A Science of Politics: Hume, The Federalist, and the Politics of Constitutional Attachment." *American Journal of Political Science*. Vol. 45, No. 3.

Mill, J. Stuart. 1969. *Utilitarianism.* Routledge & Kegan Paul: University of Toronto Press.

______, 1977. *On Liberty.* Routledge & Kegan Paul: University of Toronto Press.

Moore, James. 1977. "Hume's Political Science and the Classical Republican Tradition." *Canadian Journal of Political Science*. Vol. 10, No. 4.

Münch, Richard. 2001. *The Ethics of Modernity: Formation and Transformation in Britain, France, Germany, and the United States*. Lanham: Rowman & Littlefield Publishers, Inc.

Rawls, J. 1999. *A Theory of Justice.* Revised Edition, Cambridge, Massachusetts: Harvard Univ. Press.

Shapiro, Ian. 1990. *Political Criticism.* Berkely·Los Angeles·Oxford: University of California Press.

Schochet, Gordon J. 1988. *The Authoritarian Family and Political Attitudes in 17th Century England: Patriarchalism in Political Thought*. New Brunswick and London: Transaction Books.

Skinner, Quentin. 1998. *Liberty before Liberalism*. Cambridge: Cambridge Univ. Press.

Smith, Adam. 2000. *The Theory of Moral Sentiments.* New York: Prometheus Books.

Smith, N. Kemp. 1949. *The Philosophy of David Hume.* London: Macmillan and Co., Ltd.

Stewart, John B. 1992. *Opinion and Reform in Hume's Political Philosophy.* Princeton: Princeton Univ. Press.

Taminiaux, Jacque. 1985. *Dialectic and Difference: Modern Thought and the*

Sense of Human Limits. New Jersey: Humanities Press International, Inc.

Whelan, Frederick G. 1994. "Hume and Contractarianism." *Polity*. Vol. 27, No. 2.

Wolin, Sheldon S. 1954. "Hume and Conservatism." *The American Political Science Review*. Vol. 48, No. 4

9장

공(公, public)과 사(私, private)의 대립 속에 묻혀버린 공(共, common): 프랑스 혁명기의 주권론과 헌법담론을 중심으로*

차동욱 동의대학교

1. 문제제기: 한국 정치와 공공성(the public)의 상실

2008년 5월 2일에 서울 도심에서 시작된 촛불집회는 6월에 이르러 국민의 가장 많은 관심을 받고 정치적 압력을 행사하는 단계에 이르렀다. 7월 5일에 사회원로들이 '국민승리선포 축제의 날'로 제안하면서 촛불참여자의 구성은 일반시민에서 각 단체의 조직이 주도하는 경

* 이 글은 『평화학연구』(2011)에 게재된 글을 다시 수록한 것이다.

향을 띠게 되었다. 그러고 나서 촛불집회의 열기는 수그러들었으나, 광우병 쇠고기 수입 논란으로 시작된 촛불집회는 많은 의문점을 던져 주었다.

당시 정부는 장기간의 집회를 처음부터 기획하고 이끌었던 배후세력을 찾아내려 하였으나, 2008년 봄의 촛불집회는 배후세력, 주도세력 없이 무선 인터넷과 휴대폰 문자 커뮤니케이션에 의해 형성된 소셜 네트워크의 힘[1]이 분출된 사건이었다고 할 수 있다.[2] 그리고 그 힘은 초기 집회의 성격이 탈정치적 축제였기 때문에 더욱 컸다고 본다. 시작단계에서 탈정치적이었던 집회는 각종 정치세력이 집회의 방향을 자신들이 원하는 쪽으로 이끌어 가려고 하자 축제성을 상실하고 기존의 정치 시위로 성격이 바뀌면서 집회 참여자의 다양성이 줄어들었고 그 열기도 사그라졌다.

초기의 촛불집회를 탈정치적이라 부르는 것은 타당하지 않다는 지적이 당연히 나올 것이다. 왜냐하면 아무리 초기라도 미국 쇠고기 수입과 관련된 정부의 성급한 결정에 대한 비판과 비난이 집회의 핵심 주제였고, 따라서 그 기본 성격은 엄연히 정치 집회라 할 수 있기 때문이다. 그럼에도 불구하고 탈정치적 축제로 규정하는 이유는 그 집회의 원인에 대한 규명과 관련이 있다. 그 원인은 건강에 대한 개인적 염려

---

1 2002년 한·일 월드컵 당시의 대규모 도심 응원의 경험이 그 기반이 되었다고 할 수 있다.

2 물론 행사 준비 세력은 있었으나, 설령 그 세력이 의도한 바가 있었더라도 행사가 열기를 띠며 진행되는 과정에서 그들의 의도는 무의미해졌다. 그런 의미에서 초기 집회들은 배후세력, 주도세력이 없었다고 할 수 있다.

(individual concern)였다고 할 수 있다. 사적(私的, private) 사안이었다. 그러한 사적 사안이 인터넷과 휴대폰을 통해 공동(共同, common)의 문제로 인식되었고, 이렇게 일상적 삶과 관련된 공동의 의제(미국 쇠고기 수입 반대)를 자발적으로 참여하여 논의한 것이 촛불 집회 초기의 성격이었다.

그러나 집회 참여자들의 대다수는 문제 해결 방법을 엉뚱하면서도 순수하게 찾으려 하였다. 대통령과의 직접 면담이다. 이것은 정치적이면서도 탈정치적이다. 대통령과 직접 만나겠다거나 대통령이 집회 장소에 나타나기를 기다리는 것은 당연히 정치적이라 할 수 있다. 왜냐하면 한국 정치제도의 구심점과 소통하고 싶어 했기 때문이다. 그럼에도 불구하고 탈정치적이라 보는 이유는 이미 갖추어져 있는 정치제도를 이용하지 않으려고 했다는 것이다. 집회의 열기를 반정부 시위로 몰고 가려는 야당 국회의원들이 야유를 받으며 발언권을 박탈당하기도 했다. 참여자들은 자신들의 삶과 관련된 공동 의제가 정치에 의해 자신들의 손을 떠나는 것을 원치 않았던 것으로 보인다. 즉 한국 정치의 공공성(公共性) 창출 기능에 대한 불신을 그대로 표출했던 것이다.

한편, 많은 정치 엘리트와 지식인들은 촛불 집회가 다양한 시민들이 참여하는 대규모 시위로 발전한 것이 아직 완전히 제도화되지 못한 한국 정치의 상태로부터 기인한 것이라고 평가했다. 촛불시위 참여자들이 제도적 의사소통 창구를 찾지 못했기 때문에 일어나는 현상이라고 보는 것이다. 그들이 말하는 제도적 창구란 무엇인가? 공적(公的) 의사소통 구조이다. 일단 촛불집회에 참여한 사람들이 광우병 쇠고기 수입을 공공성(the public)의 문제로 인식하지 않았을 가능성은 높다. 왜 그렇게 판단하는가? 그들이 모인 이유는 개인의 삶과 떨어진 전(全) 사회의 문제가 아니었다. 국가의 미래에 대한 걱정이 아니었다. 민주주의에 대한 사랑이 아니었다. 국가 경제에 대한 염려가 아니었다. 그저 자신의 그리고 가족의 먹거리에 대한 문제였다.

그렇다면 또 다른 질문이 생긴다. 왜 그들은 그토록 많은 사람이 공유(共有)하는 염려가 공적(public)인 문제로 인식되기를 거부하였는가? 그 이유는 공적(公的)인 문제들을 해결해야 할 제도화된 정치권력(public authority) 또는 조직화된 정치집단들(institutionalized politics)을 신뢰하지 않았기 때문이다. 정치제도와 그것을 주도적으로 운영하는 정치집단들이 그들만을 엮어주는 공동(共同)의 사적(私的) 문제들을 공적(公的)인 문제로 포장하여 왔다는 인식이 확대되고 축적되어 공공성의 존재 자체에 대한 불신으로 연결되었기 때문이라고 판단된다.

결국 촛불집회의 원인은 공(公)을 대표하는 공적 권위체들이 사적(private)인 이익을 추구하기 위해 사회 일반의 공동성(the common)을 외면한 채 공공성(the public)의 개념을 남용해 왔기 때문이다. 이것은 한국의 정치만이 갖고 있는 문제는 아니다. 근대 시민국가의 골격을 유지하고 있는 국가의 모든 정부들이 잠재적으로 갖고 있는 문제라 할 수 있다. 왜냐하면 공익의 실현체인 국가(公, public)의 본질과 관련되기 때문이다. 근대시민국가의 본질상 국가는 개인 단위(individual)로 문제를 해결하지는 않는다. 전체로서의 개인(public)의 문제만을 고민한다. 이것은 당연한 것으로 여겨지기 십상이다. 그러나 여기서 간과하기 쉬운 것은 국가가 공유하는 개인의 문제(common) 역시 해결하지 못할 가능성이 높다는 점이다. 왜냐하면 공공성(the public)은 국가에 의해서 창출되고 공동성(the common)은 사적인(private) 문제로 치부되기 때문이다. 더욱 문제는 개인적으로 해결된 것이 없어도 해결되었다는 믿음이 강요된다는 것이다.

이 연구는 왜 공동성(the common)이 중요하며, 공동성이 어떻게 사적(private) 이해와 공공성(the public)의 대립 속에 묻혀버렸는가 하는 질문으로부터 출발한다. 그리고 그 원인을 근대 시민국가를 지배하는 이데올로기인 국민주권이론으로부터 찾아내고자 한다. 국민주권이론은 프랑스혁명을 통하여 등장하게 된다. 계몽주의와 자연법사상, 그리고 자유주의사상의 확산을 토대로 하여, 혁명전 사회적 질곡으로 존재하던 전근대적 공동성(the common)으로부터 해방된 개인(individual)은 국민주권의 논리에 따라 혁명에 동원되어 임무를 완수한 뒤 새로운 국가 건설과정에서 공공성(the public)이란 이름으로 피지배자의 지위로 돌아가게 된다. 이렇게 근대적 개인관과 주권이론의 허구성을 논한 뒤, 주권, 공동성, 공공성 개념의 관계에 대해서 살펴보면서 공동성에 기반을 둔 공공성 창출 방안을 모색해 볼 것이다.

2. 근대 시민국가의 기초로서의 개인(Individual)

(1) 계몽주의와 자연법, 그리고 인권의 탄생

인권사상은 자연법을 기반으로 하고 있다. 자연법사상은 고대로부터 시작되어 계속 계수·발전되어 왔지만, 근대 자연법사상의 시작이라 할 수 있는 17세기의 자연법의 재발견은 자연법과 신법을 합치고자 했던 스콜라철학(George H. Sebine and Thomas Landon Thorson 1997, 403)[3] 에 대해 반론을 제기하면서 시작되었다(Leo Strauss 2001, 2). 이러한 움직임은 교회의 구속으로부터 해방되어 스스로 절대 권력임을 자처하려는 세속 군주의 권위를 제어하기 위해 권력의 정당성을 군주보다 상위의 법에 놓으려는 정치적 동기를 가지고 있었다.

자연권으로부터 발전되는 인권 개념은 인류가 근본적으로 하나라는 관념에 근거하고 있으며, 당연히 '자연법'에 그 철학적 뿌리를 두고 있다. 자연법에 토대를 둔 인권의 개념은 인간을 집단으로 엮어내는 끈이 실존적 공동성으로부터 추상적 공동성으로 전환하는 계기가 되었다. 그렇다면 기존의 공동체로부터 개인(私)을 분리시킨 뒤, 다시 '인간'이라는 거대한 추상적 공동체의 일원으로 편입시킬 때 사용했던 추상적 공동성의 중심 개념은 무엇이었는가? 그 개념은 계몽주의에 의해 제시되었다. 18세기의 계몽주의는 자연권의 정당성을 이성 외부에 있는 자연법에서 찾지 않고 인간 이성으로부터 찾았다. 이로 인해 자연법적 전통과 배치되는 모습을 보이기는 하지만, 인간을 중세의 속박으로부터 해방시키는 정당성의 근거로 작용했다.

---

3 스콜라 철학의 대표인 토마스 아퀴나스(Thomas Aquinas)는 자연법을 신학적 형이상학으로 구성된 법의 위계 안에서 자리 잡게 하였다. 아퀴나스에 의해서 자연법은 영원법(Eternal Law)에 종속되었고, 이성적인 피조물로서의 인간은 합목적적인 본성을 지니고 영원법에 담겨있는 신의 창조적 계획에 참여할 수 있는 능력을 가지게 된다.

18세기 유럽의 지성운동인 계몽주의는 인간 가치의 숭고함을 전제로 인간 이성의 위대함과 가능성에 절대적인 신뢰를 보내는 것이 그 핵심이라 할 수 있다. 인간을 둘러싼 세계를 이해하고, 그 속에서 인간 자신의 삶을 개선하며, 자유를 획득하고 행복한 삶을 실현하는 것이 이성의 기능인 지성과 지식으로 가능하다고 믿는 것이다. 그 근원은 고대 그리스 철학자들의 로고스적 사유에서 비롯되었고, 르네상스를 거치면서 중세의 종교적 신비를 완전히 벗어버린 후 인간 주체의 독립을 선언하게 된다. 계몽주의는 '근대성'을 탄생시키며 절대 권력의 와해와 불합리한 권위의 해체를 통하여 그 역사적 과업을 수행하였다(류병구 1992, 303-308).

프랑스혁명은 이렇게 자연법의 재발견과 계몽주의의 등장을 배경으로 하는 인권사상을 기반으로 하고 있다. 인권사상은 구(舊) 정치질서의 근간을 뒤흔드는 사상적 기반이 되었다. 인권 사상의 내용은 평등한 개인의 발견이었다. 이 당시의 개인(私)의 발견은 왕권신수설에 따른 왕의 지배[公]와 봉건적 신분 구속[共同]으로 지탱되는 구체제(ancien régime)를 허무는 틈새를 만들어 갔다. 1789년 혁명의 시작과 함께 국민의회는 '인간과 시민의 권리선언'(Délaration des droits de l'homme et du citoyen)을 채택하였다. 이것은 '구체제의 사망증서'와 다름없었다(최갑수 2001, 5). 사(私)로서의 개인의 부상은 근대사회 시작의 신호탄이었다.

인권선언이 프랑스혁명을 통해서야 비로소 등장한 것은 아니지만, 프랑스 혁명과 함께 선포된 인권선언은 그야말로 모든 사람이 태어남과 동시에 여러 권리의 소유자가 된다는 것을 주장함으로써, 사회로부터 분리된 개인[私]의 부상이라는 점에서 동시대의 다른 인권사상과 차이를 보이고 있다. 예를 들면, 미국인들이 독립을 선언할 때 선포했던 권리선언(Declaration of Rights)들의 내용은 영국인들이 고래(古來)로부터 누리던 권리가 미국인들에게도 보장되어야 함을 주장한 것이라 할 수 있다. 즉 미국이라는 국가가 존재하기 위해 형성되어온 토대와 그 역사를 완전히 분리한 뒤의 개인[私]의 권리를 발견한 것은 아니었다는 것이다. 따라서 미국의 인권은 북미대륙에 새로이 건설되는 국가의 시민으로서 동등하게 누려야 할 권리들을 의미하는데 반해, 프랑스의 인권은 정치체제와 무관하게 그 외부에 존재하는 권리로서 인간 자체의 권리인 동시에 시민의 권리가 되는 것이다(Hannah Arendt 1963, 148-149).

(2) 근대적 개인, 자유주의, 공동체의 관계

자연법의 재발견과 계몽주의의 등장을 배경으로 하는 인권사상이 초래한 사건이 프랑스혁명을 비롯한 여러 시민혁명이었다. 인권 사상의 역사적 공헌은 그 시기 혁명만으로 끝나지 않았다. 근대 시민혁명 이후 현재까지도 지속적으로 전 세계 각국의 정치제도와 정부(政府) 구성의 기본 원리가 되고 있는 자유주의 또한 인권 사상의 성과이다. 인권사상의 기초 위에 형성된 근대적 개인의 개념은 자유주의의 전 세계적 계수에 의해 지금도 가장 지배적인 정치·경제·사회를 지배하는 원리로 그 위력을 떨치고 있다.

자유주의는 사회·문화적 전통으로부터 독립된 자아를 상정함으로써 근대적 개인의 개념을 완성한다. 자유주의가 정치적 변혁기의 선전·선동 구절로 그 역할을 다하지 않고, 현재까지 평상시에도 가장 지배적인 정치·경제·사회사상으로 존속하는 이유는 근대적 개인이 사회 속에서 공존할 수 있는 보편적 원리에 기초한 준칙을 나름 제시해 왔기 때문이다. 개인은 각자의 선(善)을 추구함으로써 자신의 삶의 가치를 실현할 수 있다. 그리고 이러한 각자의 개인적 가치실현 노력이 공동체 유지·존속과 충돌하지 않는다는 것이다. 즉 개인의 자유로운 가치 추구 자체가 공존의 틀이 된다는 것이다.

공동체의 평화로운 유지·존속을 위해 개인들이 함께 추구해야 할 별도의 가치는 없는가? 공동체를 형성하는 데 필요한 공동선에 대해서는 무관심한 것이 자유주의의 특징이다. 이렇게 자유주의적 개인주의는 공동체의 가치이자 규범이라 할 수 있는 도덕성에 대한 고려는 외면하게 된다. 이렇게 도덕성이 결여된 합리성과 지성만을 옹호하면 공동체적 삶에 혼란을 가져오게 된다. 모든 지배와 구속으로부터 벗어난 개인이 사회적 책임을 회피함으로써 그 개인은 원자화, 파편화된다. 더욱이 자유주의가 도덕과 정치의 관계에 있어서 비사회적 개인주의 윤리에 기반을 두게 되면, 경쟁 속에서 자기 생존만을 부르짖는 근대성으로 변형되어 버린다(장동진 2003, 272-276).

또한 자유주의는 개인의 자유로운 선택에 전적인 권위를 부여하게 되는데, 이러한 근대적 인간의 주체성은 인간에 대한 부분적인 파악에 불과하다는 데 문제가 있다. 인간은 주체성과 객체성을 동시에 지니며, 이들 상호간의 끊임없는 대화를 통하여 자기의 정체성을 구축한다. 그런 의미에서 근대 계몽적 자아는 자아에 대한 완전한 이해에 실패하게 되는 것이다. 만약 근대적 자아가 무한한 자유를 누리게 되면, 공동체에 소속됨으로 인해 가져야 할 공감 능력을 상실하게 되고, 공동체의 가치나 사회적 연대 등에 의한 제약을 받지 않게 된다.

근대적 개인은 인류 공통의 혹은 특정 공동체의 사회·문화적 전통과의 단절을 전제하는 도덕성을 확립함으로써 완성된다. 계몽적·합리적 자유주의가 독립된 개체로서의 인간을 탄생시키자마자, 전통적인 공동체의 유대는 쇠락하게 된다. 근대 계몽주의와 자유주의는 선험적이고 보편적인 동일성을 강조함으로써 자아와 공동체는 함께 생성·변화·소멸한다는 역사성을 부정하는 오류를 범하게 된다. 즉 자아는 그를 둘러싼 외적 조건들과 부단히 상호작용하고 그들과 지속적인 대화를 통해서 형성된다는 점을 간과하게 된다. 따라서 개인을 초월적 자아의 신화에서 벗어나 역사적 자아로 파악하는 노력이 필요한데(이명남 1998), 그러한 노력을 가로막는 또 하나의 사상적·이론적 장애물이 있다. 바로 사회과학 전반의 이론적 기반으로 기능하며 공(公)과 공동(共同)으로부터 사(私)를 철저히 분리키면서 사(私)를 중심으로 후기 자본주의 사회를 지속적으로 재구상하는 출발점인 공·사 이분법이다.

(3) 근대적 개인과 공(公)·사(私) 이분법

근대적 개인과 그가 속해 있는 공동체의 관계설정은 공·사 이분법으로 발전해 왔다. 이는 뒤에서 논의할 국민주권론의 이론적 토대가 된다. 공·사 이분법의 기본 내용을 보자면, 공동체나 국가에 관계되는 것이 공(公)이고, 특정한 개인(그룹)과 관련된 것이 사(私)이다. 이러한 공·사 이분법은 근대 시민혁명을 거치면서 국가와 시민사회의 구분으로 더욱 체계화되었다. 그리고 국가와 시민사회의 구분에 근거한 공·

사 이분법은 개인의 자유와 공동체를 대립의 관계로 놓는 주(主) 원인이 되었다. 과연 개인과 공동체는 이분될 수 있는가? 그리고 그 분리를 통해 공(公)과 사(私)도 깨끗하게 나누어질 수 있는가?

공(公)의 개념은 본원적이다. 개인은 개인적 존재이며 동시에 공동체적 존재라는 의미에서 그렇다. 또한 다층적·다차원적·편재적(遍在的, ubiquitous) 개념이다. 왜냐하면 개인의 범위를 넘어서는 공동체의 시작은 가족관계이고 거기에서 끝나는 것이 아니라, 다층적·다차원적·편재적으로 확대되어 간다. 이렇게 개인을 둘러싼 다층적·다차원적·편재적 공동체들의 관계를 보면, 소단위 또는 하위공동체는 외부적으로 상대적인 대단위 또는 상위의 공동체의 공적 통제를 받아야 하고, 내부적으로는 그 내부 구성원을 공적으로 통제하는 '이중의 지위'를 갖게 된다.

그러나 공·사 이분법에는 크게 두 가지 공동체가 존재한다. 국가와 시민사회이다. 물론 시민사회가 사적(私的) 영역이다. 시민사회는 개인의 자유라는 절대 가치를 토대로 형성된 추상적 사회의 개념이다. 즉 공·사 이분법은 자유주의 사상을 그대로 반영한 국가관이자 사회관이다. 국가는 그 절대적 가치를 수호할 임무를 부여받은 제도적 기제이다. 문제는 이러한 국가·시민사회 이분법으로는 공공성의 개념 자체가 도출될 수 없다는 점이다.

국가가 독자적으로 시민사회와 대등하게 독립된 가치를 창출하는 것은 개념적으로 모순이다. 물론 국가는 분명히 시민사회와 독립하여 자율적으로 존재한다. 그리고 독자적 가치 시스템을 가지고 있다. 그러나 그 국가가 스스로의 가치를 우월적 가치로서 시민사회에 강요할 때,

그것이 실현되는 순간 시민사회는 사라진다. 이 때 공공성이라는 개념도 사라지게 된다. 왜냐하면 공공성은 개인의 자유를 절대 가치로 하는 시민사회의 존재를 전제로 할 때에만 의미가 있기 때문이다.

공·사 이분법 또는 국가·시민사회 이분법이 보여주는 문제는 근대 시민혁명 과정에서 시민사회라는 개념이 부르주아적 이데올로기를 담아내는 그릇으로 쓰이면서 발생한 것이다. 시민사회가 공동체라면 그와 관련된 것은 공적인 것이다. 그렇다면 공공성의 문제는 국가와 시민사회와의 대립 속에서 발생하는 것이 아니라 시민사회가 추구해야 할 두 가지의 가치, 개인의 가치와 전체의 가치가 어떻게 융화를 이룰 것인가의 문제이다. 즉 국가와 시민사회를 분리하지 않고, 사회의 구성원이 평등한 자격을 가지고 국가의 구성원으로서의 주인의식을 기반으로 정치과정에 참여하여 공적 가치를 창출했고 그 전통이 지금까지 이어졌다면, 대다수의 민주주의 국가들이 공공성 창출 기능에 있어서 문제를 가질 필요가 없었을 것이다. 그러나 근대 시민혁명의 출발이라 할 수 있는 프랑스 혁명 과정에서 시민사회가 등장함과 동시에 시민의 일부만이 국가를 장악하고, 스스로 동등한 시민이라 믿으며 혁명에 동참했던 대다수의 사람들은 다시 국가의 피지배자로 돌아갔다. 그 이론적 기반이 되는 국민주권론에 대해 논의하도록 하겠다.

3. 주권이론 수정과 국민주권이론의 탄생 및 혁명에서의 역할

(1) 주권이론의 수정

주권 논의는 인간의 자연권을 지키기 위한 필요성에서 시작되었다고 할 수 있다. 즉 당시 유럽에서 주권 개념의 발견은, 국내의 정치적·종교적 투쟁과정에서 요청된 군주에 대한 저항권이 무질서를 야기하게 되자, 질서를 위해 통치자를 규제로부터 해방시키는 것은 필요악이라는 논리에 기반을 둔 것이었다(F. H. Hinsley 1986, 126). 주권사상이 주권을 통치자와 동일시하여 군주의 절대권이라는 개념으로 발전하는 과정에서, 이전에 존재했던 군주에 대한 도덕적이고 종교적인 제약은 점차 제거되었고, 주권 자체가 국가의 절대권으로 변질되었다. 주권사상은 기존의 신과 자연법에 대한 믿음을 폐기하며 세속정치의 기반을 마련하는 기능을 하였다. 또한 당시 주권이론의 공헌이라 할 수 있는 것은 주권의 정당성을 평화유지라는 세속적이면서도 회피할 수 없는 보편적 삶의 영역으로부터 찾고 있다는 점이다(Blandine Kriegel 2002, 15). 이렇게 될 경우 주권에 의해 그 규범력·강제력이 보장되는 근대국가의 법은, 자연법칙이나 혹은 신에 의해 부여된 질서가 아니라 국가라는 '정치적 공동체'를 기초로 하여 이루어지는 인간의 각종 정치적·사회적·경제적 관계를 통제하고 지배하는 규범을 의미하게 된다. 자연이나 신이 아니라 이제 국민이 입법자가 될 수 있는 가능성을 열게 된 것이다.

물론 프랑스혁명을 전후한 인권과 자연법 이론들이 18세기 초에 구체적으로 그 모습을 드러내는 절대군주정에 대한 귀족들의 견제와 비판의 수단이기는 했다(David A. Bell 2003, 10). 하지만 이후에 부르주아 계급이 주권자인 군주의 권위에 대해 도전하기 위해 필요한 더 상위의 권위를 이론적으로 발전시키는 역할을 한 것 또한 사실이다. 문제는 공동체의 최고 지배권이 어디 있는가를 규명하는 주권론의 발전이 인권사상과 충돌을 일으킬 수밖에 없었다는 점이다. 즉 공동체 구성원 개개인의 천부인권과 그에 따른 불가침의 자유 영역을 논하는 인권 사상의 발전은 한 공동체의 포괄적 지배권을 논하는 주권이론에 대한 근본적인 도전이 될 수밖에 없었다. 게다가 인권사상의 밑거름이 된 17세기 자연법 이론은 급진적인 저항과 반란을 정당화해주는 원천의 역할을 하였다(Hunter 2002, 7).

그런데 이러한 인권에 대한 강조는 혁명 후 부르주아의 담론에서 사라져 갔다. 주권사상에 가려 인권사상은 그 빛을 잃기 시작했던 것이다. 그 중요한 징표가 혁명 후 제·개정되었던 헌법들에서 이미 나타났다. 프랑스혁명의 인권선언이 공표했던 것처럼 모든 인간에게 동등한 정치적 권리가 실제로 보장되지는 않았던 것이다. 즉 인간의 권리와 시민의 권리가 동일하지 않았다. 프랑스혁명을 통해 선언된 인간과 시민의 권리선언(Délaration des Droits de l'Homme et du Citoyen) 제3조는 "모든 주권의 원리는 본래적으로 국민에 있다. 어떠한 집단이나 개인도 명백하게 국민에게서 유래하지 아니한 권력을 행사할 수 없다."고 규정하였다. 그런데 이후 1791년 헌법(Constitution du 3 septembre 1791) 제3절 제1조는 "주권은 단일하고, 불가분하며, 양도할 수 없고 또한 항구적이다

(La souveraineté est une, indivisible, inaliénable et imprescriptible).”라고 규정하고 있다. 주권의 불가분성을 강조하는 것은 개인이 주권을 행사할 수는 없다는 것이요, 개인의 권리와 단체의 권리 중 단체의 권리에 우선순위를 주는 것이었다. 1793년 헌법 제25조는 “주권은 인민에 있다. 주권은 단일하고, 불가분이며, 항구적이고 또한 양도할 수 없다.”고 하고, 제26조는 “인민의 일부는 전체 인민의 권력(La puissance du peuple entier)을 행사할 수 없다.”고 규정하여 직접민주주의로 흐르려는 혁명기 정체의 방향을 다시 대의제 안에 가두고 있다.

이 문제에 대해서 고셰(Marcel Gauchet)는 ‘인권선언’이 처음부터 개인의 기본권 보장과 개인의 권리를 침해하거나 제한하는 것이 불가피한 새로운 국가권력의 탄생이라는 양립 불가능한 과제를 동시에 수행하려다보니 모순에 빠질 수밖에 없었음을 지적하였다(Marcel Gauchet 1999, 139-164). 한 개인이 자연권의 주체인 ‘인간’이면서, 동시에 주권의 담당자인 ‘국민’으로 공존하면서 활약하는 보편적 혁명을 주창하였지만(최갑수 2001, 7), 이것은 군주제에 대한 거부와 저항이라는 혁명 초기의 특수한 정치적 상황에서만 가능한 것이었다. 인권은 귀족뿐 아니라 평민도 정치적 주체가 될 수 있는 정당성의 기반이 되었고, 이것은 기존의 최고권인 군주의 권위보다 상위의 권위에서 비롯된 것이어야 했기 때문에 부르주아 혁명가들이 인권과 자연법에 호소한 것은 적절한 전략이었다고 할 수 있다. 그러나 혁명의 과정이 시작되자마자 두 개념의 분리도 진행되었다. 즉 혁명기에는 인간과 시민을 동일시하여 보편성을 담지한 동원에 성공하였으나, 혁명 후에는 정치적 공동체의 범위를 한정하는 문제로서 인간과 시민의 갈등이 부각되기 시작한 것이었다.

(2) 국민주권이론의 탄생과 추상적 공동체 개념의 부상

인간과 시민의 분리는 국민주권론의 이론적 기초가 되는 사회계약론에 그대로 드러나 있다. 계약의 내용과 효력에 있어서 차이를 보이기는 하지만 홉스, 로크, 루소 등 사회계약론자들이 상정하고 있는 계약 이전의 자연상태의 구성원은 인간이다. 이 자연상태의 인간이 사회계약을 통해 정치적 시민이 되는 것이다. 그런데 사회계약론에 나타난 인간과 시민의 분리는 개념의 구별이었을 뿐이지 자연상태의 인간과 사회계약 후의 정치적 시민은 여전히 동일한 사람들이다. 따라서 당연히 프랑스혁명을 전후한 시기에 인간과 시민의 개념은 대립적이지 않았다. 이는 '인간과 시민의 권리들의 선언'이라는 제목에서도 알 수 있다. 왜냐하면 이 선언은 두 개념의 조화를 꾀하고 있는 혁명가들의 전략을 반영한 것이었기 때문이다(Bell 2003, 155).

그러나 제1공화국이 들어서자마자 혁명가들은 자연상태의 '인간'(man)과 국가에 속하고 따라서 의무를 갖는 '시민'(citizen)을 구별하고 대립시키기 시작하였다(Bell 2003, ch. 7). 그리고 인류의 보편성과 천부인권에 대한 관념을 포기하는 대신 인간 권리의 평등성을 공화국 내에서의 보통 선거권으로 한정시키는 작업을 수행하였다. 그 이념적 도구가 된 것이 시에예스(E. J. Siéyès)의 국민주권론(la thérie de la souveraineté nationale)이다.

시에예스는 『제3신분이란 무엇인가Qu'est-ce que le tiers-état;

What is the Third Estate, trans. by M. Blondel, 1963』에서 일체의 봉건제도는 인간의 자유를 억압하는 것이라고 주장하였다. 따라서 자유를 박탈당한 채 억압받고 살았던 제3신분인 국민이 이제는 자신의 운명을 열어갈 수 있는 주체가 되어야 한다고 주장하였다. 그에 의하면 국민의 자유의지만이 모든 것에 우선하여 존재하고, 모든 것의 원천이 된다(Emmanuel Joseph Siéyès 1963, 124). 따라서 헌법의 제정주체는 당연히 제3신분인 국민이다. 헌법의 권위의 원천으로서의 국민은 헌법과 국가 밖의 상태, 즉 무제약적인 자유를 향유하는 자연의 상태로 있다. 따라서 이러한 국민은 일체의 구속을 받지 않으며, 오히려 시원적으로 법과 국가를 창조하는 힘을 갖는다고 하였다. 따라서 시에예스는 "국민이 어떤 방법으로 하려고 하든 상관없고, 그가 하려는 의사가 있으면 그것으로 충분하며, 어떤 형태든 좋고, 그 의사는 최고의 법이다."(Siéyès 1963, 128)라고 주장하였다. 이렇게 헌법제정 권력인 국민은 시원적, 자율적, 무제한적, 절대적이며, 그리고 오직 자기 자신만이 자신의 결정에 대한 평가기준이며, 타자의 기준에 의해서는 결코 심사받지 않는다는 의미에서 무오류성을 갖는다.

국민주권에서는 주권이 그것을 구성하는 개인과 명백히 구별되는 법률적인 실체로서의 국민에 있기 때문에, 국민 외의 개인이나 집단은 주권을 행사하지 못하며 어떠한 형태로든 간에 국가의사(la volonté nationale)를 표현할 수 있는 권한을 갖지 못한다. 오직 유권자로부터 자유위임을 받은 대표가 자신의 양심에 따라 국가의사를 표현할 수 있게 된다. 이렇게 시에예스가 국민(nation)을 구체적 개개인의 총체가 아니라 이념적·추상적·초월적·선험적인 실체로 정의했기 때문에, 국민주권(la souveraineté nationale)이론에서는 대의제가 필연적이 된다. 결국 혁명에 동원되었던 독립적 자아들은 이제 정치의 무대 뒤로 사라질 것을 강요당한다. 봉건적 속박과 구체제(ancien régime)의 억압으로부터 벗어나야 한다는 '공동의 관심사'로 인해, 혁명에 자발적으로 참여함으로써 '공동 합의'를 이루어냈던 근대적 개인들은 공공성의 발현체인 주권자로서 헌법제정권력을 한 번 사용한 뒤, 가끔 주어질 투표권에 대한 약속만 받고 뿔뿔이 흩어져 버리는 것이다.

(3) 대안으로서의 인민주권론과 추상적 공동체 개념의 존속

한편, 대의제를 필연적 귀결점으로 보는 국민주권이론에 대한 대안으로서 제기된 것이 루소(J. J. Rousseau)의 인민주권론(la théorie de la souveraineté populaire)이다. 루소의 인민주권론은 국민주권론처럼 개인을 기만하지는 않는다. 근대적 개인을 이전의 사람과 구별하는 가장 중요한 특징은 자율성, 즉 자기결정능력을 보유하고 있다는 것이다(Alain Renaut 1989, 52-68). 이러한 개인의 자기결정에 대한 어떠한 장애도 허용되어서는 안 된다. 왜냐하면 개인의 자율성은 근대 사회의 기초이자 궁극적인 목적이라서, 그것을 부정하는 것은 개인성을 파괴하는 것과 동일하기 때문이다. 루소는 이러한 근대적 개인의 개념을 공동체로 확장한다. 그는 개인에게 자유가 필요하듯이 인민에게는 주권이 필요하다고 보았다. 이 때 인민은 자유롭고 자발적으로 자기결정 할 수 있는 존재이다(J. J. Rousseau 1973, Ch, 2 § 10).

그렇다면 루소의 인민 개념은 시에예스의 국민 개념의 문제를 완전히 해결한 것인가? 자연적 인간과 정치적 시민을 조화시킨 것인가? 루소 역시 그 문제를 근본적으로 해결하지는 못했다. 사회계약을 구성하는 원리인 '일반의지'의 성격 때문이다. 루소에 따르면 일반의지 역시 불가분하며, 양도할 수 없다. 그는 주권을 대표자에게 양도하는 것을 거부하기는 한다. 왜냐하면 자유와 주권은 개인이 원하는 대로 처분할 수 있는 재화가 아니기 때문이다. 정치적 권위는 인민의 자유의지에 바탕을 둘 때에만 정당하다는 것이다(Rousseau 1973, Ch 2, § 1). 여기까지는 국민주권론과 입장을 달리한다. 문제는 루소도 옹호하는 주권의 불가분성이다. 루소는 '일반의지'를 인민의 자유로운 주체성으로 정의한다. 루소에 따르면,

> 전체의지와 일반의지가 다를 수 있다. 후자가 공통의 이익만을 고려하는 것인데 반하여 전자는 사적인 의지에 관련되는 것이고 그런 사적 의지들의 합에 지나지 않는다. 그러나 이러한 같은 두 의지를 서로 더하고 빼서 상쇄시키면 차이들의 합으로서 일반의지가 남는다.(Rousseau 1973, Ch 2, § 3)

왜 일반의지를 '차이들의 합'이라고 하는가? 이것은 일반의지가 만장일치에 의한 것도 아니고 다수의지도 아니기 때문이다. 다수는 특수한 의지들 가운데 공통 관점들의 합이지 차이들의 합은 아닐 것이다. 이처럼 일반의지는 공통된 견해들의 합이 아니다. 서로 다르지만 최선의 경우에 같은 목표를 추구하는 관점들을 일치시킨 것이다. 일반의지는 법적 권위를 산출하는 인민의 실체이자 개별의지들의 살아있는 연

합이다. 시민들의 공통된 이해에 관한 법은 개별의지들의 단순합과는 다르다(Michael Lessnoff 1986, 80-82).

루소는 '일반의지'란 개념으로 개인의 총합인 공동성(the common)과 정치공동체인 공공성(the public)을 연결하여 주권과 인권을 통일적으로 이해하려는 시도를 하였다. 그에 따르면, 주권, 즉 '만인의 결합된 의지'는 이성적 존재에게 부여되는 인권과 충돌할 수 없다. 즉 주권과 인권은, 주권이 이성법적 계약 이념과 동일한 이성법적 주권을 의미하는 한에서 서로 충돌하지도 않으며, 거꾸로 인민주권에 입각한 민주주의야말로 인권에 대한 가장 훌륭한 옹호자이다. 이성에 근거해서 근대 시민사회의 동질성을 찾아내는 계몽주의의 이론에 충실한 입장이라 할 수 있다.

그러나 근대적 개인의 이성에 지나친 신뢰를 부여해서 이렇게 주권이라는 개념을 포기하지 못하면, 결국 '일반의지'라는 추상적 의사에 의존하여 공공성을 공동성에 대해 우월한 것으로 보게 되고, 국민주권이론의 본질적 문제를 극복하지 못하게 되는 것이다. 콩스탕도 이성에 의해 인지되는 일반의지의 절대화를 비판하면서 일반 이익은 특수이익들 사이에 작동된 타협일 뿐이라고 비판하였다(Benjamin Constant 2003).

4. 주권(sovereignty), 공동성(the common), 공공성(the public)의 관계

(1) 공공성(the public)의 의미

영어에서 public이라는 의미는 "모두가 다 알고 있다", "모두 함께 한다"는 것이다. 이것은 private가 뜻하는 개인적 폐쇄성이나 사적인 은밀성과 반대되는 개념이다. 그와 동시에 영어의 public은 "공식성"의 의미를 갖고 있다. 따라서 the public이라는 단어는 "공개성", "공통성", "공식성"의 의미로 사용되어 왔다. 그렇다면 공공성(the public)에는 이질적인 요소를 하나로 묶어내는 과정(process)의 개념이 포함되어야 한다. 이렇게 정의하면 단일성, 동일성, 불가분성, 항구성 등을 본질로 하는 주권 개념과는 결합되기 힘들다.

물론 주권이론에 따라 공공성을 뒷받침해야할 필요가 있을 수도 있다. 공공성을 공익성의 개념과 유사하게 정의할 때 그러하다. 특수한 이익 또는 사익(私益)과 대립되는 개념으로서 일반성을 지니는 불특정 다수인의 이익 또는 사회구성원의 평균적 이익으로 공공성을 정의할 경우, 공공성의 내용을 누가 결정할 것인가가 문제가 된다. 공공성을 불특정 다수인의 이익 또는 사회구성원의 평균적 이익으로 보면, 개인과 소수의 이익은 공익에 반대되는 개념이 되므로 다수결 원리에 따라 민주적으로 쉽게 해결될 것으로 보인다. 그리고 결과에 대해서는 주권의 이름으로 정당화하면 된다. 그러나 근대적 개인의 개념을 존립의 기초로 하는 자유주의 사회에서는 그렇게 쉽지만은 않다.

공공성이 개별적 권리나 이익을 넘어서 전체로서의 권익에 관계되는 말로 쓰이는 것이 일반적인 용법이다. 그런데 개인과 전체의 관계를 어떻게 규정하느냐에 따라서 개념의 범위가 달라질 수 있다. 즉 전체보다 개인이 우위에 있게 되면 공공성은 개인의 영역을 침해하지 않는 범위로 한정된다. 그러나 개인보다 전체가 우선하는 개념으로 파악되면 공공성은 절대적 가치를 가지며, 공공의 이름으로 개인에 대한 통제도 정당화된다. 그러나 이러한 공공성의 개념은 그 모호성을 제거할 수 없다. 왜냐하면 개인은 개인적 존재이자 공동체적 존재이기 때문이다.

공공성은 궁극적으로 공동체의 조화를 내용으로 하는 개념이고, 그 조화를 이루기 위해서는 개인이나 소수의 집단에 의한 일방적인 의사결정은 피하고 다수의 토론과 설득을 통한 합의가 뒷받침되어야 하는 것이다. 따라서 공동체 구성원의 참여와 적절한 토론과정의 존재가 공공성 실현의 중요한 기반이 된다. 그리고 그러한 공공성 실현의 기반을 유지하는 주체로서의 국가의 중요성을 강조함에는 지나침이 있을 수 없다. 문제는 이렇게 국가가 모든 공적 행위와 작용의 정당성의 원천이 되는 주권의 사실상의 행사 주체가 되는 현실에서, 그러한 국가가 사(私)와 공동(共同)을 무시하는 가치와 질서를 강요할 경우에는 오히려 공공성 실현의 기반이 무너질 수 있다는 점이다.

여기서 주권의 개념을 새로이 정립할 필요가 있다. 주권의 개념을 폐기할 수는 없다. 왜냐하면 현재 지구상의 국가 대부분이 주권의 개념에 입각하여 존재하고 있기 때문이다. 그러나 그러한 주권의 개념이 공공성 창출의 장애가 된다면 그 내용을 변경할 필요는 있다. 주권을 중립적 전체가 갖는 최종 결정권이라 정의하고, 특히 중립성을 강조하는 것이 필요하다. 그렇게 정의할 경우, 국가의 역할에도 명확한 정의를 내릴 수 있다. 국가의 역할은 사회의 제 부문을 그것의 내부 영역으로 복속시키고 특정의 가치를 강제로 관철시키는 것이 아니라, 다른 사회적 부문이 공적 영역을 침식하고 독점하는 것을 막아주는 것이다(정태욱 2009, 104).

(2) 공공성(the public)과 공동성(the common)과의 관계

앞의 논의에 따라 공공성의 정의에는 개별적 권리·이익을 넘어선 전체로서의 권익이라는 특성에다 특정한 이해관계에 치우치지 않는 공정성이라는 특성이 첨가된다. 또한 공공성은 누구에게나 개방되어 있는 공간 또는 누구나 접근 가능한 정보의 특성을 지칭하기도 한다. 이러한 세 가지의 특성을 토대로 다시 정의하면, 공공성은 '공동의 관심사'와 '공동의 합의'라는 두 가지 의미로 파악될 수 있다. 여기서 '공동의 관심사'를 공동성(the common)으로 정의할 수 있다. 이러한 구분이 현재 한국사회 그리고 다른 양극화 또는 파편화된 사회에서 의미를 가지는 이유는, 공공성(the public)을 대표하는 국가 권력의 행사가 주기적 선거라는 개인의 정치행위를 통해 '공동의 합의'를 의제할 권한을 부여받고, 스스로 자율성을 가지며 '공동의 관심사'를 결정하고 있기 때문이다. '공동의 관심사'가 있고 그로부터 '공동의 합의'가 도출되는 것이 순리(順理)인데, 주객이 전도되고만 것이다.

공동성과 공공성의 관계가 전도되면, 데리다가 지적한 바와 같이 공공성의 척도인 법은 '유령적인'(gespenstische) 것이 되어 버린다. 법이 어느새 그것의 적용을 받는 사람들의 의식이 자신(법)을 모사하길 바라게 되는 것이다. 법이 작동하는 동력(제약적 힘)은 문자로 고착된 '법'을 해석하는 해석자의 해석권에서 나온다. 그리고 해석권이 작동하기 위해서 법의 힘에 대한 '신비한 믿음'이 형성되게 된다.

> 우리는, 법들이 정당하기 때문이 아니라 권위를 갖고 있기 때문에 그것들에 복종한다. '신용'(credit)이라는 단어가 명제 전체의 무게를 지탱하고 있으며, 권위의 '신비한' 성격에 대한 암시를 정당화하고 있다. 그것들의 유일한 토대는 사람들이 믿고 있다는 사실에 있다. 이러한 믿음의 행위는 존재론적이거나 합리적인 토대가 아니다. 믿는다는 것이 의미하는 바에 대해 생각해봐야 한다.(Jacques Derrida 2004, 29).

이 믿음은 법이 자신들을 위해 존재한다는 환상, 그리고 자신이 그 법의 제정에 영향력이 있다고 생각하는 환상에 기인한다. 법 주체와 법이 맺는 관계는 '원본'과 '사본'이 맺는 관계에 일치해야 하는데, 해방적 상상력의 억압은 바로 이 '원본'과 '사본' 사이의 전도에 있게 되는 것이다. 국민주권이론이 바로 이러한 주객전도를 가능케 하는 수단이 된다. 대표가 '공동의 관심사'와 '공동의 합의' 모두를 의제해 버리는 것이다. 의제된 공동(共同)을 진정한 공동이라 할 수 있을까? 사적(私的) 이해관계의 각축장에서 진정한 공공성(公共性)을 창출하려면 의제된 공동을 전제로 창출되는 공공성을 타당한 것으로 허용해야만 하는가?

한 개인의 이해관계는 타인의 그것과 긴밀하게 연결되어 있다. 이러한 개인의 타인과의 연결 때문에 공동의 관심 영역은 존재할 수밖에 없다. 그리고 개인들의 결합으로 이루어진 사회는 모두를 만족시킬 수 있는 합의를 바탕으로 해야 한다. 공공성을 이렇게 이해할 경우 '공공성'은 '사리성'(私利性)과 모순되는 것이 아니다. 그러나 '공공성'과 '사리성'의 모순은 '공공성'이 '도덕성'의 의미를 내포할 때만 제거될 수 있다. 즉 사회 구성원들의 행위 규범으로서 타인에게 피해를 주지 않으며, 타인을 배려하는 관계의 규칙인 도덕성을 전제로 하지 않고서는 '사리성'과의 충돌을 피할 수 없게 되는 것이다. 하지만 근대적 자아로서의 개인에 바로 도덕성을 덧붙여 사회적인 성격으로서 '공공성'을 규정하는 것은 무리이다. 왜냐하면 공공성은 사회적 실천의 문제로 직결되기 때문이다. 근대적 자아가 자신의 주변 환경과 '의사소통'을 할 때 비로소 도덕성을 담지한 공공성이 형성되는 것이다. '의사소통,' 즉 '대화'는 사람들의 집합적 소통의 과정으로서 개인을 넘어서 사회를 전제로 한다. 개인의 도덕관념이 공공성의 근거가 되기 위해서는 사회적 동의를 얻어야 하고, 그러한 동의는 일정한 공적인 절차를 필요로 한다. 그러한 공적인 결정의 과정은 사회 구성원 누구에게도 설득력을 가지는 타당한 절차가 되어야 한다.

(3) 공동성에 기반을 둔 공공성의 모색

공공성 창출의 가장 큰 장애는 의사소통의 단절이다. 의사소통의 단절이 국가권력이 자의적으로 '공동의 관심사'를 결정하고 '공동의 합의'를 의제하는 것을 가능케 한다. 국민주권주의와 헌법제정권력 이론이야 말로 이러한 의사소통의 단절을 정당화하는 논리이다. 주권자인 국민은 헌법제정권력의 행사로 그 근본결단을 헌법의 형태로 표시한 뒤 정치의 무대 뒤로 사라진다. 정치는 주기적으로 선출되는 대표들에 의해서 행해진다. 이들은 자유위임론으로 무장해서 국민의 의사를 무시할 수 있는 특권을 부여받게 된다. 또한 주권자의 근본 결단은 그나마 선출되지도 않은 법복귀족들이 그 절대적 해석권한을 행사하게 된다.

그런데 국민주권론에 따라 국민 개개인이 정말 정치의 무대에서 배제되어 있는가? 민주주의의 꽃이라 할 수 있는 언론과 여론의 역할이 그렇게 빈약한 것인가? 오늘날 우리가 사용하는 여론(public opinion)의 개념은 근대 시민국가의 등장과 함께 나타난 역사적 현상이다(손영준 2006, 417). 절대왕정체제 아래 무역과 상업을 통해 자본을 축적하고 인쇄술의 발달로 지적 능력을 확대한 신흥 부르주아 계급은 15세기 후반 이후 점차 국가의 감시자이자 시민사회의 중심세력으로 부상하였다. 17-18세기를 거치며 자본주의 발전과 시민혁명을 통해 성장한 부르주아 계급은 정치적·경제적 자유를 획득하고 정치행위의 참여자로 등장한다. 근대국가의 등장으로 국가영역(통치기구)과 시민사회 부르주아의 사적 영역이 분리되면서 이 두 영역을 연결하는 공적 영역에서 생성된 부르주아의 정치적 목소리가 바로 여론이요 공론이다.[4]

공론영역(public sphere)은 독립된 개별 주체들의 사회적 관계의 변화로 성립된 시민사회에서 근대 부르주아들에 의해 요청된 공간이다. 이 공간에서 그들은 자신들의 이해관계에 대해 비판적이고 반성적인 토론을 거치면서 여론을 형성하였는데, 이 공론영역은 자본주의의 발전과 함께 분리되기 시작한 국가와 시민사회 사이에서 긴장 관계의 영역으로 발전한다. 그러나 이러한 부르주아적 공론영역은 그들의 지배계급으로서의 성격 때문에 그 역동성을 상실하게 된다. 원래 공론영역에서 형성되는 여론은 정치권력에 대한 공개적인 토론과 비판에서 성립되지만, 그것이 국가적 통합을 위한 수단으로서 역기능을 하게 되면서 공론영역이 지니고 있던 근원적 역동성은 사라지게 되는 것이다.

하버마스는 현대 대의제 민주주의의 한계를 극복하기 위해 공론영역(the public sphere)의 중요성을 강조하였다. 하버마스는 현대 민주주의의 요체로 공론영역에서의 합리적 의사소통을 최우선 과제로 꼽았다(강병호 1999). 공론영역에 제출되는 정보는 왜곡과 가감이 없는 것이어야 하며 이에 대한 시민과 관계 기관의 상호 의사소통은 도그마와 강제 없이 민주적으로 이뤄져야 한다. 하버마스는 거의 모든 현대 사회의 공론영역은 이 같은 기능을 하지 못하고 있다고 비판한다. 오늘날에는 국회, 정당, 신문과 잡지, 라디오와 텔레비전, 시민단체 등의 여론 형성 장소가 대표적인 공론영역이라고 지목되지만, 이들이 모두 하나의 권력 집단으로서 왜곡된 정보 제공 또는 합리적 의사소통의 방해, 그리고 감각과 정서의 균질성을 강요하는 역기능을 행하기 때문에 합리적 의

4 부르주아는 당시 영국에서는 커피하우스(coffee house)에서, 프랑스에서는 살롱(salon) 등에 모여 활발한 정치토론을 벌였다. 이러한 토론 공간의 발전은 정보의 자유교환과 함께 비판적·공개적 논쟁을 통한 공론영역(public sphere)의 확대를 가져왔다.

사소통을 수행하지 못한다는 것은 항상 지적되어 왔다.

공공성은 국가 등 제도에 의해서만 창출되는 것이 아니다. 국가는 공공성을 갖는 가치들을 보호하고 실현하는 제도적 기제이다. 공공성은 국가 이전의 공동체를 존속시키기 위한 가치이다. 보편적·선험적 공공성은 공동체의 본질과 맞지 않는다. 왜냐하면 공공성은 특정 공동체로부터 창출되는 것이기 때문이다. 그리고 공공성의 창출은 의사결정방식과 본질적인 연관성을 갖는다. 즉 공공성은 특정 의사소통구조를 통해서 창출된다. 이러한 의사소통구조로 가장 타당한 것은 공론장에서의 심사숙고(deliberation)라 할 수 있다.

5. 결론

이 연구는 공공성(公共性)을 대표하는 국가를 비롯한 공적 권위체들이 왜 공적(公的) 문제를 처리할 의지나 능력에 대해 극도의 불신을 받는가라는 질문을 던져 보고, 그 원인을 사회 일반의 공동성(the common)을 외면한 채 사익(私益)에 대립하는 공공성(the public)만을 강조하면서도, 그에 근거한 공적(公的) 행위조차도 제대로 그 정당성을 인정받지 못하는 현실에서 찾았다. 그리고 그러한 현실을 초래한 원인을 근대시민국가를 지배하는 이데올로기인 국민주권이론과 그와 관련된 헌법담론으로부터 찾아보았다. 근대적 개인관과 주권이론의 허구성을 논한 뒤, 주권, 공동성, 공공성 개념의 관계에 대해서 살펴보며 공동성에 기반을 둔 공공성 창출 방안을 모색해 보았다.

1789년의 프랑스혁명 과정에서 '구체제'라고 명명된 과거와 단절하며 새로운 정치 주체로서 '국민'이 탄생되었다(홍태영 2008, 72). '제3신분'만으로 구성된 국민의회가 만들어 낸 「인권선언」과 헌법은 주권이 '자유롭고 평등하게 태어난 시민'으로 구성된 국민에게 있음을 선언했다. 혁명 초기에 시에예스에 의해 주창된 '국민'은 제3신분만으로 구성된 동질적인 사회집단이었다(홍태영 2008, 188). 과연 국민의 동질성 위에 '대표'와 '법률—국민의 일반의지—'이 추가되어 진정한 공공성이 확보되었는가? 1791년 6월 '르샤플리에(Le Chapelier)법'이 정치적 결사체들을 금지시키면서 일반의지의 형성에 장애가 된다고 판단되는 모든 중간 집단을 제거하고 사회 속에서 개인만을 남겨두었음을 볼 때(홍태영 2008, 183), 공(共)을 제거함으로서 공(公)의 기반이 되어야 하는 사(私)를 뿔뿔이 흩어버린 뒤, 사실상 공(公)의 독재가 시작되었음 알 수 있다.

순리(順理)에 따라 '공동의 관심사'가 형성되고 그로부터 '공동의 합의'가 공론장에서의 심사숙고를 통해 도출되면 민주주의가 공(公)의 독재로 전락하는 것을 충분히 막을 수 있다. 공동의 관심사는 어떻게 형성되는가? 무조건 동질성에 의하여 형성되는 것을 공동이라고 할 수는 없다. 한 개인이 여러 동질적인 공동체—한 공동체의 내부가 동질적이라는 의미이지 공동체 간에는 서로 이질적이다—에 중복적으로 속해 있기 때문에, 각 공동체의 구속으로부터 벗어나서 판단할 능력도 길러질 수 있다. 개인은 자신의 정체성을 이질적인 것과의 조화를 통해서 더욱 적절히 설정해 나갈 수 있다. 왜냐하면 자신이 속해있는 여러 동질적 공동체 중 하나만을 자신의 정체성 인식의 근거로 삼을 수는 없기 때문이다. 자신을 여러 동질적 공동체에 소속하게 만든 자신 내부의 서로 이질적인 요소들을 잘 조화시켰을 때, 자신의 진정한 정체성을 찾을 수 있다는 것이다.

이렇게 자신의 정체성을 기반으로 하면서 형성되는 '공동의 관심사'는 '공동의 합의'를 통해서 공공성을 획득한다. '공동의 합의'는 개개인이 자신의 것을 지키려고만 하지 않고 다른 사람들이 그들의 것을 지키고자 하는 권리를 인정하는 태도를 조건으로 성립한다. 이러한 역지사지(易地思之)의 태도가 없이는 '공동의 합의'란 불가능하다. 역지사지야말로 사(私)와 동(同)의 경계가 무너지며, 화(和)에 기반을 둔 공(共) 속에서 공(公)을 탄생시키는 계기를 마련하는 중요한 요건이라 할 수 있다.

참고문헌

강병호. 1994. "하버마스의 토의적 민주주의 이론-민주주의의 규범적 의미와 자유주의와 공화주의의 화해." 『철학논구』 27집.

류병구. 1992. "프랑스 계몽주의사상의 형성과 중국사상." 『동양철학연구』 13집.

설한. 2000. "공동체주의: 협동, 책임, 참여의 정치사회학." 『도시연구』 제6호.

손영준. 2006. "미디어와 여론." 오태섭·권혁남·김성태 외 공저. 『현대 정치커뮤니케이션 연구』. 파주: 나남.

이명남. 1998. "국가권력과 개인자유 사이의 바람직한 관계-자유주의의 시각을 중심으로." 『정치정보연구』 1권 2호.

장동진. 2003. "자유주의와 공동체주의의 구성원리: 정당성과 선." 『법철학연구』 6권 2호.

정태욱. 2009. 『정치와 법치』. 서울: 책세상.

최갑수. 2001. "1789년의 「인권선언」과 혁명기의 담론." 『프랑스사 연구』 제4호.

_____. 1999. "프랑스혁명과 근대 정치문화의 창출." 『프랑스사 연구』 제1집.

홍태영. 2008 『국민국가의 정치학: 프랑스 민주주의의 정치철학과 역사』. 서울: 후마니타스,

Arendt, Hannah. 1963. *On Revolution*. New York: The Viking Press.

Bell, David A. 2003. *The Cult of the Nation in France: Inventing Nationalism*, 1680-1800. Cambridge: Harvard University Press.

Constant, Benjamin. 2003. *Principles of Politics Applicable to a all Governments.* trans. Dennis O'Keeffe, ed. Etienne Hofmann, Introduction by Nicholas Capaldi, Indianapolis: Liberty Fund.

Derrida, Jacques. 진태원 역. 2004. 『법의 힘』. 서울: 문학과 지성사.

Gauchet, Marcel. "Rights of Man." in Furet and Ozouf (eds.). 1989. *A Critical Dictionary of the French Revolution.* Cambridge, MA: Belknap

Press of Harvard University Press.

Hinsley, F. H. 1986. *Sovereignty*. Cambridge: Cambridge University Press.

Hunter, Ian and David Saunders(eds.). 2002. *Natural Law and Civil Sovereignty: Moral Right and State Authority in Early Modern Political Thought*. New York: Palgrave Macmillan, 2002.

Kriegel, Blandine. "The Rule of the State and Natural Law." in Ian Hunter and David Saunders (eds.). *Natural Law and Civil Sovereignty: Moral Right and State Authority in Early Modern Political Thought*. New York: Palgrave Macmillan, 2002.

Lessnoff, Michael. 1986. *Social Contract*. London: MacMillan.

Renaut, Alain. 1989. *L'ère de l'individu*. Gallimard.

Rousseau, Jean-Jacques. 1973. *The Social Contract and Discourse*. London: Dent.

Sebine, George H. and Thomas Landon Thorson. 성유보·차남희 역. 1997. 『정치사상사 1』. 서울: 한길사.

Siéyès, Emmanuel Joseph. 1963. *What is the Third Estate?* (*Qu' est-ce que le tiers-état?*) trans. by M. Blondel.

Strauss, Leo. 홍원표 역. 2001. 『자연권과 역사』. 고양: 인간사랑.

10장

미국 건국에 있어서 공공성과 공동성*

이동수 경희대학교

1. 서론

우리는 흔히 국가나 정부의 영역을 개인적인 사적(private) 영역이나 민간부문의 사회적(social) 영역[1]과 대비시켜 공적(public) 영역이라 부

* 이 글은 『한국시민윤리학회보』 24집 1호(2011)에 게재된 글을 재수록한 것이다.

1 일반적으로 영역을 분류할 때 '공'(公)과 '사'(私)를 나누어 공적 영역과 사적 영역을 구분하는 방식을 택한다. 혹자는 이에 덧붙여 사회적 영역을 새로이 설정하거나 혹은 이 사회적 영역을 공적 영역의 일부로 간주하기도 한다. 하지만 아렌트(H. Arendt 1958)는 사회적 영역을 오히려 사적 영역의 연장선상에 있다고

르며, 국가나 정부를 공적인 일을 수행하는 기제로 이해한다. 국가나 정부의 존재이유는 공공의 일을 담당하는 데 있다는 것이다.

그런데 공적(公的) 영역이 공공(公共)의 일을 담당한다는 말 속에는 우리가 주의를 기울여야 할 것이 있다. 즉 공(公)과 공공(公共)을 거의 같은 의미로 사용하고 있다는 점이다. 이는 '공적'이라는 개념에는 원래 두 가지 뜻, 즉 공(公)과 공(共)의 의미가 모두 담겨져 있음을 보여준다. 이때 전자의 공(公)은 공공성(the public)으로서의 의미가 강하며, 후자의 공(共)은 공동성(the common)으로서의 의미를 내포한다.[2] 그리고 후자가 개별적인 것을 전제하고 이를 모았다는 의미의 공동성을 뜻하는 반면, 전자는 개별적인 것들을 넘어 즉 개별적인 것들을 초월하여 존재하며 개별적인 것들보다는 전체를 위하는 공공성을 의미한다고 볼

본다. 왜냐하면 사회적 영역은 사적 영역에서 추구하는 목표를 더욱 잘 추구하기 위해 집단적 행동을 하는 영역이기 때문이다. 이 글에서는 아렌트의 분류를 좇아 공적 영역을 사회적 영역과도 분리시켜 논의를 전개하고자 한다.

2 영어의 common은 '공동의'라는 뜻과 '공통의'라는 뜻을 모두 함의한다. 여기서 '공동의'는 개별자들이 함께 모인다는 것에 초점을 두며, '공통의'는 개별자들이 함께 모였을 때 그것들 사이엔 어떤 공통적인 것이 있음을 보다 강조하는 것이다. 이 글에서 common은 이런 두 측면 중 특히 전자인 '공동의'에 보다 강조점을 둔다. 왜냐하면 '공통의'는 그 전제로 '공동의'가 되었을 때 비로소 생기는 후차적 속성이기 때문이다. 하지만 이 글의 분석 속에서는 '공통의'로서의 common에 대해서도 부분적으로는 언급할 것이다. 또한 이 글은 public과 common을 '공공성'과 '공동성'으로 번역하여 사용할 텐데, 이는 적절한 번역은 아니다. 왜냐하면 '공공성'(公共性)이라는 말 속엔 이미 공동성적 요소가 포함되어 있기 때문이다. 하지만 분석을 위해 이 글에서는 공공성을 공동성과 대비되는 public으로서의 의미만 갖는 용어로 한정시키고자 한다.

수 있다.

따라서 이 두 개념을 합친 것을 공공(公共)이라고 할 때, 이는 국가 혹은 정부가 근거하고 추구해야 할 공공이라는 의미 속에 두 가지 내용을 담고 있는 것으로 보아야 한다. 요컨대 국가나 정부는 한편으로 구성원들의 개별성을 존중하면서 그것을 최대한 보존하여 한 곳에 모으는 공동성(the common)을 기초로 해야 하며, 다른 한편 이기적이고 부분적인 개별성들의 한계를 넘어서 전체를 고려할 수 있는 공공성(the public)을 고려해야 한다는 것이다.

국가나 정부가 공동성에만 집중하는 경우가 있는데, 이는 직접민주주의와 연관된다. 직접민주주의는 구성원 모두의 의사를 모아 그 속에서 어떤 공동성을 찾아 집행하는 체제이다. 그러나 구성원 모두의 의사를 모아도 거기서 공동성을 찾기가 쉽지 않을뿐더러, 설사 어느 공동성이 모아지더라도 이것이 전체를 위한 것이라기보다는 지배적인 다수의 의사만 반영되거나 다수만을 위하는 것으로 변질될 우려가 있다. 즉 공동성만 강조하게 되면 이것이 타락할 경우 다수만을 위한 정치나 중우정치 등으로 전락할 수 있다는 것이다.

반면 공공성에만 집착하게 되면, 이는 전체를 위한다는 명목 아래 개별성들을 초월하여 여기에 포함되지 않는 추상적 전체를 위한 것을 공공성으로 간주함으로써, 전체와 개별자들을 유리시킬 위험이 있다. 정치적으로 이것은 전체주의(totalitarianism)와 연관된다. 전체주의는 국가, 민족, 인민, 정의 등과 같은 추상적 통일체를 전제하고 이에 따라 구성원 개개인의 권리나 이익을 무시한 채 사회를 경직되고 강제에 의존하는 체제로 몰고 가는데, 이때 전체주의는 공공성을 위한다는 명분을 내세운다.

그런데 정치의 딜레마는 이런 공동성의 문제점과 공공성의 위험에도 불구하고 이 두 측면을 모두 고려하지 않을 수 없다는 데 있다. 즉 공동성을 제외시키면 구성원들의 의사를 잘 반영하지 못함으로써 민주주의로부터 멀어지게 되고, 반면 공공성을 무시하면 상충하는 개별성들의 충돌이나 갈등을 해결할 근거가 사라지기 때문이다. 따라서 좋은 정치는 한편으로 구성원의 개별성을 존중하면서도 그것을 뛰어넘어 공공성을 추구할 수 있는 교묘한 기술을 필요로 한다. 그리고 우리가 말하는 공공(公共)이라는 개념이 바로 이런 뜻을 함의하고 있는 것이다.

필자가 보기에, 이런 공공(公共)의 의미를 비교적 잘 반영한 예가 18세기 미국건국이 아닌가 싶다. 10여년의 건국과정 속에서 당시 미국 건국자들이 보여준 일련의 행보는 그들이 공공성과 공동성 사이에서 어떻게 이를 조화시킬 것인가를 고민해 온 과정으로 보인다. 이 점은 독립전쟁 시기에는 13개 state[3]들의 연맹체제를 유지하다가 전쟁이 끝난 후 연방체제로 전환하는 과정에서 여실히 드러난다. 공동성에 입각한 연맹체제가 공공성을 강조하는 연방체제로 변모하면서 이 둘 간의 조화를 꾀했던 것이다.

---

3 state는 오늘날 미합중국 내의 주(州)로서의 의미를 갖고 있지만, 그 당시엔 독립된 나라와 같은 의미를 지니고 있었다. 따라서 이 글에서는 단순히 주라고 부르지 않으며 그렇다고 해서 독립된 국가로 정의하지도 않은 채 그냥 state로 사용하기로 한다. United States of America라는 미합중국의 국호에서 볼 수 있듯이 미국은 states의 연합인 것이다.

이 글은 이런 문제의식 아래 미국건국 과정에서 나타난 공동성과 공공성의 교묘한 결합의 과정을 자유주의와 공화주의의 결합, 그리고 공동성과 공공성의 긴장과 균형의 과정으로 보고 이를 추적하여 '공공'(公共)의 의미를 재발견해보고자 한다.

2. 미국건국의 이념: 자유주의와 공화주의

일반적으로 미국 건국은 독립을 선언한 1776년을 그 기점으로 삼고 있다. 하지만 주지하는 바와 같이, 독립전쟁은 1775년 시작되어 1783년 강화조약을 맺으면서 끝이 났으며, 연방헌법을 제정하고 연방정부를 수립한 것은 1787-88년(초대 대통령 워싱턴의 취임은 1789년)이기 때문에, 단순히 1776년으로 미국건국 시기를 한정지을 필요는 없다. 미국의 건국과정은 1775년부터 1789년까지 10여년에 걸쳐 이루어졌으며, 이는 크게 아메리카 식민지가 영국의 지배로부터 벗어나기 위해 전쟁을 벌였던 독립전쟁 시기와 그 후 진행된 연방헌법의 제정 및 그에 따른 정부수립 시기라는 두 개의 과정을 포함한다.

이 두 시기의 핵심적인 내용은 첫 번째 경우에는 제퍼슨(Thomas Jefferson)이 기초한 독립선언서에 잘 나타나 있으며, 두 번째 경우에는 연방헌법에 잘 담겨 있다. 특히 미국건국이 혁명적 성격을 지니는 이유는 단순히 영국으로부터 독립했다는 사실에 있는 것이 아니라 최초로 문서로 된 헌법을 제정했다는 사실에 있으며, 따라서 헌법제정은 독립선언서보다도 미국건국에 있어서 더욱 핵심적인 내용이라고도 볼 수 있다.

그런데 이 두 문서를 자세히 살펴보면, 크게 자유주의(liberalism)와 공화주의(republicanism)라는 두 이념이 미국건국의 중요한 요소로 작용하고 있음을 알 수 있다.[4] 특히 제퍼슨이 작성한 독립선언서는 자유주의 정신을 잘 나타내고 있는데, 이는 독립전쟁 시기인 1777년 13개의 작은 state들이 느슨한 연합체제인 연맹헌장(The Articles of Confederation)의 채택으로 이어진다. 그러나 느슨한 연맹체제는 곧 그 한계점을 드러내고 이 문제를 해결하기 위해 연방주의자들은 설득과 논쟁을 통하여 다시금 연방헌법(the Constitution of Federation)을 제정하게 되는데, 여기엔 공화주의적 관점이 대폭 반영되었다. 그런 점에서, 미국건국의 이념엔 자유주의와 공화주의가 함께 교묘히 연결되어 있다고 볼 수 있다.

하지만 많은 연구들은 미국건국의 핵심 이념으로서 자유주의나 공화주의 중 어느 한쪽에 무게를 두고 있다. 특히 독립선언서 분석에 초점을 둔 입장에서는 로크(John Locke)의 자유주의가 미국건국의 토대였다고 주장한다. 이는 미국건국사상에 대한 고전적인 이해방식인데, 예컨대 베커(Carl L. Becker)는 초기 미국의 대표적 인물인 제퍼슨이 프랑스 사상의 영향 없이 영국 특히 로크로부터 직접적인 영향을 받았다고 주장하면서, 독립선언서 작성과 관련해서는 "제퍼슨이 로크를 (그대

4 이후 시민들의 범위와 그들의 정치적 권리가 확대되면서 민주주의가 이에 덧붙여져, 오늘날과 같은 자유·공화·민주주의 체제를 이루게 되었다.

로) 베꼈다."(Becker 1958, 27)고 결론짓는다. 하츠(Loius Hartz 1955, 140) 역시 미국의 이념은 상당한 역사적 이유로 인해 다른 어떤 정치이론도 살아날 수 없을 만큼 처음부터 로크의 자유주의에 의해 지배되었다고 본다.

한편 1960년대부터는 공화주의가 미국건국의 핵심 이념이었다고 보는 견해가 등장한다. 이에 따르면, 18세기 미국에 지배적이었던 이념이 영국의 영향을 받은 것은 사실이지만, 그것은 로크의 자유주의가 아니라 아리스토텔레스(Aristotle), 키케로(Cicero), 마키아벨리(Machiavelli), 해링턴(Harrington), 시드니(Sidney)의 영향을 받은 영국식 공화주의라는 것이다. 이는 특히 월폴시대[5] 궁정파와 대치하던 영국의 반정부인 사들인 지방파가 고전적 공화주의(classical republicanism)와 시민적 인문주의(civic humanism)를 혼합하여 주장한 이념이다. 이런 지방파의 견해는 비록 영국에서는 실현되지 못했지만, 그 후 미국인들의 공감을 얻게 되어 아메리카에서 실현되었다는 것이다. 이 입장에서는 인간을 공공생활에의 참여와 공화국에서의 능동적인 시민활동을 통해서만 스스로를 실현하는 정치적인 동물로 간주하고, 미덕을 지닌 사람은 사적이거나 이기적인 목적엔 관심이 없고 주로 공공선 즉 res publica에 관심을

5 영국의 정치가인 월폴(Sir Robert Walpole, 1676~1745)이 정치를 주도하던 시대를 가리킨다. 월폴은 1701년부터 1742년까지 휘그당 하원의원을 지냈으며, 영국 헌정사상 처음으로 내각책임제를 창시해 영국 총리의 원조라는 평을 듣고 있다. 그는 조지 1세와 조지 2세 두 왕 밑에서 정치를 주도하면서 정파 간의 다툼과 대립을 없애려 노력했으나, 그 과정에서 영국 정치를 부패시키는 결과를 가져오기도 했다.

갖는다고 본다.

미국건국에 있어서 이러한 영국식 공화주의적 요소를 강조한 대표적 예로는 베일린(Bernard Bailyn)이 있다. 그는 1776년 식민지에서 출간된 수많은 팜플렛을 연구한 결과 미국건국 이념의 실체를 제공한 것은 18세기 영국 커먼웰스맨(Commonwealthman)[6]의 반정부 사상이라고 본다. 물론 그는 로크의 영향을 전적으로 부정하지는 않는다. 하지만 그는 커먼웰스맨의 문헌이 18세기 초 아메리카로 급속히 전달되었으며, 이 사상은 영국에서는 누리지 못했던 중요성, 즉 정치와의 연관성을 식민지에서 갖게 되었다고 말한다(Bailyn 1967, v-xi). 또한 우드(Gorden Wood)는 헌법제정 이전까지는 꿋꿋함, 소박함, 공공선을 위한 개인의 희생과 같은 공적 미덕과 정치참여라는 공화주의적 테마가 지배적이었는데, 오히려 방종한 사람들에 대응하기 위해 헌법이 제정된 이후부터 점차 개인주의가 강화되기 시작했다고 본다(Wood 1969, 475-508). 한편 포콕(J. G. A. Pocock)은 미국건국은 미덕을 갖춘 식민지들이 부패한 의회제국에 대항한 "르네상스의 위대한 최종적 결말"로서 "미덕의 쇄신에 대한 공화주의적 믿음"(Pocock 1972, 120; 1975, 548)이었다고 주장한다.

---

6 월폴이 영국의 정치를 좌우하던 18세기 전반기에 월폴의 정치에 반기를 들었던 소위 반정부 논객들을 가리키는 용어로서 존 트렌차드(John Trenchard), 토마스 고든(Thomas Gordon), 볼링브록(Bolingbroke) 자작 등이 대표적인 인물이다. 도시공동체적 인문주의에 의거해 부패한 의회제도 때문에 개인의 자유가 위험에 처하게 된 것에 대해 거세게 비판하는 글을 저술했으나 영국 내에서는 큰 반향을 불러일으키지는 못했다.

반면 공화주의적 패러다임에 대한 자유주의적 반론도 다시 제기되었다. 먼저 애플비(Joyce Appleby 1992, 163-164)는 아메리카 식민지가 근대화 과정을 겪음에 따라 공격적 개인주의, 낙관적 물질주의, 실용적 이익집단정치 등이 대두했다고 본다. 그에 의하면, 아메리카 식민지의 중하층민들은 공격적인 근대적 특성에 직면해서 자신의 기회를 증진시키기 위해 고전적 공화주의와는 크게 다른 자유시장주의에 의존했는데, 여기 나타난 자유주의 사상이 아메리카 식민지인들의 의식을 형성하는 데 도움이 되어 근대적 자유주의를 탄생시켰다는 것이다. 즉 평민들의 전통적 권위와 위계질서로부터의 해방을 위해, 초기 미국인들은 정치적으로는 자유주의, 경제적으로는 자유시장 자본주의를 채택했다는 것이다. 또한 크램닉(Isaac Kramnick 1990, 170-172)에 의하면, 1760년에서 프랑스혁명 사이의 급진주의자들, 즉 미국건국운동의 지도자들과 영국의 개혁가들은 역사적 권리보다는 자연권에 입각한 주장을 펼쳤으며, 지방파의 향수적 관심사보다는 매우 근대적인 사회경제적 불만에 관심을 갖고 자유주의적 해결책에 주목했다는 것이다.

그러나 필자가 보기에, 자유주의와 공화주의 중 어느 것이 미국건국의 핵심이념이었는가를 따지는 것은 다소 무의미해 보인다. 왜냐하면 배닝(Lance Banning 1986, 12)의 주장처럼 이론적인 면에서는 서로 상치되는 부분이 보이지만 역사적·실제적 차원에서는 오히려 이 둘이 교묘히 결합했으며, 또한 이런 결합의 성공적인 측면이 미국건국의 핵심적 특성으로 보이기 때문이다. 그런 점에서 18세기 미국건국 시기엔 어떤 특정한 이념이 지배적이었다기보다는 자유주의와 공화주의가 결합되고 여기에 청교도윤리 등이 복합적으로 작용했으며, 따라서 미국인들은 "자유주의와 공화주의의 혼합"(정경희 1993, 68) 속에서 "다종언어 구사주의(polyglotism)"(Rogers 1992, 36)에 따랐다고 볼 수 있다.

이런 상황을 혹자는 미국의 건국세대가 그들이 의존했던 전통들의 모호함 때문에, 그리고 그들이 제기했던 주장들의 모순 때문에 종교적, 공화주의적, 자유주의적인 세 가지 다른 원천을 가진 사상의 깃발 아래 결집할 수 있었다고 본다(Kloppenberg 1987). 하지만 필자가 보기에, 이런 복합성은 단순히 전통의 모호함 때문은 아닌 것 같다. 오히려 이런 복합성은 미국인들의 실제적 상황을 고려하는 실용적인(pragmatic) 특성에서 비롯된 것이며, 다른 한편 이런 복합성이 미국건국자들의 이념적 지향점이기도 하다. 즉 '실용적 복합성(pragmatic complexity)'[7]은 미국건국자들의 최대의 발명품이며, 이는 오늘날 미국을 강력한 국가로 만든 이념적, 제도적 장점이라는 것이다.

이런 '실용적 복합성'은 어디로부터 오는가? 이에 대해 필자는 미국건국자들이 염두에 두었던 것은 한편으로 개인의 자유와 개별성을 보존하면서도 다른 한편 전체와 공익을 고려하고자 한 결과라고 생각한다. 그런데 자유주의는 개별성을 중시하는 반면, 공화주의는 전체성을 강조하는 경향이 있다. 이에 직면하여 미국건국자들은 개별성과 전

---

7 여기서 실용적 복합성이란 단순히 이론적 차원에서의 다양성이나 복합성이 아니라, 실제나 현실은 항상 복합적이며, 따라서 이런 실제나 현실을 제대로 파악하기 위해서는 실용적 복합성으로 바라다보아야 한다는 것을 의미한다. 그리고 이런 '실용적 복합성'을 가장 잘 드러낼 수 있는 것이 바로 역사(history)이며, 따라서 이념이나 사상, 제도 등을 연구하는 데 있어서 '역사적 접근법'(historical approach)이 중요하다.

체성을 모두 담보하기 위해 정부구성에 있어서 앞서 언급한 공공성(the public)과 공동성(the common)을 모두 고려했다고 보인다. 여기서 공공성이란 개별성을 뛰어넘는 초월적인 어떤 것을 상정하는 것이며, 공동성이란 초월적인 것을 전제하지 않고 개별성들을 모두 배려하여 공동의 것을 만들어 가는 것을 의미한다. 그런 점에서, 미국건국은 공공성과 공동성을 모두 혼합한 정치체제라 할 수 있다.

이는 미국 건국정부가 일종의 '혼합정(mixed government)' 체제임을 의미한다. 혼합정은 아리스토텔레스와 몽테스키외 등이 최선의 정치체제로 칭송하던 체제이다. 그런데 이들이 주장했던 혼합정은 귀족정과 민주정 간의 혼합을 강조하는 것인데 비해, 미국 건국에 있어서의 혼합정은 자유주의와 공화주의의 혼합, 혹은 공공성과 공동성의 혼합을 의미한다.[8] 이는 정치체제의 분류에 있어서 진일보한 개념이다. 왜냐하면 단순히 지배자의 수가 얼마인가에 따라 혹은 지배자의 덕성과 선의가 있는가의 여부에 따라 정체(政體)를 분류하는 것이 아니라, 한 공적인 정체가 의존해야 하는 원칙이 사적인 개별성을 넘어 그 개별성들 간의 공동성과 그 개별성조차도 뛰어넘을 수 있는 공공성의 혼합의 정도에 기초하기 때문이다.

그러면 미국건국 정부의 이런 측면을 살펴보기 위해, 다음에는 미

8 자유주의와 공화주의가 잘 혼합된 예는 르네상스기 이태리 도시국가들에서도 발견된다. 흔히 피렌체 타입과 베네치아 타입으로 나뉘는 당시 도시국가들은 미국건국기와 비슷한 고민을 하였다(이동수 2010, 258). 다만 르네상스기 이태리 도시국가들과 미국의 차이는 '자유'와 '공화' 외에 '민주'라는 덕목이 얼마나 포함되어 있는가에 있다.

국 건국기에 연맹체제에서 연방체제로의 전환이 이런 개별성, 공동성, 공공성의 혼합을 어떻게 가져왔는지에 대해 보다 구체적으로 살펴보기로 한다.

3. 연맹과 공동성

1776년에 독립을 선언한 아메리카인들은 독립을 쟁취하기 위해 전장에서 싸우는 한편, 그들이 비난해 온 영국식 체제를 대신할 새로운 정부기구를 창설하기 위해 노력했다. 이때 식민지인들은 공화국을 건설해야 한다는 데 합의했으며, 13개 식민지는 각자의 법을 만들고 13개의 state가 되었다. 이 state들은 일종의 작은 공화국과 같은 것이었다. 이들은 또한 1777년 연맹헌장(The Articles of Confederation)을 채택하고 아메리카합중국(The United States of America)이라는 국가연맹을 구성했다.

영국의 식민지 위치로부터 독립된 국가가 되려는 독립전쟁은 '독립'과 '자유'를 최고의 가치로 여기고 이를 내세웠다. 그리하여 처음에 목표로 한 국가는 직접민주주의에 기초한 각각의 state들이 자율성을 갖고 아메리카합중국이라는 국가는 연맹적 성격을 갖는 것이었다. 이럴 때에만 그들은 그토록 저항하고자 했던 영국과 차별적인 국가를 건설할 수 있다고 생각했다.

미국이 자유와 자율에 근거한 연맹체제를 옹호한 것은 중세적 질서를 경험하지 않았고 따라서 중세적 질서를 파괴하기 위한 권력의 중앙집권화 현상도 필요하지 않았기 때문이다. 중세적 질서가 부재했던 미국적 토양에서 국가권력은 헌법제정 등 새로운 절차를 의도적으로 창출해야 했다. 그러나 이때 창출되는 권력은 권력의 진공상태에서 생기는 것이기 때문에, 일종의 생래적 자유주의 혹은 무국가성(sense of statelessness) 속에서 조성되는 것이었다. 즉 건국 당시 미국인들에게 최대의 고민은 내외의 도전에 대처하기 위해 국가가 필요하기는 하나 새로운 국가가 인민의 자유를 유린하지 않도록 최대한 노력한다는 것이었다(손병권 2002, 310).

또한 식민지의 자치권을 무시한 영국왕실의 정책에 대한 반감에서 비롯된 독립전쟁이기 때문에 새로운 형태의 폭정이 생겨서는 안 된다는 공감대가 형성되어 있었다. 따라서 독립운동 지도자들은 직접민주주의적 요소를 갖는 state 의회를 중심으로 자치적인 통치를 하고 13개 state의 연맹은 국가연합(confederation) 형태로 유지되기를 원했다. 그들이 보기엔, 13개 state를 통합하는 중앙정부에 힘이 쏠리면 이는 중앙권력에 의한 제국화 혹은 전제정치화를 수반할 것이며, 피치자와 통치자 간의 간극을 최소화하는 공화국은 불가능할 것이다.

따라서 1777년 이래 미국은 연맹헌장 체제를 유지하게 되었는데, 이는 명목적으로만 존재하는 중앙정부 하에서 각 state의 주권이 실질적으로 보장되는 체제였다. 이 체제는 가장 약하게는 국제기구의 성격을 띠었으며, 가장 강하게는 국가연합의 성격을 가졌다. 이들이 보기에 영국과의 전쟁을 위해 미국의 식민지가 뭉친 근본적 이유는 각 state의 독립성이 공동전선을 통해 보장될 수 있다는 사실일 뿐이며, 항구적인 연방(perpetual union)은 현실적인 대안이 아니었다. 따라서 그들은 반연방주의적 입장을 취하게 되었다.

한편 그들은 독립과 자유를 구가하는 국가는 그 인구와 지리적 영역의 면에 있어서 소규모여야 한다고 생각했다. 그 이유는 이렇게 제한된 영역에서 수립되는 정부만이 결국 인민의 의사와 유리되지 않는 정부, 인민에 대한 책임감을 느끼고 정치참여를 보장하는 정부가 될 수 있기 때문이다. 소규모 영토에서 더 용이하게 실현되는 직접민주주의는 인민과 정부 사이에 차별성을 없앰으로써 통치와 피치 간의 동질성을 보장해 줄 수 있다. 광대한 영역에 기반을 둔 연방 대의체제에서 문제가 되는 것은 인민의 의사에 대해 숙지하지 못한 사람들이 대표가 되면 아무리 탁월한 재능을 갖고 있더라도 참여를 보장하는 정치보다 자연적 귀족(natural aristocracy)에 의한 정치가 될 가능성이 크다는 것이다 (Storing 1981, 17).

이런 주장은 대표선출방식과 대의제 운용에서도 드러난다. 반연방주의자들은 직접민주주의의 이념을 최대한 살리기 위해 선출된 대표의 임기가 짧아야 하며, 따라서 선거는 자주 실시되고 관직의 순환이 원활해야 한다고 주장했다. 그들에 의하면, 빈번한 선거와 강제적인 관직의 순환을 통해 직접민주주의의 이상이 최대한 실현될 경우에만 비로소 정치의 부패가 방지되고 인민의 의사가 최대한 반영될 수 있다. 반연방주의자들이 상원제도에 대해 반대한 내용 중에는 상원의 간접선거와 장기간의 임기가 거론되는데, 이는 바로 상원의원들이 인민과 유리되고 장기간 봉직함으로써 자의적으로 권력을 행사할 가능성을 염두에 둔 것이다.

반연방주의자들은 동질성(homogeneity)을 하나의 중요한 국가의 조건이라고 보았다.[9] 이들이 보기에 국가는 지리와 인구수에 있어서 소규모이어야 하며 이때 동질성을 얻을 수 있는데, 이는 가능한 한 정부가 사용할 강제력을 최소화하기 위해 필요한 조건이다. 만약 광대한 영역에 걸쳐 통치하는 정부가 생길 경우 다양한 의견, 능력, 견해 등이 존재하게 되어, 필연적으로 이런 영역을 다스리기 위해서는 다양성을 무시하기 위해 중앙정부의 강제력이 필요하게 된다. 이는 곧 폭정의 등장을 의미하며 자유의 유린을 초래하여 받아들일 수 없는 것이다. 따라서 소규모의 동질적인 정치체 내에서만 다양성에서 비롯된 갈등을 최소화하고 사람들은 자유를 구가할 수 있는 것이다.[10]

---

9 반면 연방주의자들은 동질성과 이에 기초한 state의 자율성의 허구를 강조한다. 매디슨(James Madison 1953)은 1787년 보낸 한 서신에서 다음과 같이 동질성을 반박한다. "다수의 감각에 의해 작동되고 협소한 경계 내에서 작동하는 단순한 민주주의(simple democracy) 혹은 순수 공화국(pure republic)을 주장하는 사람들은 전적으로 허구적인 것을 가정하거나 추정하고 있다. 그들은 사회를 구성하는 인민들이 정치적 권리의 평등을 향유할 뿐만 아니라, 모든 분야에서 정확히 동일한 이익을 보유하고 있다는 생각에 그들의 사유의 근거를 두고 있다. 이것이 현실적으로 그러하다면 그들의 추론은 결론적일 것이다. 다수의 이익은 또한 소수의 이익일 것이다. … 그러나 우리는 결코 어떠한 사회도 동질적인 시민들로 구성되었거나 구성될 수 없다는 점을 알고 있다. … 모든 문명사회에서 구별은 다양하며 피할 수 없는 것이다."

10 동질적 사회 속에서만 자유가 보존될 수 있다는 반연방주의자들의 생각은 사실 문제가 있다. 서구의 역사를 보면, 자유는 다양성을 용인하는 사회에서 더욱 발전했으며 동질성은 자유보다는 '민주'라는 이념과 더욱 친화성이 있다. 특히 슈미트(Carl Schmitt 1985)에 의하면, 자유는 모든 인류의 평등과 같은 추상적인 평등을 내세우면서 구체적인 현실 속에서의 다양성과 차이를 용인하는 반면, 민

또한 동질적인 구성원으로 이루어진 사회라면 이에 따라 이해관계도 미분화될 것이고, 그렇다면 다수의 지배를 다수의 폭정과 동일하게 여길 필요가 없어진다. 즉 다수의 지배의 위험성이 사라지며 그 정당성은 보장되기 쉽다. 이때 인민의 덕성이 전제되겠지만, 공공선에 기반을 둔 소규모의 동질적인 사회는 사적인 이익의 추구에 의한 분열과 타락의 길로 떨어지지 않고, 인민의 동질성에 근거한 공적 정체성의 확립은 사적 이익의 분화를 방지한다. 이러한 조건 하에서만 국가는 건강하게 유지될 수 있다는 것이다.

반연방주의자들은 연방헌법 제정 과정에서는 연방정부가 주정부를 침해하고 권력분립을 훼손할지도 모른다고 우려했다. 예컨대 연맹헌장 2조에는 "각 state는 주권, 자유와 독립, 그리고 연맹에 의해 연맹의회에 명백히 위임되지 않은 모든 권한, 관할권, 권리를 보유한다."는 내용이 있었는데, 새로이 제시된 연방헌법에는 이 조항이 없다는 점이 반연방주의자들의 우려를 자아냈다. 오히려 새로운 연방헌법 1조 8항의 유연성 조항, 즉 연방정부는 "필요하고 적절하다고(necessary and proper)" 판단하는 경우 이에 따른 법률을 제정할 권리를 인정한다는 조항은 연맹헌장 체제 하에서의 state의 권한으로 귀속되었던 사항들이 연방정부에 의해 자의적으로 행사될 수 있는 길을 열어 놓은 것으로 인식되었다.

또한 반연방주의자들은 연방헌법에서 새로이 창설되는 대통령과

주는 인민의 평등과 같은 실제적 평등을 추구하는데 이는 동질적 사회가 아니면 달성할 수 없다는 것이다.

상원이 매우 긴밀하게 유착될 여지가 있어 권력의 집중을 초래할지도 모른다고 생각했다. 대통령은 조약의 체결자이며 군 최고사령관일 뿐만 아니라 동시에 수많은 집행부 관직에 대한 임명권을 지니고 있어서 그 권력이 견제되어야 할 대상임에도 불구하고, 제안된 헌법상의 권력구조는 상원이 대통령과 유착될 가능성을 다분히 포함하고 있었다. 즉 한편으로는 상원이 입법부의 구성부분 중 하나가 아니라 대통령과 함께 집행부, 사법부 관직의 임명과 대통령이 체결하는 조약의 인준에 참여함으로써 입법부와 집행부 간의 균형을 파괴할 염려가 있다는 점도 지적되었고, 다른 한편 상원이 대통령의 사실상 내각 역할을 할지도 모른다는 점이 지적되기도 하였다(Kenyon 1966, lxxxi).

요컨대 반연방주의자인 연맹파들의 핵심적인 내용은 인민의 자유와 독립, 그리고 인민의 의사를 최대한 반영할 수 있는 직접민주주의적 요소에 대한 강조, 다수의 통치 등이며, 이는 연방정부보다는 state에 더 우선권을 주는 것이었다. 그런데 이러한 입장은 통치에 있어서 개별성과 그에 기초한 공동성(the common)을 강조하는 입장처럼 보인다. 즉 국가란 그 정치체제를 구성하는 구성원들의 개별성을 보장하고 그것이 함께 모여 집단적 의사로 표현되어야 정당성을 가질 수 있으며 국가권력의 타락을 방지할 수 있다는 것이다. 이런 경우엔, 흔히 강력하고 중앙집권화된 행정부보다는 인민의 의사가 반영되는 입법부의 위상이 높아지고 중요해지며, 행정부의 순환과 타락방지가 주요한 관심사가 된다. 그리고 이런 국가관은 기본적으로 자유주의에 기초하고 있는 것이다.

4. 연방과 공공성

1777년 연맹헌장이 제정된 이래, 미국은 13개 state의 자치 하에서 느슨한 연합체제를 이루고 있었다. 이는 각 state들의 독립을 유지하고 인민들의 자유를 보장하는 데에는 유용했지만 강력한 중앙정부가 없음으로 해서 발생하는 폐해는 점차 늘어가기 시작했다. 특히 1785-86년 '제이의 위기'(Jay's Crisis)와 '셰이즈의 반란'(Shay's Rebellion)[11]은 연맹의 붕괴가 이르렀음을 나타내주었다. 내부적으로도 연맹정부의 연간 총수입은 연맹이 지고 있는 빚의 이자에도 훨씬 못 미쳤으며, 연맹재정은 파탄이 날 지경이었다.

또한 각 state들의 운영도 파행적으로 이루어지고 있었다. 명목상 직접 민주주의 혹은 순수 민주주의를 추구하던 state들이 state 의회를 통해 다수의 무제한적인 권력을 사용하여 개인과 소수의 권리를 침해하는 법률을 통과시키고 있었다. 예컨대 state 의회들은 계약권을 침해

11 '제이의 위기'는 1786년 오랫동안 끌어온 스페인과의 조약을 종결지으려는 존 제이(John Jay)의 노력이 촉발한 지역 간의 충돌을 의미한다. 독립전쟁 후에도 스페인은 북위 31도 이북과 플로리다를 소유하고 있었는데, 미국은 이곳과의 자유로운 교역을 위해 미시시피 강의 항행을 25-30년간 포기하라는 스페인의 주장을 제이는 수락하기를 요청했다. 이때 북부 7개 state는 기꺼이 찬성한 반면 남부 state들은 격렬히 반대하여 연맹의 와해가 논의되기 시작하였다. 한편 '셰이즈의 반란'은 1786년 매사추세츠 주에서 발생한 봉기를 뜻한다. 전 육군대위였던 다니엘 셰이즈의 지휘 아래 일단의 농민들이 자신들의 항의를 묵살하고 토벌하려는 state 정부를 상대로 전투를 벌였던 사건을 일컫는다.

하고 정부로 하여금 정부가 맺은 계약을 이행하지 못하도록 하는 특별 입법, 즉 화폐에 관한 법률, 채무이행제소금지법, 세금납부 유예 등을 제정하면서, 인민들의 공익을 희생시키고 사리를 증진시키기 위해 정부를 이용하고 있었던 것이다.

그리하여 위기를 극복하고, 국가의 신용을 확고한 토대 위에 올려놓을 수 있으며, 일관성 있는 외교정책을 수립할 수 있는 통일된 정부의 필요성을 절감하기에 이르렀다. 특히 해밀턴(Alexander Hamilton)과 매디슨을 비롯한 연방주의자들은 연방헌법의 제정과 연방정부의 수립을 강력히 추진했다. 이들은 원래 1776년 독립을 선언한 이후에도 중앙에 강제적 권위가 주어져야 한다고 주장하는 단일국가주의자(nationalist) 그룹에 속하는 사람들이었다. 그들은 반연방주의자들과 달리 젊고, 독립전쟁 발발 후에야 정치에 입문했으며, 독립전쟁을 겪으면서 대륙적이며 국가적인 견지에서 생각할 수 있었다. 이들은 대부분 대륙연합군(Continental Army)에서 복무했거나 연맹의 행정관료 또는 대륙회의(Continental Congress) 의원으로 근무했는데, 그 과정에서 국가적 업무에 비협조적인 개별 state들을 다루어야 했고, 그 경험을 통해 연방정부의 필요성을 절감하기도 하였다(정경희 2008, 268).

특히 매디슨은 통합되지 않은 상태에서 순수 민주주의를 표방하는 state 수준에서 벌어지는 다수 분파의 폭정을 염려했다. 그에 의하면, state의 문제점은 바로 작은 영토에 국한되어 오히려 다수의 폭정(사회적 폭정)이 통제될 수 없다는 데 있다. 매디슨은 물론 정부의 폭정(정치적 폭정)에 대해서도 우려한다. 하지만 이는 권력분립을 통해 방지할 수 있다. 그러나 다수의 폭정(사회적 폭정)으로부터 소수를 보호하려면 연방정부와 같은 통합정부가 있어야 한다는 것이다.

다수의 폭정은 분파(faction)와도 밀접히 연결되어 있다. 즉 다수라는 미명 아래 사실상은 어느 분파의 이익을 대변하면서 다른 시민이나 공동체의 항구적이고 집합적 이익에 위반되는 일을 자행하고 있는 것이다. 그리하여 다수의 시민을 지칭하는 분파들은 인민들 간의 평등의 상실, 특권의 탄생을 야기하면서 미국 전체의 분열을 조장하고 있었다. 점차 미국인의 덕성은 상실되어 갔으며, 이익과 이에 따른 갈등의 출현은 state 중심의 정치, 사회질서에 대해 근본적인 의문을 제기하기 시작했다. 특히 다수분파를 조성하여 소수의 권리를 침해하는 사례가 빈번한 state의 입법과정은 그들로 하여금 '순수 민주주의', '인민정부' 등 당시에 유행하던 개념들을 비판적이고 유보적인 입장에서 심각하게 재검토할 것을 요청했다.

연방주의자들이 보기에, 다수의 폭정 문제를 해결할 수 있는 치유책은 동질적이며 소규모인 state 수준에서 마련하기가 불가능하며, 복합적이며 광대한 영토에서만 가능하다. 즉 대규모 영토에서 다수의 시민과 다양한 이익들을 보유함으로써 다수 분파의 조성 자체를 어렵게 해야 한다는 것이다. 요컨대 state 수준의 문제는 결국 개혁의 장소를 연방 전체 차원으로 이전할 때에만 해결할 수 있다는 것이다.[12]

---

12 이는 기본적으로 매디슨의 아이디어이다. 마이어스(Meyers 1973)는 이런 매디슨의 독창성을 소규모 state의 동질성이 아니라 광대한 영역에서의 이질성이 자유를 보장해줄 수 있다는 주장에서 찾는다. 영토가 확장되면 다양한 이익이 존재하는 곳에서 오히려 인민의 자유가 보장될 수 있으며, 마이어스는 이러한 매디슨의 논의를 요약하여 '차이들의 합'(the sum of differences)이라고 부르고 있다.

연방주의자들이 제기한 광대한 공화국은 일차적으로 사회 내의 다양한 분파, 이익 등으로부터 최대한 중립적(neutral)으로 국사를 관장하는 정부이다. 광대한 공화국은 중립적인 심판으로서 사회의 다양한 이해관계를 조정하여 분파를 통제하고 이를 통해 인민의 자유를 보호하는 것을 목적으로 한다. 그런데 연방정부 내부의 정치과정이 특정 사회세력에 의해 좌우되지 않고 독립적인 판단에 기초해 공익을 보장할 수 있으려면, 대의제를 채택해야 한다. 즉 인민이 선발한 대표들이 인민의 직접적이며 정제되지 않은 영향으로부터 거리를 유지하는 대의정부를 창설해야만 그런 역할을 충실히 할 수 있다는 것이다. 매디슨은 이런 대의정부를 state 수준에서 유행하던 '순수 민주주의'와 대비하여 '공화국'이라 부르며, '공화국'을 "대의(representation)의 계획이 실행되고 다른 전망을 제시하며, 우리가 추구하고 있는 처방을 약속하는 정부"(Hamilton et al. 1961, #10)라고 정의한다.

또한 매디슨에 의하면, 순수민주주의보다 대의민주주의에 입각한 공화국에서의 정치과정이 '위임'(delegation)의 효과를 더욱 강하게 나타낸다. 즉 유권자 다수의 이익이 결코 공공선이 아닌 경우에도 다수의 이익을 위해 일을 해야 하는 순수 민주주의적인 정치가 제한되면서, 공화국에서는 위임의 효과를 통해 인민 전체의 공공의 이익을 심의할 수 있는 독립적인 대의정치가 실현될 수 있다는 것이다. 그리고 많은 인구에서 적은 수의 대표를 뽑는 대규모 공화국의 경우가 소규모의 경우보다 상대적으로 국민대표 후보의 선택의 폭이 크고 동시에 적절한 선택을 할 개연성이 높다. 이와 아울러 광대한 영역에서 대표를 선발할 경우 상대적으로 전국적인 관심을 가진 선량이 당선될 가능성이 높아져,

국지적인 이해관계와 편견에 얽매이지 않은 인물이 국정을 운영할 수 있다는 것이다.

광대한 공화국에서 선발되는 대표, 다시 말해 state 중심의 질서를 극복한 연방의회에 선출된 대표는 일차적으로 순수민주주의 혹은 인민정부를 실현하는 state 의회의 구성원보다 훌륭한 자질을 갖춘 인물들일 뿐만 아니라, 협소한 공화국에서 선발되는 국민대표보다도 더 훌륭한 자질을 보유하게 된다. 광범한 유권자층에서 등장하는 대표들은 국가의 최고인물들로 구성되며, 이들은 인민으로부터 그 권력을 위임받을 뿐, 인민들의 직접적인 영향력에 의해 좌우되는 인민의 수족역할을 하지는 않게 될 것이다.

연방주의자들은 새로운 연방정치권력이 각 state와 연방정부에 분할되고 연방정부 수준에서도 연방의회와 연방집행부 등으로 분할됨으로써, 반연방주의자들이 우려하는 정치적 폭정이 방지될 수 있다고 보았다. 폭정이란 "입법, 집행, 사법의 모든 권력의 축적이, 한 사람이든 소수이든 혹은 다수이든 그리고 세습적이든, 스스로 임명했든 혹은 선발되었든 간에 동일한 세력에 있는 것"으로서, 폭정의 요체를 분할되어 있어야 할 권력이 서로 다른 집단이나 부처에 귀속되지 않고 동일한 집단이나 부처에 귀속되는 것으로 간주하고 권력의 분립을 강조하였다.

그들은 이런 광대한 공화국이 결코 state의 권한을 침해하지는 않는다고 본다. 매디슨은 그 이유를 다음과 같이 정리한다(Hamilton et al. 1961, #39). 첫째, 새로운 공화국의 토대(foundation)가 다수의 독립적인 state를 구성하는 인민, 즉 독립적 state 인민의 대표들의 동의에 근거한다고 말한다. 둘째, 정부권력의 원천(source)의 측면에서, 공화국은 연방

정부적인 속성과 국민정부적인 속성을 모두 갖고 있다. 하원은 인민을 대표하고 인구에 비례하여 그 수가 결정되는 반면, 상원은 state의 주권과 state의 평등성에 근거하여 각 state에서 2명씩 선발된다. 이는 전체 국민과는 별도로 각 state의 권력이 원천이 되어 중앙정부를 구성하는 것이다. 셋째, 중앙정부의 권한의 영역(extent) 측면에서, 중앙정부의 관할권은 어떤 명기된 대상에 대해서만 적용하고, 그 외의 대상에 대한 잔여의 주권과 불가침의 주권은 개별 state에 위임함으로써 연맹정부적인 성격을 지닌다. 이런 의미에서 중앙정부는 국민정부가 아니라 연맹정부적이라는 것이다.

이상에서와 같이 연방주의자들은 state의 개별성을 유지하면서도, 그 폐해를 줄이기 위해 연방정부의 구성을 주장하였다. 이러한 연방정부는 어느 특정한 state나 특정한 분파 혹은 다수에 의해 움직이지 않고 중립적이며 공익적인 성격을 띤다. 필자가 보기에, 이와 같은 연방정부의 성격은 공공성(the public)에 대한 강조로 여겨진다. 즉 연맹헌장에 입각한 각 state들의 개별성과 공동성에 근거했을 때 발생하는 문제를 해결하기 위해서는 각 state의 이해관계 혹은 분파들의 이해관계를 뛰어넘는 공공성이 반드시 필요하며, 이는 연방정부라는 강력하면서도 독립된 기관을 필요로 한다는 것이다. 다시 말해 직접 인민이 참여하고 그들의 이해관계가 그대로 반영되는 state 차원은 공공성을 담보하기가 어렵기 때문에, 이런 개별성을 담보하기는 하지만 그로부터 벗어난 연방정부가 반드시 필요하다는 것이다.

5. 결론

이상의 논의를 요약하면 다음과 같다. 첫째, 우리가 흔히 말하는 '공적'이라는 말은 '공공(公共)의'라는 말과 동일시되는데, 이는 넓은 의미의 '공(公)'은 '공(公)'과 '공(共)'이라는 두 가지 의미, 즉 '공공성'(the public)과 '공동성'(the common)의 두 측면을 모두 갖고 있다는 것을 의미한다. 둘째, 이때 공동성은 개별성들을 보존하고 이를 모은다는 것을 뜻하는 반면, 공공성은 개별성을 넘어 존재하며 개별자들보다 전체를 위하는 것을 지칭한다. 셋째, 좋은 정치체제는 이 두 요소, 즉 공동성과 공공성의 균형을 이루는 것이며, 이는 미국건국 시 가장 고려된 덕목이다. 넷째, 자유주의와 공화주의를 추구한 미국은 초기엔 자유와 이를 추구하는 state들의 공동성에 기초한 연맹체제를 이루었다가, 이에 덧붙여 전체적인 공화와 공공성을 지향하는 연방체제를 추구하였다. 요컨대 다섯째, 건국기의 미국은 공동성과 공공성의 조화, 즉 각 state들과 중앙정부의 균형을 추구함으로써 좋은 정치체제의 사례를 보여준다.

하지만 오늘날 미국에 대한 평가는 흔히 상반된다. 혹자는 미국을 개인의 권리와 자유를 최대한 존중하는 자유민주주의 체제의 화신이라고 평가하는 반면, 다른 혹자는 미국을 국가권력의 증대와 중앙집권화를 통해 개인의 자유를 억압하고 제국화된 체제로 폄하하기도 한다. 특히 요즘 들어서는 미국의 신제국주의적, 신보수주의적 태도에 반감을 갖는 사람들이 많아졌으며, 이런 상황 속에서 미국건국을 좋게 평가하는 것은 친미적이라고 비판받기 십상이다.

그러나 반미적 정서에만 매몰되어서는 우리에게 아무런 도움이 되지 못한다. 물론 미국의 현재적 문제점들을 비판하고 이에 대한 대안을 제시해야 하지만, 다른 한편 미국이 그 정도의 위치에 올라올 수 있었던 저력이 무엇인지에 대해서도 깊은 통찰을 해야만 하는 것이다. 필자가 보기에, 미국의 저력과 문제점은 모두 앞서 말한 두 가지 요소를 모두 갖고 있다는 데서 비롯된다. 즉 공공성과 공동성이라는 두 요소가 적절히 균형을 이루었을 때 그 저력이 생기며, 이 둘의 균형이 깨져 지나치게 공공성이 강조될 때에는 제국주의적 문제가, 그리고 공동성에 치우칠 때에는 사적인 개별성이 대두되는 문제가 발생하는 것이다.

아렌트(Arendt 1963)도 일찍이 자신의 『혁명론*On Revolution*』에서 프랑스혁명을 실패한 혁명인데 비해 미국의 건국은 성공한 혁명이라고 평가한다. 그 이유는 당시 미국인들이 프랑스인들과 달리 자유와 공적인 것에 대한 관심을 동시에 갖고 있었기 때문이라는 것이다. 하지만 아렌트 역시 현대 미국에 대해서는 위기에 빠졌다고 비판한다. 현대로 접어들수록 미국인들이 점차 사적인 것에 대한 관심이 증대하여 공적인 것에 대한 관심을 압도했기 때문이라는 것이다. 즉 공공성과 공동성의 균형은커녕 아예 '공'(公)의 개념이 쇠퇴하고 '사'(私)가 득세한 결과라는 것이다.[13]

---

13 한편 바버(Benjamin Barber 1984)는 미국의 자유민주주의가 그 성격상 공(公)보다 사(私)에 치우치기 때문에 이를 극복하고 '강한 민주주의'(strong democracy)를 수립하기 위해서는 공동성을 극대화시키는 시민들의 '참여민주주의'가 필

이에 비하면 미국건국기엔 반연방주의자들과 연방주의자들의 논쟁 속에서 이런 요소들 간의 긴장과 균형이 있었다고 볼 수 있다. 당시 반연방주의자들은 개인의 사적인 개별성과 시민의 공동성(the common)을 강조하면서 state 의회의 기능과 역할을 중심으로 하는 독립된 state 정부 체제를 옹호하였다. 하지만 연방주의자들은 state 정부 차원에서의 다양성이 하나의 통일성(unity)으로 모아지지 않으면 미국이라는 국가의 집단성(collectivity)이 생기지 않으며 이 집단성과 통일성이 없으면 공공성(the public)의 의미가 퇴색한다고 믿었기 때문에 연방 정부의 구성을 옹호했으며, 이와 더불어 주 정부의 일정한 권한을 연방 정부에 위임해야 한다고 보았다. 즉 권력은 국민(fountain)으로부터 나오되, 이것이 국가(stream)로 흘러 들어가서 국가가 강력한 힘을 가져야 한다고 믿었던 것이다. 그리하여 국민의 영향력을 최소화시키고 국가의 권력을 증대시키는 방안을 강구했으며, 그것이 바로 연방제의 형태로 가시화되었던 것이다.

이런 공동성과 공공성의 균형에 대한 추구는 미국화폐에 들어간 문구에서도 그대로 나타난다. 1956년까지 미국화폐에는 'E Pluribus Unum'이란 문구가 적혀 있었는데, 이는 '여럿으로 구성된 하나'를 의미한다. 이런 E Pluribus Unum 정신에서도 나타나듯이, 강력한 국가의 통일성이 보호하고자 하는 것은 다름이 아니라 각 state 정부 차원에서

요하다고 본다. 이와 같이 오늘날 시민사회의 역할을 강조하는 입장들은 사(私)를 피하는 한편 국가가 강력한 힘을 발휘하는 공공성을 견제하면서, 시민들이 함께 힘을 합하는 공동성의 극대화를 옹호한다.

갖는 시민들의 다양성이다. 즉 단일한 국가체제가 아니라 state 차원에서 시민들의 개별성과 그것들 사이의 공동성을 최대한 보장하고 그에 따라 발현되는 다양성을 인정하되, 연방 차원에서는 공동성보다 공공성을 강조하고 그럼으로써 연방 정부의 권한을 강화시키고자 했던 것이다.

그런 점에서 오늘날 미국이 강력하고 제국적인 성격을 지닌 국가이면서도 자유와 다양성을 보장하는 민주주의 국가라는 양면성을 갖게 된 것은 결코 우연이 아니다. 사적인 개별성을 보존하고 공동성을 통해 국민의 개별성과 다양성을 집합시키며, 이것을 국가의 강력한 공공성으로 보장하고자 한 건국정신, 즉 연방주의자들과 반연방주의자들 사이의 고민이 그대로 반영된 결과라고 할 수 있다.

그렇다면 우리나라는 어떠한가? 우리사회에도 과연 E Pluribus Unum의 정신이 존재하는가? 국가의 권력은 막강해 보이지만 결국 아무 일도 못하고 있는 것처럼 느껴지며, 사회적 다양성은 용인하지 않으면서도 통일성과 집합성을 느낄 수 없을 정도로 분열과 갈등이 팽배해 있는 것이 현실이다. 지나친 이기주의적 개별성과 공동성을 존중하지 않는 지나친 공공성에 대한 강조가 이런 현실을 만들어낸 것은 아닐까? 그런 점에서 우리사회에 필요한 것은 '사'(私), '공'(共), '공'(公) 간의 긴장과 균형이다. 그리고 이것이 민주주의를 더욱 공고히 하는 방법이 아닐까하고 생각해 본다.

참고문헌

손병권. 2002. "〈연방주의자 논고〉에 나타난 매디슨의 새로운 미국 국가: '광대한 공화국'." 한국정치학회 2002 연말학술대회 발표논문.

이동수. 2010. "르네상스기 이태리 도시국가의 정부: 자유와 법치의 공화정." 『한국정치연구』 제19집 제2호.

정경희. 2008. "미국 헌법의 제정과 연방공화국의 건국." 『역사학보』 Vol. 198.

정경희. 1993. "혁명기 및 건국초기 미국의 정치사상." 『미국사 연구』 Vol. 1.

Arendt, Hannah. 1963. *On Revolution*. New York: The Viking Press.

Arendt, Hannah. 1958. *The Human Condition*. Chicago: The University of Chicago Press.

Appleby, Joyce. 1992. *Liberalism and Republicanism in the Historical Imagination*. Cambridge: Harvard University Press.

Bailyn, Bernard. 1967. *The Ideological Origins of the American Revolution*. Cambridge: Harvard University Press.

Banning, Lance. 1986. "Jeffersonian Ideology Revisited: Liberal and Classical Ideas in the New American Republic." *William and Mary Quaterly* 43.

Barber, Benjamin R. 1984. *Strong Democracy: Participatory Politics for a New Age*. Berkeley: University of California Press.

Becker, Carl L. 1958. *The Declaration of Independence: A Study in the History of Political Ideas*. New York: Random House.

Hamilton, Alexander, James Madison and John Jay. 1961. *The Federalist Paper*. New York: New American Library.

Hartz, Louis. 1955. *The Liberal Tradition in America: An Interpretation of American Political Thought since the Revolution*. New York: Harcourt, Bruce & Co.

Kenyon, Cecelia M., ed. 1966. *The Antifederalists*. Indianapolis: The Bobbs-Merrill Company.

Kloppenberg, James T. 1987. "The Virtues of Liberalism: Christianity, Republicanism, and Ethics in Early American Political Discourse." *Journal of American History* 74.

Kramnick, Isaac. 1990. *Republicanism and Bourgeois Radicalism: Political Ideology in Late Eighteenth-Century England and America*. Ithaca: Cornell University Press.

Madison, James. 1953. "The Problem of a Simple Democracy." From a letter to Thomas Jefferson. S. Kussiel Padover, ed. *The Complete Madison: His Basic Writings*. New York: Harper and Brothers Publishers.

Meyers, Marvin, ed. 1973. *The Mind of the Founder: Sources of Political Thought of James Madison*. Indianapolis: The Bobbs-Merrill Company.

Pocock, J. G. A. 1972. "Virtue and Commerce in the Eighteenth Century." *Journal of Interdisciplinary History* 3.

Pocock, J. G. A. 1975. *The Machiavellian Moment: Florentine Political Thought and the Atlantic Republican Tradition*. Princeton: Princeton University Press.

Rogers, Daniel T. 1992. "Republicanism: the Career of a Concept." *Journal of American History* 79.

Storing, Herbert J. 1981. *What the Anti-Federalists Were For: the Political Thought of the Opponents of the Constitution*. Chicago: The University of Chicago Press.

Schmitt, Carl. 1985. *The Crisis of Parliamentary Democracy*. Tr. Ellen Kennedy. Cambridge: The MIT Press.

Wood, Gordon S. 1969. *The Creation of the American Republic, 1776-1787*. Chapel Hill: University of North Carolina Press.

11장

독일 국민국가 형성기의 공공성과 공동성*

장명학 경희대학교

1. 서론

일반적으로 정부는 국민의 이익을 위해 국민을 대표해서 국가의 재화를 운영해 나가는 공공 조직이다. 이러한 맥락에서 정부에 관한 기존의 연구들 또한 공적인 정부 조직에 대해 흔히 '사적'(private)인 것에 대립되는 '공적'(public)인 측면을 특히 강조해왔다. 그러나 공과 사의 이분법에 의거한 이러한 접근방식이 국민 또는 시민참여가 보편화되고 있

* 이 글은 『사회과학연구』 37권 2호(2011)에 실린 글을 다시 수록한 것이다.

는 현대 민주주의 사회에 와서도 정부의 역할과 기능 등에 관한 올바른 인식을 가능하게 해주는가라는 질문에는 시원한 답을 제시해주지 않는다는 사실에 문제가 있다. 왜냐하면 정부의 핵심적 속성에는 국가의 법과 제도 그리고 공권력 등이 중시되는 '공적'(公的, public)인 특성, 즉 '공공성'(the public)의 측면뿐만 아니라 국가운영에 시민들이 '공동으로 함께 참여'하는 '공적'(共的, common)인 것, 즉 정부운영에 대한 시민참여와 감시를 강조하는 '공동성'(the common)의 측면을 공히 내포하고 있기 때문이다.

이러한 맥락에서 정부의 특성을 지칭하는 한자어 '공공성'(公共性)이라는 용어는 앞서 말한 the public을 의미하는 공공성과 the common을 의미하는 공동성을 공히 포괄하고 있다. 즉 국가나 정부의 특성을 나타내는 한자어 공공성(公共性)은 공(公, public)과 공(共, common)이라는 두 가지 개념을 공히 내포하고 있는, 즉 합성된 용어라고 할 수 있다(장명학 2011, 32-33). 따라서 국가나 정부의 특성을 공과 사의 이분법에 의거해 이해하던 전통적인 연구경향은 정부 내지 국가의 존재 근거이자 추구 목표인 공공성(公共性)[1] 개념에 대한 적절한 인식에는 어려움을 초래하지 않을 수 없었다. 반면에 국가운영을 위한 정부의 공적인 속성뿐만 아니라, '공동체 구성원들이 함께 참여하는 공동의 것'이라는

---

1 이 논문에서는 한자어 '공공성'(公共性)이라는 용어와 영어의 the public을 의미하는 '공공성'을 다음과 같이 구별하여 사용할 것이다. 즉 정부의 공공성을 한자어를 병기해서 사용하는 경우, 공(公)과 공(共)을 모두 아우르는 보다 포괄적인 개념을 뜻하며, 한자어가 병용되지 않는 공공성이라는 용어는 영어의 the public의 의미만을 내포한다.

정치적 의미를 내포하고 있는 정부의 '공적'(共的, common)인 측면, 즉 공동성에 대한 새로운 관심을 진작시키는 작업은 시민의 정치참여가 활성화되고 있는 민주적인 현대정부의 올바른 인식을 위한 관건이기도 하다.

역사 이래 정부의 변천사를 보다 심층적으로 살펴보면, 정부의 공공성과 공동성의 두 가지 측면 중 어느 쪽이 강조되는가에 따라 정부제도의 형태와 조직 등의 모습이 다르게 나타난다. 만일 정부의 공공성(the public)이 특히 강조될 경우, 국가권력이 국민의 힘을 압도하는 경향을 띠며, 반대로 정부의 공동성(the common)이 강조되었을 땐, 국민 내지 시민 공동의 힘이 국가권력을 압도했다. 1789년의 프랑스 시민 대혁명은 이를 단적으로 드러내는 대표적인 사례이다. 뿐만 아니라 직접 민주주의의 타락된 형태인 소수를 배려하지 않는 다수만을 위한 정치, 포퓰리즘 그리고 중우정치 등이 바로 이에 해당하는 좋은 사례들이다. 반면에 전체를 강조하는 정부의 공공성을 강조할 경우, 바로 이러한 전체만이 유일한 정치적 가치로 치부되는 전체주의(totalitarianism)로 치달을 위험성을 안게 된다. 전체주의는 국가, 민족, 인민 등 추상적 개념으로 포장된 전체를 위해 구성원 개인들의 권리나 이익을 유보하거나 희생시키곤 했던 폭정 체제였다.

이러한 맥락에서 볼 때, 정부를 특징짓는 두 가지 특성인 공(公)과 공(共), 즉 공공성과 공동성이 적절하게 균형과 조화를 이룬 공공성(公共性)에 도달했을 때에 비로소 바람직한 정부의 출현이 가능할 것이다. 다시 말해서 정부의 공동성의 측면에서는 구성원인 국민의 개별성을 존중하면서 이들의 의지를 함께 모으는 데 힘써야 하고, 공공성의 측면에서는 시민들의 개별적 이해관계의 한계를 넘어서서 전체의 이익을 도모하는 데 주력해야 할 것이다.

지금까지 정부의 공공성과 공동성의 양 측면에 입각하여 국가나 정부에 대해 연구한 사례는 거의 없다. 다만 이와 연관된 연구로서는 공화주의를 둘러싼 최근의 논의들이 있다. 이 논의를 살펴보면, 정부의 존재 또한 그 구성원인 인간의 의지와 열망 그리고 미덕 등에 의해 크게 좌우된다. 로마시대의 키케로에 따르면 국가와 정부의 존재 또한 공동체의 안위를 우선시하는 인민의 열망에 달려있다(곽준혁 2007, 145). 즉 공공성을 대변하는 국가나 정부의 지속적인 존재는 구성원의 공동 의지, 즉 공동성에 달려있다. 마키아벨리 또한 로마 공화정의 원동력과 결집된 힘을 오로지 공동체의 이익과 자신의 이익을 동일시하는 시민의 덕성을 의미하는 비르투(Virtù)를 진작시키는 데서 찾고 있다(김경희 2005, 28-31). 즉 공동체에 기여하겠다는 시민들의 의지와 능력 함양(M. Viroli 2002, 69)에 의해 비로소 국가 내지 정부의 공공성과 시민들의 공동 의지인 공동성이 조화를 이룰 수 있을 것이다.

이러한 배경에서 이 글은 1848년 독일의 시민혁명과 비스마르크에 의한 독일 '제2제국'[2]의 형성기까지 독일 정부의 변화과정을 공공성과 공동성의 갈등과 대립이라는 두 가지 측면에서 분석함으로써 정부

2 여기서 독일의 '제1제국'은 일반적으로 신성로마제국을 지칭하는 반면, '제2제국'은 비스마르크가 1870-71년 프랑스 파리를 점령한 후 베르사유 궁전에서 프로이센 국왕 프리드리히 빌헬름 4세를 독일황제로 추대하면서 건설됐다. 그리고 독일의 '제3제국'은 통칭 히틀러의 나치정권을 지칭한다.

의 공공성(公共性)이 지닌 의미를 보다 체계적으로 추적해내고자 한다.

독일은 신성로마제국 이래 전통적으로 강력한 지방분권적 정치 구조를 형성했다. 이 점에서 독일은 중앙집권적 국민국가 정부를 일찌감치 구성했던 영국이나 프랑스 등 이웃국가들과는 확연한 차이를 드러내고 있다. 독일이 이러한 특수한 정치상황에서 벗어나 근대적인 국민국가를 향한 상대적으로 뒤늦은 정치개혁운동을 본격화 시킨 것은 19세기 중반부터였다. 1848년 3월 자유주의자들을 중심으로 한 독일의 시민혁명이 발발하자 독일의 각 영방국가[3]의 군주들이 구체제 개혁과 언론자유 보장 그리고 새로운 헌법체계 도입을 약속하였다. 이로써 1848년 5월 프랑크푸르트의 성 파울 교회(St. Paulskirche)에서 '프랑크푸르트국민회의'라 불렸던 독일 최초로 국민투표에 의한 제헌의회가 구성되기에 이르렀다. 제헌의회의 헌법안 작성은 자유주의와 급진민주주의 등 여러 정치세력들 간의 알력과 갈등으로 인해 지루한 심의과정을 거쳐 11개월 만에 제국헌법을 완성하고 프로이센 국왕 빌헬름4세(Wilhelm IV)를 독일황제에 추대했다. 그러나 프로이센 국왕은 시민들을 대변하는 혁명의회인 프랑크푸르트국민회의의 제안을 거절했다. 즉 국왕은 시민혁명의 두려움에서 벗어나 세력을 재집결한 보수 세력들과 함께 전체 영방제후들의 추대에 의한 황제의 지위는 받아들이겠다는 역

3 '영방국가'(Territorialstaat)는 신성로마제국 황제의 권한이 끊임없이 제후들에게 이양되면서, 본래 국왕의 신하에 불과했던 제후들이 자신의 영토 안에서는 사형판결까지 내릴 수 있는 '유혈재판권'(Blutsgerichtsbarkeit)을 비롯해 화폐주조권, 관세징수권, 축성권 그리고 군사권까지 독립적으로 행사하는 준독립국과 같은 정치단위를 지칭한다(Wilson 2004, 43).

제안을 함으로써, 프랑크푸르트국민회의의 제국헌법은 실패하고 말았다. 곧 이어서 왕권은 시민들과 국민회의를 무력으로 진압함으로써, 보수 반동체제를 복귀시켰다. 그후 약 38개의 영방국가들로 분열된 독일을 통합하기 위한 노력은 1871년 프로이센의 재상 비스마르크(Otto von Bismarck)에 의해 비로소 통합된 국민국가인 '제2제국'의 탄생으로 결실을 맺게 된다. 이 글에서는 1848년 독일 시민혁명의 진행과정 속에서 통일국가와 근대국가 건설을 향한 노력들을 공공성과 공동성의 관점에서 검토하고자 한다. 이 글의 구체적인 진행순서는 다음과 같다.

2절에서는 프랑스혁명이 독일시민의 의식에 미친 영향을 분석하고, 3절에서는 1848년 시민혁명의 전개과정을 살펴볼 것이며, 4절에서는 프랑크푸르트국민회의에서의 헌법논쟁을 분석할 것이다. 5절에서는 반동체제의 복귀와 혁명의 좌절을 살펴보며 정부의 공공성과 공동성의 문제를 체계적으로 정리할 것이다. 마지막으로 이제까지의 논의 결과를 종합 정리할 것이다.

2. 프랑스혁명과 독일 국민의식의 형성

우선 약 8백여 년 동안이나 지속되었던 '신성로마제국'의 전통 속에서 전승되어 온 독일의 영방국가 체제는 특히 1789년의 프랑스 시민혁명을 거치면서 변화의 기로에 서게 된다. 이 혁명은 19세기에 들어와서 독일이 국민국가 형성을 향해 첫발을 내딛고, 이를 가속화시킨 직접적인 계기로서 작용하게 된다. 프랑스 시민혁명의 발발은 영국에서 전파된 산업화와 이에 기반을 둔 부르주아 시민계급의 급격한 성장과 밀접한 연관이 있다. 즉 영국에 뒤이어 산업화에 매진하던 프랑스에서도 점차 경제적 부를 축적하던 신흥 부르주아 시민계급이 개인의 자유와 평등 등의 권리들을 보장받고, 특히 정치적인 참여의 권리를 보장받기 위해 투쟁하기 시작했다. 그러나 국왕 루이 16세 치하의 프랑스 절대왕정은 여러 가지 봉건적 특권 등과 같은 구체제의 폐단들을 개혁하고자 하는 시민계급의 요청을 거절했을 뿐만 아니라 오히려 이를 철저하게 탄압했다(조준수 2002, 152). 프랑스 시민혁명은 이러한 완고한 구체제를 붕괴시킴으로써 근대적인 가치인 개인의 자유와 평등 그리고 박애를 기치로 한 '인간 및 시민의 권리에 관한 선언'을 천명할 수 있게 된다.

이처럼 18세기 말에 이미 산업혁명과 정치개혁을 단행해서 근대국민국가 체제를 구축한 영국 및 프랑스와는 달리, 독일은 아직도 농업이 중심이 된 전근대적 봉건사회에 머물러 있었다. 독일은 비단 경제적인 측면뿐만 아니라 정치 및 사회제도 또한 전근대적인 단계인 봉건체제에 안주하고 있었다. 따라서 당시의 많은 독일 지식인들은 전통적인 농업생산에 기반을 두고 있던 낙후된 경제뿐만 아니라 각종 정치 및 사회제도적 모순들을 하루 빨리 개혁해야 할 필요성을 절감하고 있었다. 이러한 배경에서 독일 지식인들은 프랑스 시민혁명을 열렬히 환영하게 된 것이다. 그러나 프랑스 시민혁명의 경과를 지켜보던 독일의 다수 지식인들은 점차 혁명에 대한 거부감을 느끼기 시작한다. 프랑스 시민혁명은 루이 16세를 비롯한 구체제 인사들뿐만 아니라, 혁명을 함께 주도했지만 나중에 정치적 의견을 달리하게 된 인사들에 대한 처형도 서슴지 않는 공포정치를 단행하게 되었다. 즉 1792년 2월 과격파인 자코뱅당에 의한 온건 지롱드파 인물들에 대한 처형은 혁명의 잔혹함을 극단적으로 드러낸 사건이었다. 이에 헤겔 등 당대의 대표적인 독일 지식인들은 프랑스혁명으로부터 거리를 두기 시작했다(Hegel 1956, 447-451). 즉 혁명에 대한 최초의 열정적인 환호는 이제 혁명에 대한 가차 없는 비판으로 뒤바뀌게 된다. 그리고 프랑스 시민혁명의 열기를 차단하기 위해 유럽의 대다수 왕정국가들은 동맹을 맺어 프랑스를 위협하게 된다. 특히 프랑스 시민혁명이 자신들의 영토에 비화될까봐 전전긍긍하던 대부분의 독일 영방국가들은 오스트리아와 프로이센 그리고 나중에는 영국과 스페인, 포르투갈 등이 합세한 제1차 대불(對佛)동맹에 합세해서 프랑스에서의 왕정복구, 즉 구체제의 회복을 기도했다(R. Vierhaus 1987, 96-102).

그러나 프랑스 혁명의 위세를 꺾기에는 부족했다. 나폴레옹이 지휘하는 프랑스혁명군은 1796년 이탈리아 원정에 성공했다. 나폴레옹에게 패배한 오스트리아는 자신이 통치하던 네덜란드와 북부이탈리아를 프랑스에 할양한다. 여세를 몰아 나폴레옹은 유럽대륙에 공세를 취하게 된다. 더욱이 1799년 11월 쿠데타로 프랑스의 정치적 실권까지 장악한 나폴레옹은 다시금 독일의 라인강 서안을 장악하는 데 성공한다. 프랑스혁명 이념으로 무장된 나폴레옹 군대는 독일 최강 프로이센 군대를 잇달아 격파하면서 신성로마제국이라 불리던 독일제국[4]의 해체를

4 제국과 왕국은 통치 단위의 규모에 따라 구분되기도 하지만, 특히 제국(imperium)은 영역을 초월한 인간들에 대한 지배를 의미하며, 반면에 왕국(regnum)

가속화시켰다. 독일은 특히 지방호족이라고 할 수 있는 영방제후들의 발호때문에 많을 때는 3백여 개의 군소 영방국가들이 난립했다(Wilson 2004, 43). 이 때문에 독일은 유럽에서 중앙집권적 국민국가로의 발전이 가장 뒤늦은 국가에 해당한다.

나폴레옹 군대의 독일 점령은 역설적이게도 뒤늦게나마 독일이 근대적 국민국가로 나아갈 수 있는 발판을 마련해주었다. 즉 나폴레옹의 지배하에 들어가게 된 독일의 영방제후들은 1803년 '제국대표자회의'를 개최했고, 특히 남서부 독일의 16개 영방제후들이 라인동맹(Rheinbund)을 구성해서 그 맹주로 나폴레옹을 추대했다. 그리고 제국대표자회의를 통해 수많은 독일의 영방국가들이 재편되었다. 소규모적인 제후령은 해체됐고 교회령은 몰수됐으며 나아가 소규모의 제국도시들 또한 축소, 통합되어 14세기 이후 3백여 개를 넘던 주권적 정치단위들인 영방국가들은 도합 40여 개로 축소, 재편되었다.

이러한 정치적 변혁은 비록 상징적인 차원이기는 했으나 800여 년 동안 독일민족을 하나로 묶어두었던 제1제국인 '신성로마제국'의 명실상부한 해체 내지 소멸을 의미했다. 그뿐이 아니다. 나폴레옹의 혁명군은 한편으로는 계몽주의에 바탕을 둔 프랑스 시민혁명의 핵심 가치였던 봉건잔재로부터의 근대적 개인의 해방, 즉 개인의 평등한 권리와 자유에 대한 강조는 독일에서도 자유주의 사상의 확산을 초래했다. 아울러 이에 바탕을 둔 근대적인 법체계와 제도 등이 독일 땅에 이식되어 나가는 데 일조했다. 그리고 다른 한편으로는 역설적이게도 이민족

은 영토에 대한 지배를 강조하는 것이기도 하다(W. Schmale 2006, 46).

의 침략과 지배에 대항하는 독일인들의 민족의식 확산, 즉 '민족주의'를 일깨우는 결과를 불러왔다. 그리고 궁극적으로는 이러한 자유와 평등 그리고 민족적 동질성을 지켜줄 수 있는 정치적으로 통합된 근대적 국민국가 건설의 필요성에 대한 자각을 불러 일으켰다.

그러나 이러한 근대적 국민국가를 향한 이상이 실현되기 위해서는 아직 시간이 더 필요했다. 나폴레옹의 실각은 유럽의 보수왕정 세력들이 다시금 주도권을 장악하게 함으로써 현실적인 정치상황을 혁명 이전의 상태로 되돌려 놓았다. 특히 오스트리아제국의 수상 클레멘스 메테르니히(Clemens Metternich)가 주도하는 1815년의 빈회의의 목표는 다름 아닌 프랑스혁명의 성과들을 저지하고 탄압하는 데 있었다. 여기서 유럽의 왕조적 질서가 다시 구축되어 '신성동맹'(die Heilige Allianz)으로 불리는 복고체제가 탄생했다. 이에 따라 독일에서는 신성로마제국에 후속되는 독일연방(Deutscher Bund)이 수립되었다. 독일연방은 예전의 신성로마제국에 속했던 모든 영방국가들을 느슨하게 결속한 동맹인데, 오스트리아와 프로이센이 공동으로 이를 주도했다. 독일연방의 창설은 이미 붕괴된 독일민족의 신성로마제국에 대한 소망을 반영한 것이기도 하다. 그리고 독일연방은 독일 내 각 영방국가들이 신분제의회와 군주정의 원칙을 준수케 함으로써 구체제, 즉 절대군주제를 부활시켰고, 메테르니히의 주도로 모든 자유주의적 요소들을 탄압하는 복고체제의 도구 역할을 담당하게 된다(몸젠 2006, 27-31).

그러나 신성동맹하의 유럽의 복고체제가 구체제로 완벽하게 복귀하는 것은 불가능했다. 왜냐하면 프랑스 시민혁명으로 생겨났고 또한 전 유럽에 확산된 다양한 변화들은 완전히 제거될 수는 없었기 때문이다. 1830년 프랑스에서 발발한 7월 혁명은 독일의 영방국가들에도 적지 않은 영향을 미쳤다. 독일 내의 봉건적인 영방군주들과 보수적 관료제 정부들은 혁명적 사태를 미연에 방지하기 위해 정치개혁에 마지못해 나서게 된다. 아울러 복고체제에 저항하는 독일 내 자유주의자들에 의한 자유와 평등을 향한 요구사항 또한 힘이 실리기 시작했다. 뿐만 아니라 1832년 5월말에 열린 함바흐(Hambach) 축제에는 2만여 명의 독일인들이 참여했는데, 여기서 채택된 공동 목표는 수많은 영방국가들로 쪼개진 '독일의 통일'을 달성하는 일이었다. 독일 통일을 공개적으로 주창했던 이 축제를 주도한 인물로서는 언론인 요한 비르트(J. Wirth)와 필립 지벤파이퍼(P. Siebenpfeiffer) 등이었다. 그 이듬해인 1833년에는 독일의 학생운동조직인 부르센샤프트 회원들이 프랑크푸르트경비대를 습격했다. 이 사건은 대중들의 호응이 뒤따르지 않았기에 실패로 끝났다. 그러나 이 사태를 빌미로 프로이센과 오스트리아가 주축이 된 독일연방은 사전검열과 탄압 그리고 출판물 발행금지 등 혁명운동을 막아내기 위해서는 언제든지 개입할 수 있는 근거를 마련했다(몸젠 2006, 72-77). 하지만 이를 통해 시민들은 국가나 정부의 현안에 대해 직접 참여하는 체험을 공유하게 되었다.

독일 자유주의자들의 근대적 정치개혁 운동과 통일운동은 정부의 자유주의운동 탄압에 의해 보다 결집된 공동의 행위로 나타나곤 했다. 한 가지 사례를 보자. 쾰른의 빈민의사 요한 야코비(Johann Jacoby)는 프로이센 국왕모독죄와 대역죄로 기소 당했다. 3심을 거치는 재판과정에서 그는 자유주의 언론들의 전폭적인 지원을 받았고, 이에 힘입어 그는 무죄판결로 풀려나게 되었다. 이때 그를 지원했던 대표적인 언론이 1847년 창간된 《독일신문》(Deutsche Zeitung)이다. 이 신문은 독일 민족의 통일을 사시로 삼았고, 통일된 상법과 어음법 등을 경제적 통합의 조건으로 요구했다. 이러한 맥락에서 《독일신문》은 당시의 자유주의 운동과 운동지도자들을 결집시키는 역할을 한 핵심적인 매체였다. 또한 독일 내 영방국가들에 산재해 활동하던 다수의 자유주의운동가들을 국경을 넘어 하나로 결속시킨 네트워크를 구축해냈다. 동시에 이 신문은 이러한 자유주의적 이슈들에 대한 국민들의 전폭적인 지원을 이끌어내는 데 주력했다(D. Langewiesche 1997, 105-106). 이처럼 언론을 통한 공론장 육성과 네트워크를 구축한 자유주의자들은 여론의 압도적인 지지를 바탕으로 근대적인 개혁을 추구했는데, 이들이 내건 정치적 강령들은 다음과 같다. 즉 독일의 영방국가들 내에서의 헌법체계의 도입보장, 독일연방 내에 하나의 국민대의기구 설치, 의회활동을 방해하는 관료적 조치의 폐지, 검열철폐, 무제한적 언론자유 보장, 유대인 해방, 공개재판과 배심제 도입, 귀족의 특권 폐지, 자유주의적 경제관련법 제정, 특히 영방국가들의 경계를 넘나드는 통합적인 시장의 창설을 위한 법제정 등이 그것이다. 이러한 경제통합을 위해서도 독일의 통일은 시급한 과제였다.

자유주의자들과는 달리 급진민주주의자들은 정치참여의 권리에 있어서도 보다 적극적이었다. 이들은 당시로서는 꽤 획기적인 주장으로 평가되는, 성인남성들을 모두 포함하는 보통 선거권을 주장했다. 나아가 이들은 구체제 철폐, 언론자유 보장, 신앙과 양심 그리고 교육의 자유 보장을 비롯해서 특히 개인의 자유권을 보장하며, 그리고 독일의 통일을 향한 독일민족대의기구 창설, 상비군폐지와 국민개병제 및 누진세의 도입 등을 주장했다. 급진민주주의보다 더 급진적인 세력이 사회주의 세력이다. 그러나 독일에서 사회주의 세력은 맹아 단계에 있었고, 아직은 기존 사회체제를 뒤흔들만한 조직화된 노동운동이나 사회주의운동으로 발전하지는 못했다(Griewank 1983, 70). 자유주의와 급진민주주의 등 독일 내에서 성장하던 다양한 정치세력들은 독일의 정치, 경제, 사회 등 전반에 걸친 근대적 개혁을 위한 토대가 되었다.

그리고 19세기 중반이 되자 다시금 유럽에서 혁명의 물결이 휘몰아쳤다. 19세기 중반 유럽을 뒤흔든 1848년 혁명 또한 그해 2월 프랑스 파리에서 시작되었다. 파리 전역에서 벌어진 2월 혁명은 반체제 대중시위를 통해 국왕 루이 필립을 퇴진시켰다. 동시에 프랑스와 기조 수상의 정부가 해체됐다. 자유가 승리했고 프랑스는 다시 공화국이 되었다. 이로써 유럽의 반동체제를 이끌어온 메테르니히의 복고체제는 붕괴되기 시작했다. 유럽의 주변국들은 자기 나라에도 이러한 혁명의 바람이 불어 닥칠 것을 걱정했다.

3. 1848년 시민혁명과 독일의 정치개혁

파리의 2월 혁명은 독일의 베를린과 오스트리아의 빈에서 발발한 3월 혁명의 불길을 당겼다.[5] 독일로 번진 시민혁명의 열기는 먼저 라인

---

5 이 시기의 역사를 살펴보면, 프랑스혁명 이후 대륙에서의 시민혁명은 언제나 프

강변의 영방국가들에 확산되었다. 그리고 3월 18일에는 프로이센의 수도 베를린으로 비화됐다. 독일 전역에서 시민들은 자유로운 헌법의 보장, 출판 및 집회의 자유, 사법절차의 공개와 배심원제 도입, 전 독일의 영방국가들에 의회 소집 그리고 모든 독일인을 대표하는 민족적 국민대의기구의 설치 등을 요구했다. 뿐만 아니라 상비군 폐지와 국민개병제 도입 그리고 보통선거의 실시 등을 요구하는 청원, 팸플릿, 결의안 등 독일 전역을 휩쓴 혁명의 물결은 영방군주들과 보수적 지배세력들을 경악하게 했다. 프로이센의 국왕 빌헬름 4세는 혁명의 위험성을 감지했기 때문에 학생 및 수공업자들과 시민들이 요구하는 출판 및 집회의 자유와 헌법제정을 약속했다. 나아가 그는 프로이센에 자유주의자들로 구성된 내각을 출범시켰고, 독일 전역의 영방군주들과 함께 독일통일과 근대적인 국민국가의 창설을 약속했다(이민호 2003, 144). 프랑스 2월 혁명과 공화정의 등장 그리고 독일의 3월 혁명 등에 의해 오스트리아 합스부르크 제국의 재상 메테르니히 주도하의 유럽왕정복고 체제는 붕괴되었다.

그리고 1848년 3월 혁명의 승리는 대부분의 독일 영방국가들에서 자유주의적 성향의 정치지도자들이 내각과 정부에 참여하는 성과를 가져왔다. 독일의 중부에 위치한 헤센-다름슈타트에서는 하인리히 폰 가거른(H. von Gagern)이, 뷔르템베르그에서는 프리드리히 뢰머(F.

랑스에서 시작됐다. 1848년 2월 프랑스에서는 루이 필립의 왕정이 유산부르주아 계급에 대해 반감을 가지고 있던 소시민과 노동자들에 의해 붕괴됐다. 프랑스 2월 혁명은 곧바로 독일 전역으로 옮겨갔고, 독일의 3월 혁명이 발발했다.

Roemer)가, 바덴 지역에서는 칼 게오르그 호프만(K. G. Hoffmann) 등 온건자유주의자들이 각기 내각 수반으로 정부를 이끌었다. 프로이센 등지에서도 온건자유주의자들이 내각에 참여해 정부를 이끌어나갔다. 자유주의자들은 특히 헌법에 기초한 통치체제의 구축, 즉 입헌 개혁을 실천하기 위해 자신들이 주도권을 장악하게 된 프로이센의 '통합신분대표회의'와 같이 각 영방국가들의 의회를 활성화시키는 데 주력했다(Lieber 1993, 362-370). 아울러 무엇보다도 독일 통일을 최대한 빨리 달성하고자 했다. 이를 위해서 '민족'이라는 카드를 적극 활용했다. 민족대의기구를 설치해서 기존의 독일연방을 대체하는 방안을 모색했다. 왜냐하면 다양한 사회문제들로 인해 위기에 처해 있는 현재의 독일 상황을 극복하기 위해서는 민족 개념을 사용하는 것이 최선이었기 때문이다. 반면에 급진민주주의자들인 프리드리히 헤커나 구스타프 폰 슈트루베 등은 혁명의 지속, 군주제 해체, 상비군 폐지와 국민개병제 도입 그리고 미국을 모델로 하는 연방제에 기초한 독일 공화국의 창설을 주장했다. 이 사안들은 당시 독일의 정치상황에서는 아직 받아들이기 쉽지 않았던 매우 급진적인 제안들이었다.

혁명 초기에 이미 독일의 각 영방국가의 군주들은 썩 내키지는 않았지만 시민혁명에서 제기된 요구사항들을 저항 없이 받아들일 준비가 되어 있었다. 왜냐하면 기존의 영방국가들의 공권력인 폭력의 정당성은 붕괴되어버렸고, 단호한 정치적 행동을 위해 꼭 필요한 지배엘리트들의 자기 확신조차 사라져버렸기 때문이다. 시민혁명을 기정사실화하기 위해 칼 테오도르 벨커, 하인리히 폰 가게른, 게오르그 곧프리드 게르비누스, 다비드 한제만 등 남부와 서부 독일에서 혁명을 주도했던 자유주의의 대표자들이 하이델베르그에서 회동했다. 여기에는 구스타프 폰 슈트루베, 프리드리히 헤커 등 급진민주주의의 대표자들도 자리를 함께 했다. 이 회의의 주된 안건은 인구비례에 의한 선거를 통해 연방차원의 통합된 국민의회를 구성하는 방안을 모색하는 데 있었다.

우선 이들은 독일 통일을 위해 모든 독일의 부족들로부터 신뢰받는 인사들로 구성된 회의, 즉 훗날 '예비의회'(Vorparlament)라고 불리게 된 의회를 신속히 소집하고자 했다. 이에 대표자들은 예비의회의 소집과 함께 헌법제정을 위한 국민의회 선거를 준비하는 7인위원회(Siebener-Ausschuss)를 설치하는 데 합의했다. 혁명과업이 추구하는 굵직한 사안들에 대해 빠른 합의가 도출되자 상황은 급진전되었고, 추진력을 부여받은 독일민족의 통합이라는 과제는 각 영방군주들을 압박했다. 이들은 독일이 앞으로는 연방제 형식을 갖춘 입헌적 국민국가로 거듭나는 데 더 이상 반대할 수 없었다. 즉 각 영방국가의 정부들은 이를 대부분 수용했다. 그러나 프로이센의 베를린에서는 3백여 명이 희생된 유혈 시가전을 거친 3월 19일에 와서야 국왕 빌헬름4세가 시민들의 요구를 수용했다. 이 혁명의 결과는 거의 모든 독일 영방국가의 정부들에 자유주의의 대표자들이 내각을 차지함으로써 주도권을 장악하게 되었다. 그 후 소집된 독일민족을 대표하는 최초의 대의기구인 예비의회는 독일 전역에서 소집된 574명의 대표자들로 구성되었다. 이 대표자들은 7인위원회가 각 영방국가 의회 의원들 중에서 선발한 것이다(Goertemaker 1987, 93-96).

1848년 시민혁명을 이끌었던 주요 정치세력들을 보다 자세히 살펴보면 다음과 같다. 우선 기존 정치체제에 대한 근본적인 개혁을 요구했던 가장 중요한 정치세력이 바로 자유주의를 지향하는 세력들로서 이들은 1815년 이후 유럽 복고주의 지배체제의 해체를 요구하고, 부르주아 시민계급의 정치참여를 보장하는 대의제헌법 체제를 기치로 내걸었다. 아울러 이들이 요구한 가장 중요한 시민의 권리로서는 언론과 결사의 자유권이었고, 개인의 사생활 영역과 경제와 사회 영역 등 전반에 걸쳐서 국가의 간섭을 배제하는 것 등이다. 자유주의자들의 이념은 평등한 개인들로 구성된 시민사회를 지향했고, 산업체계의 획기적이고도 신속한 발전을 통해 하층계급 또한 당시의 극심한 빈곤과 박탈감에서 벗어날 수 있다고 보았다. 뿐만 아니라 이들은 확고한 재산을 소유한 부르주아 시민계급만이 정치적 결정과정에 자율적으로 참여할 수 있다고 보았다. 반면에 하층계급은 빈곤에 얽매여 있기 때문에 보수적 지배계급의 이해관계에 따라 이용당할 가능성이 많은 자율적이지 못한 존재들이었다. 이러한 맥락에서 남독일의 자유주의 이론가 칼 폰 로텍(K. von Rotteck)은 재능과 능력 등의 차이에 따라 자연적으로 나타나는 정치적 영향력의 차이는 고려를 하지 않을 수 없다고 강조했다.

그러나 이들 자유주의자들에 비해 급진민주주의를 지향했던 정치세력들은 비록 소수에 지나지 않았지만 보다 적극적으로 하층계급들을 사회 내지 정치개혁의 과정 속에 끌어들이고자 했다. 왜냐하면 하층계급의 빈곤 및 고충을 돌보지 않고서는 독일의 정치적 민주주의를 달성하는 것이 불가능하다고 판단했기 때문이다. 따라서 이들은 자본과 노동의 균형을 맞추는 노력이 필요하며, 이를 위해 이미 그 당시에 누진소득세를 통한 소득재분배를 주장했다. 뿐만 아니라 정치적으로는 성인 남성의 평등한 보통선거권을 요구했다. 이들은 학생들과 수공업자, 소규모 제조업자 그리고 농민층 등에서 소수이긴 하지만 열렬한 지지를 얻어냈다. 다만 하층계급이 자신들의 정당한 정치·사회적인 이득을 아직은 효과적으로 주장할 수 있는 위치에 도달하지 못했기 때문에 지식인들로 구성된 급진민주주의자들은 자신들이 하층계급을 대변해야 한다고 생각했다(Droz 1983, 94-95).

이들 자유주의와 급진민주주의는 지향하는 정치적 가치에 있어서 차이를 드러내고 있다. 그러나 이들이 공히 견지하고자 했던 중요한 개념은 바로 공통의 언어와 문화를 바탕으로 하며, 역사적 경험을 공유하는 '민족' 개념이다. 이미 민족을 중심으로 한 국민국가의 단계에 도달한 영국, 프랑스 그리고 스페인에 비해 민족이 단위가 되는 국민국가 건설이 뒤늦었던 독일 내의 자유주의자들과 급진민주주의자들은 구체제인 군주제를 대체할 입헌국가의 주체일 뿐만 아니라 새로운 정치적 운명공동체를 정당화시키는 기제 역할을 담당하는 민족의 이념을 우선시했다. 즉 당시 지식인들인 자유주의자들과 급진주의자들은 모두 민족 원리에 기초해 통합된 새로운 독일을 건설코자 했다.[6]

---

6 북독일 지역인 슐레스비히-홀슈타인 문제는 독일에서 점차 힘을 얻어가던 민족주의의 문제를 확연하게 보여주는 사례이다. 이 문제는 덴마크 국왕 크리스티안 8세가 죽은 후, 새로이 국왕에 오른 프리드리히 7세가 덴마크 민족운동의 영향을 받아 새 헌법을 받아들이게 되면서 시작된다. 이 헌법체계는 대부분이 독일인들이 거주하던 슐레스비히 지역을 덴마크 영토에 포함했던 반면에 홀슈타인은 덴마크 국왕과 인적으로 결합된 가운데 독일연방에 속한 나라로 남게 되었다. 독일인들은 슐레스비히 지역이 덴마크 영토로 통합되는 데 엄청나게 반발했고, 프로이센과 북부독일 국가들의 군대가 덴마크에 대해 전쟁을 일으켰으나, 영국과 러시아의 압력으로 스웨덴 말뫼에서 휴전협정을 체결하지 않을 수 없게

여기서 민족 이념이 지닌 보다 깊은 의미는 다음과 같다. 첫째, 고유한 민족 언어는 신이 부여한 선물이자 민족문화의 토대이며, 둘째 특정 지역에 거주하는 민족 집단의 역사적 공통성을 내재하고 있는 문화공동체는 국가나 사회보다도 훨씬 확고한 공동체적 결속의 토대를 구축해주고, 셋째 민족 이념은 계급 간 장벽과 갈등을 넘어서는 국민통합의 핵심적인 메커니즘이라는 점이다. 이러한 민족주의 이념을 확산시키기 위해 지식인들은 주로 민족축제, 문학축전, 그리고 학술회의 등 문화적인 활동을 통해 시민대중들 사이에서 독일 민족주의를 확산시켜 나갔다(몸젠 2006, 40, 285). 이를 통해 3월 혁명 이전부터 이미 자유주의와 급진민주주의를 지향했던 세력들은 공히 독일 국민들로부터 압도적인 지지를 받았다.

4. 프랑크푸르트국민회의와 헌법제정

먼저 제헌의회에 해당하는 프랑크푸르트국민회의(Nationalversammlung) 의원 선거를 둘러싼 많은 논의들이 있었다. 그리고 최종적으로는 성인남자의 80% 이상이 국민회의 의원에 대한 선거권을 보유하게

된다(Mann 1968, 99-100). 이 때문에 프랑크푸르트의 국민회의에서도 슐레스비히 지역이 독일제국 안에 있어야 한다는 요구가 모든 정치진영에서 제기되었다.

되었는데, 이는 독일 역사상 획기적인 일이었다(Botzenhart 1977, 140-142). 물론 대다수의 중소규모 영방국가들은 이미 시행되고 있던 신분제나 납세 정도에 따른 선거제도 대신에 새로운 선거제를 도입하는 데 대해 불만이 적지 않았지만, 새로운 선거제도에 의해 국민회의 의원 선거가 이루어졌다. 이를 통해 선출된 프랑크푸르트국민회의의 의원들은 판사와 변호사 등 법률가를 비롯하여 행정관리, 교사, 교수 등 주로 당대의 지식인층을 포괄하는 시민계급이 주축을 이루었고, 그 외에 저술가, 농업경영자, 상인, 중하급관리, 수공업자 등이 구성원에 포함됐다. 프랑크푸르트국민회의는 1848년 5월 18일 성 파울교회에서 개최되었다. 신임 국회의장에는 온건자유주의자인 하인리히 폰 가게른(Heinrich von Gagern)이 선출되었다.

프랑크푸르트국민회의의 가장 중요한 과제는 다양한 영방국가들로 분열된 독일을 하나의 통합된 국민국가로 전환시키기 위한 헌법을 제정하는 일이었다. 여기서 입헌주의를 신봉하는 자유주의자들은 국민회의 개원과 함께 합법적 절차에 따라 전체 독일을 대표하는 민족대표기구와 기존의 영방군주들 사이에 평화로운 합의에 의해 새로운 독일헌법이 탄생해야 한다는 전제에서 출발했다. 반면에 급진민주주의자들은 이 국민회의는 국민주권의 원리에 따라 영방국가들로 분열된 독일을 근본적으로 개조할 수 있는 진정한 입헌기구라고 생각했다. 즉 미래의 독일 국민국가는 공화국이거나 아니면 최소한 입헌군주정이어야 했다. 제헌의회인 국민회의에서 제정될 제국헌법과 영방국가들의 헌법 사이의 관계도 중요한 논쟁의 대상이었다. 자유주의자들은 제국헌법과 영방국가들의 헌법은 불가피하게 갈등과 모순이 발생할 것이지만, 그럼에도 불구하고 영방국가들의 헌법을 존중하려고 했다. 그러나 급진민주주의자들은 영방국가의 헌법은 제국헌법의 구속력을 인정하는 한에서만 그 효력을 인정해야 한다고 주장했다(Goertemaker 1987, 110-111).

그리고 둘째, 중앙권력의 수립문제이다. 영방국가들의 행정권력과 경쟁하게 될 직접적인 중앙 행정권력을 국민회의에 부여하는 것을 꺼려했던 자유주의자들에 비해 급진민주주의자들은 혁명의 요구사항들을 신속히 처리하기 위해서는 중앙권력의 설치가 필요하다는 입장을 나타냈다. 이 양자 사이의 논쟁은 도합 38개의 독일 영방정부들(몸젠, 2006, 241)이 임시중앙권력의 설립을 신속하게 처리할 수 없기 때문에, 국민회의가 제국의 수장인 '제국섭정'(Reichsverweser)을 선출한다는 데 합의함으로써 갈등이 해소됐다. 이에 따라 1848년 7월 11일 국민회의는 오스트리아의 요한(Johann) 대공을 제국섭정으로 선출했다. 그리고 중앙권력의 형성을 둘러싸고 국민회의 내부에서는 엇갈린 의견들을 결집, 수합하는 과정에서 특히 수많은 정파들이 이합집산하게 되는데, 그 중 대표적인 정파들을 살펴보면 다음과 같다.

먼저 우파 정치세력들은 '카페 밀라노'(Cafe Milano)에서 회동하곤 했기 때문에 '밀라노당'으로 불렸다. 이들은 새로운 헌법이 연방주의적 구조를 가져야 한다고 생각한 정치세력이다. 국민회의에서 수적으로 가장 강력한 분파였던 중도우파 세력들은 '카지노'(Casino)에서 모였기 때문에 '카지노당'으로 불렸다. 온건자유주의자들인 이들은 달만, 드로이젠, 바서만 등 당대의 유명인사들로 구성되었는데, 영방국가들의 정당한 요구들이 수용되면서도 강력한 통일성과 충실한 권력이 행사되는 하나의 독일헌법을 수립하고자 했다. 소비세 인하, 저축은행설립, 저렴한 아동교육, 정치적 권리 보장 등을 강조하며, 추상적 원리에 의거하는 이상주의가 아닌 현실정치적 성향이 지배했다(Boldt 1971, 166-167). 그리고 카지노당의 구성원들 중 보다 급진적인 세력이 '중도좌파'로서 분파되어 나갔는데, 이들은 온건자유주의자들과는 달리 국민회의에 무제한적 주권을 부여하고, 영방국가들에 대해서도 국민회의가 구속력을 확보하는 것을 선호했다. 반면에 국민주권의 원리에 따라 공화주의 질서를 지향함으로써 독일의 국가구조를 급격히 개혁하고자 했던 급진민주주의 세력들이 '독일궁정파'(Deutscher Hof)와 '돈너스베르그파'(Donnersberg)이다. 이들은 국민회의가 국민에 의해 선출된 주권적 헌법 제정기구로서 영방국가들과 그 수장인 영주들의 이해와는 관계없이 독일헌법의 장래에 대해 독자적인 결정을 내려야 한다고 주장했다. 다만 전자는 타협의 가능성을 내재한 보다 온건한 입장이었던 반면에, 후자는 연방주의를 포함한 민주공화국을 지향했다. 이처럼 중앙권력의 수립을 둘러싼 논쟁에서 비롯된 각 정파들의 분화와 분열은 당시의 정치 상황을 잘 대변하고 있다. 그리고 제국섭정을 중심으로 한 임시 중앙권력은 1848년 7월 15일 제국내각을 출범시켰지만, 영방국가들은 혁명의 두려움에 휩싸였던 3월의 악몽에서 서서히 깨어나 자신들의 권력수단들을 사용하기 시작했다(Goertemaker 1987, 100-104). 즉 각 영방정부들, 특히 프로이센과 오스트리아는 국민회의와 제국내각에서 결정된 정치적 사인들을 무시하거나 거부함으로써 국민회의의 위상을 상처받게 했다. 요컨대 3월 혁명은 시간이 갈수록 이에 대항하는 보수 세력들의 저항으로 그 결과를 예상하지 못하는 방향으로 전개되고 있었다.

이보다 앞서 프랑크푸르트국민회의는 1848년 7월 3일 독일헌법,

즉 제국헌법을 제정하는 임무를 시작했다. 국민회의 의원들은 가장 우선적으로 독일민족의 '기본권'에 대한 심의에 착수했다. 이 기본권은 시민의 개인적 자유뿐만 아니라, 법치국가의 공공질서 확립을 고려했고, 나아가 전통적인 봉건제 및 관료제의 속박에서 벗어나는 것을 그 목표로 삼았다. 그리고 귀족의 특권과 봉건영주의 재판권 및 타인 소유의 토지에서의 사냥권을 폐지시켰다. 국민회의에서 심의된 주요 내용들을 열거하면 다음과 같다. 그것은 개인의 자유 보장, 법 앞에서의 만인의 평등, 영업 및 경제활동의 자유, 거주이전의 자유, 정부의 공권력 남용으로부터의 인권보장, 신앙, 출판, 집회, 결사, 사상의 자유 등이 시민의 기본법으로 망라되어 있다. 따라서 오늘날의 대부분의 민주주의국가의 기본권에 대한 헌법규정과 크게 다를 바가 없다. 프랑크푸르트 국민회의에서 제기된 시민의 기본법은 20세기에 들어와서 바이마르공화국의 헌법에 수용되었고, 제2차 세계대전 이후 독일연방공화국의 기본법에 핵심적인 내용들이 계승되고 있다(몸젠 2006, 333-336). 국민회의에서 집약된 이 기본권은 1848년 12월 27일 제국법에 의해 공표되어 모든 영방국가들에 구속력을 가진 법으로 공인되었다. 다만 거대 영방국가들인 프로이센, 오스트리아 등에서는 이의 공인이 상당기간 지체되었다.

프랑크푸르트국민회의의 두 번째 핵심 과제는 제국권력에 관한 심의인데, 여러 가지 어려운 정치적 사정 때문에 1848년 10월말에 와서 비로소 심의되기 시작했다. 국민회의의 다수 의원들은 대체적으로 미래의 독일제국이 입헌군주제에 의거한 제국수장이 정점에 있는 연방국가여야 하며, 민주적으로 선출된 제국의회와 책임 있는 제국내각이 영방국가의 존속과는 관계없이 통치할 것이라는 데 의견을 함께 했다. 아울러 국민회의 의원들은 제국 정부가 전쟁과 평화를 결정하는 권리에서부터 대외관계와 국방 그리고 교통 및 선박운행, 통신과 체신, 화폐주조, 관세와 무역 등 경제 영역을 관장하며, 제국 관련 사안들과 영방국가들 사이의 갈등과 분쟁을 조정하는 제국재판소를 관장하는 데 합의했다.

그리고 프랑크푸르트국민회의의 가장 큰 과제 중 하나가 바로 통합된 독일연방의 정부형태 내지 국가체제에 대한 논의였다. 여기에는 새로이 수립될 독일연방의 제국 수장을 결정하는 문제와 함께 독일연방의 범위를 결정하는 문제 또한 포함되었다. 요컨대 핵심쟁점은 합스부르크가의 황제를 수장으로 하는 오스트리아제국을 포함하는 대독일주의(Grossdeutschtum)로 갈 것인가, 아니면 다민족국가인 오스트리아를 배제한 소독일주의(Kleindeutschtum)에 의한 독일통합인가의 대립이었다(이민호 1989, 159). 이때 국민회의 의석의 1/3을 차지했던 오스트리아계 의원들은 모리츠 하르트만(Moritz Hartmann) 등을 중심으로 당연히 오스트리아가 독일연방에 포함되는 대독일주의를 선호했다. 대독일주의를 주장하는 의원들은 각 영방국가들의 자율성을 보장하는 '국가연합'의 형태를 옹호했다. 만일 이에 의거한 독일 통일이 달성된다면 독일연방은 유럽의 중앙을 지배하는 거대한 권력을 확보하게 될 것이 분명했다(Wollstein 1977, 266-268).

그러나 프로이센의 세습국왕이 독일연방의 황제를 겸하는 것을 선호하는 요한 구스타프 드로이젠(Johann G. Droysen) 등의 세습황제파는 헝가리와 보헤미아왕국 등을 포함하는 다민족국가인 오스트리아제국을 배제하는 이른바 소독일주의를 제창하게 된다(Turk 1999, 71). 소독일주의는 보다 강력한 중앙집권제적 국가와 정부형태를 선호했다. 동시에 소독일주의는 프로이센의 세습국왕을 정점으로 하는 통합된 독일연방은 황제가 지배하는 제국임을 분명히 하고 있다.[7] 이러한 문제를 둘러싼 치열한 논쟁은 국민회의 내의 심각한 분열을 초래했다. 그러던 중 오스트리아 내에서 다시금 발생한 시민봉기를 반동 보수세력이 진압하면서 합스부르크제국의 유지를 천명하자, 국민회의는 소독일주의적 해법으로 선회하지 않을 수 없게 된다. 즉 오스트리아를 배제한 헌법제정을 완수해서 프로이센 국왕에게 독일황제의 관을 헌정하는 대안만이 남게 되었다(몸젠 2006, 350-352). 국민회의에 의해 독일황제가 선출됨으로써, 프로이센 중심의 소독일주의에 의거한 입헌군주제가 채택되는 듯했다.

이렇게 해서 1849년 3월 27일, 독일헌법, 즉 제국헌법이 제정 완료됐다. 그리고 1849년 4월 3일 에두아르트 폰 심슨(Eduard von Simson)이 이끄는 프랑크푸르트국민회의 대표단이 베를린을 방문해서 황제관을 수여하고자 했으나, 프로이센 국왕 빌헬름 4세는 제국수장의 지위를 거절했다. 그 이유는 3월 혁명이 이미 1년이나 지나 그 효력이 의심스러웠을 뿐만 아니라, 황제의 관이 시민혁명에 토대를 둔 프랑크푸르트국민회의에 의해 부여된다는 사실이 프로이센 국왕에게는 미흡했기 때문이다. 빌헬름 4세는 오스트리아와의 외교적 갈등의 소지를 염려했

7 신성로마제국 이래 독일에서 '제국'이라는 용어와 제국의 전통은 독일인들에게는 하나의 강력한 정신적, 문화적 접착제 역할을 담당했다(슈뒤르머 2003, 30).

고, 따라서 독일의 모든 영방군주들을 통해서 헌정될 경우에만 황제의 관을 수락할 것이라고 했다(Wende 2005, 94). 이로써 지난 11개월 동안 수많은 논의와 힘겨운 협상과정을 거쳐 완성된 제국헌법은 무용지물이 되어버렸다. 이와 동시에 프랑크푸르트국민회의는 무력화되었고, 프로이센은 그해 5월 14일 독일민족의 입법기관으로서의 프랑크푸르트국민회의의 권리를 박탈했다. 뒤이은 반발이 적지 않았으나, 1849년 7월 23일의 혁명적 시민봉기는 프로이센 군대에 의해 마지막으로 진압되었다. 이로써 1848년 혁명은 실패로 돌아갔다.

5. 반동체제의 복귀와 정치개혁의 좌절

독일의 3월 혁명은 왜 결국 실패로 돌아갈 수밖에 없었을까? 시민혁명의 실패 이유는 여러 가지가 있을 수 있다. 그러나 무엇보다도 중요한 사실은 독일시민에 의한 3월 혁명이 구체제의 정점에 있던 영방군주들과 이를 지탱해주던 보수세력들을 완전히 제압하지 못한 상황에서 정치개혁을 모색했다는 데 있다. 독일의 군주와 보수 세력은 프랑스 2월 혁명에 뒤이은 독일의 3월 혁명이 자신들의 지배체제를 송두리째 와해시킬지도 모른다는 위기감에 사로잡혔다. 이 때문에 3월의 시민혁명의 요구사항들을 마지못해 받아들였던 것이다. 그러나 군주와 보수 세력들은 자유주의나 급진민주주의 세력들에게 자신들이 그때까지 지녔던 모든 권력과 권력수단을 통째로 넘겨준 것은 결코 아니었다.

이러한 점은 혁명 직후 각 영방국가들의 정부와 내각에 참여한 자유주의자들이 정치상황을 확고하게 관장하는 입장에 있지 못했다는 사실에서도 드러난다. 그 이유는 크게 두 가지로 나누어 볼 수 있다. 첫째는 혁명적 상황에서 요청된 복잡한 현안들은 대개 시간이 소모되는 문제들로서 신속한 처리가 어려웠으며, 둘째는 영방국가들의 군주 및 주변 보수세력들의 비협조와 저항 그리고 반발이 적지 않았다는 사실이다. 국왕들은 기회만 있으면 다시금 세력을 만회할 기회만을 엿보고 있었으며, 특히 대부분이 상비군이었던 군대는 국왕 외에는 그 누구의 명령도 듣지 않는 거의 독립적인 권력을 행사했다. 3월 시민혁명 이후의 정치적인 상황이 이처럼 유동적이었기 때문에 군주들이 약속한 헌법제정 등을 실행에 옮기기에는 여러 가지 장애요인들이 많았다.

1848년 독일 시민혁명은 특히 가을로 접어들면서 점차 강화되어 가는 반혁명에 직면하게 된다. 보수 엘리트들은 힘을 합쳐 3월 혁명의 결과를 되돌릴 유리한 기회를 엿보고 있었다. 먼저 프랑스의 경우 1848년 6월 알제리 식민지 전쟁에 참전했던 유진 카베냑(E. Cavaignac) 장군에 의해 노동자 봉기가 유혈 진압되었다. 프랑스의 시위에 대한 강경진압 사례는 즉시 오스트리아에 이전되었다. 특히 2월과 3월의 혁명과정에서 시민들에게 수모를 당했던 군대와 이를 지휘하는 장군들은 이번에는 일방적으로 시민봉기를 잔혹하게 진압했다. 1848년 10월 빈에서 일어난 봉기를 진압한 인물은 질서재건을 위해서는 어떠한 무력행사도 마다 않는 프라하 주둔군 사령관 빈디슈그래츠(Windischgraetz) 후작이었다(몸젠 2006, 305-315). 그는 오스트리아의 여러 지역에서 일어나는 혁명적 기도들을 모든 무력을 총동원해서 가차 없이 진압했다. 이처럼 무력진압을 반복하던 오스트리아 제국의 정치상황의 전개는 프랑크푸르트의 국민회의로 하여금 프로이센이 중심이 되는 소독일주의에 따른 해법으로 옮겨가게 했다(Goertemaker 1987, 110-111).

하지만 정작 프로이센 국왕 빌헬름 4세는 거듭 성공하는 오스트리아의 진압 사례에 고무되어 반동 복고의 길을 모색하게 된다. 아울러 국왕 주위의 궁정관료와 군대의 장교단 그리고 귀족들 등 보수진영 내에서는 이미 강력한 반혁명 세력들이 형성되어 있었다. 1848년 10월 중순 베를린의 하층계급과 노동자들이 일으킨 봉기로 인한 무정부상태는 군대의 적극적 진압을 정당화시켜주는 계기가 되었다. 뿐만 아니라 보수인사들로 내각이 구성된 후인 1848년 11월 초에는 프로이센 의회가 해산했고, 12월 5일에는 국왕에 의해 제정된 흠정헌법(欽定憲法)이 공표되었다. 이로써 반혁명 보수 정책들이 하나하나 실행되었다. 그리고 이듬해인 1849년 3월에 이르러서는 질서와 안정을 위한다는 명분하에 프로이센 정부는 모든 정치운동을 정지시키게 된다.

그리고 이러한 상황에서 프랑크푸르트국민회의의 대표단이 베를린에 당도해서 빌헬름 4세에게 독일제국의 황제의 관을 전달했지만, 앞서 말했듯이 실패로 끝나게 된다. 국민회의가 제정한 제국헌법을 무력화시킨 프로이센 정부와 마찬가지로 독일의 각 영방제후들은 프랑크푸르트국민회의에 파견했던 자국의 대표들을 모두 소환하기 시작했다. 소환되지 않은 나머지 의원들은 남독일의 슈투트가르트로 옮겨가 회의를 계속했지만, 얼마 안가서 군대에 의해 강제로 해산 당하게 된다. 이로써 독일의 자유주의 시민혁명은 종말을 맞이했고, 개혁적인 자유주의 내각 또한 해산했으며, 그 대신 반동적인 보수체제가 다시금 복귀하게 된다. 독일시민에 의한 3월 혁명과 프랑크푸르트국민회의를 통해서 독일의 근대적인 국민국가의 창설을 시도했던 계획은 모두 실패로 끝나게 된다(Baumgarten 1974, 31-35).

절대왕권과 보수적 지배체제에 저항한 독일의 1848년 시민혁명은 독일 역사에서 처음으로 근대시민에 의한 대규모적인 정치참여가 이루어졌던 사건이다. 이 혁명의 주체인 당시 지식인들은 개인의 자유와 평등이라는 계몽주의에 기초한 인간 내지 개인의 해방운동을 이끌어나감과 동시에 군주의 자의와 귀족 및 성직자의 봉건적 특권을 비판함으로써 근대적 형태의 통합된 국민국가를 창설하고자 했다. 즉 이들은 대체적으로 자유주의에 기반을 둔 정치개혁을 추구했고, 동시에 그때까지 사분오열되었던 독일의 각 영방국가들을 강력하게 결속된 하나의 국민국가로 통합하고자 노력했다.

따라서 1848년의 독일혁명은 비록 그 결과는 실패로 끝났지만, 당시에 태동하던 시민계급의 정치적 힘이 응집된, 다시 말해서 민주적 시민참여를 바탕으로 한 정부 운영의 '공동성'(the common)의 측면이 발현된 최초의 사건이었다. 정치공동체인 국가와 정부의 형태를 자유주의 이념에 비추어 개혁하고자 했던 독일 국민들의 노력은 공공 현안이나 국정운영에 대한 시민참여라는 새로운 차원의 정치적 의미를 불러왔다. 이러한 공동성의 등장에 반해 기존의 지배체제를 구성하고 있던 독일 내 각 영방국가들의 법과 제도 그리고 공권력 등의 체계는 '공공성'(the public)의 측면을 대변해주고 있다. 이렇게 볼 때 독일의 1848년 혁명과 뒤이은 반동정치는 공동성의 측면과 공공성의 측면이 대립과 갈등을 빚어낸 역사적 사건으로 평가될 수 있다.

여기서 1848년 독일혁명 당시 기존의 공공성을 대변해주던 구체제는 우선은 시민혁명이라는 공동성의 힘 내지 권력에 의해 압도당함으로써 정치개혁의 길을 열어놓지 않을 수 없었다. 그러나 1년여에 걸친 국민회의의 지루한 논의과정과 의사결정의 난맥상은 새로이 등장한 시민계급의 정치적 역량을 점차 축소 내지 감퇴시키는 결과를 초래했다. 즉 프랑크푸르트국민회의에서 온건자유주의와 급진민주주의 파벌 등 정치세력들 사이의 갈등과 분열, 그리고 정치적인 견해 차이로 인해 현안에 대한 해결책을 둘러싼 합의 창출의 빈번한 실패 등은 혁명 초기의 극대화된 정치적 역량을 지속적으로 감퇴시킴으로써, 보수 세력들이 구체제로 복귀할 수 있는 반동의 기회를 제공했다. 이로써 공동성을 기반으로 한 새로운 정치개혁을 위한 노력은 기존의 공공성에 다시금 압도당하는 결과를 불러왔다. 보다 정확히 말하자면 공동성의 역량 취약은 공공성의 힘이 상대적으로 강화 내지 극대화되는 결과를 빚어냈던 것이다.

마지막으로 역사 및 사회적인 차원에서 볼 때 국가권력을 의미하는 공공성의 의미는 함께 하는 국민 공동의 힘, 즉 공동성과 긴밀한 연관관계 속에 있다는 사실이다. 1776년의 미국 독립혁명, 1789년의 프랑스 시민혁명 등 세계사적 전기를 의미하는 과거에서뿐만 아니라, 1990년대의 동구 시민혁명을 통해 붕괴된 사회주의체제 등과 같은 정치적 변혁 또한 공공성과 공동성의 관계 속에서 재평가될 수 있다. 혁명적 변혁에 의해 구체제를 대신하는 새로운 체제, 즉 법제도적으로 새로이 구축된 질서의 체계는 기존의 공공성이 소멸됨과 동시에 시민참여에 의한 공동성이 '공공성의 모습으로 거듭나는' 것, 즉 공동성의 제도적인 정착을 통한 공공성으로의 새로운 자리매김을 의미함에 다름 아니다. 이러한 맥락에서 보면 정부의 공공성과 공동성은 상호 배타적인 특성을 내포한 듯이 보이지만, 그 핵심은 상호 긴밀한 연관관계 속에 놓여있는 그리고 공공성(the public)과 공동성(the common)의 양 개념을 공히 포괄하는 정부의 '공공성'(公共性)을 여실히 드러내주고 있다는 데 있다.

근대 이후 등장한 정치공동체인 국민국가의 내적인 질서 확보와 정치적 통합은 바로 이러한 정부의 양 측면을 의미하는 공공성과 공동성이 조화를 이루었을 때 비로소 달성될 수 있었다. 반면에 공공성이나 공동성의 어느 한 쪽이 지나치게 강조될 경우 국가적 안정과 정치적 통합의 달성이 용이하지 않다는 점이다. 다시 말해서 근대 이후 현대에 이르기까지 국가 내지 정부의 바람직한 운영은 양자의 조화와 균형을 제대로 유지해 왔는가에 달려 있다고 해도 결코 과언이 아니다.

6. 결론

지금까지의 논의를 간략히 요약, 정리하면 다음과 같다.

독일의 1848년 시민혁명은 초기에는 독일 내 각 영방국가의 군주들과 보수 세력들을 압도했다. 이에 따라 의회소집, 헌정질서의 도입 등 자유주의에 기초한 근대적 정치개혁을 약속했다. 이러한 시민혁명의 성과에 의거해서 '프랑크푸르트국민회의'는 근대적인 국민국가의 헌법을 제정하기 위해 1848년 5월 소집됐다. 여기서 근대적 개인의 기본권이 심의, 확정되었다. 그러나 통합된 독일연방의 정치체제 수립과 중앙권력의 소재를 둘러싼 논의에서 시민혁명을 이끌었던 각 정파들 간의 갈등과 분열이 심화되었다. 대독일주의와 소독일주의를 둘러싼 논쟁 속에서 각 정치세력 간의 갈등과 분열 또한 심화되었다. 시민혁명을 주도했던 자유주의와 급진민주주의 세력들이 독일의 미래를 놓고 극심한 분열 양상을 보이자, 영방국가의 군주들과 보수 세력들은 이 기회를 틈타 다시금 권력에의 복귀를 기도하게 된다. 그리고 이들은 무력에 의해 혁명세력들을 진압함으로써 반동체제의 복귀에 성공했다. 이와 동시에 독일의 시민혁명은 실패로 돌아가게 된다.

그러나 1848년 시민혁명은 독일 역사상 최초의 근대적인 시민들에 의한 정치참여가 본격화된 사건으로 평가할 수 있다. 즉 1789년 프랑스 시민혁명 이후 계몽주의에 기초한 인간의 자유와 권리에 대한 의식은 나폴레옹전쟁을 겪으면서 점차 독일 국민들 사이에서도 확산되어 갔다. 신성동맹에 의거한 메테르니히의 견고한 복고체제도 이러한 근대적 시민의식의 확산을 막을 수는 없었다. 그리고 마침내 1848년 프랑스를 필두로 독일 등 유럽 여러 국가들에 시민혁명의 불길이 불어 닥쳤다. 독일의 3월 혁명은 구체제를 지탱해온 왕권과 보수 세력들을 압박해, 정치개혁의 길로 들어서게 했다. 독일 시민들은 여기에서 정치적 현안에 대해 공동으로 의견을 제시하고 그 시행을 요구하는 보다 적극적인 정치참여를 경험하게 된다.

이를 통해 형성된 시민들의 정치참여를 통해서 보여준 공동의 의지와 역량의 발현은 정부의 속성 중 하나인 공동성(the common)의 측면을 가시화시켜준 것에 다름 아니다. 3월 혁명은 시민들이 기존의 국가 제도와 공권력, 즉 정부의 공공성(the public)에 대항한 정치적인 사건이었다. 자유주의에 기초한 제반 정치개혁과 사분오열된 독일의 각 영방국가들을 하나의 국민국가로 통합하고자 했던 독일 시민혁명은 비록 그 결과에 있어서는 실패했지만, 시민들이 주체가 되어 정치공동체인 국가의 형태를 스스로 그리고 공동으로 결정하는 데 직접 참여했던 중요한 사건이 아닐 수 없다. 이러한 독일의 사례에서 무엇보다도 아쉬운 점은 '공동성'(the common)을 기반으로 한 시민들의 정치적 노력이 바로 자신들 내부의 분열로 인해 구체제의 '공공성'(the public)에 다시금 압도당하는 결과를 불러왔다는 데 있다. 독일혁명의 과정에서 볼 때 공동성의 역량이 약화되자 곧장 보수적인 구체제의 공공성의 측면이 강화 내지 극대화되는 결과를 불러왔던 것이다.

뿐만 아니라 전반적으로 독일연방 전체 차원에서의 공공성을 대변하는 중앙권력을 수립하려는 노력 또한 실패했다. 그 대신에 반동체제로 돌아선 각 영방국가들 자체의 공공성은 강화된 반면, 시민들의 참여의 측면을 의미하는 공동성의 측면은 다시금 축소되고 말았다. 따라서 독일은 1848년 시민혁명 이후 왕정복고를 이룬 후에도 정치적 안정을 공고히 하는 데는 적지 않은 어려움이 있었다. 결국 1871년에 프로이센의 재상 비스마르크에 의해 제2제국이 건설된 이후 독일은 비로소 근대적인 국민국가의 형태를 구축해서 정치적 안정을 꾀할 수 있었다. 다만 비스마르크의 제2제국은 국가나 정부의 공공성이 시민참여에 의한 공동성을 압도했던 전제군주제에 의거한 정부의 특성을 지니지 않을 수 없었다.

마지막으로 역사적인 차원에서 볼 때 국가나 정부의 체제와 권력을 의미하는 공공성(the public)은 공동체의 구성원인 국민의 힘, 즉 공동성(the common)과 긴밀한 관계에 있었다. 그리고 이러한 공공성과 공동성의 관계는 세계사적인 정치변혁의 과정 속에서 보다 잘 드러나고 있다. 역사 속에서 혁명적인 정치변화는 어김없이 낡은 구체제를 대신하는 새로이 구축된 법제도와 질서체계를 도입한다. 이때 기존의 공공성을 대체하는 새로운 공공성은 시민들의 적극적인 정치참여에 의한 공동성이 '공공성의 모습으로 거듭나는' 것을 의미한다. 이런 관점에서 보면 국가나 정부의 공공성은 법제도화된 공동성의 모습이 아닐 수 없다. 즉 정부의 공공성은 공동성과 배타적이고 이질적인 것이 아니라 상호보완적인 관계에 있다고 할 수 있다.

그리고 이러한 관점에서 볼 때 서론에서 이미 언급했듯이 한자어의 공(公)과 공(共)을 모두 함께 포괄하는 정부의 공공성(公共性) 개념은 그 설득력을 획득하지 않을 수 없을 것이다. 그리고 국가나 정부의 정당성과 지속성은 바로 이러한 공공성과 공동성이 어느 한쪽도 지배적이지 않는 조화와 균형을 이룰 때만 가능하다. 요컨대 근대 이후 대부분의 민주국가에서 정부의 바람직한 운영은 바로 이 공공성(公共性)의 확보, 즉 공공성과 공동성의 조화와 균형을 유지하는 데 그 핵심이 있다.

참고문헌

곽준혁. 2007. "키케로의 공화주의." 『정치사상연구』 제13집.

김경희. 2005. "비르투 로마나 (Virtù Romana)를 중심으로 본 마키아벨리의 공화주의." 『한국정치학회보』 제39집 제1호.

이민호. 1989. "1848년의 독일혁명–동서독의 혁명해석을 중심으로." 『서양사론』.

_____. 2003. 『새독일사』. 서울: 까치.

장명학. 2011. "제국과 영방의 긴장 속의 신성로마제국 정부." 『한독사회과학논총』 제21권 제2호.

조준수. 2002. "프랑스혁명 전후 독일에서의 자유에 관한 논의." 『역사와 경계』.

몸젠, W., 최호근 역. 2006. 『원치않은 혁명, 1848』. 서울: 푸른역사.

슈말레 W., 박용희 역. 2006. 『유럽의 재발견』. 서울: 을유문화사.

슈튀르머, M., 안병직 역. 2003. 『독일제국 1871-1919』. 서울: 을유문화사.

Baumgarten, Hermann. 1974. *Der deutsche Liberalismus*. M.-Berlin-Wien: Frankfurt.

Blasius, Dirk. 1992. *Friedrich Wilhelm IV. 1795-1861*. Goettingen: Psychopathologie und Geschichte.

Boldt, Werner. 1971. *Die Anfaenge des deutschen Parteiwesens* Paderborn: Fraktionen, politische Vereine und Parteien.

Botzenhart, Manfred. 1977. *Deutscher Parlamentarismus in der Revolutionszeit 1848-1850*. Duesseldorf.

Droz, Jacques. 1983. *Die deutschen Revolutionen von 1848*. Darmstadt.

Goertemaker, Manfred. 1987. *Deutschland im 19. Jahundert. Entwicklungslinien*. Bonn.

Griewank, Karl. 1983. *Ursachen von 1848*. Darmstadt.

Hegel, G. W. F.. 1956. *The Philosophy of History*, J. Sibree(tr.). New York:

Dover.

Langewiesche, Dieter. 1997. "Fruehliberalismus und Buergertum 1815-1849." Lothar Gall(Hg.), *Buergertum und buergerlich-liberale Bewegung in Mitteleuropa seit dem 18. Jahundert*, Sonderheft 17 der *Historische Zeitschrift*(Muenchen 1997).

Lieber, Hans-Joachim(Hg.). 1993. *Politische Theorien von der Antike bis zur Gegenwart*. Bonn.

Mann, Golo. 1968. *The History of Germany since 1789*, trans. by Marian Jackson. New York/Washington: Praeger Publishers.

Turk, Eleanor L.. 1999. *The History of Germany*. Londen: Greenwood Press, Westport, Connecticut.

Vierhaus, R.. 1987. "Patriotismus-Begriff Realitaet eienr moralisch-politischen Haltung." *Deutschland im 18*. Goettingen: Jahrhundert.

Viroli, Maurizio. 2002. *Republicanism*, tr. Antony Shugaar, New York: Hill and Wang.

Wende, Peter. 2005. *A History of Germany*. New York: Palgrave Macmillan.

Wilson, Peter H.. 2004. *From Reich to Revolution, German History, 1558-1806*. Basingstoke: Palgrave.

Wollstein, Guenter. 1977. *Das "Gross-deutschland" der Paulskirche. Nationale Ziele in der buergerlichen Revolution 1848/49*. Duesseldorf.

12장

군권을 둘러싼 공(公)·공(共)의 갈등과 명(明)·청(淸) 정부의 재발견: 장거정(張居正)과 황종희(黃宗羲)를 중심으로*

장현근 용인대학교

1. 서론

진시황의 중국통일과 급속한 멸망, 그리고 이후 등장한 한나라의 장기안정과 발전의 원인에 대한 분석은 중국정치사상사에서 평가와 재평가가 거듭되어온 주제이다. 정치와 권력, 사회 안정과 이상 국가에 대한 논의를 펼친 후대 사상가들은 그들 입론의 근거 중 하나로 이 역사

* 이 글은 『정치사상연구』 16집 2호(2010)에 실린 같은 제목의 글을 일부 수정한 것이다. 이 글에 사용된 공(公), 공(共) 개념의 출현과 초기 의미에 대해서는 이 책의 제5장을 참조.

적 사실을 예로 들곤 한다. 명나라 후기에 활동한 장거정(張居正, 1525-1582)과 그보다 100년 뒤에 활동한 황종희(黃宗羲, 1610-1695)도 마찬가지였다. 장거정은 "법제를 창립하였으며 지금도 그것을 지키면 이익이 된다."[1](『장태악집張太岳集』「잡저雜著」)며 진시황을 칭찬하였고, 황종희는 그의 『명이대방록明夷待訪錄』(1663) 곳곳에서 진 이래의 정치체제·법제 및 정치관계 일체를 비판하고 부정한다.

물론 모든 정권의 붕괴는 폭정이나 무능으로 규정되지만, 진나라가 '혹독한 형벌과 무거운 세금' 때문에 멸망했다는 한나라의 추상적인 단정[2]은 오랫동안 역사의 정설로 받아들여져 왔다. 그러나 진의 단명과 한의 장구함에 대해 정치사상의 입장에서 구체적인 이유를 찾아보는 시도는 그다지 없었다. 필자는 public과 common의 관점에서 정부를 재구성해보려는 시도의 일환으로 정치사상의 입장에서 진한 정부에 대한 재평가를 시도해보았다(장현근 2010). public을 동양정치사상 내의 공(公)으로 보고, common을 공(共)으로 봄으로써 그 갈등을 변수로 하여, 공(公)적 질서의 확립이 진나라 법치의 실상인데 그들은 common으로서 예(禮)가 얼마나 중요한 사회유지의 기능을 하는지 간과했기 때문에 단명했으며, 그에 이은 한나라는 public으로서 진의 공(公)적 질서를 그대로 답습하면서도 유가사상으로 공동성을 살려냄으로써 장기 안정과 문화 창출이 가능했다고 평가하였다.[3]

---

1 創制立法, 至今守之以爲利.

2 『한서漢書』「고제기高帝紀」 및 「식화지食貨志」, 『통전通典』「식화食貨」 등에 보임.

3 공(公), 공(共), 예(禮), 법(法) 개념은 다른 많은 개념과 마찬가지로 중국 정치사

그렇지만 한 대 이래 청나라 말까지 전개된 황제의 시대 또는 제국(帝國)의 시대 정치사는 군권의 극단적인 강화방향으로 전개되었다. 공(公)과 공(共)의 조화를 통한 사회질서의 안정책인 외유내법(外儒內法)의 정치는 차츰 사라져가고, 과도하게 공(公)이라는 질서만을 탐하는 방향으로 전개되었다. 사회적 요구와 이를 수렴하는 관료나 지식인들은 수동적 복종자들로 전락해 갔고 황제의 권력은 무한히 증대되었다. 황제 개인의 말과 행동과 생각이 유일한 공(公)적 표준이 되어감으로써 common의 정치적 기능은 찾아보기 어렵게 되어갔다. 특히 송나라 이래 황권은 가일층 독재일변도로 치달아갔다. 주원장(朱元璋, 1328-1398)과 영락제(永樂帝)를 거쳐 구준(丘濬, 1421-1495)의 '제왕학'(帝王學)은 강렬한 군주전제의 희망과 그 이론적 바탕을 마련하였다. 장거정은 군권을 강화시키고 문화전제를 시행하여 의론(議論)을 통제하는 등 오직 공(公)적 질서의 확립, 즉 군주중심의 public 기능을 강화시킴으로써 사회갈등을 해결하려고 하였다. 청나라 또한 명나라 제도를 그대로 답습하여 강희(康熙)-옹정(雍正)-건륭(乾隆)을 거치면서 명나라 황제를 훨씬 능가하는 군주전제 정부의 극단을 보여주었다.

중국 황제의 시대엔 거의 모든 정치사상이 유교의 인정(仁政)을 표방하였다. 하지만 공맹순(孔孟荀)의 초기 유가사상에서 왕도와 인정

상사에서 논리적 일관성과 역사적 체계성을 가지고 다루기에는 너무도 다양한 용례를 갖고 있다. 따라서 이 논문이, 일부는 뒤섞인 경우도 있지만, 대부분의 논의에서 '공(公)-public-법', '공(共)-common-예'라는 구성을 하게 된 것은 외유내법이라는 틀 속에서 유가와 법가가 정합적으로 일체화해 온 것으로 중국의 정치전통을 파악하는 필자의 입장을 반영한 것이다.

에 상대적으로 종속되었던 군주는 제국의 시대에 오히려 그 반대로 황제의 독단을 인정으로 포장하고 이를 공(公)적 가치로 내세우는 극단적 군권 중심주의로 변질되었다. 장거정은 이런 입장의 중심에 서 있다.

독재는 필경 그에 따른 후유증을 드러내게 된다. 장거정이 죽자 명나라는 부패와 학정의 극단으로 치달아 제국에 석양이 드리우며 저물어가게 되었다. 독재의 한 축인 환관의 동창(東廠)에 대항하며 또 하나의 정치적 편견으로 기울기도 했지만, 재야 지식인들을 중심으로 한 동림당(東林黨)의 청의(淸議)는 황제의 왜곡된 public 중심주의에 대한 common의 정치적 가치가 다시 강조된 운동으로 볼 수도 있다. 거기서 한걸음 더 나아가 군권을 public이 아니라 그 정반대인 사(私, private)로 보아 군주의 무용함을 주장한 황종희의 사상은 정치에서 공(公)과 공(共)의 가치를 깊게 고민한 결과로 해석할 수 있다.

장거정과 황종희의 사유를 비교함으로써 필자는 진한시대와 마찬가지로 public과 common의 조화만이 치세(治世), 즉 안정된 세상을 만들어간다는 주장을 펴고자 한다. public의 과도한 강조는 필경 전제를 수반하며, 이는 부패와 관료의 타락으로 연결되며 강한 통제사회를 만들어낸다는 것을 장거정을 중심으로 분석하는 한편, 황종희의 『명이대방록』을 중심으로 절대군권에 대한 회의를 살펴보고, 중국 유가사상에 내재하는 public과 common의 상호보완 작용의 필요성을 강조하고자 한다. 동시에 두 사상이 갖는 한계와 현대 정치사상에서의 함의도 살펴보고자 한다.

2. 명·청대 군주 공(公) 권력의 강화와 그 한계: common의 public에의 예속

중국 장강(長江) 유역 민중들의 반민족적 정서와 농민반란에 올라타서 창업에 성공한 홍무제(洪武帝) 주원장은 강력한 군주전제를 희망하였다. 가난한 농민 출신으로 국가의 역할은 농업 보호에 있다고 생각했으며, 비밀 종교조직과 홍건적을 통해 정치적으로 성장했기에 민중들의 강한 저항의식과 힘에 대한 두려움을 갖고 있었다. 몽골을 북방으로 몰아내긴 했지만 원을 완전히 멸망시킨 것이 아니어서 강한 중앙집권을 더 필요로 하였다. 이런저런 이유로 주원장은 "근본적으로 정부 역할에 대한 보수적인 시각을 가지게 되었다."(발레리 한센 2006, 438).

주원장은 한(漢) 민족의 왕조를 회복시킴과 아울러 모든 몽고 풍속을 금지시키고 중앙집권적 독재체제의 확립을 꾀하였다. 중앙에는 1380년 중서성(中書省)을 폐지하여 육부(六部)를 독립시키고 도찰원(都察院)·오군도독부(五軍都督府)를 설치하여 이들 기관을 황제 직속 하에 두었다. 지방에도 행정담당 포정사사(布政使司)와 군사담당 도지휘사사(都指揮使司), 감찰담당 안찰사사(按察使司)를 병립시키고 이들을 중앙에 직결시켜 황제는 이 통치기구 위에 군림하여 절대 권력을 장악하였다. 또한 24인의 황자(皇子)를 전국의 요지에 분봉하여 제실의 안정을 도모하였다. 한편, 농민통치에도 힘을 기울여 전국의 농촌에 이갑제(里甲制)를 설치하고 부역황책(賦役黃冊)과 어린도책(魚鱗圖冊)을 만들도록 하여 조세·부역의 징수를 공평히 하고 정책의 침투를 꾀하였다.[4] 이렇게 국가의 공공기관들을 황제에 직속시키는 것은 황제가 모든 public을 대표하는 최고의 권위가 된다는 의미이다. 따라서 황제의 일거수일투족과 생각 하나하나가 모두 공(公)이 된다. 물론 주원장이 닮고자 했던 당나라[5]의 기존 중앙집권적 독재체제의 연속이긴 하지만, 당에 재상이 존재하고 삼성(三省)에서 권력의 일부를 분점해서 common이 어느 정도 정부적 정책적으로 반영되던 것과는 많은 차이가 난다. 그러니까 명대에 이르러 군권의 극단적 확장이 이루어졌으며, 그것이 황제는 공적 권위의 유일한 상징이 된 것이다. 예컨대 주원장은 "건국 초엔 응당 기강을 먼저 바로잡아야한다."고 강조하고 "예법이 서면 사람의 뜻이 정해지고 상하가 안정된다. 건국 초엔 이를 선결업무로 삼아야 한다."[6](『명통감明通鑒』 권3)면서 군주가 "예법으로 신하를 제어해야, 신하는 위를 본받아 관리들과 병졸들을 통제할 수 있다."[7](『명태조문집明太祖文集』「諭福建承宣布政使司參政魏鑒瞿莊詔」)고 생각했다. 이는 예라는 common과 법이라는 public을 군주 하나에 집중시켜야 한다는 얘기다. 주원장은 자신의 권력의지를 제도로 관철시켰으며 군주의 절대 권위를 확립시켰다.

특히 10호(戶)를 1갑(甲)으로 한 10갑에다 각 갑을 통솔하는 갑수호(甲首戶) 10호를 두어 총 110호로 구성된 이(里)를 이장이 통솔하

---

4 『두산백과사전』 http://100.naver.com/100.nhn?docid=140686 참조하여 정리.

5 주원장은 역대 왕조들 가운데 당나라를 닮고자 하여 모든 의례와 복식 등을 당나라 풍으로 하라고 명하였다. 발레리 한센 저, 신성곤 역 2006, 438-439 참조.

6 紀綱不立, 主荒臣專, 威福下移. …建國之初, 當先定紀綱, …禮法立, 則人志定, 上下安. 建國之初, 此爲先務.

7 馭臣下以禮法, 臣能馭吏卒以體上.

는 이갑제(里甲制) 기본구조는 황제의 지배력을 말단까지 침투시키려는 것이었다(데라다 다카노부 2006, 48). 또한 이노인(里老人)을 두어 홍무제의 통치지침인 육유(六諭)[8]에 입각해서 향촌의 질서와 도덕적 판단의 기준을 삼도록 했다.

군주라는 공공성(public)이 사회의 모든 공동성(common)의 근원이자 궁극적 판단자라는 주원장의 생각은 민중이 관원을 고발할 수 있도록 법률로 제도화한 그의 조치에서도 잘 드러난다. 고발장을 소지한 수많은 민중들이 서울로 올라와 간악함을 고발하였는데, 민중들이 관청을 통제할 수 있는 일정한 권력을 가지도록 어느 정도 인정해준 것이며, 또 이런 권력을 법률로 보장해준 것이기도 하였다. 하지만 주원장이 이렇게 한 것은 왕권의 절대 권위를 전제로 한 것이며, 왕권이 민중의 이익을 비호하고 있다는 것을 강조하기 위함이었다. 그 실질은 여전히 군주에 의한 신민의 제약이지 절대로 민중 자신의 권리를 구현시키자는 것이 아니었다. 끝을 파보면 비교적 고명한 관리 통제술에 불과한 것이었다(劉澤華 1996, 487). 관청과 관원의 공적 권위를 인정하지 않는다는 말이고, 우민을 동원한 인민통제의 수단이다. 주원장이 유가사상을 존중했고, 인정(仁政)사상을 긍정하면서도 '사적으로' 민귀(民貴)설에 대

8 1398년 주원장이 민중을 교화한다며 내린 6조목의 교훈 즉 성유육언(聖諭六言)으로 주 내용은 1)부모에게 효도할 것, 2)연장자를 공경할 것, 3)향리의 화목을 도모할 것, 4)자손에게 교훈을 남길 것, 5)각자의 삶에 만족할 것, 6)옳지 않은 일을 저지르지 말 것 등 유교의 오륜을 교묘히 이용해 순종적인 백성을 만들기 위한 방편이었다(孝順父母, 恭敬長上, 和睦鄕里, 敎訓子孫, 各安生理, 無作非爲).

해선 극단적으로 싫어한 점[9]이 이를 증명해준다.

홍무제는 1380년 호유용(胡惟墉)의 옥(獄)과 1393년 남옥(藍玉)의 옥[10] 등으로 무려 6만여 명을 도륙하였다. 오직 정권의 안정이란 황실 입장에서의 공적(public) 요구 때문에 사회적 합의나 청원 및 도덕의 요청 등 common은 철저히 외면당했다. 계승분쟁의 방지를 위해서든 모반 진압이라는 명분이든 결국은 황제 '개인'의 '사적' 이유로 이루어진 이 야만적 숙청을 정부의 '공적' 권력 행위로 보기는 어려울 것이며, 따라서 명 정부는 태생부터 절대적 공(公)권력 추구라는 명분 내에 그것이 진정한 public인지 의심스러운 요소를 많이 갖고 있었다고 할 수 있다.

살육전을 치르고 집권한 영락제 주체(朱棣)는 한 걸음 더 나아갔다. 아버지 홍무제의 육유(六諭)에 의한 사상통제 기능을 3부의 『대전』을 통해 더욱 강화하였다. 『오경대전五經大全』, 『사서대전四書大全』, 『성리대전性理大全』을 수찬하고 반포하여 정주이학으로 사람들의 사상과 행동을 통일하려고 시도하였다. 군주의 명령과 두터운 예우를 입은 학자들이 급하게 편찬한 이 책들은 강한 정치적 목적을 가지고 있었다. 편

9 『맹자』에서 '민'(民) 자가 들어간 장절을 모두 빼버리고 읽히라는 조서에서도 잘 드러난다.

10 호유용과 남옥은 모두 주원장과 같은 고향으로 개국공신들이다. 어디까지가 사실인지 모를 이 모반계획에 대한 1380년 1만 5천 명, 1390년 1만 수천 명이 승상 호유용과 관련하여 주살되었다. 이를 계기로 중서성이 폐지되었다. 또 무관의 일인자였던 남옥도 밀고로 겨우 살아남은 공신들을 포함하여 2만여 명이 주살되었는데, 음모의 내용과 사건경과는 발표되지도 않았다(데라다 다카노부 2006, 51-54).

찬 서문[11]으로 볼 때, 영락제의 목적은 자신이 군주요 스승으로 도통(道統)과 치통(治統)을 수호하는 성왕이자 교주라는 것이며, 군주의 명령으로 천하의 학술을 정주학으로 통일시키고 예외 없이 유가의 강상윤리로 천하를 다스리려는 것이다. 황제 개인의 의식을 형성한 논리체계가 public 그 자체가 되는 것이며 천하의 common을 대변하는 것이 된다. 군주가 정한 논의에 어긋나는 일체의 언행과 학문은 '이단'으로 취급하였다. "그리하여 2백여 년 이래 학교교육의 교재와 과거시험의 출제는 모두 정주이학을 기준으로 삼게 되었다. 학자들은 주자학의 범주에서 감히 단 한 걸음도 더 넘어설 수 없었다."(劉澤華 1996, 492).

군주의 이념에 대한 이의제기를 진시황처럼 책을 불사르는 행위는 소극적인 대응방법이며, 홍무제나 영락제처럼 뚜렷한 자기이념을 public화 시키면서 이의제기를 이단으로 규정하는 것은 적극적인 대응방법이다. 명대 초기 군주 공(公)권력의 이념 강화는 구준의 제왕학에서 절정을 이룬다. 그의 『대학연의보大學衍義補』는 정주이학의 정치이론을 국왕의 구체적 정책들과 결합시켜 『대학』의 치국평천하 원칙을 해설하고 있는데, 명대 제왕들의 사상과 언행 및 조정의 행정방침에 커다란 영향력을 발휘하였다.[12] 구준은 군주보다 높은 곳에 천(天)을 비정하고 있지만, 인간세상 모든 것의 주재자로 군주를 상정한다. 권력은 군

11 전문은 『명태종실록』 권168에 보임.

12 『대학』은 수신제가치국평천하를 포괄적으로 다루고 있는데, 송 대 진덕수(眞德秀)의 『대학연의』는 수신제가의 도를 발휘하는데 중점을 두고 있으며, 『대학연의보』는 치국평천하의 정책을 충실히 하는데 중점을 두고 있다고 할 수 있다. 『대학연의』는 역대 제왕들의 필수 참고 서적이었다.

주 이외의 어떤 사람에게도 위탁할 수 없는 것이며, 모든 규율은 '군주 한 사람의 마음'에 기탁할 수밖에 없다고 한다. 수신제가와 치국평천하를 본말내외의 관계로 보고, 제왕의 통치를 "몸과 집안을 뿌리로 삼아 천하에 도달하는 것이지만", "치국평천하의 효과에 다다르고, 격물·치지·성의·정심·수신·제가의 효용을 수렴해야만" 한다. 그래서 제왕학은 "그 근본을 앞세우고 말절은 뒤로 하며, 안으로부터 말미암아 밖에 미치도록 하며, 끝내는 성스럽고 신령한 효용의 궁극으로 귀결된다. 그래서 본말을 겸하고 내외를 합침으로써 전체 대용의 궁극적 효용을 달성하는 것이다."[13](이상 『대학연의보』)라고 한다.

구준의 제왕학은 하늘로부터 오고 인간사회 public의 궁극적 실체로서 군주 권력의 정당성을 찾고 있는데, 그는 '치국평천하'라는 public을 중심에 놓으면서도 수신제가라는 일종의 common을 군주에게 요구하고 있다. 이는 군주권력이 일정한 범위 혹은 일정한 조건 내에서만 작동된다는 의미로, 군권에 대한 일종의 제약일 수도 있다. 그는 "군주가 인심을 잃으면 독부(獨夫)에 불과하고, 독부라면 어리석은 백성 한 사람이라도 그보다 나을 수 있음을"[14](『대학연의보』「총론고본지도總論固本之道」) 인정했다.

사실 수많은 사람들에 둘러싸여 살아가는 제왕들이 수신제가를

---

13 本之身家以達之天下, …以致治平之效, 以收夫格致誠正修齊之功. …先其本而後末, 由乎內以及外, 終歸於聖神功化之極, 所以兼本末, 合內外, 以成夫全體大用之極功也.

14 君失民心則爲獨夫, 獨夫則愚夫愚婦一能勝我矣.

잘하고, 많은 이견과 갈등이 존재하는 정치세계에서 민심을 얻기 위해 도덕적으로 행동한다는 것은 둘 다 매우 어려운 일이다. 하지만 명대 군주들이 구준의 제왕학을 한없이 상찬한 이유는 무엇인가? 바로 그 속에서 절대 권력을 행사하면서도 common을 아우를 수 있는 단서를 찾을 수 있기 때문이다. 권력의 형성 과정에서야 끝없는 도전과 수신제가의 요구에 시달리겠지만, 권력을 장악한 뒤 모든 공적 권위의 정점에 서 있는 존재로서 군주는 그 자체가 수신제가를 잘하고, 계율들을 잘 지키며, 민심을 잘 파악하고, 도덕적으로 훌륭한 '완성된 인간'이 되는 것이다. 따라서 지금 통치하고 있는 군주의 생각과 행동은 모든 가치의 궁극적 판단준거가 되는 것이다. 모든 창업 초부터 명대 군주들이 생각하고 있는 군주상은 이런 것이었으며, 구준의 제왕학은 이를 잘 대변해주는 것이었다. 구준에게 군주에게 common의 조화를 요구함으로써 군권을 제한해보려는 생각이 있었는지는 드러나지 않지만, 적어도 『대학연의보』를 본 군주들의 생각은 그것이 아니었을 것이다. 결과적으로 군권은 더욱 강화되어 중국역사상 가장 극한까지 치달아갔다.

그러나 공(公)만을 내세운 독재는 결국 황실 자체를 위험에 빠뜨렸다. 6부를 황제의 직속에 아우르고 끝없이 불어나는 인구와 그에 따르지 못하는 경지면적의 증가, 소위 북로남왜(北虜南倭)의 환란과 부세를 면제받은 신사(紳士)층의 증가 등으로 명나라는 어두운 질곡에 빠져들었다. 16세기 말 가장 부유하고 선진적이었던 장강 하류 지역에서 "토지를 가진 자가 10명 가운데 1명에 지나지 않고, 지주의 소작인으로 된 자는 10명 가운데 9명이나 된다."는 이야기가 유행할 정도였다(오금성 외 2008, 98). common의 일정한 기능을 담당하던 이노인(里老人)의 역할은 무용지물이 되었다. 이러한 이갑질서의 붕괴에 대한 보완책으로 나온 것이 이른바 왕양명(王陽明) 등이 시행해서 큰 성과를 본 십가패법(十家牌法)[15]을 발전시킨 보갑제(保甲制)와 향약(鄕約)이었다.

입관(入關) 후 중원정복에 고심하던 청나라 황실도 결국은 명나라의 제도를 그대로 모방하였으며, 특히 적은 만주인으로 다수의 한인들을 다스리기 위해 한편으로 유가의 인정이라는 common에 기대면서도 궁극적으로는 공(公)을 극대화하는 황제의 독재를 지향하였다. 명대의 보갑제를 그대로 모방한 총갑제(總甲制)를 시행하면서도 향촌 방위기능을 없애고 상호 감시를 통한 연대책임을 강조하였고, 강희제는 1652년 주원장의 육유(六諭)를 주 내용으로 하는 성유(聖諭) 16개조[16]를 하달하였다. 보갑과 향약은 청나라 사회의 향촌질서를 안정시키는데 큰 공헌을 하였다. 그러나 결과적으로 "명·청 시대의 향촌지배는 민간 자율의 훈도를 위주로 한 향촌지배에서 점차 국가 및 관 주도의 향촌지배로 옮겨가고 있었고"(오금성 외 2008, 102-121) 결과적으로 common보다 public이 강조되면서 명나라든 청나라든 사회질서의 붕괴와 그에 따른

---

15 6-7할이 농촌을 떠나 유민이 되면서 향촌 치안질서가 중요해진 시점에서 1517년 남감(南贛) 순무(巡撫)에 부임한 왕수인(王守仁)은 10가를 1조로 편성하여 호적과 남녀성정, 가옥크기 까지 기입하여 문 위에 게시하도록 하여 스스로 서로를 구원하도록 하는 십가패법을 실시하여 큰 성과를 거두었다(오금성 외 2008, 102104).

16 敦孝弟以重人倫, 篤宗族以昭雍睦, 和鄉党以息爭訟, 重農桑以足衣食, 尙節儉以惜財用, 隆學校以端士習, 黜异端以崇正學, 講法律以儆愚頑, 明礼讓以厚風俗, 務本業以定民志, 訓子弟以禁非爲, 息誣告以全良善, 誡窩逃以免株連, 完錢粮以省催科, 聯保甲以弭盜賊, 解仇忿以重身命.

왕조의 붕괴로 이어지게 되었다. 명나라 후기 이러한 붕괴를 막아보기 위한 처절한 시도가 이른바 장거정의 개혁이었다.

3. 장거정의 군주전제 사상: 군권지상의 public only

이민족 정권인 원나라를 무너뜨리고 등장한 명 왕조는 출발부터 강한 민족주의적 성향을 내재하고 있었다는 점에서 소공권(蕭公權)은 고대 사상으로부터 근대 사상으로의 전환이라고 명명한 바 있다(장현근 편저 1997, 160). 하지만 명나라가 몽골을 완전히 무너뜨린 것도 아니며[17], 강한 배타적 민족의식을 가지고 다른 이민족들과 적대한 것으로 보이지도 않는다. 막대한 비용만 들였다가 성과물을 거두지도 않은 채 돌연 멈추어버린 정화(鄭和)의 남해원정에서 보듯 보편적 중화주의, 즉 문화적 우월의식으로 이민족과 접촉했다고 보는 것이 타당한데, 이는 명나라의 특색이 아니라 오랜 중국 전통 왕조들의 공통점이었다. 명나라 정치의 특색은 오히려 다음 두 가지 상황을 고려해야 할 것이다. 하나는 비약적 인구증가와 그에 따른 각종 사회문제를 효율적으로 대처할 공적 기재(public)와 사회적 합의(common)를 창출하지 못하고 거꾸로 군주

17 예컨대 1449년에 어린 정통제(正統帝)는 토목(土木) 전투에서 포로로 잡혀 몽골로 끌려가기도 했으며, 1550년에 칭기즈칸 후예를 자처한 알탄 칸의 군대는 북경 성문에 육박하기도 하였다.

권력의 비정상적 강화를 통해 해결하려는 비대칭이고, 하나는 1인 독재체제의 필연적 부산물인 밀실정치와 측근정치로서 환관의 전횡인데 그들이 공(公)권력의 중추인 황제의 그림자로서 자신들의 모든 행위를 public으로 간주했다는 아이러니이다.

common을 무시하고 수립된 공(公) 중심의 질서체제가 심각하게 위협받는 상황에 직면해서, 군권을 다시 강화함으로써 문제를 해결하려는 대표적 인물이 장거정이었다. 남송과 금나라를 합쳐 1억을 넘었던 중국 인구는 원나라 때 크게 감소했으나, 명나라의 등장과 장기 안정으로 급속한 증가를 보여 장거정의 시대엔 2억이 넘은 것으로 보인다.[18] 사회모순이 급격히 격화되었으며, 황족·관료 및 지방 호족들의 토지 겸병 사례가 늘어나고, 대량의 농민이 소작농으로 전락하고, 부역이 무거워져 농민들은 "토지 생산을 포기하고 사방으로 벗어나 이주하였다."[19](『명만력실록明萬曆實錄』 권32). 사회적 생산은 심각하게 파괴되었고 국가의 재정수입은 날로 줄어갔으며, 권력자들 사이에 암투가 치열했으며 정치는 매우 부패하였다. 장거정은 이렇게 말하고 있다. "근래 풍속과 인정에 적폐가 생겨나고 퇴패와 부진이 갈수록 심해져 돌이키기 어

---

18 Haijdra의 명대 연구를 기초로 발레리 한센(Valerie Hansen)이 추정하여 만든 도표를 참고했음(발레리 한센 저, 신성곤 옮김 2006, 483과 504 각주 3). 하지만 이준갑의 연구에 의하면 송 대 한때 1억이 넘었으나, 명나라 초엽은 다시 6천만 선으로 주저앉았다가 장거정의 시대에 2억에 도달했다가 명나라 말엔 다시 8천만 선으로 내려앉았으며, 강희-옹정-건륭을 지나며 지속적으로 증가해 1812년경 3억에 도달하였다고 한다(오금성 2008, 185 도표).

19 抛荒田産, 避移四方.

려운 심각한 기미를 보이고 있다. 변화와 개혁을 더하지 않으면 천하의 이목을 새롭게 하거나 천하의 마음을 통일시키기 어려워질 것이다."[20] (『장태악집張太岳集』「진육사소陳六事疏」).

장거정이 더하려는 '변화와 개혁'은 한마디로 공(公)권력의 확장이었다. 군주를 정점으로 공적 권력을 확장하고, 모든 신민을 거기에 복종하게 하는 것이었다. 「진육사소」에 따르면 그가 추진한 시급한 조치는 '기장의 진작'이었다(劉澤華 1996, 508-510). 그가 말하는 기강이 가리키는 것은 군신 통치 집단의 권력자들의 법률기강이었다. '기강의 진작'이란 곧 군신 간 복속관계를 강화하고, 전체 관료체계에 대한 군주의 통제를 강화하려는 것이었다. 장거정이 '기강의 진작'을 애써 주장한 목적은 "공실(公室)을 강하게 하고 사문(私門)을 막아"[21](『장태악집』「與李太僕漸庵論治體」) 중앙집권을 강화하고 군권을 공고히 하는 것이었다. 이 목적을 실현하기 위해 장거정은 구준의 제왕학에서 보듯이 common으로서 전통적인 덕치교화와 public으로서 법치형벌을 양 손에 그러쥐었으나 실질적으로는 법치를 주요 수단으로 삼았다.

사(私)의 방지를 공(公)의 확립으로 본 장거정의 견해는 public에 대한 기존 인식(장현근 2008, 73-78)의 연속이다. 하지만 장거정은 여기서 더 나아가 그것을 군권과 결합시켰다. '군주 중심 중앙집권 정치체제의 공고화'라 명명할 수 있는 장거정 정치사상에서 군주는 public의

---

20 近來風俗人情, 積習生弊, 有頹靡不振之漸, 有亟重難返之幾. 若不稍加改易, 恐無以新天下之耳目, 一天下之心志.

21 强公室, 杜私門.

최종 담지자이자 법을 만들고 집행하는 주체이다. 따라서 어떤 의미의 '사(private)'든 개입되어서는 안 된다. 그는 사사로운 정에 얽매인 순정(徇情)과 인정에 따르는 순정(順情), 분발을 뜻하는 진작(振作)과 협박을 의미하는 조절(操切)의 차이에 대해서 상세히 분석하고는 순정(徇情)과 조절에 결연히 반대하였다(劉澤華 1996, 509). 법치수단을 통하여 군신의 기강을 강화하고, 중앙집권의 정치제제를 공고히 하는 것이야말로 장거정에게 가장 이상적인 통치형식이며, 그 외엔 적폐를 없앨 다른 방도가 없다고 보았다. 군주는 친히 법률기강 및 형벌과 상을 통괄해야 한다.

> 법률기강을 크게 바로잡아 뭇 신하들을 숙정시키고, 권력의 대강령을 손에 쥐고 온갖 법도를 단정케 하고, 형벌을 내리고 상을 주는 것이 한결같이 공도(公道)로 귀결되게 해야 한다.[22](『장태악집』「진육사소」).

장거정은 법률기강 및 형벌과 상에 대한 권한과 행사를 군주가 만들어갈 공공성의 핵심으로 본다. 따라서 그것은 군주의 절대적 권위가 받쳐주어야 한다고 여겼다. "군주는 명령을 주관하는 사람이고, 신하는 군주의 명령을 시행하여 그것이 백성들에게 미치도록 하는 사람이다."[23](「진육사소」). 군주가 내린 조서와 명령의 최고의 권위를 갖고 있어야 한다. 실제로 장거정은 「고성법」(考成法)을 제정하여 군주의 권위를

---

22 張法紀以肅群工, 攬權綱而貞百度, 刑賞予奪, 一歸之公道.

23 君者, 主令者也; 臣者, 行君之令, 而致之民者也.

강화하는 제도적 보장을 마련하였다. 장거정은 "인정에 순조롭게 응해야지 사적인 감정을 드러내선 안 되며, 법은 마땅히 엄격하되 잔혹해선 안 되도록" 하는 것이 정확한 방법이라고 생각했다. 법제를 엄격하고 명확히 하는 관건은 법 집행이 공평무사하고 불편부당하여 "법이 가해져야 할 바라면 귀척이나 측근이라도 용서하지 않고, 사건이 잘못 처리된 경우가 있으면 소원하고 천한 사람이라도 반드시 신원을 하도록"[24](「진육사소」) 해야 한다. 이렇게 해야 법제의 권위를 제고할 수 있고, 나아가 군주의 권위도 진작시킬 수 있다는 것이다.

공(公)적 권위만을 강조하는 것은 사(私)적 전횡의 억제라는 명분에서 출발하지만 끝내는 반대의견을 공(共)적 입장에서 수용하면서 정치적 변화를 모색하고 민심을 반영하는 정치의 기본에서 벗어나게 된다. 정치권력의 유지와 군주 및 법의 권위를 앞세워 그 불합리에 도전하는 모든 이견을 그것의 공공성 유무와 상관없이 사(私)로 몰아가 억압하기 때문이다. 장거정도 이 굴레를 벗어나지 못하고 결국 유가의 인정을 표방하면서도 "문화 전제를 추진하는 것이 주요 내용"(劉澤華 1996, 407)인 그릇된 길에 들어서고 말았다.

장거정은 정무에 효율적이지 못하고 경제에 도움이 안 되는 지식은 공리공담으로 아무 쓸모가 없는 것이라는 일종의 반지성주의적 태도를 취하기도 하였다. 그리하여 이른바 실용주의 경제지식만을 학문의 목적으로 간주하는 학이치용(學以致用)을 강조한다.

---

24 情可順而不可徇, 法宜加而不宜猛. …… 法所當加, 雖貴近不宥; 事有所枉, 雖疏賤必申.

성명(性命)에 관해 궁구하지 않는 학문은 학문이라고 할 수 없다. 경제에 관해 두루 언급하지 않는 도는 이용할 수가 없다.[25](『장태악집』「翰林院讀書說」)

그는 '경제'(經濟)와 서로 관통하여 읍양하고 응대하고 심성을 바르게 보는 공부를 하여 이것이 사회정치적으로 유용한 작용을 할 때 비로소 학문의 근본적인 가치가 존재한다고 보았다. 문제는 그가 근본적인 가치라고 생각하는 그 '가치'의 문제이다. 공(公)·공(共)의 조화를 위해 '사회정치적'으로 폭넓게 유용한 가치라면 긍정할 수 있으나, 위에 언급했듯이 장거정이 추구하는 가치는 군주에 충성을 하는 것이고, 군주에게 쓸모가 있는 것이지 이 외의 다른 길은 없다는 것이 문제이다. 그는 학문하는 목적이 "다른 날 쓸모가 있기를 기대"해서이고, 관직에 봉사하면서 "군주의 명령에 함께해야 한다. 자신의 본 직무를 버리고서 다른 분야를 찾아 학문으로 삼는 경우는 있을 수 없다."[26](『장태악집』「答南司成屠平石論爲學」)고 말한다. 여기서 분명히 보이듯이 장거정은 문화교육과 학술연구에 엄격한 범위를 규정하고 있다. '학이치용'의 진면목은 선비들이 반드시 군주의 정치규범과 국가의 정령 및 법규와 일

---

25 學不究乎性命, 不可以言學; 道不兼乎經濟, 不可以利用.

26 凡學, 官先事, 士先志. 士君子未遇時, 則相與講明所以修己治人者, 以需他日之用. 及其服官有事, 卽以其事爲學, 競競然求所以稱職免咎者, 以共上之命. 未有舍其本事, 而別問一門以爲學者也.

치성을 유지하는 것이며, 사상문화 발전 그 자체가 반드시 통치계급의 정치적 이익 및 그들이 설정한 공(公)적 가치에 부합하는 것이어야 한다.

장거정은 이러한 문화전제를 추진하기 위해 사적 서원 설립의 불허, 이단 사설의 금지, 유생들의 정치 간여 금지라는 세 가지 조치를 하달하였다(劉澤華 1996, 517-518). 선비들의 이론을 공리공담으로 매도하여 오직 공(公)의 가치에 충실한 경전에만 천착토록 하고, 오직 태조의 유훈을 public의 기준으로 삼고 다른 공부를 한 선비들의 채용을 엄격히 금지하고, 유생들의 기탄없는 직언을 정치 간여로 취급하는 이러한 발상은 독재정권의 전형적인 모습이다. common의 확립은 다양한 의견의 표출과 그것의 수용으로 이루어진다. 어떤 반대의견도 용인하지 않고 황제의 '사적' 판단을 public으로 간주하는 이러한 반지성주의적 태도는 오직 군주의 명령에 충실하라는 극단적 전제주의에 다름 아니다. 장거정은 모든 신민은 "뜻과 힘을 다 바쳐 공가(公家)의 일을 구제할 것이며 위로 군주의 마음을 얻는데 한 치라도 자신을 아껴서는 안 된다."[27](『장태악집』「잡저」)고 생각했다.

장거정처럼 깊은 학문적 소양과 원칙을 소지한 사람이 재상의 지위에서 전국을 지휘할 경우 공(公)은 진정한 의미의 public의 기능을 수행할 수도 있다. 하지만 그렇지 못한 사람이 이처럼 막강한 권력을 전횡하는 경우는 국가는 극도의 혼란에 빠지게 된다. 1582년 장거정의 죽음과 함께 명나라는 급속도로 쇠락하여 멸망으로 치닫게 되는데, 이

27 坤道貴順, …畢志竭力以濟公家之事, 而不敢有一毫矜己德上之心.

는 common의 가치를 철저히 배격한 장거정식 개혁의 후유증도 그 하나의 원인일 수 있다. 군주에 빌붙어 지극히 사적인 권력을 만들어낸 환관들이 자신의 행위를 public으로 단정하고 common의 정치를 기대하는 재야 사림들—특히 동림당(東林黨)—을 압살함으로써 명의 마지막 황제 의종(毅宗) 숭정제(崇禎帝)는 "너는 어찌하여 황제의 가문에 태어났느냐!"는 서글픈 외침으로 딸을 베고 자금성 북쪽 수황정(壽皇亭)에서 외로이 목을 맬 수밖에 없었다.

장거정의 "나라의 근본을 굳건히 한다."는 고방본(固邦本) 주장은 유가 전통 인정사상의 연속이지만, 결과적으로 공(公)과 공(共)의 적절한 조화를 통해 도덕정치의 실현을 구상하는 유가의 인정을 겉으로 표방하였을 뿐 실질은 군권 위주의 정치적 실효만을 강조하는 법가의 노선을 걸은 것이라고 할 수 있다. 그래서 황종희는 아예 이 군권 자체에 대해 이의를 제기하였다.

4. 황종희의 반(反)군주사상: public과 common의 조화

농민반란으로 집권에 성공한 명 왕조는 농민반란으로 멸망하는 아이러니를 연출했다. 중국 전역이 아수라장으로 변한 대 혼란기에 동북에서 실력을 쌓아 온 여진족[28]이 북경에 입성하고(1644년) 대청제국이 마침내 중국을 통일하기에 이르렀다. 그들은 군사조직, 행정조직, 사회조직을 겸하는 팔기제(八旗制)[29]의 수월성을 이용하여 소수의 인구로 중국을 지배하였는데, 정치적 기본 구도는 명나라의 것을 그대로 답습한 군주전제였다.

숭정제의 비애에서 보듯 전제의 제왕은 그것을 지탱해주는 관료와 환관이 등을 돌리면 아무 힘도 없는 존재가 되고 마는데, 제왕전제를 벗어나지 못한 정치의식은 명의 멸망에도 끄떡없이 중국을 지배하는 체제였던 것이다. 연안(延安)에서 농민군으로 봉기한 이자성(李自成)이 명조의 의관으로 위엄을 갖춘 체 북경에 입성하자 대다수의 관료들은 그를 이렇게 칭송하였다고 한다. "요순(堯舜)에 비하면 무공이 많고, 탕왕(湯王)과 무왕(武王)에 비하면 덕이 미치지 못함을 부끄러워하지 않는다."(데라다 다카노부 2006, 261). 북경에서 두 달도 못 버틴 반란군 지도자에 대한 이 같은 찬양은 제왕전제의 허구적인 면을 잘 드러내 보여준 사례이다. 그럼에도 청조는 더욱 극단적인 제왕전제의 길을 걸으며 중국의 한족들을 지배하려 하였고, 이 격변기에 황종희(黃宗羲, 1610-1695), 고염무(顧炎武), 왕부지(王夫之), 여유량(呂留良) 등 일군의 지식인들은 기

28 명나라 때 해서(海西)여진, 건주(建州)여진, 야인(野人)여진으로 분류되어 있던 여진(女眞)족을 통합한 아이신기요르(愛新覺羅) 누르하치가 선조들이 세웠던 금(金)을 추종하여 후금(後金)을 세우고, 그 아들 홍타이지(皇太極)는 여진족을 만주족(Manchuria, 중국어로는 만족滿族)이라 부르게 하고 대청(大淸)을 선포하였다. 만주족이 숭상하던 문수(文殊)보살에 그 어원이 있다고 한다.

29 황백홍람(黃白紅藍) 네 색깔과 그것에 테두리를 두른 네 색깔의 깃발을 중심으로 1기에 약 7,500명의 장정으로 구성되어 13-15만 명 전후의 인구를 통제하였다. 나중에는 한인(漢人) 팔기와 몽골(蒙古) 팔기가 더해졌는데, 여러 특권을 부여받은 이 기인(旗人)이 청나라 지배체제의 중핵을 이루었다(데라다 다카노부 2006, 249).

존의 송명이학(宋明理學)을 반추하고 군주 중심의 전통 정치사상과 제도에 대해서 새로운 인식을 하게 되었다. 구세의 횃불을 높이 치켜들며 실용을 숭상하면서도 이들은 군권과 체제를 개혁해야 한다고 한 목소리를 내었다.

황종희는 문제의 원인을 군주의 독재 권력에서 찾았는데, 이 점에서 그는 장거정과 반대 입장에 서 있다고 할 수 있다. 그가 정치의 공공성을 인식한 근대적 지향성을 보인 것인지는 더 연구해야 할 과제이지만 적어도 common을 인식하고 사적 권력의 제약을 통해 public의 원래 모습으로 돌아가 public과 common이 조화를 이룬 이상적인 사회를 구상한 것은 그의 『명이대방록』에 잘 드러나 있다. 물론 청나라의 지배를 이민족의 지배로 보고 그에 대한 반발로 정치에서 common의 역할을 강조함으로써 한족의 정치적 역할을 제고하려는 의도가 없었다고 할 수 없으며, 동림당과 연루되어 처형된 부친의 원한이란 사적인 감정이 개입되지 않았다고 할 수 없다. 하지만 동림당의 애초의 주장인 이도광군(以道匡君)이 군주전제와 충돌하면서도 여전히 군주에 기대고 있음에 비해 황종희는 도덕을 군주보다 높은 데 위치시키고 군신관계도 상대적으로 보는 공맹순의 초기 유가사상과 맥이 닿아있다는 점에서 동림당에서 한 걸음 더 나아간 것으로 보인다. 황종희는 예의도덕으로 천하를 다스릴 수 있다고 본 점이나, 유학의 도덕으로 세상을 구제할 수 있다고 본 점 등에서 public과 common의 조화에 생각이 미친 것으로 보인다. 이러한 공공성의 기반 위에서 공동성을 살려내는 아이디어가 근대적 정부를 지향하는 아이디어와 제도적 구상에 이르렀다면 서양 근대사상에 필적하는 정치적 성취가 가능했을 텐데 거기에 이르지 못했음이 아쉬울 따름이다.

황종희는 황제제도의 치명적인 부분은 '대사'(大私)를 '대공'(大公)으로 여기는 것이며, 이로 말미암아 일련의 정치적 병폐를 불러온 것이라고 생각했다. 그는 "군주가 주인이 되고, 천하는 객이 되는" 사회현실을 겨냥하며 "천하가 주인이고, 군주는 객이라"(天下爲主, 君爲客)는 저명한 사상적 명제를 제기하였다(劉澤華 1996, 601).

> 옛날엔 천하가 주인이 되고, 군주는 객이어서 군주가 평생을 바쳐 경영한 것은 모두 천하를 위해서였다. 그런데 지금은 군주가 주인이 되고 천하는 객이 되어서 천하가 땅도 없이 안녕을 얻을 수 없음은 군주를 위하기 때문이다.[30](『명이대방록』「原君」).

문제의 원인을 군주에서 찾은 황종희는 정치사를 공사(公私)의 구분이 없는 무군(無君)의 난세, 군주가 대공무사를 실천하는 요순우탕문무(堯舜禹湯文武)의 성왕 시대, 전국을 거쳐 진나라 이래 이루어진 제왕 중심의 사천하(私天下) 시대 셋으로 나누었다. 무군의 난세에는 public 개념이 정립이 안 된 체 사리사욕으로 전개되던 시대였고, 성왕의 태평성대는 public을 위해 하늘에 의해 군주가 만들어지고 common이라는 천하의 이익을 위해 군주가 주인인 백성을 위해 일하는 시대였다. 그러나 선왕의 법도가 모두 『육경』 속에 갖추어져 전수되었음에도 전국

30 古者以天下爲主, 君爲客, 凡君之所畢世而經營者, 爲天下也. 今也以君爲主, 天下爲客, 凡天下之無地而得安寧者, 爲君也.

시대에 들어서면서 손님에 불과한 군주가 주인인 백성 위에 군림하면서 오히려 천하의 대해(大害)가 되기에 이르렀다. 맹자의 학설이 받아들여지지 못하고[31] 『육경』이 쇠락함으로써 "군주 자신의 대사(大私)를 천하의 대공(大公)으로 삼는"[32](「원군」) 역전이 이루어져 오늘에 이르렀다는 것이다. public도 common도 제대로 적용되지 않는 완전히 타락한 정치가 전개되었다는 것이다. 일체의 죄악은 여기서 비롯되었으니, 근본은 천하에 해만 끼치고 있는 군주 때문이라는 지적이다(이상 『명이대방록』「원군」). 황종희는 천하는 공적인 것이고[天下爲公] 한 사람은 사적인 존재라는[一人爲私] 가치척도를 가지고 황제제도 하의 제왕의식, 정치관계 및 정치체제에 대하여 깊이 있는 재인식을 행하였다(劉澤華 1996, 602).

천하가 공적인 것이고(public) 백성이 주인이므로(common) 천하의 이익은 백성들에게 돌아가야 하고, 천하의 손해는 군주가 경영의 책임을 져야 한다는 것이 황종희의 생각이었다. 그런데 제국시대 이래 제왕들은 천하 이해관계의 모두가 자신의 권력에서 나오는 것으로 생각하고 자신 이외의 이해를 거꾸로 사적인 것으로 간주해 왔다고 주장한다. 공과 사의 역전이 천하에 가장 큰 손해를 불러왔고 문제의 근원이

---

31 "맹자로 하여금 그의 도를 실천하게 했더라면 삼대의 정치가 다시 부활했을 것이고 진나라는 필경 천하를 얻을 수 없었을 것이다. 그런데 성왕의 법통이 그렇게 끊기게 되었으니 고금을 통틀어 일대의 액운이 모여든 것이다."(使孟子得行其道, 則三代之治當復見, 而秦必不得志於天下. 顧聖王之統遂絶者, 古今之一大厄會也. 『맹자사설』 권2).

32 以我之大私爲天下之大公.

라는 지적이다.

황제가 천하의 대해라는 것을 황종희는 네 가지로 압축해 표현한다(劉澤華 1996, 604-608). 첫째, 황제 때문에 군주와 백성이 상호 대립적인 존재로 악화되었다는 것이다. 인정(仁政)보다 패도를 추구하고 한 성씨만을 위해 천하가 일하게 혹독한 세금을 내야 하는 정치가 되어 군사부일체라는 빈 명분에 백성들을 묶어버렸다는 것이다. 그래서 "옛날 천하 사람들은 제 군주를 아껴서 아버지처럼 따랐고, 하늘처럼 비견하여 정말 지나치지 않았다. 그런데 오늘날 천하 사람들은 제 군주를 원망하여 원수처럼 여기고 독부(獨夫)라고 부르며 제 입장을 고수하였다."[33](『명이대방록』「원군」).

둘째, 황제 때문에 예를 바탕으로 했던 군신관계가 절대적 충성을 맹세하는 노복으로 신하를 취급함으로써 군신관계가 주인-노예관계로 악화되었다는 것이다. 군주는 신하를 개나 말처럼 여기고, 신하는 백성들을 군주의 사유물처럼 보아 군림하게 되었다고 질타한다. "신하가 군주를 위해 설치된 것으로 말하는 것이다. 군주가 나에게 천하를 나누어준 뒤 그것을 다스리게 했고, 군주가 나에게 인민을 주어 그들을 부리도록 했다고 하며, 천하와 인민을 군주 주머니 속의 사유물로 본 것이다."[34](『명이대방록』「원신」).

---

33 古者天下之人愛戴其君, 比之如父, 擬之如天, 誠不爲過也. 今也天下之人怨惡其君, 視之如寇仇, 名之爲獨夫, 固其所也.

34 以謂臣爲君而設者也. 君分吾以天下而後治之, 君授吾以人民而後牧之, 視天下人民爲人君囊中之私物.

셋째, 황제 때문에 천하의 이익을 보장하는 선왕의 법은 사라지고 개인을 위해 세운 법만이 시행됨으로써 천하대란을 초래했다는 것이다. 성왕의 시대에 제도나 정책이나 윤리는 어느 것 하나 개인을 위한 것이 없었는데, 진·한 이래 제도나 법률은 제왕의 영원한 복락을 제자손에게 물려주기 위한 법이다. 이는 "한 집안의 법일 뿐 천하의 법이 아니다."[35](『명이대방록』「原法」). "무릇 법이 아닌 법은 전 왕들이 자기의 사사로운 이욕을 이기지 못하고 만들었는데, 혹 후대의 왕이 또한 자기의 사사로운 이욕을 이기지 못하고 그것을 무너뜨리기도 하였다. 무너뜨린 사람은 물론 천하에 해를 끼치는 자였지만, 그걸 만든 사람도 처음에 천하에 해를 끼치지 않았다고 할 수 없다."[36](『명이대방록』「원법」).

넷째, 황제 때문에 도살과 전쟁이 일어나게 되었다는 것이다. 황제의 독재가 시행된 이래 그들은 천하를 사적인 재산으로 보기 때문에 정벌전쟁을 벌여 백성들을 도탄에 빠지게 만들어왔다고 역사를 평가하였다. "원과 명의 개창자들이 살인을 즐기지 않았다고 말할 수 없으며, 천하가 그 위세에 겁을 먹어 하나로 나아간 것이니 진나라나 수나라와 다를 바가 없다."[37](『맹자사설』 권1).

이상 황종희의 논리에 따르면 세상에 벌어지는 정치적 병폐의 근원은 모두 황제 때문으로 귀결된다. 이는 천하가 공적인 것이고 군주

35 其所謂法者, 一家之法, 而非天下之法也.

36 夫非法之法, 前王不勝其利欲之私以創之, 後王或不勝其利欲之私以壞之. 壞之者固足以害天下, 其創之者亦未始非害天下者也.

37 願世世無生帝王家. …元明之開倉者, 不可稱不嗜殺人, 而天下爲威勢所劫, 亦就於一, 與秦隋無異.

는 사적인 것이라는 사상이 극단적으로 발현된 것으로 볼 수 있다. 그렇다면 해답은 간단하다. 황제를 없애면 된다. 하지만 황종희는 군주제하에서 군주를 부정하는 무정부주의자가 아니었다. 그는 무군(無君)을 얘기하였으나, 유군론(有君論)자였다. 그는 황제제도의 폐지를 통한 근대 국민국가의 성립 따위를 염두에 두고 논하는 것이 아니라 '선왕성인'의 나라, 다시 말해 사적 관계가 아니라 공적 관계로 정치문제가 처리되는 전통적인 이상군주의 도래를 기대하고 있었던 것이다. '명이(明夷)의 대방(待訪)'이었다. 이 점에서 황종희는 유가사상을 벗어나지 않고 있다.

황종희의 이상은 원시 유가들이 가고자 한 길이었다. 예컨대 이상적 군신관계도 공맹순이 제기한 상호 예의에 기초한 상대적 군신관계로의 복귀였다. "신하와 군주는 이름은 다르지만 실질은 같다."[38](『명이대방록』「치상置相」). 모두 천하를 다스리기 위하여 만들어졌다는 생각이 그렇다. 천하 만민을 위해 군주고 신하고 같은 일을 한다는 생각에서였다.

황제제도를 부정하고 정치관계를 새롭게 인식하면서 진나라 이래 중국 정치제도의 원형을 철저히 부정했다는 점에서 황종희는 중국정치사상의 전개에서 하나의 돌파를 마련했음에 틀림없다. 그는 주인-손님을 가지고 천하와 제왕을 논하였고, 동료 또는 스승과 벗으로써 군주와 신하를 논하였으며, 만민의 근심과 즐거움으로 법을 논하였고, 정치제도의 개혁과 정치관계의 개조를 주장하였다. 이러한 사유방식에서

---

38 臣之與君, 名異而實同.

다시 한 걸음만 더 발전했다면 바로 근대 민주사상이 되었을 것이다(劉澤華 1996, 608).

하지만 위에 언급했듯이 그의 이상이 삼대 성왕에 닿아 있고, 유가의 경전과 성리학에 발을 딛고 있었다. 문제의 원인은 진단하였지만 주인인 백성이 '어떻게' 정치적 결정권을 가질 수 있을 것인지, '어떻게' public과 common이 담보되는 법을 만들 것인지에 대한 구체적 설계를 하지 못하였다. 그래서 귀결은 성리학적으로 내심으로부터 공(公)이 발현되어 마침내 천하의 대공에 이르게 만들 수 있는 특정한 성인의 출현을 바라는, 다시 말해 군주제도를 부정하면서 여전히 군주에 기대는 데 머물고 말았다. 황종희는 "다스리는 사람이 있지 다스리는 법은 없다는"(有治人無治法)는 순자(荀子)의 논의[39]를 겨냥하여 "다스리는 법이 있은 뒤 다스리는 사람이 있다는"[40] 사상을 제기하였고 관료제도, 학교제도, 언론제도, 심지어는 상공업의 진흥에 이르기까지 여러 가지 개혁안을 구상하였으나 역시 치인(治人)에 기댔다는 점에서 "황종희의 이상은

39 『순자』「군도君道」편에 나오는 유명한 명제로 인치(人治)와 법치(法治)에 관한 고도의 논쟁이다. 법의 제정자가 사람이라는데 착안하여 좋은 법이 있어도 어지러운 나라는 있으나, 군자가 다스리면 혼란이 없다는 예를 들어 순자는 인치를 강조했다. 후대 유학자들의 대부분이 이 설을 따랐으나, 황종희는 반대하고 있다.

40 예컨대 『명이대방록』「원법」편의 "법이 아닌 법이 천하 사람들의 수족에 쇠고랑을 채우고부터, 다스리는 능력이 있는 사람이라 하더라도 끝내는 혐의에 연루될지 모른다는 걱정을 이기지 못하고, 무슨 일인가를 벌인다고 해도 나누어가질 소득에 따라 거칠고 간략한 데 안주해버려 기대이상의 공명을 이룰 수가 없었다."(自非法之法桎梏天下人之手足, 卽有能治之人, 終不勝其牽挽嫌疑之顧盼, 有所設施, 亦就其分之所得, 安於苟簡, 而不能有度外之功名.).

비교적 개명한 군주전제제도의 일종이라"(劉澤華 1996, 617)고 부를 수도 있겠다. 애석하게도 그가 그토록 바라던 명군은 끝내 나타나지 않았으며, 역사는 오히려 황권이 더욱 강해진 대청제국의 안정으로 흘러가고 말았다.

5. 결론

중국의 정치전통이 민주주의 법제화를 이루지 못한 것이 순전히 군주전제 때문이었다고 할 수는 없을 것이다. 그리고 민주주의만이 꼭 인류가 추구해야 할 정치적 이상인 것도 아니다. 장거정이 군주 중심의 public을 더욱 확고히 함으로써 사회질서를 추구한 것이 잘못된 길이고, 황종희가 역대 제왕을 철저히 사적인 것으로 보고 이상적인 군주의 도래를 통해서만 public하고 common한 사회질서를 이룰 수 있다고 한 주장이 옳은 길이라고 할 수도 없다. 그들은 그들이 처한 현실과 학문적 바탕 위에서 주관적인 판단을 하였고, 정치사와 지성사의 흐름에 나름대로 상당한 영향력을 발휘하여 왔다는데 역사적 의의가 있다.

문제는 public과 common의 조화를 통해 보다 이상적인 정치세계를 이룰 수 있다는 전제 하에 그들의 주장이 갖는 역사적 의의를 찾고, 명·청 정부를 재구성해볼 수 있다는 점이다. 이렇게 볼 때 아무리 시대적 한계를 인정한다 해도 장거정의 주장은 강화된 군권을 통한 과도한 public의 추구하는 점에서 진시황과 같은 법가적 통치로 이해될 수 있어 유가사상의 근본 이상에서 벗어난 것으로 생각된다. 반면 인류 보편적 이상의 추구라기보다 이민족 정권의 성립에 대한 반감이 작용하고는 있지만, 기존 정치사의 폐해를 원래 객에 불과한 제왕이 사적으로 공적 권력의 운용한 때문이라고 분석하고 진정한 public과 common의 조화를 통해서만이 주인인 백성의 행복이 담보되는 정치가 이루어질 것이라는 황종희의 주장은 유가의 원래 이상에 가깝기도 하며 중국 정치의 내적 발전을 상상하게 해준 새로운 정부의 대안으로 여겨진다. 그것이 '상상'을 넘어 현실로 발전할 수 있느냐의 여부는 서양의 근대사상을 수용하고 익힌 현재 우리에게 달려 있다.

군주중심의 공공성을 확보하려는 장거정식 노력과 전제군주에 반대하며 공동성을 확보하려는 황종희식 노력은 서로 배치되는 사유가 아니라 상호보완적인 문제일 것이다. 둘 다 정치사회의 혼란을 극복하기 위한 치열한 사유의 산물이었으며, 나름대로의 시대성을 지니고 있었다. 두 사상의 절충은 왕정을 통해 도덕사회를 구현해 내려는 유가적 정치전통과 공동체 구성원들이 정치에 공동으로 참여하는 근대적 사유의 절충일 수 있다. 동양적 정치전통의 내재적 발전경로를 확인할 수 있고 미래적 대안을 그 속에서 찾을 수도 있다는 얘기다.

말도 많고 탈도 많았던 지난 세기 민주주의의 전 지구적 실험은 확실히 대안 정부의 모색이라는 숙제를 낳고 있다. 특히 탐욕이나 질투나 자만 따위가 경제의 활력소라는 이유 때문에 common으로 취급되어온 현대사회에 대하여 도덕을 머리에 인 장거정과 황종희의 public과 common에 대한 아이디어는 집안이나 거리 어디에도 통용될 수 있는 다른 차원의 개념을 정립시켜줄 수도 있을 것이다.

참고문헌

『十三經注疏』.

荀況. 『荀子』.

班固. 『漢書』.

范曄. 『後漢書』.

朱元璋. 『明太祖文集』.

丘濬. 『大學衍義補』.

張居正. 『張太岳集』.

______. 『明通鑑』.

______. 『大明實錄』.

黃宗羲. 『明儒學案』.

______. 『明夷待訪錄』.

______. 『孟子師說』.

張廷玉 等. 『明史』.

______. 『淸實錄』.

강유위. 이성애 역. 2006. 『대동서』. 서울: 을유문화사.

데라다 다카노부. 서인범·송정수 역. 2006. 『중국의 역사: 대명제국』. 서울: 혜안.

마크 엘빈. 이춘식·김정희·임중혁 역. 1996. 『중국역사의 발전형태』. 서울: 신서원.

미조구찌 유조. 김용천 역. 1999. 『중국 전근대 사상의 굴절과 전개』. 서울: 동과서.

발레리 한센. 신성곤 역. 2006. 『열린 제국 : 중국고대-1600』. 서울: 까치글방.

배영동. 1992. 『明末淸初思想』. 서울: 민음사.

山井湧. 김석기·배경석 역. 1995. 『명청사상사의 연구』. 서울: 학고방.

蕭公權. 최명·손문호 역. 1998. 『중국정치사상사』. 서울: 서울대학교출판부.

宋正洙. 1997. 『中國近世鄕村社會史硏究-明淸時代 鄕約·保甲制의 形成과

展開』. 서울: 혜안.
守本順一郎. 김수길 역. 1985.『동양 정치사상사연구–주자사상의 사회경제적 분석』. 서울: 동녘.
梁啓超. 이기동·최일범 공역. 1987.『청대학술개론』. 서울: 여강출판사.
오금성. 2007a.『국법과 사회관행–명청시대 사회경제사 연구』. 서울: 지식산업사.
오금성. 2007b.『矛·盾의 공존–명청시대 강서사회 연구』. 서울: 지식산업사.
오금성 외. 2008.『명청시대 사회경제사』. 서울: 이산.
劉澤華. 1996.『中國政治思想史』(隋唐宋元明淸卷). 杭州: 浙江人民出版社.
유택화. 장현근 역. 2008.『중국정치사상사』(선진편 상/하). 파주: 동과서.
장현근 편. 1997.『중국정치사상 입문』. 서울: 知永社.
장현근. 2005.『맹자: 도덕국가 지침서』. 서울: 살림출판사.
朱熹·呂祖謙 편. 박일봉 역. 1994.『근사록』. 서울: 육문사.
황종희. 김덕균 역. 2000.『명이대방록』. 파주: 한길사.
W. M. 시어도어 드 배리. 표정훈 역. 1998.『중국의 자유 전통』. 서울: 이산.
賈慶軍. 2008. "儒家政治理想的悖論–以黃宗羲的政治理念爲例"『江淮論壇』. 2008年 第5期.
孫寶山. 2007. "以制度制約權力–黃宗羲政治构想解析"『晉陽學刊』. 2007年 第4期.
田成義. 2008. "黃宗羲對'君爲臣綱'的批判及其啓蒙意義"『學術交流(Academic Exchange)』總第173期 第8期.
張永忠. 2007. "同代异夢–簡論顧炎武, 黃宗羲, 王夫之的國家理論"『船山學刊(Chuanshan Journal)』. 第63卷 第1期.
장현근. 2010. "公(public)·共(common) 개념과 중국 秦·漢 정부의 재발견: 禮·法의 분화와 결합" 한국정치사상학회『정치사상연구』제16집 1호. 31–55쪽『두산백과사전』www.encyber.com

13장

근대 일본에서의 공공성과 공동성

김봉진 기타큐슈(北九州) 시립대학교

1. 머리말

공동성(共同性)이란 용어는 (다른 많은 용어들과 마찬가지로) 근대 일본에서 탄생한 번역어 의 하나이다. 영어로 말하면 'the common(commonality)'의 한 번역어이다. 따라서 필연적으로 번역의 문제를 수반한다. '공동성'과 'the common' 사이에는 언어 코드나 개념/관념 체계의 차이가 개재되어 있는 것이다. 이는 '공동체'(community, 독일어 Gemeinde)에도 해당 된다. 그리고 후술할 '공공성'(公共性)도 마찬가지다.

그런데 영어의 'common'은 (독일어의 'gemein'도) 주지하듯이 '공동' 만을 뜻하지 않는다. 그 밖에도 '공통', '공유', '일반', '보통' 나아가 '공중'(公衆), '공공'(公共)의 뜻을 지닌다. 그런 뜻에서 'common'은 '공동'(함께 같음)에 회수될 수 없다. '공동'은 'common'의 일면 만을 표상할 뿐이다. 그럼에도 불구하고 근대 일본에서 'the common'이 공동성, 'community'가 공동체로 번역된 이래 한국, 중국 등 한자 문화권으로 퍼졌고 지금껏 거의 무비판적으로 사용되어 왔다. 주의할 것은 공동성이란 번역어에는 서양 근대와 이에 편입된 동양, 특히 일본 근대의 영향이 깔려 있다는 사실이다. 따라서 근대주의적 이원 사고나 이항 대립 사고가 담겨 있다. 또 일본 전통의 개념/관념 체계도 담겨 있다.

공동성은 '동'을 담고 있듯 폐쇄성, 동질성과 같은 '닫힘'을 표상한다. 이를 반영하여 해석하면 공동성이란 어떤 공동체가 이질 배제와 차이 동화를 통해 단수 아이덴티티를 추구할 때 발현하는 속성이다. 이때 공동체란 '같은' 정서, 가치, 이념, 문화 등을 '함께' 함으로써 형성된 (또는 형성되어 있다고 상상된) '집합체'를 뜻한다. 여기엔 혈연(가족), 지연(촌락), 결사(단체) 등 구상(具象) 공동체와 시민, 국민, 국가 등 상상 공동체가 있다. 나아가 지역, 지구 차원으로 확대된 상상 공동체가 있을 수 있다. 이렇듯 공동체/공동성은 글로리내컬(global/regional/national/local)의 다층 차원에 존재하거나 존재할 수 있다.

그런데 공동성은 공동체가 확대되면 될수록 '동=닫힘'을 유지하기 어렵게 되어 결국 파탄된다는 일종의 자기모순을 지닌다. 여기서 '파탄'이란 '열림'을 함의한다. 즉 공동성/공동체는 안과 밖으로 '통'하여 열릴 수 있는 것이다.[1] 먼저 안으로 열릴 경우 공동체는 내부의 '다름'을 포용한다. 이때 공동성은 속성 일부를 잃고 그 일부가 '동'을 넘어서게 된다. 그리하여 공동성 속·사이(中·間)엔 '다른 무엇'이 생성된다. 단 여전히 '밖으로 닫힌' 공동성은 존속한다. 다음으로 밖으로 열릴 경우 공동체는 외부의 '다름'을 공유하게 된다. 이때 공동성은 속성 자체를 잃은 셈이다. 이로써 새로운 (밖으로 확장된) 공동성이 형성되거나 또는 아예 '다른 무엇'으로 탈바꿈하기도 한다.

상기한 '다른 무엇'이란 공공성을 가리킨다. 즉 공동성들 속·사이에서 생성된 것 또는 공동성 자체가 파탄되어 탈바꿈한 것이 공공성이다. 한마디로 '안과 밖으로 열린' 공동성이 공공성이다. 그리고 자기와 타자가 언제 어디서도 공유할 수 있는 '열린' 시공간성이다. 따라서 복수 아이덴티티를 포용하며 글로리내컬 차원에 존재한다. 또 공동성들 속·사이를 횡단매개하면서 이들을 안과 밖으로 연다. 이때 공공성은 공동성을 열 뿐 파탄시키지는 않는다. 공동성과 대립, 긴장하면서도 결국 조화, 균형을 이루기 때문이다.

공공성이란 용어도 근대 일본에서 탄생한 번역어이다. 즉 영어의 'the public(publicness)' 또는 독일어의 'Öffentlichkeit'의 한 번역어이다. 이 가운데 공공성의 진정성(authenticity)을 잘 표상하는 것은 'Öffentlichkeit'이라고 볼 수 있다.[2] 이런 진정한 공공성을 굳이 영어로

---

1 이렇듯 안과 밖으로 '통'하여 열릴 수 있는 공동성/공동체가 오늘날의 시대적 요청이라 본다면 '공동 성/공동체'란 번역은 시대착오적 요소를 배태하고 있다고 말할 수 있다. 그래서 필자는 'common'의 '공통'의 뜻에 주목하여 'the common'을 공통성, 'community'를 공통체라는 식으로 바꿀 필요가 있다고 생각한다.

2 이런 점에서 '공공성이란 무엇인가?'를 묻는 이른바 '공공성 철학'의 대표적 철학

표기한다면 'the public-common(public-commonness)'이 더 좋다고 본다. 왜냐하면 'the public'은 '공공(성)'과 함께 국가의 공이나 관의 공(the official)을 포함하는 양의성을 지녔고 그래서 '공공'과 '공' 사이의 개념 차이를 모호하게 만들기 때문이다.[3] 나아가 '국가에 의한 공공성 독점' 현상을 방치해 왔던 요인이 되기도 했던 까닭이다.

공공성이란 개념 자체는 서양 근대의 산물이라 보아도 좋다.[4] 이때 그 개념이 탄생한 배경에는 시민사회의 등장이 있었다. 그 속에서 시민 공공성이 출현한 것이다. 이에 주목한 하버마스가 공공성 모델로

자인 한나 아렌트(1906-75)와 위르겐 하버마스(1929-)의 모국어가 독일어였음은 시사하는 바가 크다.

3 여기엔 한자어의 '公' 개념이 지닌 양의성도 한 몫을 했다고 본다. 우선 '공'(公)은 『한비자韓非子』「오두편五蠹篇」에 따르면 "厶[私]에 거스름" 달리 말해 '사를 연다'는 뜻이다. 이로부터 자기와 타자가 함께 한다는 공, 타자와 통한다는 통, 즉 '공통' 또는 '공공'을 함의한다. 이런 뜻에서 『설문해자說文解字』는 "공(公)은 평분(平分)"이라고 풀이한다. 그리고 『예기禮記』「단궁상檀弓上」에는 '천하를 공으로 삼음'(天下爲公)이라 한다. 그렇다면 공은 천하(=천지인 만물, 세계) 또는 글로리내컬의 다층 차원에 존재하는 공동성이나 공공성을 함의한 개념이라 보아도 무방할 것이다. 다음으로 공은 어떤 집단(공동체)의 지배자를 가리켰다. 나아가 국가가 성립된 후 군주나 관청에 관계된 개념이 되었다. 즉 국가/정부의 '공' 또는 '관'이 된 셈이다.

4 이것이 근대 이전 서양이나 동양에 공공성에 해당하는 개념이 없었음을 뜻하진 않는다. 서양의 경우 예컨대 아렌트(Arendt 1958)는 '공공 영역'의 모델을 고대 그리스의 '아고라'에서 구하고 있다. 한편 동아시아에도 공공성에 해당하는 개념이 있었다. 예컨대 주3에서 서술한 '公'은 공공성을 함의한다. 또한 동아시아 전통의 '공공'(公共)이란 개념도 있다. 이 '공공' 개념과 그 역사에 관해서는 이 책에 함께 실린 졸고를 참조하기 바란다.

삼은 것은 시민혁명으로 등장한 신문 등 미디어를 매체로 형성된 '공론'이었다(Habermas 1962). 그에 따르면 시민 공공성은 국가와 사적 영역 사이에 펼쳐진 (시민) 사회권에서 자유주의 사상을 바탕으로 성립되었다. 그러나 19세기 이래 국가 행정과 자본주의적 화폐 경제가 시민 공공성을 변형, 파괴시켰다고 한다. 즉 '국가에 의한 공공성 파괴와 독점' 현상을 비판함으로써 시민 공공성의 부흥을 주장한 것이다. 그 부흥을 위해 그는 이성적 시민이 서로 토의, 그 결과 합의에 도달한다는 '커뮤니케이션 행위'를 제기한다.

한편 아렌트(Arendt 1958)는 하버마스와는 달리 사회권을 '사적 영역'(private realm)도 '공공 영역'(public realm)도 아닌 비정치적, 비공공적인 것으로 본다. 그녀는 공공적인 것(=공공성)을 '만인에 의해 보여지고 들려지고 널리 공시되는 것' 또는 '우리들 모두에게 공통되는 세계'라는 두 가지로 정의했다. 그리고 공공성을 인간이 타자와의 커뮤니케이션을 통하여 스스로의 개성을 실현시키는 지표로 보았다. 그녀에 따르면 사회권 출현은 근대의 현상이며 그 정치 형태가 다름 아닌 국민국가란 것이다. 그녀 역시 하버마스와 마찬가지로 '국가에 의한 공공성 파괴, 독점' 현상을 비판한 셈이다.

하버마스와 아렌트의 논의를 통해 다음과 같은 사실이 확인된다. 즉 근대 서양에선 먼저 시민 공공성이 출현했다. 이 시민 공공성은 글로리내컬 차원으로 열릴 수 있다는 뜻에서 보편성을 지니고 있었다. 그러나 이를 19세기 이래 국가가 파괴, 독점하는 현상이 벌어졌다. 이에 시민 공공성은 저항하기도 했으나 오히려 국가에 동조, 봉사함으로써 스스로 닫는 경우가 많았다. 이와 함께 국가는 전통 공동체를 파탄시켜 이를 국가 공동체나 공공성으로 재편, 창출해 갔다. 이때 국가 공공성은 실은 '공공성의 탈을 쓴 공동성'을 뜻한다.

이런 사실은 근대 일본의 경우도 비슷했다. 근대 일본에선 공공성 개념이 유학, 특히 주자학 사상을 토대로 '발명'되었다. 그 대표적 예가 바쿠마츠(幕末) 시기 요코이 쇼난(横井小楠; 1809-69)의 '공공' 개념이다. 그리고 메이지(明治) 시대에 들어 정부는 국가 공동체, 공공성을 창출해 나갔다. 여기엔—메이지 유신의 주역들을 길러낸—요시다 쇼인(吉田松陰; 1830-59)의 '공공' 개념이 큰 영향을 미쳤다고 본다. 한편, 자유민권운동과 같은 시민 공공성 창출 운동도 전개되었다. 그 대표적 논객이 나카에 쵸민(中江兆民; 1847-1901)이다. 그러나 시민 공공성은 국가 공공성에 압도되거나 포섭되었다. '국가에 의한 공공성 파괴, 독점'이 주류였던 탓이다. 그 속에서 일본 지식인은 국가 공공성에 봉사했고 나아가 그 팽창(제국주의)에 동조했다. 그 전형적 예가 후쿠자와 유키치(福澤諭吉; 1835-1901)이다.

이 글에서는 먼저 일본의 개국 이후 정치 변동 과정에서 발명된 요코이 쇼난의 '공공' 개념을 고찰한다. 다음으로 메이지 시대의 국가 공공성과 시민 공공성의 형성과 상극을 쇼인과 쵸민을 통해 살펴본다. 이런 과정 속에서 후쿠자와의 '공공성' 관념은 어떤 형태로 탄생, 변용되어 갔는지 보고, 마지막으로 일본의 국가 공공성이 지닌 문제를 지적하면서 글로리내컬 차원의 공공성 형성을 위한 제언으로 마무리하고자 한다.

2. 요코이 쇼난의 '공공' 관념

1853년 6월 미국의 페리(M. C. Perry; 1798-1888) 제독이 우라가(浦賀)에 내항하여 도쿠가와 바쿠후(德川幕府) 일본의 개국(통상)을 요구했다. 그리고 7월에는 러시아의 푸챠친(E. V. Putyatin; 1803-83)이 개국교섭 사절로서 나가사키(長崎)에 입항했다. 그 대응책으로서 요코 이 쇼난은 같은 해 10월 「이로응접대의夷虜應接大意」라는 의견서를 쓴다. 거기서 그는 일본이 '천지 심(心)을 체현하고 인의를 중시'하는 '세계의 군자국'이라며 다음과 같이 말한다(日本思想大系55, 1971, 434).

> 무릇 아국〔일본〕의 외이(外夷)에 처(處)하는 국시(國是)란 유도(有道)의 나라는 통신(通信)을 허하고 무도(無道)의 나라는 거절한다는 두 가지다. 유도, 무도를 나누지 않고 일체 거절함은 천지공공(天地公共)의 실리(實理)에 어두워 마침내 신의를 만국에 잃고 말 것은 필연의 리이다.

여기서 '천지공공의 실리'의 '공공'이란 용어는 정주학이나 『주자어류』의 '공공'에서 기원한 것이라 본다. 특히 쇼난은 주자학을 신봉한 이른바 '실학당'의 학자였다.[5] 따라서 이 '공공'은 번역어가 아니라 유

---

5 '실학당'의 탄생에 관해서는 松浦玲(1976)의 2장 참조. 쇼난의 주자학에 관해서는 源了圓編(2009)의 여러 논문 참조.

학 전통의 '공공'을 계승한 개념인 셈이다. 쇼난은 모든 국가를 규제하는 원리로서 '천지공공'이란 개념을 '발명'했던 것이다.[6] 단, 미리 말하면 그가 '발명'한 보편성은 '국가 공동체 창출'이란 과제 앞에서 약화되어 점차 변용, 왜곡, 퇴화되어 사라진다. 그의 '보편적 도의' 관념 역시 결국 '국가 도의'로 수렴된다.[7]

그런데 쇼난의 도의 관념이 후일 '국가 도의'로 수렴되는 요인은 「이로응접대의」의 다음과 같은 구절 안에 이미 담겨 있었다고 볼 수 있다. "불신불의의 나라는 천지신명과 함께 이를 벌한다는 대의를 해외 만국에 보이고 내천하(內天下[=일본])의 사기를 떨쳐 일으켜 기계포함(器械砲艦)이 점차 완비되면 만국 추로(醜虜[=서양제국])를 아(我) 정의에 복종시킬 수 있음은 의심할 바 없다."(437). 여기서 '대의', '정의'는 곧 '일본 것'으로 회수된 셈이다. 일본이 훗날 군사력을 기르게 되면 서양제국을 복종시키겠다는 것이다. 이 까닭인지 도쿠토미 소호(德富蘇峰; 1863-1957)는 쇼난을 '왕도적, 정신적 제국주의자' 또는 '요순, 공자의 대도로써 일본을 세계의 광대교화주(廣大敎化主)로 만들고자 했던' 사람이

6 쇼난의 '공공' 개념에 관해서는 源了圓(2002, 243-245); 森藤一史(2007, 30-33) 참조.

7 쇼난의 제자였던 모토다 나가자네(元田永孚; 1818-91)는 메이지 유신 후 1871년 궁내성(宮內省)에 입 사하여 메이지 천황의 근시(近侍)가 되었다. 그 후 「교육칙어敎育勅語」의 기초(起草, 1890년 반포)에 참여하는 등 '유교의 국교화'에 공헌했다.

라고 평했다.[8] 이를 단지 '소호의 오해'라고 볼 수만은 없을 듯하다.[9]

물론 쇼난의 도의 관념이 모두 '국가 도의'로 수렴될 수는 없다. 또한 쇼난은 일본이 도의를 독점하고 있다고 보지도 않는다. 그래서 "도는 천지의 도이다. 아국 것이니 외국 것이니 말할 수 없다. 도를 소유하면 외이(外夷)라도 중국이다. 무도하면 아국·지나[중국]라도 이(夷)다." "마침내 지나와 아국은 우국(愚國)이 되었다. 서양에 크게 뒤진다."(무라타 우지히사村田氏壽「橫井氏說話」. 山崎正董編 1942, 290)라고 말한다. 이렇듯 쇼난의 화이관은 상대화되어 오히려 중국과 일본이 서양에 비해 도의 면에서도 뒤진 '우국'이 되었다고 본다. 그리고 군사, 정치면에서도 뒤져 있다. 그래서 쇼난은 바쿠한(幕藩) 체제 하의 '일국=한(藩)'을 넘어선 '천하=일본'의 정치 개혁을 구상하게 된다(森藤一史 2007, 34-40).

1857년 쇼난은 후쿠이한(福井藩)의 한슈(藩主) 마츠다이라 요시나가(松平慶永; 1828-90)의 초빙을 받아 정치개혁 의견서인『국시삼론國是三論』(「부국론富國論」, 「강병론强兵論」, 「사도론士道論」)을 제출한다. 쇼난은 「부국론」에서 "공공의 도란 천하, 국가를 나눌 수 없다. 따라서 가령 일국에 관한 설을 내세워 확충하면 천하에 이른다."(日本思想大系55, 441)라고 말한다. 이로써 쇼난은 '천하=일본'의 정치 개혁을 구상했던 것이다. 그 요지는 "정교일신(政敎一新)", "부국강병"(450)이었다. 여기서 '국가', '일국'

---

8 그 상세는 장인성(2002, 455-458) 참조. 소호는 쇼난의 친구인 도쿠토미 잇케이(德富一敬)의 아들이다.

9 이를 미나모토 료엔은 "소호의 쇼난 이해의 오류"(源了圓編 2009, 229)라고 비평한다.

이란 '한'을, '천하'란 '일본'을 가리킨다. 즉 쇼난의 '공공'은 일본이라는 국가의 공공성 범주를 넘지 않는다.

당시 일본은 개국 이후 바쿠한 체제와 전통적 공동체의 파탄 위기에 돌입해 있었다. 이 과정에서 체제 변혁 요구와 함께 '공의'(公議), '공론'(公論)의 분출 현상이 전국적으로 퍼져 나갔다. 동시에 새로운 국가 공동체 내지 공공성 창출 방법을 둘러싼 분열이 벌어졌다. 이는 크게 경막개국(敬幕開國)파와 존왕양이(尊王攘夷)파의 두 파벌로 나뉜다. 이들 파벌은 '공의', '공론' 형성 방법을 둘러싸고 대립하기도 했다. 한편, 이런 상황은 시민 공공성 창출의 기회를 가져다주기도 했다. 그러나 우선 목표는 국가 공공성 창출이었다. 이는 쇼난의 경우에도 마찬가지였다.

1862년 마츠다이라 요시나가가 바쿠후의 '정사총재'(政事總裁)에 취임함에 따라 쇼난은 중앙 정치 개혁에 관여하게 되었다. 이로써 자신의 천하=일본 개혁 구상을 실천할 기회를 얻은 셈이다. 그 기본 방향으로서 쇼난은 「국시7조國是七條」를 제시했다(山崎正董編 1942, 97-98). 5조는 "언로를 크게 열어 천하로 공공의 정(政)을 삼을 것", 그리고 6조는 "해군을 일으켜 병위(兵威)를 강화할 것"이라는 내용이었다. 여기 제시된 '공공의 정'이란 이를테면 바쿠후와 지방 각지의 한을 매개, 포괄함으로써 국가 공공성을 창출하기 위한 정치를 가리킨다고 볼 수 있다. 이 역시 국가 공공성의 범주를 넘지 않는다.

그러나 바쿠후는 '공공의 정'을 실천할 능력이 없었다. 또 존왕양이파와 대립한 채 그 운동을 제압할 힘도 없었다. 그리하여 1867년 존왕양이파의 웅번(雄藩)들이 천황 중심의 정권을 수립하게 되었고 이듬해 1868년 메이지 정부가 출범했다. 동시에 새 정부는 '존왕양이'에서 '존왕개국'으로 전환했다. 1867년 말 쇼난은 마츠다이라 요시나가에게 「건언建言」을 보낸다(山崎正董編 1942, 94). 그 가운데 주목할 것은 '조약개정'의 제언이다. 기존 조약을 "공공정대백년불역(公共正大百年不易)의 조약"으로 개정하기를 요구한 것이다. 이때 '공공'은 보편적 공공성을 표상한다. 쇼난은 이를 대외 관계에 활용하고자 했던 셈이다.

1868년 메이지 정부는 쇼난의 출사(出仕)를 명했다. 이에 응한 쇼난은 "만기공론(萬機公論)으로 결(決)함"이라는 문구를 포함한 건의안(山崎正董編 1942, 103)을 제시하는 등 정부 개혁에 참가했다. 그러나 이듬해 1869년 1월 암살당하고 만다. 이와 함께 그가 '발명'했던 '공공'이나 '도의'의 보편성은 점차 변용, 왜곡, 퇴화되어 사라진다. 이는 일본 (나아가 동아시아) 근대에서의 전통의 '발명'이 지닌 중대한 문제를 드러낸다. 그것이 때로 변용, 왜곡, 퇴화를 표상한다는 문제이다.

3. 메이지 시대의 국가 공공성과 시민 공공성의 형성과 상극

쇼난이 제시한 바와 같은 '공공'의 보편성은 메이지시대에 들어 가속적으로 변용, 왜곡, 퇴화되어 간다. 일본 전통의 '공공'은 국가/관의 '공', 즉 국가 공공성으로 회수되는 경향이 강했기 때문이다.[10] 그 대표적 예는 요시다 쇼인의 '공공' 개념이다. 예컨대 쇼인은 『강맹여화講孟餘話』(1856)에서 "대저 오대주에 공공의 도가 있고 각 주에 공공의 도가 있으며 황국[일본], 한토[중국]와 여러 속국[조선·안남·유규·대만]에 공공의 도가 있고 66국에 공공의 도가 있어 모두 같다."(山口縣教育會編 1972, 412)라고 말한다. 이 '공공의 도'의 '공공'은 보편적 공공성을 표상한다. 이는 아마 정주학 또는 쇼난의 '공공' 개념에서 영향 받은 것이리라 여겨진다.[11] 그러나 곧 다음과 같이 이어진다(412).

> 그 독(獨)에 이르면 일가(一家)의 도는 인가(隣家)와 다르고 일촌일군(一村一郡)의 도는 인촌인군(隣村隣郡)과 다르며 일국의 도는 인국(隣國)과 다르다. 그 때문에 일가에선 정훈(庭訓)을 지키고 일촌일군에선 촌군의 고풍(古風)을 보존하고 일국[藩]에 있어선 국법을 받들고 황국에 있어서는 황국의 체(體[=천황])를 우러른다. 그런 다음에야 한토성인(漢土聖人)의 도[유학]를 배워야 할 것이다.

즉 '일가', '일촌'으로부터 '황국'에 이르는 일본의 '독'(개체성)과 그 '체'(=천황)를 보편적인 '도'에 앞서 보존해야 한다는 것이다. 결국 그가 앞서 말했던 '공공'의 보편성은 일본의 개체성으로 회수된다. 그 배경에는 대외 위기의식이 있다. 그래서 쇼닌은 '존왕양이'를 내걸었던 것이다. 그러나 후일 시세(時勢)가 변하자 이를 '존왕개국'으로 바꾸게 된다.

---

10 그 이유의 하나는 일본어의 '공'(오오야케)이 지닌 개념적 특성에 있다. 오오야케란 '大宅', 즉 천황 이나 귀족의 큰 집 또는 조정(朝廷)을 뜻한다. 그 상세는 金鳳珍(2004, 제2장) 참조.

11 쇼인은 1853년 10월, 즉 요코이 쇼난이 「이로응접대의」를 저술했던 즈음에 쇼난을 만났다. 이때 쇼인은 쇼난의 '공공' 개념을 듣고 배웠을 가능성이 있다.

쇼인의 위기의식은 존왕의식과 더불어 강렬한 국가의식(민족주의)에 직결되어 있었다. 또 서양 열강에 대한 피해의식에도 직결되어 있었다. 주목할 것은 이 같은 (강자에 대한) 피해의식이 대외 (약자에 대한) 팽창의식으로 이어져 있었다는 점이다. 팽창의 대상은 아시아의 주변국이었다. 예컨대 쇼인은 1855년의 한 서한에서, 러시아, 미국과의 조약을 맺은 이상 "장정(章程)을 엄히 [지켜] 신의를 두텁게 하고 그 사이에 국력을 키워, 취하기 쉬운 조선·만주·지나를 잘라 붙임으로써 교역에서 러시아에게 잃은 것을 토지로서 만주·조선에서 보상해야 한다."(「兄杉梅太郎宛」 日本思想大系54. 1971, 193)고 주장한다. 이렇듯 쇼인이 말한 '공공의 도'의 보편성은 곧 대외 팽창성(제국주의)으로 변용될 수 있었다.

메이지 시대에 들어서자 보편적 '공공' 개념은 변용, 왜곡, 퇴화되어 점차 국가/관의 '공'으로 회수되어 간다. 이로써 '공공'은 곧 '공'을 뜻하거나 '공'이란 용어로 대체되어 버리기도 한다. 단, 모두 사라졌던 것은 아니다. 그 이유의 하나는 국가적 필요성이다. 예컨대 국가(국민) 형성 과정에 필요한 개인이나 시민 (공공성) 창출에 일정한 역할을 할 수 있었기 때문이다. 또한 국제 관계에서 활용될 수도 있었으며, 나아가 대외팽창에 접목시킬 수도 있었기 때문이다. 다른 하나의 이유는 시민들이 국가에 저항하기 위해 보편적 '공공' 개념을 지켜 나가고자 노력했기 때문이다.

메이지 정부는 국가 공동체나 공공성을 창출하기 위해 '공의', '공론' 형성을 표방했다. 그 대표적 예가 1868년 3월 공포된 「5개조 서문(誓文)」으로, 주요 내용은 '널리 회의를 일으켜 만기공론(萬機公論)으로 결할 것, 상하 마음을 하나로 하여 왕성한 경륜을 행할 것, 관민에서 서민에 이르기까지 각기 뜻(志)을 이루어 인심을 권태롭게 하지 않을 것, 구래의 누습을 타파하여 천지 공도에 기초할 것, 지식을 세계에 구하여 크게 황기(皇基)를 떨쳐 일으킬 것' 등이다. 여기서 '만기공론'의 '공'이란 국가 공공성을 표상하나 동시에 시민 공공성을 포괄한다고 볼 수 있다. 그리고 '천지 공도'의 '공'이란 보편적 공공성을 표상한다고 볼 수 있다. 이로써 시민 공공성이 창출될 지평도 열어준 셈이다. 단, '공'의 주체는 어디까지나 국가/관이었다. 더욱이 「5개조 서문」은 「국위 선양의 신한(宸翰)」과 함께 공포되었다. 그리하여 '공'의 보편성은 국위 선양에 담긴 대외 팽창성으로 이어질 가능성을 내포하고 있었다.

「5개조 서문」은 천황을 국가 공동체 운명과 직결된 존재로 부각시키고 국가 공동체를 형성시키기 위한 만기공론, 상하일치, 구습타파, 개국진취를 표방하는 선언이었다. 이후 메이지 정부는 정치, 외교, 군사, 경제, 사회 등 다방면에서 근대적 개혁을 추진해 나갔다. '부국강병', '식산흥업', '문명개화'가 추진되었고 이로써 국가/국민을 형성해 나갔던 것이다. 예컨대 「대교선포大教宣布」(1870)에 의한 신도(神道) 국교화, 「학제學制」 공포(1872), 징병령(1873) 등이 이루어졌다. 나아가 「군인칙유軍人勅諭」(1882), 「교육칙어教育勅語」(1890) 등으로 대표되는 일본 유교의 근대적 재편도 이루어졌다. 일본 유교가 '국가 도의, 국민 도덕'으로 재편되었던 것이다.

나아가 국회 개설, 헌법 제정의 논의와 이를 둘러싼 정부 내의 노선 대립이 생겨나기도 했다. 그 후 1889년 2월 '대일본제국헌법'이 공포되었다. 거기서 천황은 절대성을 지닌 주권자로서 행정, 입법, 사법의 3대권을 통괄함과 동시에 군의 최고 통수권자로 규정되었다. 의회는 귀족원과 중의원의 양원제로 구성되며 1890년에 실시된 제한 선거를 통해 처음으로 개설되었다. 국민은 천황의 신민으로 규정되었으며 그 권리는 법률 범위 내에 제한되어 있었다. 이로써 시민이 설 자리는 매우 좁아졌다.

그러나 일각에선 시민도 양성되었고 시민 공공성도 창출되었다. 또 민권사상도 민간에 침투했다. 그리하여 전국적으로 국회개설운동이 벌어졌고 이른바 '사의헌법'(私擬憲法)의 초안들도 다수 출현했다. 시민/지식인의 일부는 정부/관의 '공'에 저항하면서 자유 민권운동을 일으키기도 했다. 이로써 국가 공공성과 시민 공공성 사이의 상극이 발생했다. 단, 거듭 말하지만 시민 공공성은 국가 공공성에 압도되거나 포섭되어 갔다. 즉 '국가에 의한 공공성 파괴, 독점' 현상이 벌어졌던 것이다.

나카에 쵸민은 메이지 시기를 통해 시민 공공성 창출을 위해 노력한 대표적 지식인이다. 쵸민은 「민약역해民約譯解」(1874, 루소의 『사회계약론』)에서 'république'를 '공화정치'로 번역하고 이는 "공공의 사무"라는 의미라고 설명한다(松本三之介編 1983, 第1卷, 17). 또한 「군민공치지설君民共治之說」에서는 "공화정치라는 글자는 라틴어의 '레스 퓨브리카'를 번역한 것이다. '레스'는 물(物)이고 '퓨브리카'는 공중(公衆)이다. 따라서 '레스 퓨브리카'는 곧 공중의 것, 공유물이란 뜻이다. 정체(政體)로는 공화정치의 뜻이 된다. 그 본뜻은 실로 정권을 전국 인민의 공유물로 삼는다는 것으로, 한 두 기관의 사(私)로 삼지 않을 때 '레스 퓨브리카'로서 모두의 공화정치이다."(第14卷, 10-11)라고 설명한다. 이렇듯 쵸민의 '공공'이나 '공'은 국가를 넘는 시민 공공성의 뜻을 담고 있었다.

쵸민은 공화정치의 실현을 꿈꾸었다. 그의 정치사상적 특징은 '도의'를 강조하는 성향이다. 예컨대 그의 자유란 '도덕적 자유'(liberté moral)를 가리킨다. 또한 그는 "사람은 이의(理義)를 가진 동물"(第8卷, 288)이라 말한다. 그리고 『혁명전프랑스2년기사革命前法朗西二年紀事』에서는 루소(J. J. Rousseau; 1712-78) 저작에 관해 "모두 천리 자연을 찬양하고 인공(人功)의 잘못을 배척하여 자유평등의 의(義)를 주장하고 전제 억압을 쳐부수는 것을 그 뜻으로 삼았다."라고 평가한다(第8卷, 139). 이런 성향의 바탕에는 유학 특히 그가 심취했던 맹자 사상이 있었다. 쵸민은 유학을 토대로 서양 정치사상을 수용했으며 이로써 보편적 도의나 공공성을 이끌어 냈다. 그리하여 정부가 독점하고자 했던 '도의', 즉 '국가도의'를 비판할 수 있었던 것이다. 그에게 일본의 문명개화, 부국강병은 보편적 도의나 공공성을 도외시한 것으로 비판 대상이었다.

그런데 쵸민은 만년에 이르러 마치 시대를 비관한 사람처럼 장자(莊子) 사상에 빠져 들었다. 그는 최후의 저서 『속일년유반續一年有半』(第10卷)에서 인간중심주의를 비판하려는 듯 세계가 '무시무종'(無始無終), '무변무한'(無邊無限)이라며 '무신'(無神), '무영혼'을 주장하면서 '의사(意思)의 자유'를 부정했다. 이 같은 발상은 『장자』에 보이며 실제로 '무시무종'이란 용어는 「지북유편知北遊篇」과 「측양편則陽篇」에 나온다. 이렇듯 그가 장자 사상에 빠져든 것을 어떻게 봐야 할까? 이를 보편성의 새로운 경지의 추구로 볼 수도 있겠지만 오히려 보편성의 실종으로 보아도 좋을 것이다.

4. 후쿠자와 유키치의 공공성: 시민 공공성에서 국가 공공성으로

후쿠자와 유키치는 바쿠마츠부터 메이지 10년대에 걸친 전기 저작 단계에서는 시민 공공성이나 보편적 공공성을 창출하는 데 크게 기여했다. 예컨대 그는 『서양사정西洋事情』(초편 1866, 외편 1867, 이편 1870)에서 전통 유학의 '도', '리' 관념에 기초한 개인의 '통의'(通義)[rights], '자유', '평등', '독립' 등의 개념을 제시했다. 『학문의 권장學問のすすめ』(전17편, 1872-76)에선 '평등과 자유 존중', '독립자존', '관존민비의 타파', '학문 권위의 확립', '법 준수', '여성 해방' 등의 정신을 고취했다. 이로써 시민 공공성이나 보편적 공공성 창설의 기반을 마련해 주었던 셈이다. 또한 자유민권운동에도 큰 영향을 주었다.

그러나 후쿠자와는 이미 전기 저작부터 국가/관의 '공'을 중시하고 있었다.[12] 이런 성향은 후기 저작으로 갈수록 강화된다. 그리하여 자유민권운동을 견제하면서 시민 공공성이나 보편적 공공성으로부터 점차 멀어져 갔다. 동시에 메이지 정부가 벌였던 '국가에 의한 공공성 파괴와 독점'에 동조, 협력해 나갔다. 이 과정에서 그의 보편성 관념은 오히려 대외 팽창성으로 변용, 왜곡, 퇴화되어 갔다.

---

12 이런 성향을 표상하듯 후쿠자와의 저작에는 '공공'이란 용어가 거의 보이지 않는다. 이에 비해 '공' 이란 용어는 전기 저작부터 후기 저작에 이르기까지 지속적으로 다수 출현한다.

후쿠자와의 '문명'이란 적어도 전기 저작 단계에선 서양 문명과 유교 문명 등을 포함한 '보편 문명' 관념을 함의하고 있었다. 이는 『학문의 권장』 15편에도 나타난다. 거기서 그는 서양 관습을 채용하려면 "그 성질을 밝혀 취사를 판단"해야 한다고 주장한다(慶応義塾編 1969~71, 제3권, 125). 그리고 "입만 열면 서양 문명의 미를 말하고 (중략) 지식, 도덕의 가르침에서 치국, 경제, 의식주의 작은 일에 이르기까지 모두 서양의 풍을 그리워하는" 자들을 '개혁자류'(改革者流), '개화선생'(開化先生)이라 비판하면서 서양 문명은 "결코 문명의 완전한 것"이 아니라고 말한다(125-6).

이런 태도는 그의 가치판단의 상대성, 상대주의에 기초한다. 예컨대 『학문의 권장』 13편에서 그는 "진실무망(眞實無妄)의 공도를 발명"하지 못한 동안에는 "사람의 의론도 역시 어떤 것을 시(是)로 하고 어떤 것을 비(非)"로 정할 수 없다고 주장한다(110). 따라서 "세계 중의 공도를 구하지 않으면 안 된다."라고 하면서 동서양을 넘어선 공도를 추구하고 있었다. 그러나 후일 그는 공도의 존재를 스스로 부정한다. 한편, 그의 상대주의는 "교오(驕傲)와 용감, 조야(粗野)와 솔직, 고루와 착실, 부박(浮薄)과 영민(穎敏)이 상대함과 같이 그 모두가 작용하는 장소와 강약의 도(度)와 향하는 곳의 방각(方角)에 따라 혹은 부덕이 될 수도 혹은 덕이 될 수도 있을 뿐"(110)이란 식으로 가치판단의 기준마저 제거해 버린다. 이로써 상대주의의 오류에 빠질 위험성이 커졌다고 할 수 있다.

그의 상대주의는 『문명론지개략文明論之概略』(1875)에서 이른바 '양안주의(兩眼主義)'를 낳는다. 즉 제1장에서 그는 "양안을 열어 한쪽 눈으로 타(他)의 장점을 보고 다른 쪽 눈으로 단점을 보게 한다."고 말한다(慶応義塾編 1969~71, 제4권, 12-13). 그런데 이것이 제2장에서는 다음과 같이 바뀐다. 그 첫 머리에 "문명개화란 글자 역시 상대적인 것"(16) 이라면서 "서양 제국을 문명이라 일컫지만 바르게는 지금 세계에서 그렇다고 할 수 있을 뿐"(18)이란 것이다. 여기서 서양 문명은 시간축에서 상대화된 셈이다. 그러나 '어느 지역이든 각각 고유한 문명을 지닌다.'는 식의 공간축에 의한 문명 상대화의 시점은 없다. 따라서 서양 문명은 결국 문명의 기준으로 절대화되고 만다. 그와 함께 자국 독립을 위한 목적이자 수단으로 삼게 된다.

『문명론지개략』의 마지막 장인 제10장에 이르러 공도는 다음과 같이 부정된다. "그 교제[외교]에서 천지의 공도에 의뢰함은 과연 무슨 마음인가. 우활(迂闊, 어리석음)도 또한 심하다."(104). 이로써 공도에 기초한 보편주의는 사라지고 그 대신 "편파심"(偏頗心), "보국심"(報國心)과 같은 '사정'(私情)이 자리 잡는다(104). 이는 그가 국가 공공성에 봉사하게 되었음을 뜻한다. 동시에 그의 보편적 공공성이나 시민 공공성 관념은 사라져 갔음을 뜻한다.

한편, 『문명론지개략』 제7장에서는 "전쟁은 나쁜 일이긴 하나 적에 대해선 싸우지 않을 수 없다. 살인은 무도이긴 하나 싸울 때는 죽이지 않을 수 없다."면서 "세상사엔 하나로 이를 관통할 수 있는 도는 없다. 단지 때와 곳을 따라 나아가야 할 뿐"이라고 한다(115). 이윽고 그의 상대주의는 '시세추종주의'(時勢追從主義)로 바뀌어 버렸음을 알 수 있다. 그리고 그의 '도의' 관념은 여운만 남긴 채 퇴화되어 그 대신 전쟁과 살인이 긍정된다. 이에 따라 '하나로 이를 관통할 수 있는', 즉 '일이

관지'(一以貫之)(『논어』「이인里仁」)라는 유교 보편주의의 '도'는 비현실적인 것으로 부정된다. 나아가 그는 근대주의적 '대립, 상극 논리'를 강화시켜 나간다.

후쿠자와의 전기 저작의 논지는 '문명개화/부국강병→자국 독립'으로 정리될 수 있다. 이것이 후기의 『통속국권론通俗國權論』(1878), 『시사소언時事小言』(1881) 등 저작이나 『시사신보時事新報』(1882년 창간)의 다수 — 아시아(조선, 청국) 관련 — 논설에 이르면 '문명개화/부국강병→대외팽창=국권 확장'으로 바뀐다. 이 과정에서 그는 국가 공공성의 확립에 봉사한다. 이와 함께 그의 보편성 관념은 대외 팽창성으로 변용, 왜곡, 퇴화되면서 그는 문명개화론자이자 제국주의자로 변신했던 것이다.

5. 맺음말: 국가 공공성/공동성을 넘어서

근대 일본에서 보편적 공공성 개념이 요코이 쇼난이나 나카에 쵸민에서 보았듯 유학 (주자학) 사상을 토대로 '발명'되었다는 사실은 오늘날 우리에게 시사하는 바가 크다. 이는 유학 사상이 글로리내컬의 다층 차원으로 열린 공공성이나 공공철학을 '발명'하는 데 도움이 될 수 있는 유산을 담고 있음을 보여주기 때문이다. 쇼난, 쵸민의 보편적 공공성 개념은 국가/관의 '공'에 저항할 수 있는 시민 공공성 등 보편적 지평을 열어 주었다. 그리고 이런 보편성 추구는 근대 일본에서 사상 전통의 한 줄기를 이루었다. 이로써 '또 하나의 일본 근대 사상사'의 조류를 형성했던 것이다. 단, 이는 일본 사상사의 주류를 이루지 못한 채 오늘날에 이르렀다.

요시다 쇼인이나 후쿠자와 유키치 역시 유학사상을 토대로 보편적 '공공', '공' 개념을 이끌어 내었다. 그러나 주목할 것은 이 보편성을 결국 배제시키거나 오히려 대외 팽창성으로 변용, 왜곡, 퇴화시켜 갔다는 점이다. 이는 일본 유학의 전통에서 '공공', '공'과 같은 개념의 보편성이 취약했기 때문에 벌어진 현상이라고 본다. 이는 보편적 '도의'가 '국가 도의'로 쉽게 회수되었다는 현상에도 해당된다. 이를 확대하자면 일본 사상사에선 전통과 근대에서 (현대에 이르기까지) 보편성 관념이 희박함을 지적할 수 있을 것이다.

거듭 말하지만 근대 일본은 보편적 공공성을 변용, 왜곡, 퇴화시키면서 국가 공동체와 국가 공공성을 창출해 나갔다. 국가 공공성은 실은 '공공성의 탈을 쓴 공동성'에 다름 아니다. 이것이 근대 일본에서는 시민 공공성을 포섭, 압도했다. 이런 '국가에 의한 공공성 파괴, 독점' 과정에서 일본 지식인의 주류는 국가/관의 '공'에 봉사했고 나아가 그 팽창성에도 동조했다. 이를 근대라는 시대의 '존재구속성'에 따른 결과였거나, 또는 그 현실에 적응(편승)하기 위한 현실주의였다고 변명할 수 있다.

그러나 '적응'이란 편승뿐만 아니라 저항을 내포한다. 어느 시대나 현실도 바름(正)과 그름(負)을 포함한다. 이에 대한 판단 기준을 배제한 채 시대/현실에 편승함은 실은 '현실적인 것'(현실주의)이 아니라 '맹목적인 것'(시세추종주의)이다. 현실주의는 보편적 '도의', '규범'과 같은 기준 없이 현실이 어떤 방향으로 움직이고 있는가를 보지 못할 때 오히려

'비현실적인 것'을 낳고 기른다. 반대로 보편적 '도의', '규범'에 기초한 이상주의는 현실의 추이를 응시하고 과거, 장래를 통찰하여 바름과 그름을 판단함으로써 본래의 '현실적인 것'을 낳고 기를 수 있다.

바름과 그름은 시대나 시세(時勢)에 따라 늘 바뀌고 변한다. 따라서 그 시대를 '구속'하면서 바름과 그름을 보편적 '도의', '규범'을 기준으로 끊임없이 바로잡아 나가야 한다. 이때 '보편'이란 '일원적 보편성'(uni-versality)만으로 회수될 수 없다. 보편성은 어떤 하나(uni)로 독점될 수 없고 또 독점되어서도 안 되기 때문이다. 따라서 보편성은 '다원적 특수성'(multi-versality)을 포괄해야 한다. 단, 이때 판단 기준을 상실한 상대주의의 오류에 빠져서는 안 된다. 이를 위해 판단 기준을 설정하면서도 함께 통하는(공공하는) '횡단 매개 성'(trans-versality)이 필요하다. 그리고 '안과 밖으로 열린' 공동성(공통성), 달리 말해 '횡단 매개적으로 보편적인' 공공성이 필요한 것이다.

이러한 공공성 개념을 뒷받침하는 사고가 (이원 사고를 포용하면서 지양하는) '삼원 사고' (필자의 조어)이다(김봉진 2006; 2009). 이를테면 '역'(易) 사고 내지 음양 오행론의 '생생화화'(生生化化)적 사고이다.[13] 음양론은 음양이 서로 상극하면서도 궁극적으로 상화(相和), 상생해 간다는 논리, 즉 음양 이극과 태극을 합한 삼극 논리에 기초한다. 음양의 속성은 '불즉불리(不卽不離), 불일불이(不一不二)' 또는 '불상잡불상리(不相雜不相離), 일이이이이일 (一而二二而一)'이다. 이때 음양은 상호 보충·매개 관

13 '생생화화'를 굳이 영어로 번역하면 'generating and becoming' 또는 'becoming'이 될 것이다.

계에 있음을 뜻한다.[14] 따라서 오행(五行, 화·수·목·금·토)은 통상 상생·상극의 이원 사고로 설명되어 왔으나 실은 그 사이에 상화라는 차원을 넣어 생각할 필요가 있다.

단, 주의할 것은 삼원 사고의 '삼'은 숫자 개념이 아니라는 점이다. 그 '삼'은 '속·사이' 을 상징하며 상호 보충·매개 또는 상화를 표상한다. 삼원 사고를 바탕으로 공, 사, 공공의 세 차원을 상극, 상화, 상생시켜 나갈 때 '진정한' 공공성이 자라날 것이다. 이로써 공, 사, 그리고 다층 차원의 공공(공동)의 속·사이를 횡단 매개하면서 이들을 서로 상화시킬 수 있다. 그리고 국가 공공성/공동성에 닫혀 있는 오늘날의 현실을 '구속'함으로써 글로리내컬 차원으로 열어 나갈 수 있다. 그러한 공공성은 현실적으로 늘 형성되어 있는 것이 아닐까? 다만 우리의 사고가 이에 '편승'하지 못한 채로 있는 것이 아닐까?

14 이런 관계는 아마도 데리다(Jacques Derrida)가 현존하는 개념이나 표현을 설명한 '차연(差延), 보충 대리'의 논리적 관계와도 상통하는 측면이 있다(김형효 1993, 56-57 참조).

참고문헌

『論語』.

『莊子』.

『韓非子』.

『說文解字』.

『禮記』.

『史記』.

『朱子語類』.

日本思想大系55. 1971. 『渡邊崋山·高野長英·佐久間象山·橫井小楠·橋本左內』. 東京: 岩波書店.

山崎正董(야마사키 마사타다). 1942. 『橫井小楠傳』上卷(全3卷). 東京: 日新書院.

日本思想大系54. 1971. 『吉田松陰』. 東京: 岩波書店.

山口縣教育會編. 1972. 『吉田松陰全集』三卷(全10卷,別卷1). 東京: 大和書房.

松本三之介(마츠모토 산노스케)編. 1983. 『中江兆民全集』(全17卷, 別卷1). 東京: 岩波書店.

慶応義塾編. 1969~71. 『福澤諭吉全集』(全21卷). 東京: 岩波書店.

김봉진. 2006. "공공 철학과 한사상의 지평." 『한국시민윤리학회보』 제19집 2호.

김봉진. 2009. "글로벌 공공철학으로서의 한사상." 『한류와 한사상』. 서울: 도서출판 모시는 사람들.

김형효. 1993. 『데리다의 해체 철학』. 서울: 민음사.

장인성. 2002. 『장소의 국제정치사상』. 서울대학교 출판부.

Arendt, Hannah. 1958. *The Human Condition*. Chicago: The University of Chicago Press.

Habermas, Jürgen. 1962. *Strukturwandel der Öffentlichkeit-Untersuchung zu einer Kategorie der bürgerlichen Gesellschaft*. Berlin: Neuwied.

金鳳珍(김봉진). 2004. 『東アジア「開明」知識人の思惟空間 鄭觀應·福澤諭吉·兪吉濬の比較硏究』. 九州大學出版會.

源了圓. 2002. "横井小楠における「公共」の思想とその公共哲學への寄與." 佐々木毅(사사키 다카시)·金泰昌 編 『公共哲學3 日本における公と私』. 東京大學出版會.

松浦玲(마츠우라 레이). 1976. 『横井小楠』. 東京: 朝日新聞社.

源了圓(미나모토 료엔) 編. 2009. 『横井小楠 「公共」の先驅者』. 東京: 藤原書店.

森藤一史(모리토 카즈야). 2007. "横井小楠における「公共」思想と實踐." 『横井小楠硏究年報』. 第3·4合併號.

14장

조선왕조에서 대한제국으로의 전환:
경국대전체제의 종언과 대한제국 출범의 정치사적 의의*

박현모 여주대학교

1. 조선왕조는 언제 '해체'되었나?

조선왕조는 언제, 왜 패망했는가? 이 질문에 대한 즉각적인 대답은 "1910년 일본에 의해 강압적으로 패망했다."일 것이다. 그런데 질문

* 이 글은 『한국정치연구』 1집 2호(2009)에 게재되었고, 졸저 『정조 사후 63년: 세도정치기(1800-63)의 국내외 정치 연구』에서 출판된 것을 다시 수록한 것이다.

의 첫째 사항인 '언제', 즉 패망의 시기와 관련해서 1897년을 주목할 필요가 있다. 그 해 10월 '대한제국'이 성립하면서 고종은 '왕'에서 '황제'로 격상되었고, 국가의 명칭이 '조선왕조'에서 '대한제국'으로 바뀌었다. 정체(政體)와 국체(國體) 역시 '대한국국제'(大韓國國制)에 의해 새롭게 규정되면서 "505년간 지속된 조선왕조는 종언을 고했다."(이성무 2001, 193)고 볼 수 있다.

다음으로, 1905년 11월의 '한일협상조약'[을사보호조약]을 중시하는 시각도 있다. 서재필은 "1905년까지 한국은 하나의 독립된 왕국"이었다고 말했다(1919년 4월 연설)(『독립운동사자료집』 1974, 99-100). 고종 역시 조약의 인준을 강요하는 이토 히로부미에게 "이 조약을 인준한다면 곧 나라가 망하는 것이다. 짐은 사직을 위해 죽을 지언 정 결코 허가할 수 없다."면서 거부하였고, 결국 이토 히로부미는 그 다음 날 고종이 불참한 가운데 대신들의 날인을 받아 조약을 통과시켰다(황현, 임형택 외 2005, 254-257). 이처럼 을사보호조약으로 조선왕조가 망했다고 보는 근거로는 일본에 의해 ① 모든 외교권이 박탈당했고(1, 2조) ② 통감(統監)에게 국내통치권마저 빼앗겼다는 사실을 들 수 있다.

질문의 둘째 사항인 망국의 요인은 좀 더 긴 호흡의 역사적인 접근이 필요하다. 1905년 또는 1910년에 일제가 강압적으로 패망시켰다고 간단히 말하기에는 한말 내지 좀 더 거슬러 올라가 세도정치기의 국내외 사정이 너무 복잡하기 때문이다. 정약용은 일찍이 순조시대 법제의 문란을 지적하면서 "터럭 하나 만큼이라도 병통 아닌 것이 없는 바, 지금 고치지 않으면 반드시 나라가 망할 것"이라고 말했다(정약용, 이익성 번역 1997, 79). 헌종시대의 대사간 이재학도 "오늘날 온갖 법도가 무너지고 모발(毛髮)까지 다 병들어 위아래가 함께 근심하고" 있는데 "이렇게 된 것은 일조일석의 까닭이 아니라 실로 간흉(奸凶)이 나라의 권세를 마음대로 하여 해독이 쌓인 지 오래 되었기 때문"(헌종실록 06/09/27)[1]이라고 상소하고 있다.

한말의 혼란스런 상황은 박제형에 의해서도 지적된 바 있거니와,[2] 대규모 농민봉기(동학농민운동, 1894.1), 국내에서 외국군대의 전쟁(청일전쟁, 1894.7), 일본 낭인에 의한 왕비의 시해(을미사변, 1895.10), 그리고 국왕이 외국 공사관으로 피신해야 했던 일(아관파천, 1896.2) 등에서 보듯이, 조선왕조는 이미 국가로서의 제 기능을 수행하지 못하고 있었다. 물론 이런 요소들은 망국적 상황을 설명하는 데 도움을 주지만, 그것 때문에 곧 나라가 망했다고 말할 수는 없다. 따라서 이것으로 인해 일본이 강압적으로 조선왕조를 패망시켰다는 사실이 달라지는 것은 아니다. 다만 조선왕조를 오랫동안 지탱해왔던 법제와 국가기강이 세도정치기 이후 대부분 무너져 내린 상태였다고는 말할 수 있을 것이다.

이 글의 목적은 조선왕조를 장기 지속시켰던 법제와 정치적 전통의 해체 시기 및 과정을 '경국대전 체제'의 해체라는 관점에서 고찰하는 데 있다. 특히 1897년 10월의 '대한제국'의 성립기를 경국대전 체제가 해체된 시점으로 보고, 그 전환 과정에서 달라진 점이 무엇인지, 전

---

1 『헌종실록』 재위 6년 9월 27일자 기사. 이하에서는 (헌종실록 06/09/27)로 실록 이름과 날짜만을 약기.

2 박제형은 철종 즉위부터 대원군 집권기까지의 '양요(洋擾)'와 '서원' 및 '환곡'의 폐단을 서술했다. 박제형, 이익성 번역, 『조선정감朝鮮政鑑』(서울: 한길사, 1992).

환을 주장하는 논리와 반대하는 입장을 검토하고자 한다. 이를 통해서 19세기의 격변기에 적응해 나가려는 고종의 노력이 끝내 좌절되는 배경에는 비단 일본의 침탈 외에 국내정치의 실패가 있었음을 밝히고자 한다. 아울러 그에 근거하여 '경국대전체제'가 형해화나 붕괴된 상태에서 겪은 세도정치와 대한제국의 경험이 이후 한국인들의 정치체제 인식에 미친 영향을 추론해보고자 한다.

2. 경국대전체제의 종언과 제국의 탄생

(1) '경국대전체제'의 의미

'경국대전체제'란 말은 아주 최근에 쓰이기 시작한 용어로, 학자에 따라서 다양한 의미로 사용하고 있다. 예컨대 이 말을 처음 사용한 연세대 국학연구원의 연구팀은 2002년도 〈학술진흥재단〉의 지원을 받아 수행한 과제에서 "'경국대전 체제'란 『경국대전』을 근간으로 형성된 조선의 국가체제 전반"이라고 정의했다. 경국대전과 그 이후 여러 법전에 수록된 법 규정을 넘어서 "조선의 정치·경제·사회·문화 전 영역을 포괄하는 의미"로(오영교 편 2004, 6) 이 말을 사용하고 있다. 하지만 이 정의는 너무 포괄적이어서 그것이 지칭하는 구체적 의미가 무엇인지 알 수 없게 만든다. 보기에 따라서는 조선왕조의 모든 것을 가리킨다고 해석할 수도 있기 때문이다(오영교 편 2004, 44, 82-94).[3]

이에 비해 이원택은 "『경국대전』과 그 우익(羽翼)으로서 『오례의』와 『대명률』을 '경국대전체제'라 할 수 있다."라고 말하고 있다.[4] 즉 『경국대전』이라는 법전에 있는 내용은 물론이고, 그 책에서 "국가의례를 위해 준용한다."[凡儀註用五禮儀]고 밝힌 『국조오례의』와 "형률을 적용한다."[用大明律]고 적시한[5] 『대명률』의 내용 전체를 아울러 경국대전체제라 불러야 한다는 것이다. 결국 이 말은 조선왕조의 정부조직과 재정경제, 그리고 사회기간산업은(경국대전) 물론이고 예제(국조오례의)와 형벌(대명률)까지 포함한 조선왕조 운영체제 전체를 가리키게 된다. 이러한 정의는 그 포괄범위가 앞의 국학연구원팀의 것보다 더 제한적이지만, 여전히 용어의 구체성과 경계성이 떨어진다는 지적을 피할 수 없다. 곧 바로 "경국대전체제의 실제 내용은 무엇인가"와 "경국대전체제에 들어가지 않는 것은 무엇인가"라는 반문에 직면하게 되는 것이다.

따라서 필자는 경국대전 체제가 어떻게 성립되었고, 어떤 내용을

---

3 물론 이 연구팀의 개별 연구자들은 다양하게 '경국대전체제'의 특징을 분석하고 있다. 예컨대 도현철은 "중앙집권적 정치체제"를 지적했고, 정호훈은 "사권적(私權的)인 질서를" 용인하는 "고려적인 질서로부터 벗어나 조선적인 질서" 즉 "이익을 국가로 돌아오게 하는" "강력한 군권행사"에서 경국대전체제의 특징을 찾고 있다.

4 이원택, "개화기 '예치'로부터 '법치'로의 사상적 전환," 『정치사상연구』(서울: 한국정치사상학회, 2008), 64. 이원택은 또한 조선왕조의 '경국대전체제'와 비교하여 대한제국의 제도적 특징을 '대한국국제체제'(大韓國國制體制)라고 보고 있는데, 그에 따르면 이 체제는 「대한국국제」(大韓國國制, 1899년 반포)를 몸통으로 하고, 「대한예전」(大韓禮典, 1898년)과 「형법대전」(刑法大典, 1905년)을 좌우 날개로 하였다. 같은 글, 73쪽

5 각각 『경국대전』「예전 의주(儀註)」와 「형전 용률(用律)」에 있다.

담고 있는지를 서술하기보다는, 오히려 '경국대전체제의 해체'를 명문화한 것으로 보이는 '대한국국제'의 내용을 들어서 그 체제의 특징을 역(逆)추적하는 '전략'을 구사하려고 한다. 무엇이 '해체'되었는가를 설명하는 과정에서 자연스럽게 그 내용과 특징도 언급될 것이기 때문이다. 그리고 이 전략이 성공한다면 1897년의 대한제국의 성립으로 경국대전체제가 해체되었다는 가설도 함께 논증될 것이라 생각한다.

다만 여기서 경국대전의 입법 취지 내지 '경국대전의 정신'에 대해 짤막하게 짚고 넘어갈 필요가 있다. 조선후기, 특히 세도정치기에 들어 '경국대전체제'가 왜곡 내지 변질되었다고 말하려면 경국대전이 지향하고 있는 목표가 무엇인가에 대한 최소한의 언급이 있어야 할 것이기 때문이다. 이와 관련하여 『경국대전』의 편찬배경으로서 세조의 왕권 강화책을 살펴볼 필요가 있다. 사형수의 처결과 관련해 의정부에 먼저 보고해야 한다는 주장을 반박하면서 세조는 "고금 천하에 어찌 신하에게 먼저 품(稟)하는 일이 있는가. 그렇게 한다면 권력이 장차 옮겨가는 바를 알지 못할 것"(세조실록 07/06/23)이라고 말했다. 국정운영의 실질적 주체는 국왕이어야 하며, 따라서 '신하' 즉 의정부 대신에게 먼저 정무를 아뢰는 것은 이치에 맞지 않다는 얘기였다('육조직계제' 복원). 이러한 세조의 입장은 그의 재위기간에 틀 지워지는 『경국대전』 속에서 국왕의 위상을 높이는 데 영향을 끼쳤으리라 짐작할 수 있다. 말하자면 '경국대전체제'는 "국왕을 중심으로 정치·경제·군사·사회의 모든 권력이 집중되는" "왕조의 정치체제"(도현철 2004, 195-201)라 할 수 있는데, 그것은 구체적으로 "고려적인 질서, 즉 사권(私權)적인 질서를 용인하는" 상태를 벗어나서 "이익을 국가로 돌아오게 하는" 공적 질서의 확

립을 뜻했다.[6]

다른 한편 『경국대전』의 또 다른 특징은 정밀한 권력견제장치의 마련이다. 국왕은 주요한 국정사안을 결정할 때 주기적인 어전회의[常參·次對·經筵]를 거쳐야 했고, 다양한 형식의 정치비평[諫諍]과 철저한 인사검증[署經], 그리고 백관의 논핵[糾察]을 통과해야 했다. 언관은 『경국대전』에 의해서 면책특권을 부여받고 있어서 국왕을 비롯한 위정자들의 "잘못된 정치와 비리"를 상시적으로 비판할 수 있었다(『경국대전』 이전/경관직). 재상은 인재의 선발과 파견[吏典]으로부터 사회기간산업의 관리[工典]에 이르기까지 국정 총괄자였지만(『경국대전』 이전/경관직) "문무백관의 치적(治積)을 조사·규탄하고", "남사한 행실과 위계(僞計)를 금지하는" 사헌부의 감시를 받아야 했다. 말하자면 경국대전체제는 "큰 벼슬과 작은 벼슬이 서로 얽히고[相維] 상하가 서로 견제[相制]하도록" 짜인 관제를 그 특징으로 하고 있었다. 국왕과 신료들, 그리고 고위관료(三公·六卿)와 하위관료(臺閣·銓郞) 사이에 놓인 견제장치가 그것이다(이중환, 이익성 번역 1993, 134).

그러면 이러한 경국대전체제의 이중적 성격을 어떻게 이해할 것인가? 한편으로는 국왕을 중심으로 한 강력한 중앙집권체제를 지향하면서, 다른 한편으로 국왕 및 고위관료에 대한 내적 견제장치를 마련

---

6 정호훈, 「조선전기 법전의 정비와 『경국대전』의 성립」. 오영교 편, 『조선건국과 경국대전체제의 형성』, 64, 91. 공적 질서를 확립하려는 노력의 예로는 도평의사사를 의정부 체제로 변화시킨 것과 아전의 농간을 최소화할 수 있는 공법(貢法)의 정비와 시행 등을 들 수 있다.

한 경국대전의 입법취지를 어떻게 보아야 하는가? 그것은 한마디로 '국가차원의 중앙집중화와 체제 내부의 분권화의 동시 지향'이라고 할 수 있을 듯하다. 즉 『경국대전』은 '여염집 부녀자의 치마폭에서 조상 무덤의 크기에 이르기까지' 거의 모든 것을 차등적으로 규정해(예전禮典) 중앙집권적 질서를 유지하면서도, 지배층 내부의 견제장치를 통해 권력남용과 정치적 부패를 차단하려 한 것이다('집중'과 '견제'의 이원적 질서).

다음으로 조선왕조의 국체에 해당하는 국가의 성격은 한마디로 제후국의 국격(國格)이었다. 『경국대전』에서 조선의 국제정치적 위상을 찾아볼 수 있는 곳은 예전(禮典)의 '사대'(事大)와 '대사객'(待使客) 조항이다. '사대 조항'에서는 중국에 가는 사신이 준비해야 할 외교문서와 예물에 관한 것부터, 중국에 있는 조선출신 환관에 관한 규정, 그리고 조선 사신을 호위할 요동 호송군과 상인 사이의 매매에 관한 사항이 들어있다. 이 중에서 "사대문서를 쓸 때 중국 황제의 이름과 호칭을 회피하라[御諱, 廟諱]"는 규정은 조선과 중국의 관계를 잘 보여준다. '대사객', 즉 중국과 조선을 오가는 사신(使臣) 및 일본·여진을 오가는 객인(客人)을 접대하는 조항에서는 외국의 사객(使客)들을 맞이하고 보내는 잔치부터, 조선에 귀화해[向化] 오는 자들에 대한 처우, 그리고 일본이나 여진족이 보낸 진상품 및 답례품[答賜] 규정 등이 들어 있다. 여기서 주목되는 것은 '진상'(進上), '답사'(答賜)라는 표현과 함께, 일본—실제로는 대마도 왜인 –이 보낸 외교문서인 "서계(書契)가 격식에 맞지 않으면 돌려보낸다."는 규정이다. 요컨대 『경국대전』은 중국은 큰 나라로 섬기되[事大], 일본은 여진과 마찬가지로 보호한다[字小]는 입장을[7] 취하고 있다. 그러면 이와 같은 '경국대전 체제'는 언제, 어떻게 바뀌게 되었나? 이에 대해서는 뒤에서 살펴보기로 한다.

(2) 대한제국의 출범, 그 의의와 체제의 성격

1897년 8월 고종은 러시아 공사관에서 환궁한 지(1897년 2월) 반년 만에 일본의 위압 하에 정해졌던 '건양'(建陽)이란 연호를, '무'(武)라는 글자를 사용함으로써 부국강병을 상징하는 '광무'(光武)로 바꾸었다(8월). 이어서 그는 10월 초에 서울의 회현방의 원구단에서 황제즉위식을 거행했다. 이 날 우리의 국호는 "대한(大韓)으로 정하고 올해를 광무(光武) 원년"으로 한다는 조칙이 선포되었다. 대한이라는 국호는 "마한·진한·변한의 삼한을 아우른" '큰 한'(韓)이란 뜻에서 취했다. 즉 "고려에 이르러 독립된 왕국인 삼한을 병합"하였고, 조선에 들어 "북의 말갈, 남으로 탐라를 거두어서 4천 리의 대국"이 되었는 바(고종실록 34/10/13), 이만하면 충분히 황제국의 조건을 갖추었다는 의미인 것이다. 이러한 논리는 칭제를 반대하는 주장, 즉 "'왕'이나 '군'(君)이라는 것은 한 나라 임금의 칭호이며 '황제'라는 것은 여러 나라를 통틀어 관할하는 임금의 칭호이므로 넓은 영토와 많은 백성들을 가지고 여러 나라를 통합하지 못하였다면 황제라고 불러서는 안 된다."(고종실록 34/9/29)는 주장에 대한 대응논리였다. 그리고 "독립의 기틀을 열고 자주의 권리를 행사"하기 위해 '황제'로 칭호를 올린다고 설명되었다(정교 2004, 219-222). 아울러 대사면이 단행되었고, 관리의 품계가 한 단계씩 올라갔으며 민간

7 "小事大 大字小."『춘추좌씨전春秋左氏傳』 소공(昭公) 30년.

의 세금도 면제되는 등 시혜조치가 베풀어졌다.[8]

그런데 국왕의 존호를 황제로 하고 우리의 연호를 사용하자는 주장(稱帝建元)은 그 이전부터 있어왔다. 우선 '칭제건원' 주장은 갑신정변(1884년) 당시 김옥균에 의해 처음 제기되었고,[9] 청일전쟁 때는 일본공사 오오토리 게이스케(大鳥圭介)에 의해서 제안되었다. 하지만 일본측의 의도—청국으로부터 조선 분리—를 파악한 고종은 그 제안을 거부했다. 을미사변 직후인 1895년 10월에는 각의(閣議)에서 조희연 등이 칭제건원을 건의해 고종의 허락을 받기까지 했다. 하지만 이때도 조선에서의 '현상유지'(status quo)를 원하는 각국 대표들의 저지와 고종의 망설임으로 그 일은 무산되었다.

고종이 1897년에 환궁한 이후 칭제건원 논쟁이 가열되었다. 외국공사관에 머무르는 사이에 국가의 위상, 즉 국격(國格)을 높이는 일이 중요하다는 고종의 인식과, 마침 청국 및 일본으로부터 거리를 두게 된 여건을 이용하려는 심순택·조병세·박정양 등의 정세판단이 계기가 된 것이다. 당시 최익현·유인석 등 보수 유생들은 "서구의 예에 따라 존호를 변경하는 것은 짐승의 제도를 취하는 것이며, 소중화의 나라에서 칭제하는 것은 망령되이 스스로를 높이는 행위(妄自尊大)"라고 비판했다(유인석 1975, 62-65). 특히 최익현의 경우 칭제파들의 존호 주장은 소중

8 대한제국의 국호 명명 및 즉위과정에 대한 상세한 내용은『대례의궤大禮儀軌』(한국학중앙연구원 장서각 도서 2-2626) 및 한영우의 "대한제국 성립과정과『대례의궤』"(2001), 222-234 참조.

9 「駐韓日本公使館記錄」, 機密本書往復 12770, 機密제71호(明治30年 10月25日).

화의 나라를 '소일본'(小日本)으로 만들려는 시도로서, 고종이 "거만하게 스스로 큰 체하여, 오직 구라파와 서양 각국과 동등하게 된 것을 기쁘게 여기는" 것은 "명실이 맞지 않는"[名實不副] 일이며, "실상이 없는 명칭"에 미혹되어 후세의 조롱거리가 될 뿐이라고 칭제에 반대했다(최익현 1978, 114). 윤치호 같은 지식인도 "한 나라의 독립을 보장해 주는 것은 힘이지 군주의 존호(尊號)가 아니다."라고 하면서 서구 열강 아무도 알아주지 않을 그 같은 행사에 재정을 낭비"하면 안 된다고 보았다(윤치호 1975, 74-75).

반면 장지연·정교 등 동도서기 계열의 지식인들은 최익현 등의 주장에 대해서 "변변치 못한 선비의 물정 모르는 논리"라고 반박했고, 윤치호 등의 주장에 대해서는 『만국공법』의 내용을 들어 논박했다. 예컨대 정교는 "근래 거리에 떠도는 소문에 황제로 높여 받든 이후에 외국에서 혹 인정하지 않을까 의심하는 일이 있다고 하는데, 이는 세계에 통용되는 공법을 모르기" 때문이라고 말했다. 그는 특히 "각국의 자주란 제 나라의 의사에 따라 스스로의 칭호를 높여 세울 수 있다."는 『만국공법』의 내용을 근거로 '열강승인론'을 비판했다(정교, 조광 편역 2004, 211). 그는 또한 "동아시아의 큰 나라인 청나라와 일본도 모두 이러한 칭호(황제)가 있는데, 오직 우리나라만이 지금껏 이를 거행하지 않은 것"은 잘못이라면서 "임금의 위세가 높아져야 가까이 있는 사람이나 멀리 있는 사람이 모두 편안해진다."고 주장했다(정교, 조광 편역 2004, 202-209; 이민원 1989, 124-131).

이러한 논쟁 속에서 출범한 대한제국의 구체적인 모습은 그 이듬해인 1899년 8월 17일 반포된 「대한국국제」에서 드러났다. 고종이 황제 즉위식과 동시에 또는 그 직후 국제(國制)를 반포하지 않은 것은 여러 가지 측면에서 그 이유를 찾을 수 있겠으나, 황제추대 세력이 미처 '준비'를 하지 못한 점과 그 당시 만민공동회라는 민중대회가 새롭게 전개된 것을 들 수 있다. 이 중에서 1898년 3월 10일부터 시작된 만민공동회[10]는 세간의 큰 화제를 불러일으키며 그 해 내내 국내외의 관심사가 되었다. 특히 11월에는 독립협회 회원, 일반 백성, 그리고 조정 대신들까지 참여한 가운데 관민공동회로 발전되었고, 마침내 고종은 「헌의6조」(獻議六條)를 받아들여 "광무계약 3조목"이라 불리는 한국 역사상 "최초의 사회계약"을 체결했다.[11] 김홍우는 이 '광무계약'을 "조선조 역사상 최초로 군민이 직접 체결한 계약"으로서 "영국의 마그나 카르타(1215)를 방불케" 한다고 지적한다(김홍우 2007, 725-726).[12] 이 같은 사태의 진전 속에서 고종은 한 동안 갈등했던 것으로 보인다. '관민협의'를 받아들여 '입헌군주제의 길'을 갈 것인지 아니면 조병식 등이 주장

10 '만민공동회'는 처음 개최될 때는 특별한 명칭이 없이 '민회(民會)'로 불려지고, 『윤치호 영문일기』에도 People's Meeting으로 되어 있었는데, 3월 10일의 민회 이후에는 만민공동회로 불려졌다. 신용하, 『독립협회 연구 상』(서울: 일조각, 2006).

11 그 내용은 "① 군신상하가 신(信)과 의(義)를 지키며, ② 현능한 자를 전국에서 구하며, ③ 아름다운 말을 초야의 백성에서 캐어 쓴다."인데, 김홍우 교수는 이 상약을 '광무계약'이라 부른다(김홍우 2004, 60).

12 김홍우 교수는 '광무계약'을 일본 명치원년의 '5조서문'과 비교하고 있다. 그에 따르면, '5조서문'의 경우 군(君)이 먼저 공경제후를 불러들여 맺은 '군신간의 상약'인데 비해, '광무계약 3조문'은 군과 민의 대표가 직접 대면해서 '백성'들과 '각국 공·영사와 신사와 부인들' 다시 말해서 세계만민이 지켜보는 가운데서, 그리고 그들을 "의식하면서" 체결된 군민상약이었다.

하는 '전제군주제의 길'을 택할 것인지의 갈등이 그것이다. 결국 고종은 '익명서사건'(윤치호 1926, 59)[13]을 계기로 독립협회 지도자를 체포하라고 명령함으로써 후자를 선택했다. '광무계약'은 체결된 지 한 달이 되는 12월 25일에 파기되고 만 것이다. 고종은 그 다음해 8월 17일에 전제군주제를 선택했음을 알리는 대한국국제를 반포했는데, 법규교정소(法規校正所)라는 특별입법기구의 건의를 받아들이는 형식으로 채택된 〈국제〉의 내용은 다음과 같다.

「**대한국국제**」(大韓國國制)

제1조 대한국은 세계만국에 공인된 자주 독립(自主獨立)한 제국(帝國)이다.

제2조 대한 제국(大韓帝國)의 정치는 과거 500년간 전래되었고, 앞으로 만세토록 불변할 전제 정치(專制政治)이다.

제3조 대한국 대황제(大皇帝)는 무한한 군권(君權)을 지니고 있다. 공법에 이른바 정체(政體)를 스스로 세우는 것이다.

제4조 대한국 신민이 대황제가 지니고 있는 군권을 침손(侵損)하는 행위가 있으면 이미 행했건 행하지 않았건 막론하고 신민의 도리를 잃은 자로 인정한다.

---

13 "독립협회에서 박정양을 대통령으로, 윤치호를 부통령으로 뽑고, 국체를 공화정으로 변경하려 한다."는 익명서가 광화문 밖 내국조방과 다른 통구에 내걸린 사건을 말한다.

제5조 대한국 대황제는 국내의 육해군(陸海軍)을 통솔하고 편제(編制)를 정하며 계엄(戒嚴)과 해엄(解嚴)을 명한다.

제6조 대한국 대황제는 법률을 제정하여 그 반포와 집행을 명하고 만국(萬國)의 공통적인 법률을 본받아 국내의 법률도 개정하고 대사(大赦), 특사(特赦), 감형(減刑), 복권(復權)을 한다. 공법 이른바 율례를 자체로 정하는 것이다.

제7조 대한국 대황제는 행정 각부(各府)와 각부(各部)의 관제와 문무관(文武官)의 봉급을 제정 혹은 개정하며 행정상 필요한 각 항목의 칙령(勅令)을 발한다. 공법에 이른바 치리(治理)를 자체로 행하는 것이다.

제8조 대한국 대황제는 문무관의 출척(黜陟)과 임면(任免)을 행하고 작위(爵位), 훈장(勳章) 및 기타 영전(榮典)을 수여 혹은 박탈한다. 공법에 이른바 관리를 자체로 선발하는 것이다.

제9조 대한국 대황제는 각 조약국에 사신을 파송주재하게 하고 선전(宣戰), 강화(講和) 및 제반 약조를 체결한다. 공법에 이른바 사신을 자체로 파견하는 것이다.[14]

---

14 大韓國國制: 第一條, 大韓國은 世界萬國에 公認되온바 自主獨立ᄒᆞ온 帝國이니라° 第二條, 大韓帝國의 政治ᄂᆞᆫ 由前則五百年傳來ᄒᆞ시고 由後則亙萬世不變ᄒᆞ오실 專制政治이니라° 第三條, 大韓國大皇帝게ᄋᆞᆸ서ᄂᆞᆫ 無限ᄒᆞ온 君權을 享有ᄒᆞᄋᆞᆸ시나니 公法에 謂ᄒᆞᆫ바 自立政體이니라° 第四條, 大韓國臣民이 大皇帝의 享有ᄒᆞᄋᆞᆸ신 君權을 侵損ᄒᆞᆯ 行爲가 有ᄒᆞ면 其已行未行을 勿論ᄒᆞ고 臣民의 道理를 失ᄒᆞᆫ 者로 認ᄒᆞᆯ지니라° 第五條, 大韓國大皇帝게ᄋᆞᆸ서ᄂᆞᆫ 國內陸海軍을 統率ᄒᆞᄋᆞᆸ서 編制를 定ᄒᆞᄋᆞᆸ시고 戒嚴解嚴을 命ᄒᆞ시나니라° 第六條, 大韓國大皇帝게ᄋᆞᆸ서ᄂᆞᆫ 法律을 制定ᄒᆞᄋᆞᆸ서 其頒布와 執行을 命ᄒᆞᄋᆞᆸ시고 萬國의 公共ᄒᆞᆫ 法律을 效倣ᄒᆞ사 國內

여기서 우선 법규교정소 총재 윤용선(尹容善) 등이 '헌법'이 아닌 '국제'라는 명칭을 사용한 것은 그 내용이 국회에서 제정된 것이 아니라 황제명으로 제정 반포되었기 때문이다. 그런데 그 핵심 내용은 제1조와 2조에 선언된 것처럼, 대한제국이 자주적인 독립국가(國體)라는 것과, 황제가 무한한 군권(君權)을 갖는 전제정이라는 점(政體)이다.

제1조의 "대한국은 세계만국에 공인된 자주 독립한" 국가라는 말은 장지연, 정교 등이 주장한 황제 즉위의 논리를 반영한 것이다.[15] 즉 전(前)군수 정교(鄭喬)는 "『만국공법』을 보건대 존호(尊號)는 각국이 자주로 하는 것이며, 타국은 이를 좋아 인정하는 것일 뿐"이라면서 "속히 위호(位號)를 바르게 해야" 한다고 주장했다. 특히 그는 "황제가 없으면 독립도 없다."면서 중국 및 일본과 동등하게 황제 칭호를 해야 한다고

法律도 改正ᄒᆞ옵시고 大赦特赦減刑復權을 命ᄒᆞ옵시나니 公法에 謂ᄒᆞᆫ바 自定律例이니라° 第七條, 大韓國大皇帝게옵서ᄂᆞᆫ 行政各府部의 官制와 文武官의 俸給을 制定或改正ᄒᆞ옵시고 行政上必要ᄒᆞᆫ 各項勅令을 發ᄒᆞ옵시나니 公法에 謂ᄒᆞᆫ바 自行治理이니라° 第八條, 大韓國大皇帝게옵서ᄂᆞᆫ 文武官의 黜陟任免을 行ᄒᆞ옵시고 爵位勳章及其他榮典을 授與或遞奪ᄒᆞ옵시나니 公法에 謂ᄒᆞᆫ바 自選臣工이니라° 第九條, 大韓國大皇帝게옵서ᄂᆞᆫ 各有約國에 使臣을 派送駐紮케, ᄒᆞ옵시고 宣戰講和及諸般約條ᄅᆞᆯ 締結ᄒᆞ옵시나니 公法에 謂ᄒᆞᆫ바 自遣使臣이니라° 『고종실록』 36/8/17(양력).

15 이에 대해 최익현 등은 '중화의 문명을 이은 우리가 의관과 문물과 제도를 바꾸는 것은 불가하며, 특히나 서구의 의례에 따라 존호를 바꾸는 것은 짐승의 제도를 취하는 것'이라고 하여 반대했다(최익현, 『국역 면암집 1』(서울: 민족문화추진회, 1977), 177-181). 다른 한편 윤치호는 '황제즉위란 유명무실한 조치이며, 그 같은 행사에 재정을 낭비하기보다는 국정의 개선과 효율적 운영이 더 시급하다.'라면서 칭제를 비판했다(윤치호, 『윤치호 일기 4』(과천: 국사편찬위원회, 1975), 72-75).

주장했다. 즉 "동아시아의 큰 나라인 청나라와 일본도 모두 이러한 칭호가 있는데, 오직 우리만이 지금껏 이를 거행하지 않는 것은 크게는 동양의 형세와 관계되는 것"이라는 말이 그것이다(정교 2004, 209).

그런데 제2조의 '전제정치(專制政治)'란 말은 상당히 이례적이다. 이 말은 제3, 4조의 무한 군권(無限君權)을 압축해서 표현한 것으로서, 대한제국은 법제나 민권 등에 의해 군권을 제약하는 입헌정체가 아니라는 선언이다. 제5조 이하의 군통수권, 입법권, 관리임명권, 외교권 등을 모두 황제에게 귀속시킨 것도 그 선언의 구체적 내용이다. 하지만 그 당시 만민공동회 등에서 나타난 성숙한 시민의식이나 중추원제도와 같은 제도발전의 노력을 일체 배제한 채 — 고종은 바로 그것을 의식한 것이었지만 — "군권을 침손(侵損)하는 (일체의) 행위는 〔…〕신민의 도리를 잃은 자로 인정한다."는 규정은 쉽게 납득이 되지 않는다. 물론 '국제'가 "명치천황과 같이 군주권을 절대화한 구도 하에서 자신이 주도하여 서기(西器)를 수용함으로써 부국강병 국가를 건설"하려는(서영희 2006, 69) 의도에서 나온 것이라 할지라도, 고종 자신이 꿈꾸었던 민국(民國), 즉 "만민과 임금이 서로 일체가 되는 나라"(이태진 2000, 233, 260-263)를 세우기 위해서는 필수적인 민성(民聲)의 전달통로 내지 민권(民權)의 보장장치가 봉쇄된 헌법이라는 점에서 한계를 가진다.

고종은 대한제국이 선포된 지 일주일이 지난 1897년 10월 20일에 조칙(詔勅)을 내려 "옛것과 새것을 절충하고 참작하여 정치를 하겠다."는 '구본신참'(舊本新參)의 정책노선을 밝혔다. 그리고 그러한 노선은 그 시기 전후의 법제로 반영되어 나타났다. 먼저 옛것을 바탕으로 한다는 차원에서 그는 수령제도를 부활했다. 갑오경장(1895년)으로 수령과 관찰사가 내부(內部)의 속관이 되면서 수령의 자결권이 없어졌는데, 아전들이 그 틈을 타 농간부리는 일이 많아졌다. 고종은 이를 극복하기 위해, 23부로 나눠진 지방제도를 13도로 부활하고 황제가 직접 수령을 파견하게 했다. 뿐만 아니라 조칙이 내려지기 한 해 전인 1896년 아관파천 이후 의정부 관제를 부활시킨 것이나, 시헌력(음력)을 부활시켜 태양력과 함께 사용하도록 한 것, 황실의 명절이나 국가의 제사 등 국가의례에 사용하도록 한 것도 '구본'의 예가 될 것이다.

새것을 참작해 도입하는 '신참'의 조치의 예로는 의회에 해당하는 중추원을 설립한 것(1898년)과, 국기[태극기]와 국가[애국가] 등 근대국가의 상징물을 제정한 것, 그리고 군권을 강화하기 위해 원수부를 비롯해 황제직속 기구를 신설한 것 등을 들 수 있다. 고종은 기존의 황실업무 담당기구였던 궁내부와 내장원을 대폭 확대했는데, 궁내부 산하에 경위원(1901년 11월. 개항장 및 특수 경찰업무 담당), 통신사(1899년 6월. 전화 및 철도 업무), 철도원(1900년 4월. 경인·경부철도 업무) 등을 두었다. 또한 황실재정을 담당하던 내장사도 1899년 8월 내장원으로 개편된 이후 역둔토·삼·광산 등 종래 탁지부나 농상공부에서 관장하던 일까지 관장하는 방대한 기구가 되었다(김동노 2004, 233).[16] 이상을 요약하면 대한제국의 정치체제는 황제의 권한을 최대한 높여 국정운영을 효율적으로

16 이윤상, 「대한제국의 경제정책과 재정상황」. 한영우 외, 『대한제국은 근대국가인가』. 다른 한편 고종은 1898년의 토지조사사업을 실시하면서 '구본신참'의 방법을 동시에 적용하기도 했다. 즉 토지등급의 6등급화나 결부제(結負制)를 끌어들이면서(구본), 토지유형을 다양하게 구분하고 토지소유자와 경작자를 동시에 파악하게 하는 방식을 첨가했다(신참).

이끌어가도록 정비되고 조정되고 있었다.[17]

3. 대한제국과 조선왕조의 차이: 무엇이 달라졌는가?

(1) 「대한국국제」가 『경국대전』과 다른 점: 1897년에 '해체'된 것들

그렇다면 「대한국국제」(이하 「국제」)는 경국대전 체제와 어떻게 다른가? 1897년 대한제국이 탄생하면서 성립된 「국제」의 내용을 『경국대전』의 규정과 비교하면 다음과 같다.

첫째, 「국제」는 대한제국이 외교관을 파송하고 외국에 선전포고를 하고 강화조약을 체결하는 등 자주독립한 제국(帝國)이라고 규정하고 있다. 이에 비해 『경국대전』은 '사대'(事大) 즉 대국(大國)인 중국을 섬기는 조선왕조의 규정들을 명시하고 있다. 예컨대 조선의 왕과 왕세

17 물론 「대한국국제」가 대한제국 법 체제의 '머리'에 해당하며, 그 이후 제정된 '몸통'과 '손발'을 함께 살펴보아야 한다. 예컨대 형법대전, 육군법, 회계법, 의정부회의에 관한 규정 등 시행령 등이 그것이다. 하지만 비교의 상응성을 고려한다면 「대한국국제」는 『경국대전』과 비교되어야 하고, 경국대전체제의 몸통 및 손발에 해당하는 대명률(大明律), 수교집록(受敎輯錄), 각사수교(各司受敎) 등을 형법대전 등과 비교해야 할 것이다. 대한제국 시기 형사법체제의 변천에 대해서는 박병호, 「구한국시대의 형사입법의 연혁」, 『한국법제사고』(서울: 법문사 1974); 문준영, 「대한제국기 형법대전의 제정과 개정」, 『법사학연구』 제20집, 한국법사학회 참조.

자 및 문무백관(文武百官)은 설날이나 동지 때, 또는 중국황제의 생일[聖節] 때 근정전에서 이 황제가 있는 북향을 향해 네 번 절하고[北向四拜] 만세(萬歲)를 불러 축하하는 의식을 치러야 했다(『경국대전』 예전 조의(朝儀)). 왕과 왕비, 그리고 왕세자 등은 형식적이지만 황제의 승인(冊封)을 얻어야 했으며, 중국에 보내는 외교문서에는 모두 현재와 과거 황제의 이름 등을 피해야 했다(『경국대전』 예전 사대(事大)). 『국조오례의』의 빈례(賓禮)나 가례(嘉禮)의 조서(詔書)를 맞이하는 의식 등에서 보다 구체적으로 규정되어 있는 사대외교는 기본적으로 태조 이성계의 「즉위교서」와 연장선상에 놓여 있다고 볼 수 있다. 즉 "천자는 칠묘(七廟)를 세우고 제후(諸侯)는 오묘(五廟)를 세운다."〔天子七廟 諸侯五廟〕(태조실록 1/7/28 정미)라고 하여 중국과 조선의 '관계'를 불평등한 것으로 설정해 놓은 것이다. 따라서 이런 관계에서 조선의 국왕이 외교 및 전쟁 강화에 관해서 독자적인 권한을 갖고 있었다고 말하기 어렵다. 이에 비해 대한제국의 황제는 육해군 통솔권과 함께 외교 및 선전·강화에 관한 권한을 가지고 있는 "자주독립한 제국"의 원수(元首)였다. 한마디로 「국제」는 『경국대전』의 국제관계를 크게 바꾸어 놓은 것이다(위계적인 사대질서 → 수평적인 공법질서).

둘째, 황제의 무한한 군권(君權) 규정이다. 「국제」에는 황제가 육해군 통솔권을 갖고, 법률을 제정·집행·사면도(제6조) 할 수 있었으며, 관료들의 임명·평가·봉급까지 정할 수 있었다. 한마디로 황제의 군권은 불가침이며(제3조) 어느 누구도 견제하거나 도발할 수 없는 것이었다. 이에 비해 『경국대전』의 군권은 상대적이다. 황제가 법률제정으로부터 관리의 선발에 이르기까지 '친히' 하게 되어 있는 「국제」와 달리, 『경국대전』은 재상들에게 '위임'하는 것을 원칙으로 하고 있었다. 예컨대 의정부의 역할을 보면 정승들은 "백관을 통솔하고 온갖 정사[庶政]를 공평히 하며, 음양을 고르게 하고, 나라[邦國]를 운영[經綸]"하게 되어 있었다(『경국대전』 이전 경관직). 또한 「국제」가 황제권을 절대 불가침하다고 규정하고 있는 것과 달리, 『경국대전』은 국왕에 대한 여러 형태의 견제와 검증의 장치를 갖추고 있었다. "왕의 악정(惡政)과 비위(非違)를 간(諫)하고 또한 논박하는 일을 담당"하는 사간원과, "현재의 정사(政事)를 논평하고 문무백관의 치적(治積)을 조사·규탄하여 풍속을 시정하고 억울한 형벌을 밝히며 또한 남사한 행실과 위계(僞計)를 금지하는" 사헌부와, "왕에게 경서를 강독하고 논평하는 임무를 담당한" 경연제도가 그 대표적인 예다(『경국대전』 이전 경관직). 이들 기관은 날카로운 정치비평과 인사청문회, 그리고 엄격한 백관의 감찰을 통해서 왕과 신료들의 권한 남용을 견제하고 있었다.

셋째, 국가적 의례의 격상이다. 제후국 수준으로 국가의례를 규정하고 있던 『국조오례의』와 달리 대한제국의 『대례의궤大禮儀軌』는 황제국의 수준으로 모든 의례를 올려놓고 있다. 즉 1897년 10월 11일(음력 9월16일) 고종이 원구단(=환구단)에서 희생과 제기를 시찰하고, 그 다음날(10월 12일) 원구단에서 제위에 오르고, 이어서 왕후와 왕태자를 황후, 황태자로 책봉하며, 그 다음날(10월 13일) 대한제국을 선포하는 과정을 상세히 정리한 『대례의궤』는 『경국대전』의 우익인 『국조오례의』와 확실히 국격을 다르게 규정하고 있다. 예를 들면 제사의 순위가 그 이전과 달라졌다. 즉 이전에는 사직단 제사가 으뜸이었고, 그 다음이 종묘 제사였으나, 『대례의궤』에는 원구단 제사, 즉 하늘 제사를 큰 제사의 첫 번째로 치고, 종묘·사직단의 제사를 차례로 그 아래에 놓았다(『대례의궤』 권2. 『대한예전』 서례). 이것은 과거 조선왕조가 중국, 특히 명나라와의 관계를 고려해 천자만이 지내게 되어 있는 하늘 제사[天祭]인 원구제를 지내지 않았던 데 비해, 이제 하늘 제사를 복원시킴으로써 대한제국이 중국과 동등한 국가임을 가시화시킨 것이다(박례경 2006, 175; 이욱 2003, 185).

(2) 실제 운영상의 차이: 세도정치기의 '변형'

「국제」에 나와 있지 않지만 실제적인 국정운영상의 측면에서 『경국대전』과 다르게 나타난 부분도 있다. 그것은 경국대전 체제가 해체되는 간접적인 이유가 되기도 하는데, 나이 어린 국왕의 등극으로 대비(大妃)와 대원군 등 국왕대리인에 의한 자의적인 정국운영이 그 하나요, 외척 등 강력한 신하들의 사사로운 국권 농단[强臣弄權] 현상이 다른 하나이다. 전자는 『경국대전』에 규정되어 있지 않은 정치행위자의 초법적인 권한 행사이며, 후자는 『경국대전』 편찬자들이 경계했던 현상이라는 점에서 '경국대전체제'의 한계를 노정시킨 사건이라고 할 수 있다. 이를 차례로 살펴보면 다음과 같다.

첫째, 수렴청정기 대비의 역할이다. 공교롭게도 정조 사후(1800) 왕위에 오른 4명의 국왕은 모두 정상적으로 국정을 운영해 갈 수 없는 형편이었다(표 1). 열 살 안팎의 미성년자이거나 오랫동안 정치와 무관한 생활을 해온 사람(철종)이었기 때문이다. 그 때문에 조정은 전 임금의 왕비, 즉 대비로 하여금 한시적으로 국사를 떠맡게 했는데, 그 기간이 의외로 길고 횟수도 빈번했다.

〈표 1〉 정조 사후 수렴청정기 왕의 나이와 청정기간

왕	왕후	즉위시 왕의 나이	철렴시 왕의 나이	수렴청정기간
순조	영조비 정순왕후 김씨	11세	14세	4년 6개월
헌종	순조비 순원왕후 김씨	8세	14세	6년 1개월
철종	순조비 순원왕후 김씨	19세	21세	2년 6개월
고종	익종비 신정왕후 조씨	12세	15세	3년 1개월
총 수렴기간				16년 2개월

〈표 1〉에서 보듯이, 영조비 정순왕후(貞純王后; 1745~1805)가 1800년 7월부터 1803년 12월까지 순조시대의 4년 6개월을 다스렸고, 순조비 순원왕후(純元王后; 1789~1857)는 1834년 11월부터 1840년 12월까지 헌종시대의 6년 가량을 섭정했다. 그녀는 1849년 6월에 헌종이 재위 15년 만에 죽자 새 임금(철종)을 옹립시킨 후 1851년 12월까지 철종시대의 2년 6개월간 다시 청정을 했다. 마지막으로 익종비(翼宗妃) 조대비(趙大妃: 神貞王后, 1808-1890)는 1863년 12월부터 1866년 12월까지 고종시대의 만 3년을 다스렸다. 다시 말해서 세 명의 대비가 네 임금의 16여 년을 대리해서 다스린 것이다(66년 중 16년 2개월).[18]

고종시대의 신정왕후 조씨, 즉 조대비의 경우 고종 즉위과정에서 원상(院相)인 조두순의 뜻과 다르게 새 임금이 "익종대왕 대통을 입승

---

18 물론 대비들의 수렴청정이 그때가 처음은 아니었다. 그 이전의 세조비 정희왕후(貞熹王后; 1418-1483)나 중종비 문정왕후(文定王后; 1501-1565)의 경우에서

한다."[入承翼宗大王大統]고 강력히 주장하여 수렴청정을 자신이 맡도록 하였다.[19] 그런데 대비는 『경국대전』의 어디에서도 찾아볼 수 없는 존재로서 그의 역할은 비공식적이고 임시적인 것이었다. 대비는 관례적으로 세자빈의 간택이나 후계자 선정 등과 관련해 왕실 어른으로서 의견을 제시할 뿐이었다. 그런데 신정왕후는 국왕 고종의 즉위부터 흥선대원군의 위상에 이르기까지 상당한 정치적 영향력을 발휘하는 등 강력한 정치행위자의 역할을 했다.

둘째, 국왕 생부의 강력한 정치적 역할이다. 고종의 생부 흥선대원군의 정치적 역할은 앞에서 지적한 '내외척의 정치개입 방지'라는 원칙에 명백히 배치되었다. 즉 『경국대전』은 왕의 자손으로서 현손(玄孫, 4대손) 밖의 동성(同姓)의 친척[宗]과 왕의 부계[親]를 지칭하는 종친(宗親)에게는 영의정 다음의 관계(官階)를 부여하여 봉작(封爵)과 후록(厚祿)으로 우대하였으나[尊位重祿] 정사[職事]를 맡기지 않고[不任以事] "친친(親親)의 도(道)"를 다하도록 하고 있었다. 그런데 여기에는 대원군 즉 현재 왕의 아버지이지만 왕위에 오르지 않은 종친의 존재를 상정하지 않고 있었다. 직계(直系)가 아닌 방계(傍系), 즉 형제·조카 등과

보듯이 장기간에 걸쳐 중요한 정치적 역할을 했다. 예컨대 세조비 정희왕후(貞熹王后)는 예종과 성종시대의 8년간(1468.9-1476.5)을, 그리고 중종의 계비(繼妃) 문정왕후도 명종시대의 만8년(1545.7-1553.7)을 다스리면서 왕위계승문제 등 중요 사안을 결정지었다.

19 『매천야록』에 따르면, 조두순은 애초에 고종을 '철종대왕의 대통을 입승한다.'라고 하여 순원왕후 김씨를 내세우려 했는데, 조대비가 "큰 소리로" '익종대왕 대통 입승'을 주장했다고 한다. 황현, 임형택 외 번역 『매천야록』(서울: 문학과지성사, 2005), 52.

같이 공통의 조상을 통하여 갈라지는 관계나, 정실이 아닌 후궁의 자손이 왕위에 오를 경우에 대한 규정은 1606년(선조39)에 조정에서 처음 논의되었다. 선조의 아버지 덕흥군(德興君)을 덕흥대원군으로 추존(追尊)하면서 '대원군'의 위상이 거론된 것이다(선조실록 39/09/02). 그리고 그 후에도 두 명의 대원군이 추가로 봉해졌다.[20] 하지만 이들은 모두 사망한 경우였기 때문에 봉사손(奉祀孫)의 문제만 거론되었을 뿐이다.[21]

'경국대전 체제'의 명백한 허점이라 할 수 있는 이 대목은 1863년 고종이 즉위하면서 처음 문제시되었다. 1863년 12월 13일에 조대비는 "대원군에게 봉작(封爵)하는 것은 국조(國朝)에서 처음 있는 일인데, 어떻게 하면 좋겠는가?"라고 물었다. 이에 정원용은 "이 예(例)는 전례를 찾아볼 수 없는 일이니 나중에 상의해서 아뢰겠다."고 대답했고, 대비는 "여러 대신이 연석에 나왔으니 지금 의논하여 정하는 것이 좋겠다." 라고 말했다. 그러자 그 자리에 있던 김흥근이 "내외 조정의 체례(體例)가 매우 엄격하므로 신들과 대원군이 만날 일이 없을 듯하다."고 말하면서 "서로 만날 일이 없는데 예수(禮數)를 미리부터 강정(講定)할 필요가 없다."(순조실록 00/12/13)고 말하고 있다. 흥선대원군 이하응에게 봉

---

20 인조의 생부 정원대원군(定遠大院君), 철종의 생부 전계대원군(全溪大院君)이 그렇다.

21 법전에서 '대원군'이란 말이 처음 등장하는 것은 영조 때 편찬된 『속대전』의 '봉사손' 부분이다("이 규정(規定)은 모두 새로 둔다."). 영조에 이르러서 숙종의 정비가 아닌 것으로 정리된 장희빈의 아들인 경종의 사친의 봉사손 및 그 망부(亡父)의 추증 등의 사항이 새로 규정되고 있는 것이다. 이 사항은 다시 정조 때 편찬된 『대전통편』 돈녕부조(왕의 친족과 외척들의 관부(官府))에서도 추가로 규정되고 있다(대원군의 봉사손 세습 문제).

작을 주어서 정사에 관여시키려는 조대비의 의사는 신하들의 고집스런 거절에 의해 좌절된 것이다.

하지만 이하응의 강력한 의사와 조대비의 지원으로 흥선대원군은 1865년(고종2) 5월에 국태공(國太公)으로 임명되었다. 박규수 등이 당나라와 송나라에서 국왕의 사친(私親)을 국태공이라 했던 사례를 들어 건의했고, 고종은 건의를 받아들여 조지에 반포한 것이다(고종실록 2/5/4 무술). 물론 그 동안에도 흥선대원군은 '대원위분부'(大院位分付)라 하여 실질적인 정책결정에 참여하고 있었음은 주지의 사실이다.

국태공 대원군이 추진했던 일 중에서 주목되는 것은 종친부(宗親府) 강화였다. 대원군은 세력을 집권하자마자(1864년) 종부시(宗府寺)와 종친부를 통합해 종친부로 일원화하고, 종실(宗室) 당상으로 하여금 종친에 관한 업무를 관장하게 하는 등 실제 직사를 갖는 아문으로 변화시켰다.[22] 대원군은 또한 종친부에 대한 재정지원을 확대하였으며(고종실록 00/12/23 을미), 종실에게 영(領)종정경(宗正卿), 판(判)종정경, 지(知)종정경, 종정경 등의 직명을 부여하는 등 관제를 조정한 다음, 종친부를 통해 자신의 의사를 전달하였다. 봉작을 받은 그날부터 '대원위대감'(大院位大監)의 이름으로 감결(甘結)을 내려 종부시의문부와 제반 행사를 자신에게 보고한 후에 시행하라고 지시하기 시작했다.[23] 고종 1년 1월부터 그 모습을 드러낸 '대원위분부'는 중앙 관서를 비롯해 지방 각 관아에 이르기까지, 왕의 명령과 같은 무게와 권위를 가지고 있었으며,

---

22 〈宗親府謄錄〉 5책, 1864(갑자)년 4월 11일.

23 〈宗親府謄錄〉 5책, 1863(계해)년 12월 11일.

대원위분부를 어기거나 지연시킬 경우 지체 없는 문책과 독려가 뒤따랐다. 그리고 그 한 가운데 종친부가 있었다(정호훈 2007, 377-378).

그런데 국왕의 생부인 대원군의 이 같은 적극적인 국정운영은 『경국대전』은 물론이고 그 이전까지 유례를 찾아보기 힘든 것이었다. 『경국대전』에서 정조 때의 『대전통편』에 이르기까지 종친부는 '봉록으로 우대하나 정사를 맡기지 않는다.'[尊位重祿 不任以事]는 원칙에 따라 영의정 다음의 관계(官階)를 부여하여 봉작(封爵)과 후록(厚祿)으로 우대할 뿐이었다.[24] 특히 종친들의 정치개입과 부패를 관리하기 위해 만들어진 종친부가 오히려 대원군을 위한 중심기구로 바뀐 것은 경국대전 체제의 명백한 변형 내지 왜곡이라 하겠다.

4. 맺는말

이상에서 살펴본 바와 같이, 조선왕조가 500여 년간 지속시켜온 '경국대전체제', 즉 대외적으로 중국에 대해서는 제후국으로서 사대관계를 인정하고, 대내적으로는 유교 예법을 존중하고 상대적 군권만을 인정하는 정치체제는 1897년에 이르러 해체되었다. 그리고 대외적으로 자주 독립 국가이며[國體], 황제에게 무한한 군권(君權)을 부여하는[政體] 대한제국이 새롭게 탄생했다. 하지만 "대한제국(大韓帝國)의 정치는

---

24 『경국대전』 이전 / 경관직 / 정1품아문 / 종친부(宗親府).

과거 500년간 전래되었다."는 「국제」 제2조의 내용처럼, 고종과 그 당시 신료들은 조선이 패망한 것이 아니라 '해체'되고 '승격'되었다고 믿었다. 변화된 국제질서와 내적인 필요성 때문에 '조선왕조'에서 '대한제국'으로 격상시켰지만 조선왕조의 정치적 전통은 계속 유지한다고 생각한 것이다.

그런데 그런 생각과 달리, 대한제국은 조선왕조의 정치체제가 가지고 있던 중요한 장치를 제거시키고 있었다. 우선 국왕과 조정 관료들, 상층 관리와 하층 관리, 재조(在朝)의 관직자와 재야(在野)의 유생들 사이에 존재하던 견제와 균형의 장치이다. 이중 삼중의 견제장치는 때로는 『경국대전』에 명문화된 규정으로, 또 때론 관행과 공론이라는 불문율로 계승되고 관철되었다. 그것은 조선왕조를 장기 지속시킨 요인이기도 했다. 그런데 「국제」에 이르러서는 그러한 견제장치를 완전히 제거하고 모든 권력을 황제에게 집중시켰다. 그것은 정치의 주체를 군주와 백성으로 보고 귀족 관료를 의도적으로 배제하고자 한 고종의 '민국(民國)정치이념'의 반영일 수 있다(이태진 2000, 233). 하지만 그럴 경우 이 글의 모두(冒頭)에서 언급한 이토 히로부미(伊藤博文)와의 대화 중에서 이토의 반박에 대한 고종의 대응 논리가 옹색해질 수 있다. 즉 '보호조약안'의 수락을 강요하는 이토에게 고종은 "인민의 의향을 물어야 한다."고 미루자, 이토는 "귀국은 헌법 정치가 아니고 군주전제국"이라면서, "인민의 의향을 묻는다는 말은 기괴천만한 일"이라고 반박했는 바,[25] 이

---

25 고종과 이토 히로부미의 대화는 앞의 『매천야록』 외에도 강만길, 『한국근대사』(창작과비평사, 1984), 209-210에도 소개되어 있다.

는 전제군주제가 오히려 취약할 수 있음을 보여주는 역사적 사례라 하겠다.[26]

둘째, 고종은 새로운 제도를 이끌어갈 인재를 양성하는 데 성공하지 못했다. 고종은 재위 중반부에 이르러 전국의 척화비(斥和碑)를 뽑아버리게(고종실록 19/8/5) 하는 한편 〈통리기무아문〉(統理機務衙門)을 수립하며(『승정원일기』 고종 18/1/16) 새로운 국제질서에 대응해 나가려 했다. 재위 19년째인 1882년 7월 22일의 교서에서 고종은 지역과 신분을 초월해 인재등용의 폭을 넓히겠다고 반포했으며(고종실록 19/7/22 병오), 그 다음 달에는 박영효 등을 중국이나 일본 그리고 미국 등지에 보내 견문을 넓히게 했다.[27] 또 1886년에는 청나라의 동문관을 모델로 한 육영공원을 세워 통역요원을 양성하기도 했다(강상규 2008, 136-137). 혹자는 대한제국이 안착되기도 전에 일제의 침입이 시작된 것을 패착의 이유로 보기도 한다. 하지만 대한제국이 수립된 1897년은 고종이 즉위한 지(1863년) 30여 년이 지난 시점으로서 그 때까지 인재를 양성하여 적절히 배치하지 못한 잘못이 있다. 친중, 친일, 친미, 친러 등 내각을 교체시키며 주도세력을 물갈이하는 과정에서 중국의 증국번이나 이홍장 같은 인물, 그리고 이토 히로부미, 야마가타 아리토모와 같은 주요 정치가나 중견 외교관을 양성하지 못한 것이다(오인환 2008, 315). 특히 고

26 전제군주제의 약점은 이미 독립신문 등에서도 여러 차례 지적되었다. 《독립신문》 1898년 12월 15일자 논설 참조.

27 박영효 등의 수신사 일행은 1882년 8월 8일에 고종에게 출국인사를 하였으며, 석 달 뒤인 11월 28일에 귀국보고를 하였다(고종실록 19/8/8 신유; 19/11/28 경술).

종시대는 '동양의 간웅' 대원군(후쿠자와 유키치의 평)을 비롯해, 명성왕후, 그리고 김옥균, 전봉준 등 많은 인재들이 공존했던 시기이다. 그런데도 그들을 연결시키고 힘을 모으려는 노력을 국왕 고종이 하지 않았거나, 오히려 그들의 분열과 대립을 방관 내지 조장했다고 볼 수 있지 않을까. 외척이나 종친 또는 재야 유림들이 '제도 바깥'에서 행사하던 정치적 영향력을 '제도 안'으로 끌어들여 정책대결로 승화시켰더라면 어땠을까 하는 아쉬움이 남는다.

셋째, 민의수렴의 장치를 결여한 점이다. 고종이 영조나 정조를 모델로 설정하고, 만민을 두루 포용하는 초월적 지배자로서 탕평군주상을 꿈꾸었다는 지적이 있다(이태진 2000, 233). 영조와 정조는 그 이전의 군주들과 마찬가지로 백성들과 소통할 수 있는 채널을 가지고 있었다. 백성들의 억울함을 듣고 해결할 수 있는 상언이나 격쟁제도를 확대한 것이나 도성 안팎을 다니면서 시전상인들과 대화를 나눈 일들이 그것이다. 하지만 고종의 경우, 백성들과 소통하기 위해 제도적 장치를 마련한 일이 없으며, 특히 관민공동회에서 보듯이 어렵게 만들어진 백성들과의 '계약'도 깨뜨리는 등 '만민을 두루 포용하는' 모습을 거의 보여주지 못했다. 바로 그러한 점들 때문에 사대부 계층은 물론 대다수 백성들로부터 고종과 그의 신료들이 외면을 받게 되었으며, '부국강병'의 꿈도 성취하지 못하고, '14년간의 실험'(1897-1910)도 좌절되고 말았던 것이다.[28]

---

28 대한제국의 '근대적 성격' 내지 '개혁성'에 대한 논란은 2004년 여름부터 겨울까지 《교수신문》을 통해 학계의 관심을 받으며 진행되었다(『고종황제 역사청문회』

결론적으로, 외적으로 아무리 제국으로 국격을 높이고 황제의 권한을 무한히 높인다 해도 내적으로 신민들의 지지와 참여를 이끌어내지 못한다면, 외부의 침략에 대해 매우 취약해질 수 있음을 대한제국의 역사적 경험은 보여주었다. 실제로 일제의 의해 고종이 강제 퇴위되고(1907) 대한제국이 합병된(1910) 이후에, 의외로 고종황제를 복위시키려는 움직임이 거의 없었다.[29] 이는 왕권과 신권 사이의 균형 및 관료제 내부의 견제장치라는 '경국대전체제'가 무너진 상태에서 한국인들이 경험한 두 가지 파행적인 정치체제에서 비롯되었다는 게 필자의 판

푸른역사, 2005로 출판). 이태진 교수는 대한제국의 근대성, 즉 자체적으로 근대국가로 발전할 가능성이 있었으며, 고종은 그 개혁의 중심에 선 '개명군주'였다고 주장했다. 이에 대해 김재호·이영훈 교수는 대한제국국의 국가재정 등을 예로 들면서 근대국가로의 발전 가능성이 없었다고 비판했다. 따라서 본고에서는 대한제국기에 고종이 추진했던 일련의 개혁조치, 즉 국기 및 군주기 등 국가상징 제정, 최초의 근대적 도시개조사업, 경연(經筵)의 개최와 관형(寬刑) 등 고종의 어진 군주로서의 모습 등은 제대로 다루지 않았다. 그것은 다른 연구를 통해 자세히 볼 수 있을 뿐만 아니라(대표적으로 이태진 책(2004) 제2부와 강상규 책(2008) 제4장 참조), 이 글의 논점인 경국대전과 대한국국제의 비교에서 벗어나기 때문이다.

29 물론 1907년 군대의 해산을 계기로 발발한 '근왕적 의병전쟁' 및 합병 직후인 1912년에서 1914년 사이에 전주 지역 등에서 임병찬 등은 의병활동을 전개하였고, 이후 일본군의 '대토벌작전'의 전개로 유인석 부대 등 국내 의병들이 연해주 등지의 해외로 이동하여 활동했다. 또한 1919년 3·1운동을 전후해 국내와 만주 등지에서 잠깐 '복벽(復辟)'운동이 일어나기도 했다. 하지만 조선왕조의 경우만 따져도 500여 년 이상인 왕조체제를 복구하자는 주장이 1920년 이후 거의 소멸되고, 해방 이후로도 제기되지 않고 있다. 이에 대한 자세한 논의는 박현모, "일제시대 공화주의와 복벽주의의 대립: 3·1운동 전후의 왕정복고[復辟]운동을 중심으로," 『정신문화연구』 2007년 봄호 제30권 1호 참조.

단이다. 즉 무기력한 국왕을 등에 업고 비공식적인 행위자들(대비, 외척, 왕의 생부)이 자의적으로 권력을 행사했던 세도정치의 경험이나, 너무 군권을 무한한 것으로 천명하여 황제로 하여금 신민들에게서 멀어지게 만들었던 대한제국의 경험 역시 한국인들에게 왕정(kingship)에 대한 부정적인 인식을 심어준 게 아닐까?

참고문헌

『순조실록』.

『헌종실록』.

『철종실록』.

『고종실록』.

『경국대전』.

강상규. 2008. 『19세기 동아시아의 패러다임 변환과 한반도』. 서울: 논형.

김홍우. 2007. 『한국정치의 현상학적 이해』. 고양: 인간사랑.

도현철. 2004. "조선의 건국과 "경국대전 체제"의 형성: 조선의 건국과 유교문화의 확대." 『동방학지』 124집. 연세대학교 국학연구원.

독립운동사편찬위원회. 1974. 『독립운동사자료집』 제4집. '3·1운동사자료집'. 독립운동사편찬위원회.

박례경. 2006. "조선시대 국가예전에서 사직제 의례의 분류별 변화와 의주의 특징." 『규장각』 29집. 서울대학교 규장각한국학연구소.

박제형. 이익성 역. 1992. 『조선정감(朝鮮政鑑)』. 파주: 한길사.

박광용. 1994. 『조선후기 '탕평'연구』 서울대학교 국사학과 박사학위논문.

박현모. 2007. "일제시대 공화주의와 복벽주의의 대립: 3·1운동 전후의 왕정복고〔復辟〕운동을 중심으로." 『정신문화연구』 제30권 1호 (2007. 봄).

서영희. 2006. "국가론적 측면에서 본 대한제국의 성격." 『대한제국은 근대국가인가』. 한영우 외. 서울: 푸른역사.

신용하. 2006. 『독립협회 연구』 상. 서울: 일조각.

오영교 편. 2004. 『조선건국과 경국대전체제의 형성』. 서울: 혜안.

윤치호. 1926. "독립협회의 시종" 『新民』 제14호. 1926. 6월호.

윤치호. 1975. 『윤치호 일기』 4. 과천: 국사편찬위원회.

이만채 편. 김시준 역주. 1984. 『천주교전교박해사: 벽위편』. 한국고전교육협회.

이민원. 1989. "대한제국의 성립과정과 열강과의 관계." 『한국사연구』 64집. 한

국사연구회.
이성무. 1998. 『조선왕조사 2, 숙조에서 순종까지』. 서울: 동방미디어.
이욱. 2003. “대한제국 시기 환구제에 관한 연구.” 『종교연구』 30. 한국종교학회.
이윤상. 2006. “대한제국의 경제정책과 재정상황.” 『대한제국은 근대국가인가』. 한영우 외. 서울: 푸른역사.
이원택. 2008. “개화기 ‘禮治’로부터 ‘法治’로의 사상적 전환: 미완의 ‘대한국국제체제’와 그 성격.” 『정치사상연구』. 한국정치사상학회.
이중환. 이익성 역. 1993. 『택리지』. 서울: 을유문화사.
이태진. 2000. 『고종시대의 재조명』. 서울: 태학사.
정교. 2004. 『대한계년사 2』. 조광 편역. 서울: 소명출판.
정약용. 이익성 역. 1997. 『경세유표 1』. ‘방례초본 인’. 파주: 한길사.
정호훈. 오영교 편. 2004. “조선전기 법전의 정비와 『경국대전』의 성립.” 『조선 건국과 경국대전체제의 형성』. 서울: 혜안.
정호훈. 2007. “대원군 집정기 〈대전회통〉의 편찬.” 『세도정권기 조선사회와 대전회통』. 서울: 혜안.
최익현. 1977. 『국역 면암집 1』. 민족문화추진회.
19세기정치사연구반. 1990. 『조선정치사 1800-1863 상』. 서울: 한국역사연구회.
한영우. 2001. “대한제국 성립과정과 《대례의궤》.” 『한국사론』 제45. 서울대 국사학과.
한영우. 2006. “대한제국을 어떻게 볼 것인가.” 『대한제국은 근대국가인가』. 서울: 푸른역사.
황현. 임형택 외 역. 2005. 『매천야록(梅泉野錄)』. 서울: 문학과지성사.

저자 소개

이동수

서울대학교 정치학과에서 학사와 석사학위를 받았고, 미국 밴더빌트대학교(Vanderbilt University)에서 정치학 박사학위를 취득하였다. 대통령직속 녹색성장위원회 위원, 대통령실 정책자문위원을 역임했으며, 경희대학교 NGO대학원장, 공공대학원장을 거쳐 현재 교무처장으로 재직 중이다. 『행복과 21세기 공동체』(편저), 『시민은 누구인가』(편저), 『미래와의 소통』(편저), 『민주주의 강의 4: 현대적 흐름』(공저), 「지구시민의 정체성과 횡단성」, 「민주주의의 이중성」, 「그리스 비극에 나타난 민주주의 정신」, 「소통정치와 미디어」 등의 저서와 논문이 있다.

이병택

서울대학교 정치학과를 졸업하고, 동 대학원에서 석사학위를, 미국 럿거스대학교(Rutgers University)에서 박사학위를 받았다. 서울대 정치외교학과 BK 연구교수를 역임했으며, 현재 경희대 공공거버넌스센터 학술연구교수로 있다. 『근대 탈근대 정치의 이해』(공저), 『시민교육과 대학』(공저), 「사회제도의 정착과 방향–흄의 존재론과 정념론을 중심으로」, 「홉즈의 『보통법』에 나타난 법 성장의 논리」, 「리처드 2세의 폐위와 헨리 4세의 등극–구 헌정과 인민의 동의」 등의 저서와 논문이 있다.

차동욱

서울대학교 정치학과에서 학사, 법학과에서 석사학위를 받았고, 미국 남가주대학교(University of Southern California)에서 정치학 박사학위를 취득하였다. 현재 동의대학교 행정학과 조교수로 재직 중이다. 대표 저술로는 「공간분석모델을 통해 본 헌법재판소의 전략적 판결과정」, 「헌법재판소는 국회의 안티테제인가?: 현대적 권력분립원리 하에서의 두 헌법기관의 관계」, 「문화적 항변(Cultural Defense)과 감정인(Expert Witness)의 역할 및 소송전략」 등의 논문이 있다.

장명학

서울대학교 철학과와 같은 대학원 정치학과를 졸업하고, 독일의 베를린자유대학교(Freie Universitaet Berlin)에서 정치학 박사학위를 받았다. 서울대 한국정치연구소 선임연구원을 거쳐 현재 경희대 NGO국제연구소 연구교수로 있으며, (사)한국정치평론학회 총무이사로 활동하고 있다. 『공화와 민주의 나라』(공저), 『시민이란 무엇인가』(공저), 『시민교육과 대학』(공저) 및 「독일의 국민국가 형성」, 「제국과 영방의 긴장 속의 신성로마제국 정부」 그리고 「지구화 시대 한국의 공화민주주의」 등의 저서와 논문이 있다.

장현근

중국문화대학교(中國文化大學校) 대학원에서 『상군서(商君書)』 연구로 석사학위를, 『순자(荀子)』 연구로 박사학위를 받았다. 현재 용인대학교 중국학과 교수이며 국제학부장 등을 역임했다. 중국 북경사범대학교(北京師範大學校)와 미국 노스캐롤라이나대학교(UNC-Chapel Hill) 방문학자를 지냈으며 중국 길림대학교(吉林大學校) 객원교수이다. 『성왕론: 동양리더십의 원형』(저서), 『중국사상의 뿌리』(저서), 『맹자』(저서, 역서), 『중국정치사상사』(역서) 등 20여 권의 저역서와 「성인의 재탄생과 성왕 대 폭군 구조의 형성」, 「從王霸之辯透視荀子的聖王論」 등 50여 편의 한국어 및 중국어 논문이 있다.

김봉진

도쿄대학에서 학술 박사학위를 받았으며, 현재 기타큐슈(北九州) 시립대학 국제관계학과 교수로 재직 중이다. 동아시아 국제관계사와 동아시아 지역질서론 등을 강의하고 있으며, 주요 관심 분야는 한중일 3국의 정치사상사, 비교정치사상이다. 저서로는 『東アジ「開明」知識人の思惟空間 ― 鄭觀應·福澤諭吉·俞吉濬の比較研究』, 공저로는 『辛亥革命とアジア』, 『国際文化関係史研究』, 『歴史と和解』, 『인권의 정치사상』, 『한류와 한사상』 등이 있다.

박현모

서울대학교 정치학과에서 '정조(正祖)'로 박사학위를 받았고(1999년), 한국학중앙연구원에서 연구교수 및 책임연구원을 지냈다(2001~2014년). 현재 여주대학교 교수 및 세종리더십연구소장을 겸직하고 있다. 『세종이라면: 오래된 미래의 리더십』, 『정조 사후 63년: 세도정치기의 국내외 정치연구』, 『세종처럼: 소통과 헌신의 리더십』 등 20여 권의 저서와, 「정약용의 군주론」, 「경국대전의 정치학」 등 70여 편의 학술논문이 있다.

정부의 재발견
– 공공성과 공동성 사이에서

발행일 1쇄 2015년 5월 30일
지은이 이동수 편
펴낸이 여국동

펴낸곳 도서출판 인간사랑
출판등록 1983. 1. 26. 제일 - 3호
주소 경기도 고양시 일산동구 백석로 108번길 60-5 2층
물류센타 경기도 고양시 일산동구 문원길 13-34(문봉동)
전화 031)901 - 8144(대표) | 031)907 - 2003(영업부)
팩스 031)905 - 5815
전자우편 igsr@naver.com
페이스북 http://www.facebook.com/igsrpub
블로그 http://blog.naver.com/igsr
인쇄 인성인쇄 **출력** 현대미디어 **종이** 세원지업사

ISBN 978 - 89 - 7418 - 335 - 6 93340

이 도서의 국립중앙도서관 출판시도서목록(CIP)은 서지정보유통지원시스템 홈페이지(http://seoji.nl.go.kr)와 국가자료공동목록시스템(http://www.nl.go.kr/kolisnet)에서 이용하실 수 있습니다.(CIP제어번호: CIP2015012946)